L'ENSEIGNEMENT DE LA GESTION EN FRANCE

L'ENSEIGNEMENT DE LA GESTION EN FRANCE

Identité, défis et enjeux

Ouvrage dirigé par

Alain Burlaud & Frank Bournois

Conseil scientifique : Bernard Colasse, Jean-Pierre Helfer, Michel Kalika, Roland Pérez, Jacques Rojot† & Hervé Stolowy

éditions ems

MANAGEMENT & SOCIETE

www.editions-ems.fr

ISBN : 978-2-37687-453-9

Éditions Management et Société
136 boulevard du Maréchal Leclerc
14000 Caen
Téléphone : 02 31 35 76 95
editions@editions-ems.fr

SOMMAIRE

PARTIE 3.

REMERCIEMENTS

Nos plus vifs remerciements vont, bien évidemment et en priorité, aux membres du conseil scientifique constitué à l'occasion de cet ouvrage, qui nous ont apporté leur précieux concours pour en préciser le plan, pour rechercher les meilleurs spécialistes des sujets abordés et pour évaluer les contributions. L'expérience des collègues suivants a donc été déterminante :

- Bernard Colasse, professeur émérite à l'université Paris-Dauphine PSL ;
- Jean-Pierre Helfer, professeur émérite à l'IAE de Paris (Sorbonne Business School) ;
- Michel Kalika, professeur émérite à l'université Jean-Moulin et Président du Business Science Institute ;
- Roland Pérez, professeur émérite à l'université de Montpellier ;
- Jacques Rojot†, professeur émérite à l'université Paris II-Panthéon-Assas[1] ;
- Hervé Stolowy, professeur à HEC.

Il va de soi que le conseil scientifique n'est pas responsable des opinions des différents coauteurs de cet ouvrage.

Nos remerciements vont aussi, bien sûr, aux 35 auteurs qui ont écrit cet ouvrage. Nous ne pouvons pas les citer tous ici, mais le lecteur en trouvera la liste avec leurs biographies à la fin du livre. Leur expérience, leurs importantes responsabilités passées, présentes et sans aucun doute futures dans l'enseignement supérieur, dans la recherche en sciences de gestion et dans la direction d'institutions, ont permis de réunir ici, dans un ensemble unique, des réflexions qui apporteront aux lecteurs des points de vue variés et éclairés sur ce qu'est aujourd'hui notre discipline, de son

1. Jacques Rojot qui, dans notre communauté, a occupé bien plus d'importantes fonctions que celles qui sont brièvement rappelées dans sa biographie à la fin de cet ouvrage, nous a quittés le 16 avril 2020.

enracinement à son futur. Nous savons que ces remerciements seront bien peu à côté du plaisir de nos lecteurs, plaisir qui sera la plus belle récompense des auteurs.

Enfin, nous remercions aussi les établissements qui nous ont donné les moyens de mener ce projet à son terme : ESCP Business School et Gilles Gouteux dont le soutien discret et efficace fut essentiel, ainsi que le Conservatoire national des arts et métiers avec son Laboratoire interdisciplinaire de recherche en sciences de l'action (Lirsa). Nous n'oublions pas dans ces remerciements Léon Laulusa qui, bien involontairement mais en toute amitié, a été à l'origine de ce projet en faisant circuler un document de travail qui en fut la préfiguration.

Frank BOURNOIS
Directeur général
ESCP Business School

Alain BURLAUD
Professeur émérite
Cnam/Lirsa

INTRODUCTION

Par Alain Burlaud & Frank Bournois

Quelles sont les raisons qui nous ont conduit à publier cet ouvrage collectif sur la construction de l'identité des sciences de gestion et sur les défis et les enjeux de l'enseignement et de la recherche dans cette belle discipline commune aux différents auteurs ? Quelles sont les conditions dans lesquelles il a été préparé ? Quels sont les principaux thèmes qui y sont abordés ? Autrement dit, nous allons essayer de répondre aux trois questions suivantes : pourquoi ? Comment ? Et quel contenu ? En satisfaisant ainsi la curiosité légitime du lecteur, nous espérons lui donner envie de poursuivre la lecture de cet ouvrage qui n'a pas aujourd'hui d'équivalent.

Un ouvrage à plusieurs voix, écrit dans le respect et l'esprit des libertés académiques, ne peut être monolithique. C'est toute sa richesse. La réflexion progresse sur le terreau des différences (et différends ?) suscitant des débats instruits et ouverts. Le lecteur profitera de cette variété de points de vue pour se forger sa propre opinion sur la base de ses connaissances, de son expérience et de ses préférences personnelles car la gestion, la science des organisations, de l'action organisée, est avant tout une science humaine et sociale, certains disent une « science compromise » car elle est liée à un certain ordre social et peut être prescriptive. Le lecteur découvrira aussi que la gestion a su s'enrichir des emprunts à d'autres disciplines telles, par exemple, les mathématiques, une discipline autonome, non prescriptive et non contextualisée, par conséquent, à vocation universelle, sans qu'elle perde son âme, sans devenir un simple domaine d'application des disciplines auxquelles elle a emprunté.

Enfin, les auteurs, sur des sujets éminemment sensibles, n'ont pas manqué de faire part au lecteur d'opinions personnelles, d'expériences qu'ils ont vécues, ce qui « donne de la chair » à l'ouvrage. Le recul qu'ils ont su prendre par rapport aux faits et l'interprétation qu'ils en font laissent parfois la place à de beaux traits d'humour !

Mais cela ne suffit pas à justifier la publication de cet ouvrage.

Pourquoi cet ouvrage ?

L'enseignement de la gestion est à un tournant. Ce n'est pas le premier, la pratique de la gestion étant aussi ancienne que l'humanité. Dès lors qu'il y a des ressources rares dont il faut organiser la production ou le partage, c'est-à-dire depuis la nuit des temps, les hommes gèrent. Les animaux aussi puisqu'ils savent thésauriser de la nourriture ou chasser en groupe, ce qui suppose des pratiques de gestion de ces ressources et des relations de pouvoir dans une communauté. La pratique de la gestion a commencé à se formaliser avec l'apparition de l'écriture. Ce fut le premier tournant. Ainsi, les tablettes comptables de Tellô, en Mésopotamie, datant de 2 350 ans avant Jésus-Christ, sont un des outils de gestion les plus anciens. Cet outil de gestion se transmettait probablement par un apprentissage sur le tas. Un véritable enseignement de la gestion caractérisé par la conceptualisation des savoirs et la séparation de la transmission des savoirs et de l'activité professionnelle apparaît, en France, au début du XIXe siècle avec la création simultanée, plus ou moins par les mêmes hommes, de la chaire d'économie industrielle de Jean-Baptiste Say au Cnam et de l'École spéciale de commerce de Paris qui deviendra École supérieure de commerce de Paris. Il s'agissait d'un enseignement de spécialité que, pour l'essentiel, nous qualifierions aujourd'hui de technique. Ce fut le deuxième tournant. Enfin, au début des années cinquante, apparaît un véritable enseignement supérieur de la gestion avec la montée en puissance des écoles de commerce et le développement de l'enseignement de la gestion dans les universités, notamment avec la création des IAE. Ce fut le troisième tournant et c'est de là que partiront, pour l'essentiel, nos réflexions. Nous interroger sur l'identité de la gestion, les défis et les enjeux de cette discipline relativement jeune dans l'enseignement supérieur est devenu aujourd'hui fondamental pour la communauté des enseignants, des chercheurs et des étudiants, mais aussi des praticiens qui souhaitent prendre du recul par rapport à leur quotidien.

Comment comprendre le présent si notre réflexion ne se nourrit pas des expériences du passé ? Comment savoir où nous allons si nous ne savons pas d'où nous venons ? Le premier fil conducteur de cet ouvrage est d'offrir à la réflexion du lecteur le *continuum*, le fil directeur d'une évolution sur la période 1950-2020 de l'enseignement supérieur et de la recherche en gestion. Le second fil conducteur consiste à identifier et expliquer les grands problèmes contemporains de l'enseignement supérieur et de la recherche en gestion, les enjeux et les défis à relever. Il serait naïf d'en déduire que notre démarche puisse être prédictive. Pour autant, une réflexion instruite par l'expérience du passé permet de mieux se préparer aux multiples futurs possibles, sans bien sûr savoir ce que l'avenir nous réservera. On parle aujourd'hui beaucoup, dans notre microcosme, d'agilité à propos des organisations, mais l'agilité ne se décrète pas alors qu'elle est plus nécessaire que jamais en période de grande incertitude. L'agilité s'acquiert, se prépare grâce à un travail permanent de réflexion sur les évolutions possibles, même si aucune d'elles ne se réalisera. Il faut un dialogue continu entre le passé et les représentations du futur. L'agilité, ce pilotage à vue, permet un ajustement permanent des choix stratégiques. Ce livre fut rédigé pendant la pandémie de la Covid-19 et l'on voit combien la gestion apporte aux organisations et comment elle sera transformée également par cette épreuve à l'échelle mondiale.

Comment est conçu cet ouvrage ?

Nous distinguons trois temps qui constituent la charpente de cet ouvrage : la connaissance (le passé avec l'émergence de l'institutionnalisation de l'enseignement et de la recherche en sciences de gestion), l'action (la préparation du futur avec les défis et les enjeux de l'enseignement et de la recherche en sciences de gestion) et enfin, une synthèse sur les principales questions. Mais avant de répondre à la question, nous aimerions donner au lecteur un rapide aperçu des coulisses de la préparation de l'ouvrage.

Les coulisses de la préparation de cet ouvrage

Nous avons réuni, pour les besoins de cette publication, un conseil scientifique composé de six membres dont la compétence fait autorité et qui sont suffisamment expérimentés et avancés dans leur carrière pour pouvoir prétendre à une parfaite indépendance et qui furent chargés de relire, valider ou émettre des réserves sur toutes les contributions. Leur mission fut aussi de choisir les thèmes qui devaient être abordés et de choisir les auteurs. Pour ce qui est du choix des auteurs, nous avons dû définir des contraintes fortes : nous limiter à une trentaine d'auteurs (finalement, il y en aura 35), choisir ceux qui avaient la meilleure connaissance du sujet, mais veiller aussi à un équilibre entre universités et grandes écoles. Si la procédure ne fait pas le contenu, elle y contribue du fait de sa fonction de contrôle de qualité et, de plus, en se conformant aux traditions académiques de nos revues scientifiques, elle lui donne une forte légitimité.

Quel passé ?

La réflexion à laquelle nous vous invitons aurait pu être menée, en ce qui concerne la partie historique sur l'émergence et l'institutionnalisation des sciences de gestion, à partir d'une documentation écrite : la littérature, des archives et des textes réglementaires. Mais une telle démarche eût manqué de relief, comme si l'observateur eût été borgne. La vie est autrement plus riche que ce qu'en montrent les seuls écrits. Ce travail eût aussi pu être mené en solitaire par l'un d'entre nous, les différents coauteurs de cet ouvrage. Mais alors, c'est la variété des points de vue qui nous eût fait défaut, la vérité étant mieux servie par cette variété que par le regard d'un seul. Le borgne serait devenu astigmate ! Le vécu eût aussi fait défaut car aucun d'entre nous n'a été témoin de l'ensemble des événements. Pour y remédier, nous avons donné la parole à ceux de nos collègues qui ont marqué l'histoire récente de notre discipline, afin que les sources documentaires soient enrichies de leurs témoignages. Cela introduit un autre risque : celui d'un biais quand l'observateur observe sa propre expérience, le risque qu'il se mette en scène lui-même. Si la vérité historique reste toujours très relative, le croisement des points de vue, la rigueur d'une démarche collective, permettent de s'en approcher.

En ayant fait le choix de faire parler les acteurs de l'histoire contemporaine, nous avons dû résoudre un autre problème : comment les choisir alors que tous ne peuvent être retenus ? Pour y répondre, au-delà de ce qui a été déjà dit ci-dessus, nous allons citer Henri Bouquin : « Il est présomptueux d'organiser une académie sinon un panthéon, et certes imprudent d'y inviter des vivants, qui n'ont que trop tendance à se croire immortels. C'est pourtant le pari tenté dans cet ouvrage. Il mérite quelques explications[1]. » Les subjectivités croisées des deux éditeurs et des membres du conseil scientifique sont un pas, et un pas seulement, vers l'objectivité, vers la pertinence des choix opérés, sans prétendre à la perfection.

Quels avenirs ?

En ce qui concerne la seconde partie de cet ouvrage sur les défis et les enjeux de l'enseignement et de la recherche en sciences de gestion, autrement dit, sur les grands problèmes contemporains de notre discipline, nos travaux ont été menés selon les mêmes règles ou procédures. Sur certains sujets, nous avons traité séparément le cas des universités et le cas des écoles. Mais la grande difficulté fut d'identifier les grandes questions d'actualité porteuses d'avenir, sachant que toutes les questions ne pouvaient être abordées. Il fallait extraire des nombreux événements qui nous concernent et dont nous sommes les témoins, ceux qui correspondent à une évolution de fond, une tendance lourde, et laisser pour ce qu'ils sont les accidents de parcours. Cette réflexion, menée au sein du conseil scientifique, s'est enrichie au cours des mois et du dialogue avec les auteurs.

1. Bouquin, H. (sous la direction de) (2005). *Les Grands Auteurs en contrôle de gestion.* Cormelles-le-Royal, Éditions EMS.

Quel contenu ?

Nous allons présenter schématiquement le contenu des trois grandes parties de cet ouvrage afin de lancer la réflexion. Il ne s'agit pas, dans cette introduction, de faire un résumé de l'ouvrage qui dispenserait le lecteur de lire la suite... mais de présenter les grandes questions qui sous-tendent les réflexions des auteurs, présentation précédée d'une mise en perspective historique nourrie du vécu des auteurs et des membres du conseil scientifique.

D'où venons-nous ? Quels chemins ont été parcourus ?

Comme nous l'avons vu, la gestion fut d'abord, et pendant des millénaires, une pratique qui a évolué au gré des besoins de la société, des possibilités offertes par la technologie comme, par exemple, l'usage du papier et aujourd'hui de l'informatique, et les apports d'autres disciplines comme les chiffres arabes, l'algèbre de Boole et l'algorithmique pour développer des outils de traitement des données. La gestion n'est devenue l'objet d'un enseignement structuré qu'au XIXe siècle et elle n'est devenue, en France, une discipline académique qu'après la Seconde Guerre mondiale, bien que le management scientifique soit apparu au début du XXe siècle. La seconde moitié de ce XXe siècle est, ici, la plus importante pour nous.

Nous montrons comment l'Université, en accueillant cette nouvelle discipline, s'est professionnalisée, c'est-à-dire souciée des débouchés professionnels des formations et, peu à peu, transformée. Inversement, les écoles de commerce se sont « universitarisées » en participant à une production scientifique qu'elles avaient ignorée jusque dans les années soixante-dix.

La gestion, qu'il s'agisse de son enseignement ou de la recherche, s'est institutionnalisée : création de diplômes nationaux (DUT, licences, maîtrises, DESS, DEA, doctorat puis le LMD) et d'organes de gestion des carrières universitaires (une section « gestion » du Conseil national des universités), création massive d'emplois d'enseignants-chercheurs dans les universités et les écoles, institutionnalisation de la recherche avec la création de sociétés savantes, de revues académiques, d'équipes de recherche, etc.

Enfin, cette période fut marquée par l'apparition d'une concurrence entre établissements, qu'elle soit nationale ou internationale, et de notations et classements qui n'ont fait qu'accroître la pression concurrentielle. Il faut être visible, « le plus grand nombre possible dans les 10 premiers »... dans le *top ten.*

Cette période fut passionnante. L'histoire n'est jamais linéaire ; elle fut plein de rebonds et de surprises.

Les enjeux et les défis : quels futurs ?

La deuxième partie de l'ouvrage est construite autour des grandes questions que posent ou qui se posent à l'enseignement et la recherche en sciences de gestion. Nous en avons retenu six.

1. La concurrence entre établissements. Peu d'établissements ou de composantes des universités sont en manque d'étudiants en gestion. Ils sont attirés par ces études car elles permettent une bonne insertion professionnelle. Mais tous cherchent à attirer les meilleurs étudiants, pratiquent d'une façon ou d'une autre une sélection à l'entrée (plus rarement à la sortie), communiquent sur leurs succès. Ils sont aussi concurrents pour recruter les meilleurs enseignants publiant dans les meilleures revues. Enfin, les notations et classements jouent un rôle important dans l'orientation des choix des étudiants.

2. La régulation du marché. Du fait de son attractivité, l'enseignement de la gestion est un marché sur lequel la compétition ou la coopétition se joue entre les universités, les écoles consulaires, les écoles privées et, de plus en plus, les établissements étrangers. La complexité du service offert aux étudiants, le coût des études, leur impact sociétal, rendent nécessaire une régulation du marché par l'État.

3. Le risque d'autonomisation de la recherche. En s'institutionnalisant, en se dotant de procédures d'évaluation, en se professionnalisant, la recherche court le risque de devenir une activité « hors sol », finalisée sur elle-même, indifférente à la demande sociale. Comment éviter cette dérive tout en respectant la nécessaire liberté des chercheurs ?

4. Les liens entre pédagogie, recherche et numérique. La recherche en gestion n'a pas pour ambition de produire des « inventions » telles que celles dont on parle à propos des sciences à vocation universelle, prescriptives et prédictives que sont la physique, la chimie ou les sciences du vivant. Elle a pour mission de donner un sens aux « innovations », souvent anonymes, des praticiens, de forger des concepts permettant de comprendre et de faire comprendre le fonctionnement des organisations. Le lien entre pédagogie et recherche est donc particulièrement fort. Par ailleurs, les outils pédagogiques évoluent très rapidement avec le développement du numérique.

5. L'autonomie des établissements. Ils ont bien sûr besoin d'autonomie et de flexibilité pour évoluer sur le marché de l'enseignement supérieur de la gestion et pour innover sans cesse. Mais, d'un autre côté, ils sont fortement consommateurs de fonds publics : les dotations ministérielles pour les établissements publics, la taxe d'apprentissage et, indirectement, les bourses versées à leurs étudiants ou le coût de la scolarité dans les classes préparatoires des lycées. Par ailleurs, l'État exerce un contrôle sur de nombreux diplômes, ce qui limite l'autonomie, mais leur donne en

contrepartie une plus grande crédibilité. Enfin, la question de la responsabilité, qui ne peut être dissociée de la liberté, pose le problème de la gouvernance des établissements.

6. L'équilibre budgétaire des établissements et la question de l'endettement des étudiants. L'enseignement supérieur de gestion coûte de plus en plus cher : recrutement d'enseignants-chercheurs, développement de l'enseignement en ligne, généralisation des parcours internationaux, multiplication des spécialités, etc. Pour y faire face, on observe une tendance à la hausse des droits d'inscription. Du fait également de l'augmentation du coût de la vie et notamment du logement, un nombre croissant d'étudiants doivent s'endetter. En dépit de cela, la solvabilité des étudiants étant limitée, certains établissements sont aujourd'hui dans une situation financière extrêmement tendue.

L'ouvrage se termine par une retour sur les réflexions des différents auteurs concernant l'institutionnalisation, les défis et les enjeux de l'enseignement supérieur et de la recherche en sciences de gestion.

Synthèse : un retour sur les principales questions

La synthèse, qui constitue la troisième partie de cet ouvrage, est une occasion de mettre en perspective les principales questions abordées dans les deux premières parties. Nous y reviendrons notamment sur la concurrence entre établissements, sur la régulation du marché de l'enseignement supérieur de la gestion par l'État, sur les risques d'une autonomisation de la recherche en sciences de gestion par rapport à la société, sur les conséquences de la révolution numérique sur la pédagogie et la recherche, sur l'autonomie de gestion des établissements et enfin, sur leur équilibre budgétaire et la capacité de contribution et d'endettement des étudiants.

PARTIE 1.

ÉMERGENCE ET INSTITUTIONNALISATION DES SCIENCES DE GESTION

D'où venons-nous ? Quels chemins avons-nous parcourus ? Cette première partie éclaire le présent, mais montre aussi à quel point les problèmes d'hier sont aussi ceux d'aujourd'hui et de demain. Nous allons rappeler ici les circonstances de la naissance de l'enseignement de la gestion, mais aussi la dynamique entre académisme et professionnalisation, la création d'un corps enseignant et des liens avec la recherche, l'internationalisation et la question des évaluations et des classements. L'histoire est ici vue à la lumière de problématiques.

Chapitre 1

Un enseignement professionnel en gestion apparu hors des universités

Par Gilles Gouteux

Si en France, l'ordonnance de Colbert sur le commerce de 1673 prévoyait une formation des futurs commerçants et si la création de la première école de commerce du monde est datée de 1759 au Portugal[1], les établissements dédiés à l'enseignement de la gestion se sont principalement développés au cours du XIXe siècle. Mais l'une des particularités de la France est que ce mouvement s'est effectué en dehors du monde universitaire, cet état de fait s'expliquant par plusieurs « rendez-vous » manqués entre les mondes de la gestion et celui de l'Université.

Ainsi, lorsque la Convention nationale a supprimé les universités françaises en septembre 1793, celles-ci mirent plus d'un siècle pour se reconstruire, au moment même où la révolution industrielle mettait à bas les anciennes pratiques pour établir de nouveaux modèles, où la bourgeoisie s'imposait comme classe sociale dominante et où l'ouverture des frontières révolutionnait les pratiques commerciales comme en témoigne la signature en 1860 du traité franco-anglais de libre-échange.

Pendant que des pays comme le Royaume-Uni, l'Allemagne ou les États-Unis agrégeaient chercheurs et étudiants pour accompagner cette mutation, le système universitaire français continuait à ne destiner ses enseignements qu'aux futurs professeurs, juristes et médecins, laissant les entrepreneurs se former « sur le tas ». Ce sont donc les écoles de commerce qui ont permis à l'enseignement des sciences de gestion d'émerger en France, en marge des écoles d'ingénieurs.

1. Passant, A. (2019). *À l'origine des écoles de commerce : ESCP Business School, la passion d'entreprendre*. Paris, L'Harmatttan.

1. De 1819 à 1890 : l'enseignement de la gestion confié à des « PME » d'enseignement privé et au Cnam

Jusqu'au début du XIXe siècle et comme le note l'historien Philippe Maffre, « l'expérience du commerce n'est pas une science pour tout le monde... Comme science, c'est une étude superflue et inutile au grand et très grand nombre de négociants qui n'ont besoin que de connaissances pratiques, d'une bonne éducation et d'une instruction plus ou moins étendue...[2] ».

Ce dédain était d'ailleurs réciproque de la part des « épiciers » qui considéraient qu'envoyer des enfants apprendre le latin et le grec n'était que temps perdu[3] et que la place d'un jeune était dans le magasin ou dans l'usine.

Cet état de fait a changé en 1819, année qui a marqué un tournant dans la formation à la gestion qui passe de la notion d'entraînement à une pratique à une discipline académique, avec la création de deux entités – la chaire d'économie industrielle du Conservatoire des arts et métiers (Cnam)[4] et l'École spéciale de commerce et d'industrie de Paris[5] – influencée dans les deux cas par la personnalité exceptionnelle de Jean-Baptiste Say : industriel et économiste, auteur d'un traité d'économie politique en 1803 qui étudia l'économie anglaise *in situ* pour en tirer des préconisations pour la politique économique de la France, en s'inspirant notamment des travaux d'Adam Smith.

La création de la chaire d'économie industrielle du Cnam est actée par l'ordonnance royale du 25 novembre 1819 qui indique : « Le Conservatoire a rendu depuis son institution d'importants services ; mais pour atteindre complètement le but de sa fondation, il a manqué jusqu'ici une haute école d'application des connaissances scientifiques au commerce et à l'industrie. » Jean-Baptiste Say en prend la direction jusqu'à sa mort. En 1832, il propose qu'un de ses disciples, Adolphe Blanqui, lui succède à la tête de la chaire, dont il devient professeur titulaire en 1834. Après Blanqui, deux nouvelles chaires ont été créées : économie politique confiée à Louis Wolowski[6] et économie industrielle et statistiques confiée à Jean-François Burat.

2. Maffre, P. (1984). *Les Origines de l'enseignement commercial en France au XIXe siècle* (thèse doctorale en histoire, A.N F12 521/522). Paris, Université Paris 1-Panthéon-Sorbonne.
3. Vatin, F. & Vernet, A. (2009). *La Crise de l'Université française : une perspective historique et socio-démographique*. Paris, La Découverte.
4. Mercier, A. (2018). *Le Conservatoire des arts et métiers : des origines à la fin de la Restauration*. Gand, Snoeck Publisher.
5. L'école s'appelle maintenant ESCP après plusieurs changements de nom au cours de ses 200 ans d'existence.
6. Fontanon, C. & Grelon, A. (sous la direction de) (1994). *Les professeurs du Conservatoire national des arts et métiers. Dictionnaire biographique. 1794-1993* (tome 2, p. 677-687). Paris, Institut national de recherche documentaire/Cnam.

Si le Cnam était autonome par rapport à l'Université, il dépendait cependant fortement du pouvoir en place. Ainsi, en 1823, un caprice royal supprima son conseil de perfectionnement d'un trait de plume[7].

ESCP, doyenne mondiale des écoles de gestion, a été créée de son côté par deux entrepreneurs, Germain Legret et Amédée Brodart, soutenus par des personnalités comme Guillaume Ternaux, Jacques Laffitte, Jean Chaptal, Casimir Périer et Jean-Baptiste Say, membre de son conseil de perfectionnement. Parmi ces soutiens, il convient d'ajouter celui de Vital Roux, auteur de l'ouvrage *De l'influence du gouvernement sur la prospérité du commerce* (1800) qui influencera de manière notable la création de la future ESCP. Sous l'Empire, Vital Roux et M. Boucher, négociants bordelais, avaient proposé de créer des écoles de commerce publiques, mais le Conseil général du commerce ayant donné un avis négatif à cette proposition en 1807, des écoles privées sont apparues.

Le succès de ESCP a cependant amené le gouvernement de la Restauration à réfléchir sur le fait d'établir une école de commerce dans chaque académie afin de s'opposer aux dérives libérales prêtées à celles-ci. Ce projet ne vit pas le jour, constituant ainsi un rendez-vous manqué entre universités et écoles de commerce.

Les cours commerciaux avaient une orientation pratique qui se distinguait par le principe de la simulation avec notamment la mise en œuvre de « comptoirs », comme le signale le Guillaume Gervais, directeur de l'école en 1860 : « Les élèves, répartis en groupes ou maisons de commerce de temps en temps renouvelés, achètent et vendent des marchandises, font la banque, expédient des navires, assurent, commissionnent, correspondent, se livrent enfin, sous la direction d'un habile professeur[8]. »

ESCP formait principalement des négociants et des comptables et, de façon plus marginale, à l'entrepreneuriat. En 1828, elle intégrait à son programme la comptabilité administrative, le dessin linéaire, l'histoire du commerce, l'économie industrielle, mais les enseignements n'étaient pas figés et ils pouvaient évoluer dans le temps, en fonction de l'évolution des techniques et des métiers à pourvoir.

Une grande palette de langues étrangères était proposée : anglais, allemand, espagnol, portugais, italien, slave, grec moderne, turc, arabe et persan. Cette diversité s'explique par l'attrait qu'exerçait déjà Paris à cette période et par conséquent, au caractère très international du recrutement[9].

De plus, contrairement aux universités, la présence des entreprises au sein des écoles de commerce était prégnante dans tous les domaines. Sur le plan académique,

7. Mercier, A., *op. cit.*
8. Passant, A., *op. cit.*
9. Maffre, P., *op. cit.*, p. 366.

elles ont suggéré des thèmes de recherche et permis à ses collaborateurs d'y enseigner et elles ont contribué au financement (les élèves étaient généralement des fils de négociants).

Pendant toute cette première période, de par l'autonomie qu'il lui était donnée, l'école ESCP a longtemps fonctionné comme une entreprise familiale, ce qui lui a accordé une certaine liberté dans les enseignements dispensés par rapport à l'Université.

Mais à la suite du décès prématuré d'Adolphe Blanqui, l'école fut rachetée en 1869 par la chambre de commerce de Paris qui avait déjà fondé l'École commerciale de l'avenue Trudaine et qui, plus tard, allait créer l'École des hautes études commerciales en 1881, dont le modèle avoué était celui d'un établissement qui « serait pour le commerce ce que l'École centrale est pour l'industrie[10] ». HEC, dès sa création, a eu vocation à être une école véritablement supérieure et, en 1895, la CCIP créa pour elle les premières classes préparatoires commerciales[11]. Par ailleurs, la loi sur l'enseignement secondaire spécial de 1865 avait préparé le terrain ou, en tous cas, préparé les esprits.

2. De 1890 à 1948 : l'évolution vers un modèle français de « grande école » hors des universités

Les écoles de commerce

C'est une loi sur le recrutement de l'armée, en juillet 1889, qui a entraîné une profonde transformation des écoles supérieures de commerce, par le dispositif qui permettait de renvoyer chez eux, après un an de présence sous les drapeaux, « les élèves qui ont obtenu ou qui poursuivent des études en vue d'obtenir le diplôme supérieur délivré par l'École des hautes études commerciales et les écoles supérieures de commerce reconnues par l'État[12] ».

Ainsi, afin de bénéficier de la reconnaissance par l'État, qui donnait à leur diplôme le droit à une dispense de service militaire, toutes les écoles supérieures de commerce, qu'elles soient gérées par des chambres de commerce, des municipalités ou des particuliers, durent alors renoncer à leur liberté, tant dans la rédaction de leur programme, que dans leur gestion financière. Il leur fallut se soumettre à l'autorité

10. Meuleau, M. (1981). *HEC 100 : 1881-1981. Histoire d'une grande école* (p. 3). Paris, HEC.
11. Atlan, D. *et al.* (1997). L'histoire de l'enseignement de la gestion en France. *Entreprises et Histoire, 1*(14/15), 123-135.
12. Buisson, F. (1911). *Nouveau dictionnaire de pédagogie et d'instruction primaire* (édition de 1911). Paris, Librairie Hachette.

de l'État en ce qui concerne les conditions d'admission, les bourses, l'enseignement et le régime des études, le régime disciplinaire, les examens de sortie et la délivrance des diplômes. Ainsi, parmi les sept membres du jury du concours d'entrée de ESCP, cinq étaient nommés par le ministère.

Avec le décret du 23 novembre 1889, deux modes de recrutement sont reconnus pour les écoles supérieures de commerce : la voie du concours et celle de l'examen, mais en fait, toutes ces écoles recrutent désormais exclusivement par concours.

Il faut cependant signaler qu'avant cette période, le lien entre grandes écoles de commerce et gouvernement français n'était pas complètement inexistant. Ainsi le ministre du Commerce attribuait des bourses aux meilleurs étudiants de ESCP, comme le fit le prince Jérôme à partir de 1853, et les prospectus de l'école étaient distribués dans les départements par les receveurs et payeurs et à l'étranger par les consuls[13].

En parallèle, des écoles de commerce se créaient en dehors de la France.

En Belgique, la Sint-Ignatius Handelshogeschool a été fondée par les jésuites en 1852, la Ca' Foscari à Venise en 1868, la Handelshochschule de Leipzig en 1898, à l'initiative de la chambre de commerce de cette ville. Aux États-Unis, la création de la Wharton School of Finance and Commerce date de 1891 et celle d'Harvard, de 1908, soit 17 ans après. Comme leurs homologues européennes, les écoles de commerce américaines n'ont pas été bien perçues par les milieux académiques, mais pour des raisons différentes. Si les écoles européennes, fondées en dehors du système universitaire, se voyaient contester leur capacité à enseigner la gestion, les américaines se voyaient reprocher d'abaisser les standards académiques dans lesquelles elles s'inscrivaient[14].

Les écoles de commerce se distinguaient des universités par des frais de scolarité élevés, notamment à HEC, frais rendus nécessaires pour assurer le fonctionnement des établissements. Ce type de sélection sociale rendait l'accès à ces écoles impossible aux élèves issus de classes autres que la bourgeoisie industrielle et commerçante, les professions libérales et la haute fonction publique.

Une nouvelle source de financement des écoles de commerce fit son apparition : la création de programmes de spécialisation appelés « sections » qui leur permettaient de former des élèves aux exigences du marché du travail local (section « marine marchande » à Marseille, « commerce de soierie » à Lyon ou « brasserie,

13. Maffre, P., *op. cit.*, p. 50.
14. Kaplan, A. (2014). European management and European business schools : insight from the history of business schools. *European Management Journal*, *32*(4), 529-534.

distillerie » à Lille[15], mais aussi section « maritime » à ESCP, cette dernière devant fermer ses portes en 1913 après huit ans d'existence, pour être logiquement transférée au Havre, par décision gouvernementale).

Le modèle des écoles de commerce s'impose donc à la fin du XIXe siècle et de nombreux établissements ont été créés en régions : Lille (1892), Nancy (1896), Montpellier (1897), Nantes, Dijon et Toulouse (1902), Clermont et Strasbourg (1919) et Reims (1928), la plupart du temps à l'initiative des chambres de commerce locales.

Cette expansion a été favorisée par une réglementation de 1898 qui les a incité à fonder et administrer des « écoles de commerce, écoles professionnelles, cours pour la propagation des connaissances commerciales et industrielles[16] », puis plus tard, par le recrutement des jeunes filles qui devait pallier la baisse de recrutement des garçons du fait de la guerre de 1914-1918. Cette évolution a entraîné la création, en 1916, sur fonds privés, de l'École de haut enseignement commercial pour jeunes filles (HECJF), rachetée par la chambre de commerce de Paris en 1922.

Deux ans auparavant, les écoles de commerce, rattachées au ministère du Commerce et de l'Industrie ont été mises sous la tutelle du ministère de l'Instruction publique et plus particulièrement du sous-secrétariat à l'Enseignement technique, nouvellement créé. Ce changement de rattachement s'est concrétisé par un arrêté du 15 février 1921 qui homogénéise le système de délivrance des certificats et des diplômes pour l'ensemble des établissements privés d'enseignement technique reconnu par l'État[17], mais celui-ci n'est pas allé jusqu'à institutionnaliser un rapprochement Université/grandes écoles

À la suite de la loi Astier de 1919, la taxe d'apprentissage est créée en 1925, ce qui permet aux écoles de commerce de bénéficier d'une nouvelle source de financement, source dont sont exclues les universités dans un premier temps.

Les écoles d'ingénieurs

Il n'est pas possible d'évoquer les écoles de commerce sans mentionner les écoles d'ingénieurs qui leur ont servi de modèle et avec lesquelles elles ont toujours entretenu des rapports ambigus mêlés d'envies et de rivalités. Retenons à titre d'anecdote que l'un des premiers noms de ESCP a été École supérieure de commerce et d'industrie et que ses premiers élèves portaient un uniforme très inspiré de celui de l'École polytechnique, mais celui-ci leur a été très vite interdit à la suite d'un chahut estu-

15. Blanchard, M. (2015). *Les Écoles supérieures de commerce : sociohistoire d'une entreprise éducative en France.* Paris, Classiques Garnier.
16. Loi du 9 avril 1898 relative aux chambres de commerce et d'industrie, article 14.
17. Blanchard, M., *op. cit.*, p. 46.

diantin. Plus sérieusement, HEC a tenté d'obtenir le titre d'ingénieur pour son diplôme en 1934[18].

C'est au milieu du XVIIIe siècle[19] que les premières écoles royales d'ingénieurs sont apparues en France pour répondre aux besoins du génie militaire, du génie rural et des grands corps de l'État chargés des ressources stratégiques (voies de circulation, ressources eau, bois, charbon et autres minerais).

L'École d'arts et métiers fut fondée en 1780, le Conservatoire des arts et métiers en 1794, Polytechnique en 1794 et l'École centrale de Paris en 1829, sur fonds privés. Développées hors des universités et spécialisées dans les matières techniques, elles introduisirent les questions liées à la gestion à la fin du XIXe siècle sous l'angle de l'administration des entreprises et du droit administratif. Émile Pont (X-Ponts), professeur à l'École des mines et à l'École libre des sciences politiques a été notamment un des pionniers de la gestion scientifique, afin d'aider les « bons patrons » à dégager le profit qui leur permettra de remplir leur rôle social en créant des institutions patronales (1887)[20].

C'est au XIXe siècle que les polytechniciens se sont emparés des places importantes de l'économie française et ont monopolisé les plus hauts postes des grandes entreprises françaises. La révolution industrielle rendait nécessaire le recours aux ingénieurs pour développer les produits et *process*. La notion de gestionnaire n'existait pas à l'époque puisque la très grande majorité des dirigeants étaient propriétaires ou associés et de plus, l'opinion courante voulait que si un ingénieur pouvait être un bon gestionnaire, l'inverse était impossible.

Cependant, la période de l'entre-deux-guerres change le contexte. D'une économie de pénurie, on passe à une économie de profusion et le modèle de l'ingénieur garant de la qualité des produits laisse place aux spécialistes des nouvelles techniques de vente, qui ont commencé à définir leurs propres spécificités.

Citons ainsi la création en 1930 du Centre de perfectionnement des affaires (CPA), reconnu par l'État en 1932, qui sera pendant longtemps essentiellement fréquenté par des ingénieurs souhaitant acquérir des compétences en management[21].

De son côté, le Cnam fait rapidement appel à des intervenants extérieurs assurant des cours après leurs journées de travail ainsi qu'à de nombreux universitaires qui enseignent à des auditeurs ne se préparant pas nécessairement à un diplôme et qui suivent des cours du soir gratuits.

18. Fournas (de), P. (2007). L'X, modèle des grandes écoles de commerce. *L'Expansion Management Review*, 48-54.
19. Création de l'École des ponts et chaussées en 1747.
20. Atlan, D. *et al.* (1997). L'histoire de l'enseignement de la gestion en France. *Entreprises et Histoire*, *1*(14/15), 123-135.
21. *Id.*

Parmi les personnages marquants de cette institution à l'époque : Jean Fourastié (1907-1990), qui a publié en 1943 son premier ouvrage, *La Comptabilité*, réédité 20 fois de 1943 à 1995 et qui s'est vendu à 160 000 exemplaires. Jean Fourastié a été un des exemples de proximité des professeurs du Cnam avec le monde des affaires en sa qualité de spécialiste de la comptabilité des assurances dont il contribua à écrire le plan comptable[22].

C'est également la période où les écoles d'ingénieurs se structurent et face à la multiplication de celles-ci, une Commission nationale des titres d'ingénieur est instituée en 1934, afin de protéger par un label d'État le diplôme d'ingénieur, délivré par quelques-unes d'entre elles[23].

Parallèlement, dès la fin du XIXe siècle, HEC fait appel à des professeurs d'écoles d'ingénieurs pour enseigner les matières dites scientifiques, utilisant ce fait pour se distinguer des autres écoles de commerce.

3. De 1948 à 1980 : un changement de paradigme pour les écoles de gestion et les universités

À l'issue de la Seconde Guerre mondiale, l'enseignement supérieur connaît des évolutions majeures dont certaines vont s'effectuer hors de l'Université : l'École nationale d'administration (ENA) est créée en 1945, l'École centrale des arts et manufactures passe sous tutelle publique en 1946 et un décret du 3 décembre 1947 accorde aux écoles du réseau des « Sup de Co » le statut d'établissements d'enseignement supérieur[24].

Les effets du plan Marshall et l'influence de structures américaines comme la Fondation Ford vont rendre possible une forme d'américanisation de la recherche et de l'enseignement en France et une ouverture internationale. C'est à cette époque que se construisent les « quatre piliers de la sagesse gestionnaire française » : la Fondation nationale pour l'enseignement de la gestion en entreprise (Fnege - cf. ci-après), l'Université qui développe enseignements et recherche en sciences de gestion, les écoles de commerce qui connaissent une forte expansion et les écoles d'ingénieurs qui intègrent la nécessité d'une recherche en management[25].

22. Burlaud, A. (2020). *Brève histoire de l'enseignement et de la recherche de gestion en France*. Paris, Institut national de recherche documentaire/Cnam.
23. Tronchet, G. (2015). Universités et grandes écoles : perspectives historiques sur une singularité française. *Regards Croisés sur l'Économie*, *1*(16), 37-50.
24. Statut obtenu par HEC dès 1923.
25. Chessel, M.-E. & Pavis, F. (2001). *Le technocrate, le patron et le professeur : une histoire de l'enseignement supérieur de gestion*. Paris, Belin.

Les universités

Après la Seconde Guerre mondiale, le monde universitaire a vu une explosion de sa population étudiante du fait de l'évolution démographique avec un taux d'accroissement de plus de 160 % entre 1960 et 1968[26]. Cet essor est dû à une volonté du Gouvernement d'accompagner la croissance économique par un accroissement de l'offre de formation et de suivre l'évolution de la démographie.

Les changements liés aux Trente Glorieuses et à l'évolution du monde de l'entreprise amènent les universités à s'ouvrir aux sciences de gestion et dès 1948, un doctorat d'Etat ès sciences économiques est créé. Il faut aussi signaler l'influence de Gaston Berger (industriel, philosophe et universitaire) qui créa un certificat d'aptitude à l'administration des entreprises (CAAE) en 1955. Cette formation, influencée par d'anciens diplômés de Harvard, conduit à l'ouverture de l'institut d'administration des entreprises (IAE) d'Aix-en-Provence en 1955, suivie d'une dizaine d'autres, les cinq années suivantes.

La fin des années cinquante et le début des années soixante voient l'essor des formations liées à la gestion. En 1959 est créée la licence ès sciences économiques, en 1963 apparaît la mention « Administration des entreprises » dans le doctorat ès sciences économiques et en 1964 est proposé pour la première fois un concours d'agrégation de Techniques économiques de gestion pour le recrutement des professeurs de lycées.

La réforme de 1966 implique, elle, la mise en place des instituts universitaires de technologie (IUT) qui ne sont pas prévus à l'origine comme devant permettre une poursuite d'études en second cycle, mais qui visent à une insertion rapide dans le monde du travail. Ces formations universitaires courtes postbac en commerce et en gestion entrent alors en concurrence avec les écoles de commerce, phénomène soutenu par les IAE.

De son côté, la création de l'université de Paris-Dauphine relève du souhait du ministre de l'Éducation, Edgar Faure, à la suite du rapport Bloch Lainé/Marcel Boiteux, de donner vie à un établissement d'un genre nouveau qui sortirait des cadres habituels de l'Université française. Ainsi, la pédagogie de Dauphine s'appuie sur le contrôle continu, sélectionne à l'entrée et pratique une formation dans de petites salles et non dans de grands amphithéâtres.

Bien que les enseignants viennent du département d'économie de la faculté de droit d'Assas, ils affirment ainsi l'indépendance et une nouvelle autonomie de leur discipline.

26. Prost, A. (1992). *Éducation, société et politiques : une histoire de l'enseignement en France de1945 à nos jours.* Paris, Seuil.

C'est aussi à cette époque que l'Agence de productivité européenne a relayé cet effort, ce qui a amené de nombreux professeurs français à se former aux États-Unis afin de constituer un corps professoral dédié à la gestion et de créer au sein de l'Université une nouvelle discipline. En 1968 est née la Fnege de nature « publique – privée », pour développer les enseignements de gestion qui ne constituaient pas un ensemble cohérent dans les années soixante[27].

Elle a par la suite favorisé le développement de la recherche en gestion par la création de formations doctorales et la diffusion de publications, dont la *Revue française de gestion.*

Les professeurs ont eu la possibilité, grâce à cette structure, de se confronter aux modèles existant hors de l'Hexagone. Cela s'est fait majoritairement aux États-Unis et au Canada, certains de ces enseignants allant d'ailleurs ensuite rejoindre les rangs des écoles de commerce et d'ingénieurs.

En dépit de ces évolutions, l'Université entre dans une crise profonde. Même si elle investit de nombreuses disciplines nouvelles liées à des champs professionnels en développement, comme les sciences appliquées, l'informatique, les sciences sociales, la gestion, etc., cette ouverture a occasionné en son sein une querelle entre « anciens » et « modernes », défenseurs du savoir et défenseurs de la professionnalisation des études[28].

Autre effet pervers de cette évolution, le mode de gestion corporatiste des carrières des enseignants a conduit à une confusion entre disciplines académiques et cursus étudiants et « on a multiplié à l'infini les disciplines, notamment en sciences sociales, pour satisfaire les groupes professionnels organisés autour de filière d'enseignement[29] ».

L'Université souffre de deux handicaps : le manque de moyens et l'absence de sélection à l'entrée[30].

La multiplication des filières sans moyens supplémentaires, la répartition des crédits sans stratégie claire, le manque de locaux adaptés et modernes et un recours massif aux enseignants vacataires ont été à l'origine de difficultés.

Comme elle ne peut pas procéder à la sélection de ses étudiants et qu'elle doit accueillir ceux qui n'ont pas trouvé de place ailleurs, la réputation d'excellence de l'Université s'en est trouvée affectée. L'Université a perdu, dans un certain nombre

27. Piquet, J. (2001). Les archives de la Fondation nationale pour l'enseignement de la gestion en entreprise. *Entreprises et Histoire*, (27), 122-124.
28. Vatin, F. & Vernet, A. (2009). *La Crise de l'Université française : une perspective historique et socio-démographique.* Paris, La Découverte.
29. *Id.*
30. En droit et en médecine, cette sélection se fait à l'issue de la première année.

de disciplines, sa fonction d'institution de référence pour la poursuite des études après le baccalauréat.

Par ailleurs, le coût de la scolarité des grandes écoles s'étant envolé, certains étudiants de valeur qui auraient pu accéder à des formations supérieures privées en sont exclus, pour des raisons financières, ce qui entraîne un système éducatif socialement inéquitable .

Les écoles de commerce

Si les écoles de commerce françaises ont été les héritières du modèle d'origine qui était orienté vers les enfants de la bourgeoisie, et si elles ont souvent été taxées d'être des instruments de reproduction des élites[31], elles sont cependant affectées par les grands mouvements d'après-guerre. Moins touchées que les universités par l'explosion des effectifs[32], elles doivent toutefois s'adapter à des changements majeurs, tant pédagogiques que structurels.

En 1957, le franco-américain Jacques Doriot, qui avait déjà joué un rôle important dans la création du Centre de perfectionnement aux affaires, crée l'INSEAD à Fontainebleau, conjointement avec Claude Janssen et Olivier Giscard d'Estaing, en s'inspirant davantage du modèle des *business schools* américaines que de celui des écoles de commerce alors existantes en France. Cette institution constitue une des apparitions les plus marquantes d'un modèle nord-américain dans le paysage éducatif français des sciences de gestion, d'autant que sa création a été facilitée par la Fondation Ford (déjà active lors de la création de la Fnege), et a largement contribué à la constitution de réseaux d'échange entre l'Europe et les États-Unis[33].

En 1961, l'intitulé du diplôme des écoles supérieures de commerce est modifié et devient le « diplôme d'études supérieures commerciales, administratives et financières » (DESCAF) ; en 1964, celles-ci deviennent des « écoles supérieures de commerce et d'administration des entreprises » (ESCAE). Elles passent alors de la tutelle de la direction de l'Enseignement technique à celle de l'Enseignement supérieur.

Afin d'accentuer cette marque de « grande école », une réforme du concours d'entrée est effectuée en 1965, marquée par une élévation de la difficulté de celui-ci, afin de le rendre plus sélectif : c'est l'épreuve de mathématiques qui va devenir l'élément clé de la sélection, en s'alignant sur les écoles d'ingénieurs. Parallèlement, le passage par une année de classe préparatoire devient obligatoire, même si des admissions parallèles sont possibles pour des étudiants diplômés de DUT ou BTS.

31. Bourdieu, P. & Saint-Martin (de), M. (1989). *La Noblesse d'État : grandes écoles et esprit de corps*. Paris, Minuit.
32. Blanchard, M. (2015). *Les Écoles supérieures de commerce : sociohistoire d'une entreprise éducative en France*. Paris, Classiques Garnier.
33. Bouilloud, J.-P. & Lecuyer, B.-P. (1994). *L'Invention de la gestion : histoire et pratiques*. Paris, L'Harmattan.

1968 constitue une année clé, car un nouveau rendez-vous manqué se fait par la loi Faure du 12 novembre qui entérine le fait que les grandes écoles restent en dehors des universités, celles-ci devenant de véritables établissements autonomes et pluridisciplinaires, alors que cette question avait été sérieusement envisagée, mais écartée par décision présidentielle.

À cette même époque, les écoles se dotent d'un corps professoral permanent, ceux-ci devant mener de front enseignement et recherche en sciences de gestion.

Nanties d'une réputation forte dans l'adéquation de l'enseignement aux besoins des entreprises, les écoles (ingénieurs et commerce) vont alors se positionner sur le marché embryonnaire de la formation continue, destinée à des personnes en activité professionnelle. Elles vont rapidement dominer ce marché, devançant largement les universités.

En réaction à la création, en 1970, de la Conférence des présidents d'université (CPU), la Conférence des grandes écoles (CGE) est créée en 1973 pour fédérer les principales écoles d'ingénieurs et de commerce françaises et elle constitue une réponse aux multiples établissements privés qui s'ouvrent à cette époque, sans aucun contrôle de qualité ou de contenus académiques. Son but est de permettre « la mise en commun des bonnes pratiques en matière de pédagogie et de recherche, la création de filières communes, les reconnaissances de certaines unités d'enseignement, la création des filières de troisième cycle et de doctorat d'ingénieurs communes, etc. ».

On assiste donc à la mise en place d'une structure qui vise à garantir une qualité d'enseignement et dont sont exclues officiellement les universités. Cette situation va perdurer jusqu'à la fin du XXe siècle où le « fossé » entre ces deux entités va se combler progressivement, notamment lors de la mise en place du processus d'harmonisation des études supérieures dans l'espace européen d'enseignement supérieur (dit processus de Bologne) qui a entraîné une réforme des scolarités pour arriver à trois diplômes : Licence (bachelor)/Master/Doctorat.

De même, certaines grandes écoles, tant de commerce que d'ingénieurs, ont pu intégrer des programmes de doctorat dans leur cursus, possibilité réservée auparavant aux universités.

L'enseignement technique

L'enseignement de la gestion fut d'abord un enseignement technique laissant une place importante à la comptabilité, à l'organisation administrative, à la correspondance commerciale, au droit commercial, à la banque (opérations courantes, placements, emprunts et change) et quelques disciplines annexes comme les mathématiques financières et les langues. Cet enseignement s'appuyait sur des ouvrages, nombreux dès le début du XVIIIe siècle, comme :

- La Porte (de) Mathieu (1704), *La science des négocians et teneurs de livres.* Paris, G. Cavelier.
- Savary Jacques (1765), *Le parfait négociant.* Paris, Louis Billaine.
- Degrange Edmond (1795), *La tenue des livres rendue facile.* Paris.
- Migneret P. J. (1798), *La science des jeunes négocians et teneurs de livres ; ou cours complet d'instructions élémentaires sur les opérations de commerce en marchandises et banque.* Paris, Richard, Caille & Ravier, Libraires.
- Léautey E. & Guilbault A. (1889), *La science des comptes mise à la portée de tous, traité de comptabilité domestique, commerciale, industrielle, financière et agricole.* Paris, Librairie comptable et administrative et Guillemain.

Même si certains titres mentionnent une « science », le contenu traite de la transmission de pratiques professionnelles.

L'histoire de l'enseignement technique est si riche, qu'elle pourrait faire l'objet de tout un ouvrage. Nous nous limiterons donc au XXe siècle en ne retenant que quelques grands repères et en distinguant les établissements d'enseignement, le corps enseignant et les diplômes.

Les établissements d'enseignement technique

Le foisonnement d'établissements techniques d'enseignement de la gestion connut un développement à peine imaginable. Ainsi, de 1800 à 1940, G. Bodé recensait plus de 866 établissements, de tous niveaux ![34] Bien sûr, beaucoup d'entre eux n'ont eu qu'une courte vie.

Comme nous l'avons dit, la comptabilité était en quelque sorte le cœur de métier de la gestion. Parmi les grandes institutions, il y eut la Société académique de comptabilité, créée en 1881, devenue Société de comptabilité de France en 1916 qui formait des teneurs de livres, des comptables et des experts-comptables.[35] On ne peut pas non plus ignorer les cours Pigier, créés en 1850 sous le nom d'École pratique de commerce et de comptabilité. En 1877, Pigier créa des cours par correspondance.

34. Bodé G. (2012), « A la recherche de l'Arlésienne : l'enseignement commercial en France (1800-1940) », *Histoire de l'éducation*, n° 136, octobre-décembre, p. 46. Cité par Godelier E. (2020), « From the "science" of practices to management science: milestones for a history of management education in France (1900s-2000s) », *Management and Organizational History*, décembre, p. 3.

35. Cf. à ce sujet : Degos J.-G. (2002), « Une brève histoire des diplômes d'expertise comptable (1927-1997), *Technologie et management de l'information : enjeux et impacts dans la comptabilité, le contrôle et l'audit*, Annales du congrès de l'AFC, halshs-00584460v1

En 1880, le phonographe y fut introduit pour l'enseignement des langues étrangères. Aujourd'hui, Pigier compte 70 établissements dans le monde, 25 en France et accueille 10 000 étudiants (post-baccalauréat), 8000 scolaires (enseignement secondaire) et 7000 stagiaires en alternance.[36]

Peu connus du monde universitaire, on voit cependant que ces établissements occupent une place importante.

Dans l'enseignement public, en nous en tenant à la période de l'après-guerre, nous observons la création des collèges d'enseignement technique (CET) en 1959 où l'on préparait les certificats d'aptitude professionnelle (CAP), puis en 1975 la création des lycées d'enseignement professionnel (LEP) pour former les élèves jusqu'au niveau du bac. Ces derniers deviendront des lycées professionnels en 1995 avec la création des baccalauréats professionnels. Ces créations successives ont accompagné le mouvement d'allongement des études.

Le corps enseignant dans l'enseignement technique

Dans la multitude d'établissements privés, hors collèges ou lycées sous contrat, le corps enseignant est recruté librement sur des contrats de droit privé.

Certaines villes, dont la ville de Paris, ont ouvert des centres d'enseignement. En ce qui concerne cette dernière, elle avait créé un corps de fonctionnaires, les professeurs de la ville de Paris, recrutés sur concours, qui, dans les années 1960, ont été reclassés dans le corps des professeurs certifiés. L'un d'eux, Jean-Pierre Grappin, fut ensuite détaché à ESCP où il devint doyen du corps professoral dans les années 1980.

L'Éducation nationale se dota d'un corps de professeurs spécialisés dans les enseignements de gestion, également recrutés sur concours : le certificat d'aptitude au professorat de l'enseignement technique (Capet) pour les classes de la seconde à la terminale technologique dans les lycées d'enseignement général, le certificat d'aptitude au professorat de lycée professionnel (CAPLP) pour les mêmes classes dans les lycées professionnels et, depuis 1963, l'agrégation de techniques économiques et de gestion (TEG), qui deviendra agrégation d'économie et gestion. La plupart des agrégés enseignent dans les classes post-baccalauréat (BTS) et diplômes comptables supérieurs [diplôme de comptabilité et de gestion-DCG- et diplôme supérieur de comptabilité et de gestion-DSCG-] et nombre d'entre eux sont détachés dans l'enseignement supérieur et notamment dans les IUT et le premier cycle.

Un certain nombre de candidats à ces concours passaient, et aujourd'hui passent uniquement pour l'agrégation, par une École normale :

36. www.pigier.com (consulté le 16/02/2021)

- École normale de l'enseignement technique, créée en 1912, puis ;
- École normale supérieure de l'enseignement technique (Enset), créée en 1932 qui devint ;
- École normale supérieure de Cachan en 1985 et fut à son tour rebaptisée ;
- École normale supérieure Paris-Saclay en 2014.

Ces différents statuts ont bien sûr rigidifié les parcours professionnels des enseignants, le passage d'un niveau d'enseignement à un autre supposant de passer un nouveau concours. Mais heureusement, les possibilités de détachement, notamment dans l'enseignement supérieur, ont permis de fluidifier les carrières. Il faut savoir que sans les agrégés du second degré (les PRAG) et sans les certifiés (les PRCE), de nombreuses filières de l'enseignement supérieur n'auraient tout simplement pas pu exister. Notamment, les IUT auraient été bloqués par l'impossibilité de recruter un nombre suffisant de maîtres de conférences et de professeurs d'université.

Les diplômes de l'enseignement technique

La nécessité de délivrer des diplômes sous l'autorité de l'État est apparue assez tôt pour mettre de l'ordre dans la jungle des établissements de toute nature formant ou prétendant former à la gestion. Le ministère chargé de l'enseignement professionnel créa ainsi :

- le CAP d'aide-comptable en 1919. Aujourd'hui, seul le CAP « métiers de la vente » subsiste. Il correspond à la classe de 3e ;
- le brevet d'études professionnelles (BEP) en 1967, correspondant à la classe de 1re ;
- le brevet professionnel (BP), préparé aujourd'hui uniquement en alternance, correspondant à la classe de terminale ;
- le baccalauréat professionnel en 1985 dont seul subsiste aujourd'hui la spécialité « gestion administrative », préparé en 4 ans et, depuis 2009, en trois ans pour s'aligner sur la durée de la scolarité dans les lycées d'enseignement général.

A côté des diplômes de l'enseignement professionnel dont le programme comporte une proportion importante de stages et qui doivent en principe conduire à une insertion professionnelle immédiate, l'enseignement technologique conduit à des poursuites d'études supérieures courtes : BTS, DUT ou DCG, dans nos disciplines. Les baccalauréats technologiques ont été créés en 1968 avec, en ce qui nous concerne, la série G (G1 Techniques administratives, G2 Techniques quantitatives de gestion et

G3 Techniques de commercialisation) qui deviendra Sciences et technologies tertiaires (STT) en 1992 puis Sciences et technologies de la gestion (STG) avec un renforcement de la formation générale et Sciences et technologies du management et de la gestion (STMG) en 2012.

En conclusion, on voit que l'enseignement scolaire[37] a été en constante évolution, très lié aux besoins des employeurs qui intervenaient d'ailleurs généralement dans la définition des programmes. Ce foisonnement d'initiatives et de demandes contradictoires ont largement contribué à la complexité de l'ensemble. Nous n'avons pas ici abordé les différentes modalités pédagogiques telles l'alternance, les modes de financement, etc. mais on comprend bien que cela ne peut être simple. La complexité est-elle une richesse ou un handicap ? La question reste ouverte.

Le cas des classes préparatoires

La création des grandes écoles a conditionné celle des classes préparatoires aux grandes écoles (ou classes prépa) où les étudiants se préparent aux concours pour entrer dans ces écoles. Elles sont structurées en trois grandes filières : écoles d'ingénieurs, grandes écoles de commerce et lettres.

La répartition des étudiants est très inégale : 60 % des étudiants de prépa sont en filière scientifique, 22 % en filière commerciale et environ 15 % en filière littéraire et la population des préparationnaires reste faible par rapport à l'ensemble des étudiants français. Il y a plus de 85 000 étudiants en classes préparatoires aux grandes écoles pour 2,5 millions à l'Université.

Intégrées au système éducatif français, ces classes ont la particularité d'être financées par l'État pour aider les étudiants à intégrer des écoles qui sont pour la plupart de statut privé et dont le budget permet de donner à ses élèves un suivi individualisé dont les universités ne peuvent que rêver.

Par ailleurs, les professeurs des classes préparatoires ont un statut particulier. Ils relèvent du secondaire, mais enseignent dans le supérieur : 90 % sont titulaires de l'agrégation, 25 % sont docteurs et ils bénéficient d'un service allégé. Ce statut a été longtemps protégé par ceux-ci, d'abord par l'Union des professeurs de spéciales (UPS), créée en 1927 (et devenue Union des professeurs de classes préparatoires scientifiques en 2013) et en 1972, par l'Association des professeurs des classes préparatoires au haut enseignement commercial.

Cependant, depuis plusieurs années, le statut de « voie royale » des classes prépa vers les grandes écoles de commerce est battu en brèche par l'arrivée de plus en plus

37. Le mot « scolaire » ne désigne pas ici une qualité… ou un défaut, mais simplement tous les enseignements de l'école primaire au baccalauréat, par opposition à l'enseignement supérieur.

importante des étudiants étrangers, par la montée en puissance du programme Bachelor et des admissions parallèles, mais aussi et surtout par un changement de mentalité de beaucoup d'étudiants réticents à consacrer deux à trois ans de leur vie à travailler intensément sans y voir de « valeur ajoutée ».

Les classes préparatoires pourront elles garder leur statut dans l'avenir ? La question est posée.

Les formations privées postbac

Le fait que de plus en plus d'étudiants soient réticents à se confronter au rythme des classes préparatoires a donné naissance à une floraison de formations postbac dans tous les domaines, y compris la gestion. Il se pose cependant la question de la qualité de l'enseignement de celles-ci et le choix des étudiants est difficile à faire. Parmi les quelques points de repère dont ils disposent figurent le visa, « label » délivré par le ministère de l'Éducation nationale, l'appartenance de l'école à la Conférence des grandes écoles, l'accréditation EPAS délivrée par l'EFMD (European Foundation for Management Development) ou l'inscription au RNCP (Répertoire national des certifications professionnelles). Certaines écoles revendiquent la « non-affiliation » pour en faire la bannière de leur indépendance, mais c'est parfois le signe d'une qualité médiocre d'enseignement ou d'un diplôme peu reconnu dans le monde professionnel.

4. De 1980 à nos jours

À la fin des années quatre-vingt, le paysage de l'enseignement français de gestion se caractérise par l'existence de trois grandes catégories d'établissements :

- des grandes écoles aux moyens importants, sélectionnant et formant des étudiants qui s'intègrent rapidement sur le marché du travail, aidés en cela par un réseau d'anciens diplômés ;
- des universités qui, avec des moyens limités, doivent faire face à un afflux important d'étudiants mais développent des filières de gestion susceptibles de concurrencer bien des écoles, notamment en second et troisième cycle ;
- une myriade d'écoles privées au niveau académique diversement évalué.

La réalité est évidemment plus complexe que cette brève présentation qui masque notamment le fait que les grandes écoles, attribuant des diplômes visés par l'État, se voient auditées par celui-ci.

Mais si ces entités arrivaient à vivre confortablement avec les ressources qui leur étaient allouées ou qu'elles généraient, la fin des années quatre-vingt va voir apparaître de nouveaux enjeux (instauration d'un marché international très concurrentiel, formations en distanciel, nouveaux comportements des étudiants, crise financière des chambres de commerce et d'industrie, prise en compte des modèles de développement durable, etc.) qui vont remettre en cause tous ces modèles et parfois, gommer les frontières. De nouvelles structures tentant l'intégration comme les « communautés d'universités et établissements » (ComUE) constituent une des réponses françaises, face à une pression venant de l'étranger.

L'enjeu qui a paru comme essentiel a surgi dans les années deux mille : c'est celui de la visibilité internationale avec le classement dit de Shanghai des principales universités mondiales, établi par des chercheurs de l'université Jiao-Tong. Même s'il est très décrié, notamment parce qu'il n'évalue pas la qualité de l'enseignement ni le niveau des élèves diplômés, ce classement qui a un retentissement médiatique mondial, pénalise les grandes écoles françaises qui ne peuvent y figurer. Les universités françaises, trop éclatées, ont dû ainsi réagir, puisqu'elles n'apparaissaient qu'en fin de liste.

Les regroupements « grande école/université » et « université/université » se sont alors imposés avec succès, à l'instar de Paris-Saclay, université française créée par décret le 6 novembre 2019 en tant qu'« établissement expérimental public à caractère scientifique, culturel et professionnel » et qui a intégré en 2020 directement la 14e place du classement de Shanghai[38].

L'université Paris-Saclay comprend, outre l'ancienne université Paris-Sud, l'École normale supérieure Paris-Saclay, CentraleSupélec, l'Institut d'Optique et AgroParisTech et l'Institut des hautes études scientifiques (IHES)[39] en tant qu'« établissements-composantes » et elle est membre de l'alliance universitaire européenne European University Alliance for Global Health, qu'elle coordonne, depuis le 1er septembre 2019.

Parallèlement, les liens entre Polytechnique et HEC deviennent de plus en plus nombreux, tant dans l'enseignement (MS Finance de HEC) que dans la recherche. Hi! PARIS, qui a été lancé en septembre dernier par les deux institutions, a pour ambition de devenir un leader mondial en Intelligence Artificielle et en Sciences des données.

De son côté, Sorbonne Alliance a été officiellement institutionnalisée en janvier 2021, avec trois co-fondateurs : l'Université Paris I Panthéon-Sorbonne, ESCP, et Paris III Sorbonne Nouvelle[40] et qui repose sur 4 piliers : l'enseignement, la recherche, le développement international et la vie étudiante et culturelle.

38. Wong, C. (2020). La folle ascension de Paris-Saclay. *Les Échos*, 26 octobre.
39. Une si belle histoire française. *Le Point* (spécial grandes écoles), 20 février 2020.
40. https://www.planetegrandesecoles.com/lescp-et-la-sorbonne-sassocient-et-creent-lalliance-sorbonne

Après tant de rendez-vous manqués, le modèle français d'enseignement et de recherche en sciences de gestion dispensé par deux systèmes différents commence à devenir moins clivant et un rapprochement entre les deux mondes s'effectue, de façon d'autant plus bénéfique qu'il y a mutualisation des ressources. Le système français est unique au monde : il est bicéphale, alors qu'à l'étranger, l'Université et les écoles évoluent dans un même univers.

L'exception française semble s'estomper et son existence, considérée comme une faiblesse ces dernières années, peut constituer une force, comme l'a démontrée la fusion réussie de l'Institut d'études commerciales supérieures (IECS) avec l'Institut d'administration des entreprises (IAE) de la ville pour donner naissance à l'EM Strasbourg qui s'est intégrée à l'université de Strasbourg.

Témoignage de Roland Reitter, HEC, 1966

Le tournant stratégique pris par HEC en 1966 mérite d'être évoqué ici ; il ouvrit une voie que d'autres suivirent : corps professoral permanent, gamme de programmes, ancrage dans le monde des affaires.

Je veux souligner qu'à l'époque l'idée de ranking n'était pas encore née.

En 1964, HEC proposait un enseignement de qualité : les vedettes de l'Université, en cours magistral ; la comptabilité avec les meilleurs experts-comptables, deux langues, des conférences de praticiens de la banque, du marketing ou des RH. Mais les élèves n'avaient pas en face d'eux un corps professoral formé à l'enseignement et la recherche en gestion, présent sur le campus et ayant une pratique pédagogique collective.

Le plan de 1966 créa tout cela : MBA, formation continue, envoi de jeunes assistants aux États-Unis, publications. HEC investit massivement dans la rédaction de cas et encouragea les activités de conseil.

La mise en œuvre se fit dans la douleur à cause de l'opposition déterminée d'une partie des anciens élèves qui obtint de la CCIP que le nom d'HEC ne soit pas utilisé pour les nouveaux programmes, ni pour la dénomination de l'ensemble et il fallut 25 ans pour rattraper cette erreur.

Puis le phénomène des rankings modifia radicalement le jeu...

Chapitre 2

Satisfaire un besoin de double compétence

Par Alain Burlaud, Éric Lamarque & Maurice A. Saias

Le management scientifique avec son père fondateur, Frederick Winslow Taylor, puis de nombreux ingénieurs dont Henry Fayol et les ingénieurs économistes français Marcel Boiteux et Pierre Massé, a vu naître une conception de la gestion qui en fait un champ d'application des sciences de l'ingénieur. Il était donc démontré que l'on pouvait faire du management à partir d'autres disciplines et que, par exemple, il était plus facile pour un mathématicien ou un médecin de devenir un gestionnaire que de parcourir le chemin en sens inverse. De là naquit la notion de double compétence : nécessité d'une connaissance de l'activité et des contraintes techniques de l'entreprise pour la gérer. Cela n'a pas empêché la gestion, art ou pratique, de devenir une discipline académique aujourd'hui autonome.

1. Une brève histoire des IAE

Par Alain Burlaud

Comme nous le verrons à propos de la Fnege, à la fin de la Seconde Guerre mondiale, le prestige de l'Amérique était à son plus haut niveau. Le Débarquement, la Libération, l'avance dans quasiment tous les domaines (sciences, industrie, logistique, etc.), la *soft power* en avaient fait un modèle, un rêve. La société de consommation séduisait plus que le modèle de l'autre grand vainqueur, l'URSS. Pour rattraper le retard, il fallait notamment développer un enseignement relatif à l'art de diriger les organisations. En fait, il ne s'agit plus d'un art qui se transmet par la seule expérience, mais d'une science avec des règles supposées universelles. On peut en effet penser que, par exemple, la logistique n'a pas de patrie.

Un certain nombre de jeunes universitaires français[1] ont donc fait le voyage aux États-Unis dans les années cinquante pour étudier l'organisation universitaire et le contenu des enseignements, pour comprendre l'origine du *management gap*.

C'est le *master in business administration* (MBA) et notamment celui de la Harvard Business School qui suscita le plus leur attention : une formation généraliste en gestion pour cadres expérimentés, en un an, sanctionnée par un diplôme universitaire prestigieux. Le corps enseignant permanent était composé d'universitaires spécialistes de la gestion et ayant une triple activité : enseignement, recherche et conseil aux entreprises. Il était également fait appel à des praticiens de haut niveau. Une pédagogie inductive, fondée sur la méthode des cas, introduisait une dimension expérimentale dans notre discipline.

Tout cela existait bien sûr déjà en France, tant dans les universités que dans les écoles de commerce, et ailleurs en Europe, mais de façon dispersée, sur la base d'initiatives souvent individuelles ou locales. La gestion n'était pas une discipline académique, mais plutôt un accident de parcours pour des économistes ou des juristes. Sur le modèle du MBA, Gaston Berger, directeur de l'enseignement supérieur au ministère de l'Éducation nationale, créa en 1955 les instituts d'administration des entreprises (IAE) au sein des universités. Antérieurement, il avait été industriel, docteur en droit puis professeur de philosophie à la faculté d'Aix-en-Provence. Après la Seconde Guerre mondiale, il a fréquenté des universités américaines et fut secrétaire général de la commission Fulbright qui était chargée des relations culturelles entre la France et les États-Unis. Afin de protéger les IAE des réactions de rejet d'universitaires plus traditionnels, il en fit des composantes à part, des instituts, ayant une certaine autonomie de fonctionnement. Ils délivraient un seul diplôme : le certificat d'aptitude à l'administration des entreprises (CAAE), reconnu comme étant un diplôme de troisième cycle, délivré tant en formation initiale qu'en formation continue. Avec la réforme licence-master-doctorat (LMD) initiée en 2002, issue du processus de Bologne[2], le CAAE change de nom et s'intitule aujourd'hui master en administration des entreprises (MAE). La formation dure de 12 à 18 mois et à son issue, les étudiants possèdent une double compétence : un premier diplôme de second cycle ou plus, en sciences (y compris des diplômes d'ingénieur), médecine, droit ou lettres plus le CAAE pour la compétence managériale.

1. Gaston Berger, Jean Meyer, Maurice Saïas, Pierre Tabatoni et bien d'autres. À la fin de cette période d'*americamania*, Jean-Jacques Servan-Schreiber, un homme politique et journaliste, admirateur des États-Unis, publia un ouvrage qui eut un grand succès et qui traduit bien l'esprit de l'époque : *Le Défi américain* (Denoël, 1967).
2. Décret n° 2002-482 du 8 avril 2002 portant application au système français d'enseignement supérieur de la construction de l'Espace européen de l'enseignement supérieur.

En 1955, cinq IAE furent créés : Aix-en-Provence avec Pierre Tabatoni[3], Bordeaux avec Jean-Guy Mérigot, Dijon, Rennes et Toulouse. Six autres ouvrent leurs portes en 1956 : Caen, Grenoble, Lille, Montpellier, Paris et Poitiers. Le mouvement se poursuivit les années suivantes, tant et si bien qu'il existe aujourd'hui 35 IAE rebaptisés écoles universitaires de management quand ce n'est pas, par exemple, Toulouse Business School ou, à Paris, IAE-Sorbonne Business School. Mais la signification de cette mode des anglicismes qui prête à sourire n'est pas la même que celle qu'elle pouvait avoir dans les années cinquante. Il s'agit plutôt, dans les années deux mille, de montrer que l'on s'insère dans la mondialisation et non pas de mimétisme du modèle américain aujourd'hui concurrencé par d'autres modèles, notamment asiatiques.

L'une des difficultés majeures rencontrées lors de la création des IAE fut l'absence d'un corps professoral (maîtres de conférences et professeurs) spécialisé. La Fondation nationale pour la gestion des entreprises (Fnege) contribua très largement à desserrer cette contrainte comme nous allons le voir plus loin. Il fallait faire passer « l'idée que la gestion, contrairement aux conceptions dominantes à l'époque, n'était ni du droit, ni de l'économie. Ces matières, ou d'autres comme la psychologie, la sociologie, les mathématiques et les statistiques pouvaient fournir des outils de base, mais des connaissances spécifiques étaient à construire. Dans l'enseignement de la gestion il devait y avoir d'abord une culture de l'organisation entendue comme un système d'action collectif finalisé[4]. »

Si les IAE étaient, à l'origine, de petites structures accueillant chaque année de l'ordre de 25 inscrits, beaucoup se sont développés en élargissant leur offre de formation au-delà du diplôme de généraliste par des diplômes d'études supérieures spécialisées (DESS) qui deviendront des masters plus spécialisés : comptabilité, marketing, gestion des ressources humaines, etc. Ils peuvent aussi proposer des formations doctorales et ont ouvert des départements de formation continue qui vendent des services de formation aux entreprises. Les 35 IAE accueillent ainsi plus de 50 000 étudiants chaque année et proposent environ 1 000 diplômes différents.

Les IAE sont regroupés au sein d'une association, IAE France, afin de faire du *brand management*, du *lobbying* et des relations publiques. Ils harmonisent leur fonctionnement comme le font les membres d'un réseau et mutualisent des ressources. Ils ont ainsi un dispositif commun de sélection à l'admission, le Score IAE-

3. Pierre Tabatoni était un ami de Horst Albach. Tous deux connaissaient très bien les États-Unis, L'un avait créé l'IAE d'Aix-en-Provence et l'autre, en 1984, sur le modèle de la Kellogg School of Management de la Northwestern University, la Wissenschaftliche Hochschule für Unternehmensführung (WHU) à Vallendar.
4. Garel, G. & Godelier, É. (sous la direction de) (2004). *Enseigner le management : méthodes, institutions, mondialisation* (p. 113). Paris, Hermès/Lavoisier.

Message et un système de certification de la qualité de leur organisation administrative, Qualicert. Aucune de ces initiatives n'est d'origine ministérielle.

Un projet comme la création des IAE aurait-il aujourd'hui les mêmes chances de succès ? Ce n'est pas certain. La gestion des carrières des enseignants-chercheurs repose de façon beaucoup plus importante sur les publications d'articles dans les revues classées, si possible anglophones[5]. De ce fait, le temps consacré à organiser et développer des filières de formation est peu valorisé. Les effets négatifs de ce mode de gestion des carrières commencent à se faire sentir, ce qui est un sujet de préoccupation pour le Haut Conseil de l'évaluation de la recherche et de l'enseignement supérieur (Hcéres). Il s'agit d'une autorité administrative indépendante, créée à l'initiative du ministère de la Recherche et de l'Enseignement supérieur. Il a pour mission d'évaluer les formations et les établissements placés sous la tutelle du ministère mais pas les personnels, qu'ils soient administratifs ou enseignants. Les résultats de ces évaluations sont publics. L'Hcéres ne fait actuellement pas de *ranking* comme le CHE en Allemagne.

Enfin, pour en revenir aux IAE, ils sont aujourd'hui une composante importante de l'enseignement de la gestion en France, en concurrence avec les écoles de commerce et bien sûr avec les universités étrangères. Mais il y a aussi une concurrence interne car des enseignements de gestion se sont aussi développés dans les autres composantes des universités françaises : facultés de droit, facultés de sciences économiques et de gestion, etc. La large autonomie qui leur a été accordée et qui fut une des clés de leur succès est aujourd'hui menacée du fait de la fusion des universités et du regroupement des universités et d'écoles dans des ComUE, ce qui pose la question de leur place au sein de ces ensembles.

2. Les IAE : acteurs historiques et d'avenir pour le développement de la double compétence

Par Éric Lamarque & Maurice A. Saias

Pourquoi une contribution sur la double compétence dans la formation au management telle qu'elle a été conçue et réalisée dans les instituts d'administration des entreprises (IAE), au sein de l'Université ?

Les auteurs ont partagé les réponses à cette question en fonction de leur vécu, de leurs expériences, résultats de leur différence de génération. Les plus anciens ont

5. L'*impact factor* est automatiquement plus élevé pour une publication en anglais (ou en *globish* ?) comparé avec la même publication dans une langue dont l'usage est moins répandu.

naturellement pris la responsabilité de présenter la partie historique. Il s'agit essentiellement d'un témoignage. Le plus jeune, du fait même de son rôle au sein des IAE, fera part de sa perception de la situation actuelle, des enjeux et des perspectives de développement des IAE. Avant d'entrer dans le détail de ces deux parties, il convient d'exposer quelques idées qui ont fait l'objet de nombreux débats dans le passé.

Double compétence est un terme réducteur qui ne correspond pas à l'état d'esprit qui a conduit à son usage. À l'origine, la double compétence qualifie le profil des étudiants diplômés des IAE. En fait, il s'agissait plutôt de multicompétence si l'on se réfère à l'institution elle-même ou à l'enseignement. Le management ou les sciences de gestion, appellations plus appropriées qu'administration des entreprises, sont un carrefour où se rencontrent plusieurs disciplines. Les sciences de gestion sont le creuset dans lequel se fondent ces disciplines. Elles sont aussi un lieu de rencontre entre rigueur scientifique et art. C'est un art qui se nourrit de connaissances empruntées aux sciences. C'est avant tout un domaine d'application qui, pour être rigoureux, s'appuie sur la recherche fondamentale et appliquée. Elles remplacent le manichéisme de l'exclusion du « ou » par l'intelligence et le pragmatisme du « et ». Leur champ d'études s'étend à tous les types d'organisations sans limites de taille, à but lucratif ou non, privées ou publiques, ou toute autre taxonomie. Elles s'intéressent à l'ensemble des questions qui touchent aux performances des organisations.

Pour répondre aux spécificités des sciences de gestion il convenait de les traduire en pratique dans le fonctionnement des institutions, la constitution des corps enseignants et le profil des étudiants.

Rien n'a été facile, les sciences de gestion ayant rencontré de nombreux obstacles pour se faire admettre dans l'Université. Quelques formations plus anciennes, telles que l'ICN créé en 1905, existaient, mais restaient des expériences isolées.

Aujourd'hui, il est encore impossible d'affirmer que tous les obstacles soient levés, mais les sciences de gestion ont trouvé une place dans l'Université.

La genèse des instituts d'administration des entreprises

En novembre 1958, le plus ancien des coauteurs est entré à l'IAE d'Aix-Marseille comme étudiant. C'était alors la troisième promotion. L'université d'Aix-Marseille a été l'une des toutes premières à accueillir des étudiants et des cadres qui désiraient se familiariser avec l'entreprise ou améliorer leurs connaissances. Les uns se trouvaient dans les locaux de la faculté de droit dès 1955 et les autres, à Marseille, dans des locaux loués en 1956. Les marchands entraient dans le temple.

Les lieux, leur configuration, la composition de notre groupe, les enseignants et les méthodes pédagogiques pouvaient surprendre les étudiants que nous étions.

Assis autour d'une table en forme d'aile d'avion, nous étions plus d'une vingtaine, d'horizons divers : étudiants en 4e année de licence en droit, mention économie, juristes privatistes et publicistes, littéraires, diplômés d'école de commerce, ingénieurs et deux cadres d'entreprise, suivant le programme étudiant à plein temps à Aix. Nous allions rapidement réaliser à quel point l'hétérogénéité de ce groupe constituait le terreau de sa richesse. En effet, contrairement à nos expériences précédentes, la participation de chacun était sollicitée grâce à des méthodes pédagogiques actives dont l'essentiel s'appuyait sur la méthode des cas qui avait fait la réputation de la Harvard Business School (la Business School l'avait elle-même emprunté à la Harvard Law School). Cette méthode paraissait familière aux juristes habitués aux commentaires d'arrêts.

L'enseignement reposait sur la combinaison des apports conceptuels d'un corps professoral universitaire, pluridisciplinaire et des contributions de praticiens issus du monde de l'entreprise.

Les travaux en petits groupes de cinq ou six précédaient les séances plénières où se confrontaient perspectives et points de vue au cours de discussions où l'ensemble de la promotion se trouvait impliqué. Le rôle de l'enseignant consistait donc à animer les discussions, à mettre en évidence les différentes perspectives autant qu'à transmettre des connaissances.

Les cours magistraux étaient plus l'exception que la règle. Le travail individuel de préparation pour les activités de petits groupes se substituait au cours magistral.

Ce modèle, aujourd'hui répandu et enrichi, représentait une vraie révolution pédagogique au milieu des années cinquante dans l'Université française. Ces méthodes, nouvelles pour nous, étaient utilisées dans les meilleures *business schools* aux États-Unis. Elles ont très largement inspiré de nombreux établissements dans le monde aux côtés d'autres méthodes développées ensuite : méthode des incidents, simulations de gestion, etc.

Le crédit de cette révolution revient en grande partie à deux hommes, Gaston Berger et Pierre Tabatoni.

Gaston Berger était également dirigeant d'une entreprise marseillaise. Il avait, de surcroît, une expérience américaine du monde universitaire et du monde économique. Il est également connu pour être l'un des initiateurs de la pensée prospective. Cette largesse de perspectives, ce cumul d'expériences, le portaient naturellement vers une volonté de réforme du schéma traditionnel de l'Université. Devenu directeur général de l'enseignement supérieur, il avait la possibilité de mettre en œuvre certaines de ses idées.

Pierre Tabatoni, brillant économiste, professeur agrégé à la faculté de droit d'Aix, avait fréquenté les universités britanniques et américaines. Homme de culture, il était convaincu que l'Université française ne pouvait se désintéresser de la formation de gestionnaires. Il cherchait à lui trouver et lui donner un ancrage afin d'en assurer la légitimité à plus long terme en tant que discipline.

Les sciences de gestion, s'apparentant à la médecine, forment un creuset, un domaine d'application, où se côtoient différentes spécialités qui s'appuient elles-mêmes sur la contribution de sciences dites exactes, mathématiques, physique, statistiques, et de sciences humaines, psychologie, sociologie, anthropologie, etc. Elles se nourrissent aussi des contributions issues des avancées technologiques, informatique, intelligence artificielle ou 4e révolution industrielle, entre autres. Visionnaire, Pierre Tabatoni[6] avait perçu très tôt les évolutions qui se profilaient. Les nombreux rapports émanant des *business schools* et fondations (Ford, Carnegie et Rockefeller Foundations) américaines[7] ou de source européenne (rapport Platt[8]) dans les années soixnate confortaient ses intuitions et sa vision. Trois modèles se concurrençaient : Harvard, Carnegie-Mellon, Chicago. Les combiner constituait un défi, mais s'est avéré possible dans les IAE.

On introduisit en France un modèle de formation au management reposant sur la recherche (*Reseach Based Model of Business Education*). Ce modèle avait été pensé et testé aux États-Unis à la suite de la Première Guerre mondiale, partiellement développé pendant la Seconde Guerre mondiale, et mis en place par étapes dans les années cinquante[9].

Les IAE, ou les instituts de préparation aux affaires (IPA) créés en 1955, ont constitué la première étape de cette longue route. Ils sont nés et ont mûri au sein des facultés de droit, promus, dirigés et animés le plus souvent par des économistes ou parfois des juristes.

Cette stratégie d'entrée a permis le développement de la discipline sur les plans scientifiques et institutionnels. Pierre Tabatoni a ainsi été l'un des principaux acteurs de cette évolution qui aura débuté comme une véritable révolution. Gaston Berger et le doyen de la faculté de droit ont créé les cadres et apporté les ressources nécessaires pour que se concrétise le projet.

6. Tabatoni, P. (1996). Pierre Tabatoni et l'introduction de la gestion en France. *Gérer & Comprendre*, (44), 71-84.
7. Gordon, R.A. & Howell, J.E. (1959). *Higher education for business*. New York, Columbia University Press.
8. Pierson, F.C. (1959). *The education of american businessmen : a study of university-college programs in business administration*. New York, McGraw-Hill.
9. Bottom, W.P. (2006). *Before the Ford Foundation : development of the research based model of business education (working paper)*. Saint-Louis, Olin Business School, Washington University.

Pluridisciplinaires par essence, les IAE s'adressaient à des enseignants et des étudiants curieux de confronter leurs précédentes formations au monde des réalités de l'entreprise, applications pour les premiers, élargissement pour les seconds.

Les IAE avaient également un objectif plus pragmatique au sein des universités. Face à l'explosion du nombre d'étudiants dans les années cinquante, il fallait faciliter leur insertion dans le monde économique et celui de l'entreprise.

C'est ainsi que les étudiants des facultés des lettres devaient, théoriquement, être la cible privilégiée des IAE. La réalité n'a pas correspondu à ces objectifs.

La double formation, cependant, est restée la règle pendant de nombreuses années ; aussi longtemps, tout au moins, que les IAE ont limité leurs admissions aux étudiants déjà détenteurs d'un diplôme de l'enseignement supérieur. Dans la plupart des cas, les étudiants avaient une première formation économique ou juridique, assez fréquemment, scientifique, notamment d'ingénieur. Beaucoup plus rares étaient les étudiants issus des facultés de lettres.

La double compétence, certes limitée dans son horizon, existait. Elle facilitait l'entrée sur le marché du travail à de meilleures conditions, notamment salariales. Cette double compétence permettait également de donner aux IAE un avantage concurrentiel face aux établissements privés ou consulaires. Mais tout avantage concurrentiel n'est que temporaire.

L'arrivée et le développement des MBA a remis en cause cette situation, les responsables des formations universitaires ayant réagi trop lentement ou trop mal, pour certains d'entre eux faute de moyens spécifiques suffisants, pour d'autres, par manque de vision pour la reconnaissance de cette formation aux caractéristiques particulières, notamment l'exigence d'un minimum d'expérience professionnelle, sa durée, ses normes internationales, les moyens à mobiliser, etc.

En fait, le débat n'a pas vraiment eu lieu. En comparant le système français aux systèmes étrangers, seule comparaison valable dans ce monde de la formation au management, nombreux sont les IAE qui ont choisi une route difficile par rapport à la double compétence. En effet, le schéma de la double compétence suppose que la première formation, à la base de la compétence d'origine, soit solide, exigeant quatre ou cinq années d'études.

De nos jours une parfaite illustration pourrait être celle de l'intelligence artificielle. Les entreprises ont besoin de spécialistes dans ce domaine. L'offre d'emplois est forte, même sur les marchés les moins ouverts. Mais les étudiants bien formés dans ces domaines ne connaissent pas le monde de l'entreprise. Prétendre former un analyste de données performant au-dessous du niveau bac+5 est illusoire. Lui demander de consacrer une année d'études supplémentaire pour se familiariser avec la vie de l'entreprise est difficile. Les mêmes conclusions s'imposeraient pour un diplômé en sciences humaines. En effet, la complexité des situations dans les entreprises et les problématiques plus nombreuses exigent des seuils de compétence plus élevés. Enfin, la concurrence en matière de formation devient de plus en plus forte et géographiquement plus étendue. Les IAE et l'Université sont-ils prêts pour répondre à de telles demandes et relever ce défi ?

Au départ, l'absence de stratégie commune des IAE a contribué à diluer leur image, à renforcer la concurrence externe des établissements privés ou consulaires. Ces établissements ont par ailleurs engagé des moyens de communication très supérieurs aux universités pour promouvoir leur modèle et un enseignement déjà très professionnalisant. Dans un contexte de concurrence encore renforcée aujourd'hui, l'objectif de double compétence pour les étudiants ne risque-t-il pas de devenir secondaire face à une volonté de s'aligner sur le modèle des écoles privées ou consulaires ?

La période récente a vu le retour en force des « écoles » disciplinaires au sein des universités : écoles d'économie de Paris ou de Toulouse, écoles d'architecture, écoles d'ingénieurs, école de droit de la Sorbonne et maintenant les IAE, à travers leur réseau IAE France, qui se définissent comme des écoles universitaires de management. Plus que jamais la question de leur place au sein des universités est posée avec les lois successives : Pécresse en 2007 avec la loi relative aux libertés et responsabilités des universités (LRU) et Fioraso avec la loi relative à l'enseignement supérieur et à la recherche en 2013. Récemment, de nouvelles ordonnances sur des expérimentations de regroupements sont venues accélérer un mouvement de réorganisation des universités en leur demandant d'intégrer explicitement des écoles externes au sein de ces nouvelles structures. L'avenir des IAE n'a donc jamais été autant questionné.

Dans la continuité de l'analyse historique, nous ferons un rapide bilan en forme d'analyse des freins, mais aussi des éléments moteurs qui pourraient renforcer la situation des IAE en France, puis nous présenterons les modèles organisationnels qui émergent aujourd'hui et leur capacité à promouvoir un enseignement supérieur public du management de premier plan en développant des stratégies de différenciation.

Éléments moteurs et freins au développement des IAE aujourd'hui ?

Qu'ils soient internes ou externes, on peut relever une série d'éléments moteurs pour le développement des IAE au sein de leur université :

- la forte demande sociale pour des études de gestion. Les chiffres sont clairs. Les étudiants en gestion représentent le contingent le plus important dans le supérieur et leur nombre dépasse aujourd'hui les 300 000, tous types d'établissements confondus. Cette attractivité est à relier aux chiffres de l'insertion professionnelle qui démontrent sans ambigüité un taux d'emploi de plus de 90 % très rapidement. Les parents, les employeurs, les étudiants eux-mêmes y voient donc une certaine assurance d'occuper un emploi dans le domaine de leurs études ;

- le développement de la formation tout au long de la vie. Dans un environnement changeant à toute vitesse, les besoins de formation professionnelle vont être croissants, les allers et retours entre la vie professionnelle et la formation seront nombreux. Les besoins en matière de double compétence continueront à être un levier important d'attractivité avec en plus cette nécessité de s'engager dans le renouvellement permanent de ces compétences et le renforcement des exigences de pluridisciplinarité ressortant de la quatrième révolution industrielle que nous vivons ;
- la référence mondiale de l'enseignement supérieur en gestion est l'Université. La séparation avec les écoles de management et d'ingénieurs est propre à la France. Dans un contexte de concurrence internationale, l'attractivité de l'Université est supérieure à celle d'établissements qui pourraient apparaître isolés malgré leurs accréditations. Les accords internationaux se nouent entre grandes universités en impliquant plusieurs facultés. La capacité à délivrer le doctorat constitue le signal de reconnaissance de ce type d'établissement et un gage de crédibilité scientifique. Les IAE ont cette capacité, ce qui constitue une réelle marque de reconnaissance du statut universitaire et un facteur de différenciation par rapport aux écoles, en dehors d'HEC, de l'ESSEC ou de ESCP. Les autres ne peuvent le faire qu'en cherchant à associer leurs enseignants-chercheurs aux laboratoires universitaires. Leurs demandes permanentes pour intégrer les écoles doctorales ou pour délivrer elles-mêmes le doctorat démontrent combien tout signe de reconnaissance comme structure universitaire est valorisé ;
- enfin, la hausse des droits d'inscription dans les structures privées, source principale des recettes, semble toucher un palier. Les journaux relatent régulièrement ces fortes hausses et la situation aux États-Unis, où de nombreux étudiants sont incapables de rembourser les emprunts nécessaires à payer ces droits, malgré leur emploi, marque de plus en plus les esprits. Le modèle d'un enseignement public, non pas gratuit, mais dont les coûts sont pris en charge par la collectivité avec le salaire des enseignants et le coût des infrastructures assumés par le budget de l'État *via* les établissements d'enseignement supérieur public constitue une réelle opportunité. Le rapport qualité des formations/prix pour l'apprenant est largement en faveur de structures publiques qui ont

su s'organiser pour être attractives, comme les IAE aujourd'hui ou les écoles d'ingénieurs publiques.

Parallèlement, nous faisons face à une série de freins qui empêchent les IAE de se développer et de jouer complètement le jeu de la concurrence dans un domaine investi depuis longtemps par le secteur privé et d'autres organismes à but non lucratif, ou qui s'affichent comme tel :

- la faible reconnaissance de la gestion comme discipline scientifique : sans doute en raison de sa jeunesse dans le paysage universitaire, et plus généralement dans un contexte de faible prise en considération des sciences sociales en France face au sciences dites dures, les universités, par méconnaissance ou par volonté délibérée, par l'idéologie de rejet du monde de l'entreprise, ne prennent pas en compte la dimension fortement concurrentielle des études de management ou ne voient pas l'intérêt d'allouer des ressources à ce champ. À l'origine déjà, le seul reproche que l'on pouvait adresser aux promoteurs du modèle IAE était de l'avoir fait sans moyens significatifs supplémentaires, parfois sans affecter de postes dédiés à ces nouvelles structures, afin de ne pas déstabiliser des équilibres politiques internes. Ces postures produisent différents effets négatifs qui sont autant de menaces pour nos établissements. Alors qu'aujourd'hui les effectifs étudiants en université explosent, y compris en gestion, l'allocation des moyens ne nous permet pas de suivre le rythme et pousse de nombreux étudiants, souvent par force, vers d'autres acteurs ;
- la concurrence d'autres structures publiques ou privées sur la double compétence : la *business school* de l'École des ponts et chaussée ou de l'institut Mines-Télécom, le management hôtelier chez Ferrandi ou Bocuse illustrent un mouvement croissant d'intégration du management par les structures formant à la première compétence. Parfois, ces écoles passent des partenariats avec un IAE ou une école privée. L'engouement pour le management comme compétence nécessaire à un meilleur fonctionnement des organisations peut être vu comme une évolution heureuse. Le problème est toutefois que la plupart de ces organisations ne prennent pas la peine de développer des centres de recherche pour asseoir leurs enseignements. Cela contribue à maintenir le management dans une vision purement expérientielle, sans nécessité de réflexion théorique, en faisant appel à des formateurs issus du terrain. Cela renforce cette image non académique de la discipline auprès de plusieurs acteurs et entretient sa faiblesse institutionnelle face aux professions juridiques ou médicales et aux ingénieurs ;
- des moyens financiers et humains insuffisants pour faire face à la demande : même si les sciences de gestion restent la troisième section universitaire avec

plus de 2 250 enseignants-chercheurs, l'attractivité des carrières pose problème de façon globale à l'Université. Le régime de la fonction publique a, depuis de nombreuses années, paupérisé la fonction : 1 700 € de salaire net après presque 10 ans d'études, un régime de primes très léger, des possibilités de promotion réduites. Il en est de même pour les personnels administratifs à qui nous demandons pourtant de faire beaucoup d'efforts pour améliorer la qualité du service aux étudiants. Certes, en gestion, réaliser des heures et avoir des activités complémentaires est toujours possible, au détriment des activités de recherche non rémunérées sur la base de primes, contrairement aux pratiques des meilleurs établissements privés ou des *business schools* étrangères. Face à cela, la concurrence, toujours à la recherche des meilleurs enseignants pour asseoir leur réputation et leur place dans les classements, vient recruter les docteurs que nous avons formés en France ou ceux formés dans des universités étrangères. De plus, le corps enseignant des écoles privées fait largement appel aux universitaires pour assurer les enseignements ou encadrer ses chercheurs. La compétition pour l'accès aux ressources humaines est donc logiquement très forte. Enfin, la concurrence la plus importante pour le recrutement de jeunes collègues vient du monde économique, les étudiants se trouvant face à de multiples choix de carrière. Au-delà du problème d'attractivité, les budgets communication ou destinés aux services aux étudiants sont très limités, ce qui complique notre capacité à être clairement identifiés par les candidats ;

- l'accès à l'ensemble des étudiants est limité : les écoles accèdent à leurs futurs étudiants, à la fois *via* le système des classes préparatoires, qui leur est réservé et, de plus en plus, et presque exclusivement pour certaines, aux étudiants français ou étrangers, titulaires d'un diplôme de premier cycle universitaire par le système des admissions parallèles. Inversement, les IAE ne sont pas un débouché pour les étudiants des classes prépa. Si maintenant, grâce aux efforts du ministère, les IAE peuvent être clairement identifiées sur Parcoursup, nous devons pouvoir aussi accéder à tous les étudiants, non pas parce qu'ils ont renoncé à terminer leur prépa, mais parce que nous participerons avec toutes les écoles aux concours qui sont ouverts ;

- les sciences de gestion, une discipline malheureusement divisée : outre la séparation entre écoles et universités/IAE, il est frappant de constater que la gestion est la seule discipline à se retrouver « éclatée » entre plusieurs unités de formation au sein même d'une université. On retrouve aussi du management dans les écoles hôtelières, dans le sport, la santé. Cet émiettement est acté par l'existence de plus de 20 associations scientifiques en France, heureusement regroupés au sein de la Fnege, là où il en existe moins de 5 dans les disciplines les plus anciennes. Tout cela contribue à la faiblesse institutionnelle de la discipline et des établissements et, dans bien des endroits, on entretient cette division pour éviter de voir une composante de gestion prendre trop de poids. C'est pourtant ce choix qu'ont fait les pays *leaders* dans le domaine. Regrouper les formations de gestion, y associer d'autres disciplines et mettre en avant leur école de management. Avec 50 000 étudiants et plus de 1 200 professeurs et maître de conférences, les 35 IAE emploient une moitié des collègues universitaires et 40 % des étudiants à l'Université. Les autres sont inscrits au sein des IUT et des UFR. Cette difficulté à identifier un seul interlocuteur pour parler aux instances et aux tutelles constitue, de notre point de vue, notre plus grande faiblesse dont l'origine réside comme toujours dans des querelles de personnes, dans la défense de petits intérêts particuliers, d'une vision court-termiste et d'un manque d'ambition certain pour l'Université et nos établissements.

Malgré tous ces freins à leur développement, les IAE ont réussi à se hisser au niveau de la plupart de leurs concurrents dans leurs territoires. De nombreux observateurs et commentateurs de l'enseignement supérieur en France notent que les IAE font jeu égal avec les écoles[10] dans les domaines de l'insertion professionnelle et des niveaux de rémunérations des diplômés. Il nous reste du chemin à faire sur l'internationalisation, la communication et l'animation des réseaux d'*alumni*.

Quelle place et quel modèle pour les IAE au sein de nos universités ?

On trouve aujourd'hui trois grandes modalités de positionnement des IAE aux sein des universités :

- l'IAE en tant que composante dotée d'une petite autonomie et d'un budget propre[11] : il s'agit du modèle d'origine. Plusieurs modalités leur sont communes : un positionnement principalement au niveau des études de master et du doctorat, un adossement à la recherche, une capacité à mener eux-mêmes

10. www.challenges.fr/emploi/formation/universites-15-masters-de-gestion-management-et-finance-reputes_29118.
IAE, jeu égal avec les *business schools*. *EcoRéseau Business*, 6 mai 2017 : www.ecoreseau.fr/rh-et-formation/executive-education/2017/05/06/6489-iae-jeu-egal-business-schools.
IAE, un modèle décomplexé. *Le nouvel Économiste*, 24 février 2017 : www.lenouveleconomiste.fr/lesdossiers/iae-un-modele-decomplexe-33987.
Les atouts des IAE pour concurrencer les grandes écoles de commerce. *Le Monde, M. Campus*, 20 novembre 2016 : www.lemonde.fr/campus/article/2016/11/20/les-atouts-des-iae-pour-concurrencer-les-grandes-ecoles-de-gestion_5034609_4401467.html.
11. On peut citer par exemple certains IAE bénéficiant d'un article 713-9 au sens du Code de l'éducation comme Rennes, Lille, Toulouse, l'EM Strasbourg, Bordeaux, Montpellier, Aix, Nice, Lyon, Metz, Nancy, Brest et plus récemment Angers et Versailles Saint-Quentin-en-Yvelines. L'IAE Paris-Sorbonne bénéficie quant à lui du statut d'établissement public administratif.

les actions de formation continue par exemple. Ils disposent d'un conseil d'administration propre. Au cours des dernières années, les mouvements évoqués précédemment ont renforcé ou fragilisé cette position au sein de l'Université. Le constat est clair et assez logique. Là où le président et les équipes présidentielles soutiennent l'idée d'avoir un enseignement public du management crédible, comprennent les enjeux concurrentiels, acceptent la décentralisation et un peu de délégation de certaines décisions, intègrent les spécificités de chaque discipline, les IAE ont une bonne visibilité.

Le problème se situe donc au niveau du mode de gouvernance des universités que l'on voit se construire. Il est fondé sur la centralisation des décisions au niveau des présidences, un empilement de strates administratives ou la recherche d'un égalitarisme forcené dans le fonctionnement de chaque faculté ou institut au détriment de ce qui font leur spécificité. L'idée n'est pas d'échapper à tout contrôle par l'Université, mais de trouver un bon équilibre entre centralisation et décentralisation des décisions. C'est l'enjeu principal de ces IAE.

À cela s'ajoutent les demandes de plus en plus nombreuses faites aux IAE pour prendre en charge le niveau licence[12]. Cette volonté des présidences correspond le plus souvent à une volonté de cohérence et de rationalisation de leurs structures. Elle est pourtant de nature à modifier le modèle d'origine et à mettre l'offre de nos structures en face de celle des IUT de gestion. Il faut donc construire des modèles collaboratifs entre les deux types d'établissements avec comme ambition d'attirer les meilleurs étudiants à l'Université. Cette prise en charge de la licence permet de consolider le poids en termes d'étudiants, mais souvent les moyens humains ne suivent pas et les enseignants-chercheurs sont submergés par les enseignements dans une discipline où le taux d'encadrement est de 1 enseignant pour 60 étudiants, un des plus faibles toutes disciplines confondues ;

- l'intégration des IAE dans un institut polytechnique : Grenoble constitue à ce titre une expérimentation que le réseau IAE France observe de près, en raison de son originalité et de la proximité naturelle que nous avons avec les écoles d'ingénieurs depuis l'origine. La démarche conduit un IAE à garder l'ensemble de ces prérogatives et d'avoir au-dessus, non pas un collégium, mais une structure légère chargée de la coordination des écoles constituant ce dispositif. Là réside une vraie opportunité de se retrouver avec d'autres écoles, aux modes de fonctionnement et de pensée proches, confrontés à un environnement concurrentiel et conscients qu'un modèle centralisé ne peut que bénéficier aux

12. Aujourd'hui, 13 IAE délivrent une licence.

concurrents externes. Les perspectives offertes en termes de programmes de formation ou de recherche en commun, mêlant ingénierie et management semblent extrêmement prometteuses. Il est trop tôt pour en dresser un bilan, mais là réside une vraie alternative au modèle dominant actuel ;

- la dilution des IAE dans des facultés : on ne s'étendra pas trop sur le modèle qui fait porter le risque de donner l'image de formations universitaires en gestion de second rang dans lesquelles on candidate faute d'avoir pu financer ses études dans un établissement mieux côté. Le label IAE permet de limiter ce phénomène. Là où il n'y en a pas, à la faveur de certains regroupements ou nouvelles expérimentations, les présidents d'université comptent davantage sur les acteurs privés pour avoir des formations d'excellence en gestion, d'autant plus qu'ils ont obtenus les grades de licence ou de master attribués par le ministère.

Les conditions d'une recomposition globale du paysage de l'enseignement supérieur au management n'ont sans doute jamais été autant réunies.

La marque IAE est aujourd'hui bien installée dans le paysage, sur les réseaux sociaux, et en termes de visibilité médiatique grâce à l'effort conjoint des établissements et du réseau IAE France. Les sollicitations par la presse spécialisée de l'enseignement supérieur sont systématiques dès qu'il s'agit de parler de MBA, de bachelor, de formation continue, d'alternance ou de professionnalisation. Les débats de l'actuelle loi pluriannuelle de programmation de la recherche (LPPR) laissent espérer une revalorisation des salaires des jeunes chercheurs, mais les moyens du programme d'investissements d'avenir (PIA) sont peu accessibles à nos institutions. Trois leviers semblent pouvoir être mis en avant pour affirmer la place des IAE au sein des universités et dans l'enseignement supérieur de la gestion :

- l'accessibilité : en tant que structures publiques, nos droits d'inscription doivent rester significativement inférieurs à ceux des structures privées ou même à but non lucratif. À l'heure où le Gouvernement demande aux écoles de développer leurs politiques de bourses, nos IAE sont largement à même d'accueillir de bons étudiants sans qu'eux, ou leur famille, aient à emprunter pour payer les droits de scolarité. Par construction, l'enseignement public, dans la mesure où il assure aux diplômés le même niveau d'insertion que les écoles et offrent des contenus ou des méthodes pédagogiques les plus récents, reste la voie privilégiée pour ceux que l'État et la collectivité veulent soutenir, à partir du moment où ils le méritent ;
- des enseignants-chercheurs dotés eux-mêmes d'une double compétence : dans nos établissements, les collègues doivent à la fois assumer des missions d'enseignement significatives et être engagés dans la recherche. Le modèle de la

plupart des écoles est fondé sur une séparation du corps professoral entre les chercheurs, faisant peu de cours, et les profils « enseignement » n'ayant que peu d'exigence de publications. Cette division du travail, avec les objectifs qui l'accompagnent, fait disparaître les professeurs de sciences de gestion au sens large. La volonté de remettre en cause le concours d'agrégation dans les disciplines du droit, de l'économie, des sciences politiques et de la gestion renforcera cet effet et c'est pour cela qu'il faut le maintenir en le faisant évoluer. De plus en plus, les profils sur le marché du travail sont ceux des super spécialistes, par exemple du marketing ou de la finance, dont l'ampleur des publications relève de la « tête d'épingle » même s'il s'agit des meilleures revues ! Les avancées des recherches ne se retrouvent donc plus vraiment enseignées aux étudiants et les travaux ne répondent qu'assez peu aux problématiques des organisations. Le modèle IAE peut fonder sa différenciation sur une plus grande connexion entre enseignement et recherche ainsi qu'une capacité à bien faire le lien entre les disciplines de la gestion ;

- les partages de compétences entre IAE et coopération avec les autres acteurs universitaires : les IAE ont la capacité de s'appuyer sur un réseau de 1 200 enseignants chercheurs universitaires. Nos dernières initiatives s'orientent vers des logiques de partage de cours, notamment en ligne, accessibles à tout étudiant inscrit en IAE et reconnus mutuellement par chaque membre du réseau. En poussant plus loin cette logique, nous pouvons rendre accessibles les conférences ou certaines ressources produites par nos enseignants les plus reconnus et les plus médiatiques pour en faire bénéficier toute la communauté IAE. Dès lors, un étudiant s'inscrivant dans un IAE pourra accéder aux connaissances de plus de mille enseignants-chercheurs. Cette coopération doit se renforcer entre acteurs universitaires formant au management ou intégrant le management dans leurs cursus. L'arrivée du bachelor universitaire de technologie (BUT) en IUT doit amener à rediscuter de l'offre globale de formation et de l'articulation entre parcours IAE/parcours IUT en licence ainsi que du recrutement dans les masters. Il faut être capable de nouer des partenariats forts avec les écoles d'ingénieur publiques pour prendre en charge les parcours de gestion qu'ils souhaitent offrir à leurs étudiants.

Il est probable que nous ne verrons pas émerger un modèle unique d'IAE, mais une pluralité au regard de la stratégie et de l'organisation des universités de rattachement. Considérons que cette diversité sera une force dans un contexte où les systèmes d'accréditation poussent plutôt à la standardisation. Le débat de l'intégration des écoles privées au sein des structures universitaires va être celui des prochaines années et nous devons l'aborder avec un pouvoir institutionnel renouvelé. La structuration de l'enseignement supérieur du management, dans les universités, pourra alors être pensée dans un équilibre public/privé qui a fait ses preuves dans d'autres domaines et au sein duquel nous poursuivrons la mission du développement de la double compétence tout en montant en puissance dans tous les domaines des sciences de gestion.

Chapitre 3

Professionnaliser le premier cycle universitaire en gestion : les IUT

Par Bernard Dizambourg

Les premiers cycles professionnels de gestion sont apparus dans l'enseignement public en 1959[1] avec le titre de technicien supérieur breveté, transformé en brevet de technicien supérieur (BTS) en 1962. Mais ces diplômes étaient et sont essentiellement préparés dans les lycées. Il fallut attendre la création des instituts universitaires de technologie (IUT) pour qu'ils puissent se développer avec succès dans les universités. À peu de choses près, à la même date, les Fachhochschulen, plus ou moins équivalentes aux IUT, furent créées en Allemagne.

1. La gestion en IUT, un enseignement professionnalisé

J'ai vécu dans des positions différentes la création puis le développement des instituts universitaires de technologie (IUT) : en 1967, tout d'abord comme étudiant dans un département mesures physiques, l'un des tout premiers départements créés ; puis, après une « reconversion » à la gestion en école de commerce, comme enseignant dans un département techniques de commercialisation (en 1975) et très rapidement comme chef de département. Ces deux types de départements concernent des champs disciplinaires très différents, mais ces expériences marqueront durablement et également mon rapport à la profession universitaire. Si mon souhait est d'essayer de retracer le plus objectivement l'apport des IUT au développement de

1. Les diplômes comptables sont beaucoup plus anciens. Ainsi, l'Institut national des techniques économiques et comptables (Intec) fut créé au Cnam en 1932.

notre discipline, il est possible que l'acteur engagé que j'ai été introduise des biais d'analyse involontaire.

Le décret du 7 janvier 1966, qui crée les IUT, s'appuie sur les travaux de la commission dite « des instituts de formation technique supérieure (IFTS) », animée par Pierre Laurent, secrétaire général du ministère en charge de l'Enseignement supérieur (novembre 1963-décembre 1964). Cette commission associait au ministère des universitaires et des représentants des milieux professionnels. Le texte, assez bref dans ses attendus, considère « que dans tous les secteurs d'activité, et plus particulièrement dans les secteurs secondaires et tertiaires ainsi que dans la recherche appliquée, se développent des fonctions nouvelles d'encadrement techniques ». Ces fonctions d'encadrement intermédiaire sont considérées comme ayant des caractéristiques communes : « elles impliquent une spécialisation plus poussée que celle de l'ingénieur ou des cadres administratifs ou financiers ; elles exigent [...] une maîtrise suffisante des moyens d'expression et de communication et la capacité de s'adapter à un milieu en constante évolution ». Cette création portée politiquement par le ministre Christian Fouchet veut s'inscrire au croisement de trois évolutions[2] :

- la nécessité de répondre à des besoins de l'industrie en personnels aptes à concevoir, monter et contrôler le fonctionnement d'outils de production plus complexes et induisant une organisation et des processus nouveaux. Dans le secteur tertiaire, les activités de services requièrent un personnel de plus en plus qualifié capable de s'adapter à des tâches administratives ou commerciales complexes que la seule pratique ne permet plus de maîtriser ;
- la nécessité de répondre à la croissance des effectifs dans le second degré, incidence de la démocratisation et de la démographie, en développant des capacités d'accueil supplémentaires dans l'enseignement supérieur ;
- la volonté d'ouvrir une nouvelle voie d'orientation originale et complémentaire « aux facultés et classes préparatoires dont la nature est théorique et dont le terme est relativement lointain ». Cette voie doit « intéresser les étudiants qui souhaitent poursuivre des études supérieures dans un esprit différent et acquérir dans un délai moins long une formation permettant d'accéder directement à des activités professionnelles ».

Le nouveau dispositif se voulait aussi moins « adéquationniste » que les BTS, de création plus ancienne, afin de favoriser une forte capacité d'adaptation, volonté se traduisant par l'importance accordée à la culture générale, par le choix de localiser ces nouveaux instituts dans les universités (avec un statut particulier) et par l'équi-

2. Le Nir, M. & Seguy, J.-Y. (2018). Les IUT à leur création : des laboratoires d'innovations institutionnelles et pédagogiques. *Cahiers de la recherche sur l'éducation et les savoirs*, hors-série (6) : http://journals.openedition.org/cres/3167.

libre affirmé par le texte de création entre trois types d'enseignants : enseignants-chercheurs, enseignants du second degré et intervenants professionnels.

Une partie des organisations patronales soutenaient les nouveaux instituts, mais accordèrent une attention particulière à l'importance de la finalité professionnelle, voulant éviter de les voir devenir des préparations aux enseignements supérieurs du second cycle universitaire. D'autres branches professionnelles et les organisations représentatives des PME vont maintenir un attachement aux sections de techniciens supérieurs, formations plus anciennes et connues et dont les procédures de création sont perçues comme plus simples et les associant mieux. Cette réserve peut expliquer une croissance assez lente du nombre d'étudiants en IUT et un maintien du BTS dont l'effacement était au départ envisagé.

Parmi les départements tertiaires, si l'on s'intéresse aux seuls départements concernés par l'enseignement de la gestion, l'année 1966 voit les premières créations de départements gestion des entreprises et des administrations (GEA), puis en 1967 les premiers départements technique de commercialisation (TC). Ce sont ces deux départements qui accueilleront les effectifs (étudiants et enseignants) les plus importants dans le champ de la gestion. Les départements informatique, dont les premières créations interviennent dès 1967, accordent aussi une place importante à l'enseignement de la gestion. Les départements gestion logistique et transport (LT) seront créés plus tard (1973) et connaîtront un développement moins important que les départements GEA et TC. D'autres spécialités apparaîtront ultérieurement comme les départements GACO (gestion administratives et commerciales des organisations, 1994) très orientés vers les emplois en gestion dans les PME.

Une forte association des milieux professionnels

Les milieux professionnels sont très présents dès la période d'incubation du projet IUT ; ils vont le rester dans la mise en place du cadre institutionnel des IUT, mais aussi dans la définition des orientations pédagogiques de chaque département. En effet, chaque spécialité se voit adosser à une commission pédagogique nationale (CPN) composée de représentants des milieux professionnels (employeurs et salariés) et des enseignants (principalement des chefs de département). Ces CPN doivent formuler des propositions sur les programmes et leurs modifications, apprécient la qualité des formations délivrées dans les départements relevant de la spécialité ou du groupe de spécialités et émettent des avis sur les projets de développement des enseignements dans la spécialité ou le groupe de spécialités. Elles sont chargées de réaliser des études sur le fonctionnement des départements d'IUT relevant de leurs spécialités et de conduire des expertises sur l'insertion et le devenir professionnel des diplômés.

Ces compétences larges dans leur définition, incluant la conception des programmes, un regard sur la carte d'implantation et des formes d'évaluation est, à l'époque de la création des IUT, une rupture avec le mode de fonctionnement des universités où l'autonomie de l'enseignant-chercheur (plus que l'autonomie de l'établissement qui reste largement formelle) est le principe de base du fonctionnement pédagogique. Elles reprennent pour le champ spécifique des IUT une partie du rôle joué pour les formations d'ingénieurs par la Commission du titre d'ingénieur (CTI). Les CPN de spécialité sont de plus adossées à une Commission consultative nationale des IUT intervenant sur les questions transversales aux spécialités, l'ensemble jouant un rôle de régulation très fort. Cette association du milieu professionnel au cadre national trouvera son prolongement au niveau local, sur le plan institutionnel et pédagogique.

Former en gestion dans un cadre pluridisciplinaire

Lorsque l'on s'intéresse aux ruptures introduites par les formations en IUT, comparativement aux pratiques en cours dans la plupart des formations universitaires de l'époque, on retient souvent la possibilité donnée aux IUT de choisir leurs étudiants ou encore l'introduction systématique de stages en entreprise, pratique qui ne sera introduite en licence que de façon beaucoup plus tardive. Il ne faut pas mésestimer l'importance de ces deux évolutions, mais elles masquent une évolution dans les objectifs pédagogiques que je crois très importante : celle de former des cadres intermédiaires dans un domaine de spécialisation en gestion tout en enrichissant la formation par des enseignements relevant de champs complémentaires.

Ainsi, les enseignements du département technique de commercialisation accordent une large place au marketing et techniques de commercialisation ; le marketing, les études de marché, la vente et négociation commerciale, les techniques quantitatives de marketing, la distribution, la gestion du point de vente, la communication commerciale et le commerce international sont les principaux intitulés des enseignements du « centre d'intérêt » de professionnalisation au sein du premier programme national. Deux autres centres d'intérêt viennent cependant compléter et enrichir la formation : des enseignements dits d'environnement de l'entreprise et de la fonction commerciale pour le premier, des enseignements dits de langage et outils pour le second. Le centre d'intérêt environnement propose des enseignements de droit, économie générale, économie de l'entreprise ou encore un enseignement de gestion financière et comptable. Ces unités d'enseignement doivent permettre de donner une compréhension du fonctionnement global de l'entreprise. Le centre d'intérêt langages et outils inclut des enseignements en langue, en mathématiques et statistiques, en informatique, en technique d'expression ainsi qu'en psychosociologie. Les programmes des départements GEA et LT sont conçus selon la même logique.

On peut donc considérer que dès l'époque de la création des premiers départements tertiaires, un équilibre pédagogique est recherché : à la fois développer des connaissances et compétences professionnelles solides, relier celles-ci à une connaissance plus large de l'entreprise (ou d'une organisation) et donner une maîtrise suffisante de savoir-faire et savoir-être nécessaires à l'insertion et l'exercice professionnel. Cet équilibre est à l'image de celui qui sera généralisé beaucoup plus tard dans les autres enseignements universitaires avec l'importance accordée par exemple aux compétences transversales (dont les compétences comportementales souvent dénommées *soft skills*) dont le centre d'intérêt langages et outils est une préfiguration ; cette structuration sera amplifiée plus récemment avec l'approche par compétences. Cet équilibre contribue à attirer des étudiants peu séduits par les approches très monodisciplinaires des facultés, étudiants dont une part significative d'entre eux a souvent effectué une première année non conclusive au sein de ces facultés. Si progressivement l'attractivité des départements tertiaires deviendra très forte, rendant la sélection réelle, ce n'est pas le cas au démarrage des IUT, cette fonction de réorientation d'étudiants peu adaptés aux filières académiques classiques permettant le « décollage » des IUT.

Au-delà du cadrage national, la qualité des formations est une préoccupation de chaque département

L'existence d'une commission pédagogique nationale (CPN) et d'un programme national peut laisser penser que l'autonomie pédagogique locale est faible. En fait, chaque département dispose d'une grande liberté pour traduire ces orientations dans son mode de fonctionnement. Le financement très favorable des départements tertiaires d'IUT, comparativement aux autres filières universitaires du champ juridico-économique, permet d'introduire des formes peu présentes dans l'enseignement universitaire. Pour donner quelques exemples, citons la présence très forte des études de cas dans la plupart des enseignements de gestion, mais aussi des jeux d'entreprise proposés très tôt dans les départements alors que l'informatisation de ces outils était encore balbutiante. La présence systématique de stages est aussi une caractéristique de l'enseignement avec une importance accordée à l'encadrement de ceux-ci : visite préalable du maître de stage dans l'entreprise pour en travailler les objectifs pédagogiques, visite en cours de stage et importance accordée à la soutenance d'un rapport de stage avec présence du tuteur du stagiaire dans l'entreprise. Notons que le stage est assez souvent réutilisé comme base de matériau pédagogique : une partie des situations professionnelles donne ensuite lieu à des interventions de l'entreprise dans les enseignements ; dans d'autres cas, elles font l'objet d'un travail supplémentaire entre l'équipe pédagogique et les services de l'entreprise d'accueil pour créer une étude de cas.

Globalement, les départements utilisent leur souplesse de fonctionnement, liée à leur taille assez restreinte et à leur financement, pour varier leurs méthodes pédagogiques. Au-delà d'une programmation cadencée entre cours, travaux dirigés et travaux pratiques, les équipes pédagogiques introduisent de façon assez régulière des séquences (journée, semaine par exemple) permettant de construire des moments de transversalité entre les disciplines de spécialisation et les autres, séquences où l'autonomie de l'étudiant et les dynamiques collectives sont beaucoup plus sollicitées que dans les formes pédagogiques traditionnelles. On peut mentionner l'instauration dans certains IUT de « séminaires d'accueil » sur une période d'une semaine ayant pour objectif de permettre à l'étudiant de mieux comprendre les objectifs et de favoriser une dynamique collective. Les jeux d'entreprise répondent aussi à cette logique pédagogique. Mais on voit aussi apparaître très tôt des pédagogies de projet, sur des sujets définis et accompagnés en animation par des entreprises partenaires, occasion d'articuler travail collectif et individuel, acquisition de connaissances et mobilisation de celles-ci dans des situations pédagogiques permettant de favoriser les transversalités entre champs disciplinaires. Dans leurs travaux sur l'innovation pédagogique dans les IUT, Le Nir et Séguy considèrent que l'introduction de ces approches se construit en référence aux expériences de formation des adultes, conduites en particulier au CUCES de Nancy (Centre universitaire de coopération économique et sociale), la création des IUT ayant fourni une occasion unique de mettre en œuvre un laboratoire d'initiatives pédagogiques innovantes.

Il faut souligner que ces initiatives pédagogiques mobilisent le plus souvent des enseignants de disciplines différentes, y compris des enseignants de matière dites générales. Elles permettent de valoriser, dans les perceptions étudiantes, l'importance de celles-ci et de mieux les articuler avec les disciplines du champ de spécialités. Toutes ces transformations se diffuseront progressivement dans le champ des licences universitaires au rythme des « plans licence » du ministère et sont encore au cœur des enjeux actuels de leur transformation.

Le département, une équipe pédagogique

Le département est la structure de base de l'IUT. Il assume une part d'administration de la scolarité, mais sa fonction est essentiellement pédagogique et de suivi des étudiants. Si aujourd'hui dans les départements tertiaires, l'équipe est de l'ordre de 15 enseignants (enseignants-chercheurs et personnels détachés du second degré) et d'un nombre très limité de personnel administratif (une ou deux personnes le plus souvent), il n'est pas rare, à l'époque de création et dans les années qui suivent, que l'équipe permanente comprenne moins de 10 personnes, pour un effectif de l'ordre de 150 étudiants. De plus, lorsque les IUT tertiaires se constituent, le flux de recrutement d'enseignants-chercheurs en gestion est faible. Aussi, les équipes de démarrage sont composées principalement d'assistants de la discipline gestion et d'agrégés (ou certifiés) en gestion (fréquemment formés à l'ENS de Cachan). Autour de ces enseignants, un nombre important d'intervenants professionnels contribuent à la formation des étudiants. Quelques professionnels ont été intégrés dans les équipes de permanents (à mi-temps ou temps plein), certains prendront en charge la fonction de chef de département, et ce pendant plusieurs années.

Si la fonction pédagogique d'un enseignant à l'université (particulièrement en gestion, où les niveaux d'encadrement sont bien plus faibles que dans d'autres champs disciplinaires) reste très pluridimensionnelle, elle l'est tout particulièrement dans les premières années où les IUT ne sont pas encore installés dans le paysage universitaire. Le développement du recrutement des étudiants, celui des intervenants professionnels, la construction de liens partenariaux avec le tissu économique, un suivi très dense des étudiants constituent un ensemble de tâches très consommatrices de temps, mais souvent abordées avec beaucoup d'enthousiasme individuel et collectif.

Le chef de département et son adjoint, le directeur des études, jouent un rôle très important dans cette dynamique collective. Leur capacité relève moins d'une position hiérarchique que d'une capacité à développer une fonction d'intermédiation entre les dynamiques et contraintes internes et les dynamiques externes. Si cette fonction ressemble à d'autres fonctions de responsabilité pédagogiques à l'Université, elle a cependant une reconnaissance dans la structure IUT beaucoup plus forte que dans le reste de l'Université, et ce d'autant plus que cette reconnaissance n'est pas simplement interne, mais provient aussi du milieu économique. Les chefs de département partagent souvent le sentiment d'initier de nouvelles formes de management pédagogiques et resteront très fortement attachés à cette expérience professionnelle.

Dans la démarche de développement des IUT tertiaires, la mise en réseau national joue un rôle très important. La dimension nationale des IUT est souvent associée à l'existence des CPN. Mais deux niveaux de travail collectif jouent un rôle essentiel de partage d'expérience : les assemblées de chefs de département et la centrale d'études de cas des départements tertiaires des IUT.

Le premier niveau ne concerne directement que les chefs de département, mais elles ont une contribution indirecte sur les enseignants. Ces assemblées sont un lieu de formation et de professionnalisation des chefs de département ; elles favorisent la diffusion des expériences menées par certains départements sur les enseignements, les rapports au milieu professionnel, la diversification des publics. Ainsi, elles joueront un rôle important dans la diffusion des expériences conduites par une part des départements sur l'apprentissage.

Le second niveau concerne tous les enseignants. La Centrale de formation et médias pédagogiques est fondée le 6 mars 1978 par les assemblées des chefs de département tertiaire, à l'origine principalement GEA et TC, sous la forme d'une association loi 1901. Elle a pour but « la recherche, l'étude et la mise en œuvre de tous les moyens susceptibles de répondre aux besoins en supports pédagogiques et en informations des enseignants des départements tertiaires des instituts universitaires de technologie ». Elle s'attachera dans un premier temps à former à l'animation des études de cas. Elle incitera à la production de cas et favorisera la mutualisation. Elle étendra progressivement sa mission à tous médias pédagogiques. Elle développera des actions de formation permettant l'actualisation des connaissances et favorisera l'échange sur la façon de transférer celles-ci dans les processus de formation. Pour cela, elle fera le lien à la fois avec des laboratoires de recherche, des entreprises produisant de nouvelles expertises ou des associations professionnelles de cadres d'entreprise. Mais elle sera aussi un lieu de brassage entre enseignants, favorisant des coopérations y compris entre des équipes éloignées géographiquement. Des interventions croisées d'enseignants se mettront en place et permettront de compenser des couvertures de thématiques difficiles à assurer dans des équipes relativement restreintes.

Ces deux niveaux contribueront à développer une culture commune des enseignants des départements tertiaires.

Une insertion difficile dans l'activité recherche

Pour les enseignants du supérieur nommés dans les années de la période de création, le développement de l'activité recherche est délicate, en premier lieu du fait de la diversité de tâches pédagogiques qui doivent être prises en charge. La densité des relations avec les étudiants dans un département exerce de fait une forte pression sur ces enseignants, par ailleurs eux-mêmes très souvent en forte adhésion avec le projet pédagogique. Mais cette difficulté à consacrer du temps à la recherche peut aussi s'expliquer par le fort isolement d'une partie de ces collègues qui sont, dans de nombreuses universités, les seuls enseignants du champ de la gestion et ce alors que la structuration de la recherche en gestion est faible ou inexistante. Pour d'autres, la présence d'un IAE dans la même université favorisera une communauté d'appartenance et facilitera la mise en place de l'activité de recherche. Très souvent, pour les collègues les plus isolés, l'insertion sera facilitée par les échanges entre enseignants d'autres IUT de même spécialité et ils s'intégreront dans des équipes parfois éloignées, mais leur assurant un certain soutien.

Les premiers enseignants se sentent probablement d'abord enseignant de gestion à l'IUT plus qu'enseignant de gestion universitaire. Depuis, l'importance des recrutements en gestion hors IUT et la structuration de la recherche en gestion dans la plupart des universités ont fortement modifié ces perceptions. Il existe aujourd'hui une forte communauté d'intérêt entre enseignants de gestion d'une même université, les coopérations s'étant étoffées, y compris dans le domaine de la formation. Cela est d'autant plus vrai que les difficultés à trouver un équilibre entre recherche, formation et responsabilités administratives, dans un contexte de forte demande étudiante, de taux d'encadrement assez faibles, sont le lot commun de tous les enseignants en gestion à l'université.

Les départements tertiaires des IUT : 50 ans entre permanence et évolution

En 1976, 10 ans après les premières créations, les départements tertiaires d'IUT accueillaient 22 000 étudiants. En 2006, 30 ans plus tard, le nombre d'étudiants accueillis était de 64 000 soit près de trois fois plus. En 2019, près de 70 000 étudiants constituent le public principal de ces départements et la croissance est désormais plus lente. Notons que les quatre départements d'IUT relevant le plus du secteur de la gestion (GEA, TC, GACO et LT) représentent 67 % des effectifs accueillis dans les départements tertiaires et 39 % des publics entrant en IUT. Mais au-delà de cette évolution quantitative, et sans avoir la prétention de produire une évaluation de ces départements, comment peut-on caractériser les transformations et les impacts ?

La réussite des étudiants

L'attractivité des IUT pour les bacheliers et leurs familles est probablement associée à la perception de filières où les étudiants sont mieux encadrés et où la réussite étudiante est plus élevée que dans les licences générales. La taille des promotions, l'importance de l'enseignement en petits groupes, voir le caractère sélectif des formations contribuent à cette image de lieu de réussite. Qu'en est-il pour les départements tertiaires à forte orientation gestion ?

Le ministère en charge de l'Enseignement supérieur suit la réussite des formations par deux indicateurs : le taux de diplomation en deux ans et celui en trois ans. Les taux de réussite des quatre départements tertiaires de gestion varient dans une fourchette de 70 % à 75 % en deux ans, autour de 80 % en trois ans. Le département LT se caractérise par des taux de réussite un peu plus faible (63 % et 71 %).

Réussite au DUT selon la spécialité d'inscription des bacheliers à la rentrée 2014

	Taux de réussite en 2 ans	Taux de réussite en 2 ou 3 ans
Gestion administrative et commerciale des organisations	72,2 %	82,7 %
Gestion des entreprises et des administrations	69,3 %	77,5 %
Gestion logistique et transport	62,7 %	70,9 %
Techniques de commercialisation	75,5 %	81,5 %

Ces taux élevés sont assez souvent associés à une variable principale considérée comme caractéristique des IUT : un recrutement de plus en plus favorable aux bacheliers généraux, étudiants ayant la plus forte probabilité de réussite.

Pour ces quatre départements, les bacheliers généraux représentent au moins 50 % de l'effectif : le taux le plus élevé correspond à GEA (plus de 70 %), les bacheliers généraux constituant environ 50 % des cohortes en LT et GACO, les départements TC se situant en situation intermédiaire. Dans les quatre départements, le bac sciences économiques et sociales (SES) est le premier profil recruté, le recrutement de littéraires est assez anecdotique et le bac sciences correspond à un peu plus de 10 % des effectifs, sauf pour GEA où 17 % des étudiants ont cette origine scolaire.

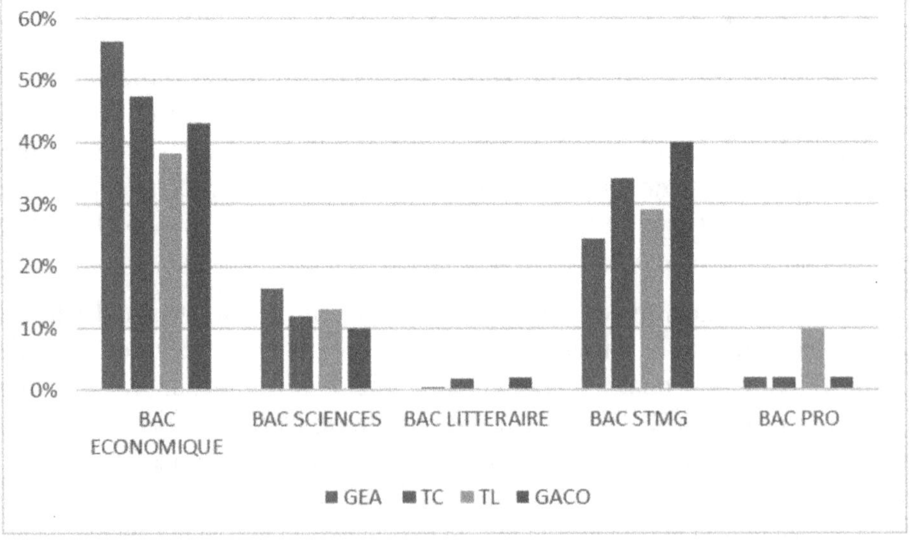

Pour les quatre départements, le second profil de recrutement est le bac technologique STG (devenu STMG). Ce bac est associé à 40 % du recrutement en GACO, 1/3 du flux en TC, un peu moins d'un tiers en LT et un 1/4 en GEA. Si ce profil de recrutement n'est pas le premier, il n'est pas marginal et il a plutôt tendance à augmenter de façon légère ces dernières années. En revanche, le recrutement de bacs pro est presque totalement absent à l'exclusion du département LT et ce pour 10 % des recrutés. Comparativement à ces données, on peut noter que le poids des bacheliers technologiques en gestion est de 8 % en droit et 12 % en sciences économiques et de gestion. Les bacs pro représentent 5 % et 8,5 % des flux entrants en droit, économie et gestion (DEG).

Comment vont réussir ces différents profils de bac ? Les données de la cohorte 2013 permettent d'avoir une appréciation de celles-ci pour les quatre départements à orientation gestion.

Type de Bac	Taux de réussite DUT en 2 ou 3 ans			
	GEA	TC	TL	GACO
Bac Économique	83 %	88 %	83 %	87 %
Bac Littéraire	67 %	76 %		
Bac Technique STG	63 %	76 %	67 %	73 %
Bac Sciences	89 %	90 %	90 %	85 %
Tous Bacs	78 %	82 %	73 %	80 %

Si les bacs généraux et en particuliers les bacs SES ont les taux de réussite les plus élevés, les résultats des bacs technologiques gestion sont favorables ; les départements tertiaires à orientation gestion constituent pour ces étudiants une réponse pédagogique plus adaptée que les licences générales.

Le devenir des étudiants

Entre poursuite d'études et insertion professionnelle, il s'agit d'une question qui fait débat. L'importance des taux de poursuite d'études est considérée par une partie des acteurs de l'enseignement supérieur comme un détournement de la vocation d'origine.

Formation universitaire à finalité professionnelle, les IUT ont été créés en 1966 pour produire des cadres intermédiaires en deux ans. La poursuite des études est alors posée comme devant être exceptionnelle. Selon Michel Bernard[3], « si aucun document officiel ne précise un pourcentage, il existe des documents de travail qui à l'origine indiquent 5 %, 10 % et 20 %. Un document de décembre 1976 – soit 10 ans après la création des IUT et provenant du secrétariat d'État aux universités précise au thème III – devenir des étudiants : "pour les 10 % à poursuivre leurs études, quelles formations recommandez-vous ?" ». Dans la réalité, les taux de poursuite d'études augmenteront assez rapidement. Pour les premières promotions, plusieurs facteurs limitent la poursuite d'études : d'abord, un marché de l'emploi très favorable et un déficit d'encadrement intermédiaire (voir supérieur) qui faisait que les diplômés des IUT pouvaient se retrouver rapidement dans des positions professionnelles très favorables. De plus, le faible développement des formations de gestion à l'Université limitait de fait les opportunités de poursuite d'études. Mon expérience m'a permis de constater que l'ouverture des maîtrises plus professionnalisantes (MST et MSG pour la gestion) entraînait une propension plus forte à vouloir poursuivre des études et une opportunité plus grande de pouvoir concrétiser cet objectif. Ainsi, en 1993, une note d'information de la DEP (Direction de l'évaluation et de la prospective) indique que 43,4 % des diplômés ont poursuivi des études en 1992.

Analysons le cas des départements tertiaires à forte orientation gestion. L'indicateur retenu par le MESRI est le taux de poursuite d'études un an et trois ans après l'obtention du DUT. Ces données sont disponibles par type de bac et non par département d'IUT. Les bacheliers ES et STMG sont presque exclusivement concentrés en IUT dans les départements tertiaires, les départements à orientation gestion étant parmi les plus importants. Les taux de poursuite d'études de ces bacheliers permettent d'avoir une bonne estimation de la propension à la poursuite d'études.

Type de Bac	Formations	Poursuite 1 an après la diplomation (%)	Poursuite 2 ans après la diplomation (%)	Poursuite 3 ans après la diplomation (%)
Bac Économique	Autres diplômes	15,7	18,0	19,8
	Licence (LMD)	30,2	7,2	1,9
	Licence pro	22,0	3,9	1,0
	Master	0,0	22,7	27,7
	Post-DUT	3,2	0,0	0,0
	Ensemble	71,2	51,8	50,4

3. Michel, B. (1995). Parcours d'une réforme : les IUT. À propos d'une circulaire : quel débat ? *Agora débats/jeunesses*, (1), 69-80 : www.persee.fr/doc/agora_1268-5666_1995_num_1_1_1006.

Type de Bac	Formations	Poursuite 1 an après la diplomation (%)	Poursuite 2 ans après la diplomation (%)	Poursuite 3 ans après la diplomation (%)
Bac Technique STT STG	Autres diplômes	12,7	14,0	15,7
	Licence (LMD)	17,7	6,1	1,8
	Licence pro	24,3	4,8	1,2
	Master	0,0	11,1	14,8
	Post-DUT	2,0	0,0	0,0
	Ensemble	56,7	36,1	33,6

Poursuite des étudiants diplômés en DUT à la session 2017 jusqu'à trois années après la diplomation

Parmi les bacs ES présents en IUT, 71 % des étudiants sont en poursuite d'études un an après leur diplomation. Le pourcentage le plus important correspond à une licence LMD (par opposition à la licence pro) : 30 %. Un quart des étudiants font une poursuite d'études dans ce qui apparaît dans la continuité pédagogique de l'IUT : licence pro ou autre post-DUT. Il y a 16 % des étudiants qui préparent un autre diplôme (on peut faire l'hypothèse d'une part significative de poursuite vers des filières de gestion dans des écoles à statuts divers). À deux ans, quelques étudiants sont encore en licence pro ou licence LMD (poursuite différée ou redoublement), 23 % des étudiants sont en master et 18 % dans un autre diplôme. À trois ans, 50 % des bacheliers sont encore en poursuite d'études, dont 28 % en master et 20 % dans un autre diplôme.

Pour les bacheliers STMG, la tendance à la poursuite est moindre : 57 % à un an, 36 % à deux et 34 % à trois ans. Les licences professionnelles et les autres post-DUT reçoivent plus du quart de la cohorte. La différence se fait principalement sur l'orientation vers une licence LMD puis un master, avec un accès au master en partie différé d'un an pouvant être associé à un temps de licence LMD de plus d'un an ou à un temps d'arrêt d'un an dans la poursuite d'études.

La poursuite d'études est forte, mais on peut cependant la nuancer : on peut considérer que 47 à 62 % des étudiants se situent dans un continuum d'un cursus professionnalisant enchaînant DUT et spécialisation post-DUT, propension plus forte pour les bacs STMG et moins important pour les bacs généraux.

Quelle insertion pour ceux qui ne poursuivent pas d'études ? L'insertion professionnelle des DUT tertiaires appartenant au champ DEG donne lieu à une analyse à 18 mois et 30 mois après leur diplomation. Les données ci-dessous portent sur la part des diplômés 2016 de nationalité française, issus de la formation initiale, n'ayant pas poursuivi ou repris d'études dans les deux années suivant l'obtention de leur diplôme.

Départements DEG	Situation professionnelle	
	à 18 mois	à 30 mois
Taux insertion	86 %	91 %
Salaire médian	1 400 €	1 470 €
Emploi stable	59 %	68 %
Emploi temps plein	90 %	93 %
Taux cadre - PI	54 %	60 %

Le taux d'insertion est élevé et s'améliore au cours du temps, globalement, à la fois en termes d'emploi à temps plein et d'emploi stable. L'emploi stable correspond à la part des diplômés en CDI, CDI de chantier ou de mission, sous statut de la fonction publique ou en qualité de profession libérale ou travailleur indépendant. Le taux de rémunération se situe dans la moyenne d'un diplômé IUT et est de 7 % inférieur à la moyenne observée pour les diplômés du champ scientifique. L'appartenance aux catégories cadre et profession intermédiaire concerne un peu plus de 50 % de ces diplômés.

Apprentissage, licences professionnelles

Deux changements vont infléchir progressivement l'activité des départements tertiaires de gestion des IUT : la forte implication dans le champ de l'apprentissage et un développement progressif des licences professionnelles et, plus récemment, la structuration des programmes par compétences.

Alternance et apprentissage

Dès 1985, des départements d'IUT, en particulier de gestion, font le choix d'expérimenter l'alternance pour une part des étudiants accueillis. Des secteurs professionnels anticipant des difficultés de recrutement voient l'alternance comme un moyen d'utiliser cette forme pédagogique pour attirer des postulants potentiels. Ces programmes concernent selon les cas des étudiants en seconde année, l'ensemble du cycle de deux ans ou encore des prolongements expérimentaux post-DUT. Les champs professionnels tels que la banque et la grande distribution seront très actifs dans ces projets. Le financement est fréquemment assuré par le moyen du contrat d'adaptation créé par la loi du 24 février 1984 qui met en place deux nouveaux contrats de travail : le contrat de qualification et le contrat d'adaptation. Elle pose le principe de la formation professionnelle en alternance dont l'objet est d'assurer aux jeunes une qualification professionnelle et de faciliter leur insertion sociale : « Tout jeune de dix-huit à vingt-cinq ans peut compléter sa formation initiale dans le cadre de formations alternées. Celles-ci ont pour objectif de permettre aux jeunes d'acquérir une qualification professionnelle ou de s'adapter à un emploi. » Ce dispositif sera aussi l'occasion d'un travail commun avec les branches professionnelles, à travers leurs organismes financeurs de la formation continue.

La loi du 23 juillet 1987 de Philippe Séguin ouvre l'apprentissage à tous les diplômes et titres homologués de la voie professionnelle et technologique, du CAP à l'ingénieur, et consacre ainsi l'apprentissage comme un système de formation à part entière. Les expérimentations d'alternance qui s'étaient initiées aux « marges » de la loi de 1984 vont alors se développer dans un cadre juridique beaucoup plus adapté et les projets et effectifs vont progressivement se multiplier.

En 2018, parmi les étudiants entrants en GEA, TC, TL et GACO, 1 800 d'entre eux le font dans le cadre de l'apprentissage, soit 8 % de nouveaux entrants. Ces quatre départements cumulent 92 % des publics en apprentissage dans les départements tertiaires et 60 % des apprentis en IUT, toutes spécialités confondues. Ces quatre départements ont fait un investissement important dans le développement de l'apprentissage. À cela, probablement quatre raisons complémentaires : l'intérêt pédagogique de l'alternance pour l'étudiant, une aide au financement de l'étudiant favorisant son autonomie, un cadre resserré de partenariats et une source de financement complémentaire pour les établissements. Aujourd'hui, l'apprentissage est pleinement reconnu par les jeunes étudiants (et leurs familles) et c'est souvent le premier choix. Les réserves étaient très fortes au démarrage et cette situation initiale a souvent demandé un effort de communication pour convaincre les étudiants, et surtout les parents, qu'il ne s'agissait pas là d'une voie diminuant les chances de réussite. On peut noter que le flux croissant de l'apprentissage ne semble pas avoir modifié le désir de poursuite d'études, mais une analyse spécifique aux apprentis sur les comportements de poursuite d'études n'est apparemment pas disponible.

Par ailleurs, le développement de l'apprentissage en IUT est aujourd'hui conditionné par le contexte politique global vis-à-vis de l'apprentissage. Il existe un décalage entre les jeunes et les familles qui perçoivent l'apprentissage dans le supérieur comme une voie de formation très positive et la volonté des acteurs politiques (État et régions) qui ont la volonté de prioriser les publics ayant le plus de difficultés à s'insérer dans l'emploi et s'interroge sur l'intérêt du développement du flux d'apprentis dans le supérieur, IUT inclus.

Les licences professionnelles

Les licences professionnelles trouvent leur origine dans les formations post-DUT (diplôme d'université le plus souvent) qui apparaissent dès 1985 : formation de spécialisation ou ayant une composante internationale, fréquemment en alternance et correspondant à des niches articulées avec les spécialisations économiques des territoires d'accueil. Les effectifs accueillis sont alors assez restreints. La création des licences professionnelles a induit une très forte croissance des effectifs tout en gardant une partie des caractéristiques : alternance et forte présence du milieu professionnelle. Les collectivités territoriales en ont souvent soutenu le développement, en particulier les villes de taille moyenne. À la rentrée 2017, le flux entrant en licences professionnelles relevant du champ DEG est de 25 000 étudiants dont 21 000 étudiants pour les formations à orientation économie et gestion (pour 52 000 étudiants, tous champs réunis). Ce chiffre peut être rapproché du flux entrant dans les départements gestion des IUT qui est de l'ordre de 21 000 étudiants.

Quels sont ces publics ? Pour la promotion 2016-2017 des licences professionnelles de tout secteur, les étudiants étaient l'année précédente en IUT (23 % de la cohorte), en STS (25 %) ou se sont réorientés après une licence générale (6 %). On compte 42 % du public qui n'était ni à l'Université, ni en STS l'année précédente. Il s'agit là de publics ayant marqué un temps d'arrêt dans leur parcours ou un retour au titre de la formation continue. On voit bien par ces données que la licence professionnelle n'est pas une simple continuation du parcours IUT, même si le plus grand nombre de formations est implanté dans les IUT. Si ces données concernent l'ensemble des licences pro, on peut faire l'hypothèse d'une situation assez similaire pour le champ de la gestion. Une des motivations est probablement de rechercher une insertion professionnelle plus valorisante que celle intervenant après un IUT ou un BTS.

Licences pro gestion	Situation professionnelle	
	à 18 mois	à 30 mois
Taux insertion	92 %	94 %
Salaire médian	1 550	1 690
Emploi stable	74 %	86 %
Emploi temps plein	97 %	97 %
Taux cadre - PI	60 %	66 %

Pour les formations à orientation gestion, le taux d'insertion professionnelle est légèrement plus favorable que celui constatée pour les DUT de gestion (principalement à 30 mois). Ce constat peut être étendu sur l'ensemble des indicateurs : stabilité de l'emploi, appartenance aux catégories cadre et profession intermédiaire. Le salaire médian à 18 mois est 10 % plus élevé que celui des DUT, 15 % à 30 mois. À 18 comme à 30 mois, le salaire médian est de 23 % inférieur à celui observé sur les masters du même champ.

De la licence pro au bachelor de technologie

Un arrêté du 6 décembre 2019[4] réforme la licence professionnelle. Précédemment à celui-ci, la licence pro correspondait à un parcours de troisième année, correspondant à 60 crédits, et intervenait après un parcours correspondant soit à deux années de licence générale, soit à la validation d'un DUT ou BTS. Si cette organisation reste concevable, le texte ouvre la possibilité d'organiser la licence pro sous forme de parcours professionnalisés correspondant à un nombre de crédits compris entre 60 à 180. La licence pro peut soit valider un parcours spécifique de 180 crédits, soit une combinaison d'enseignements spécifiques (au moins) et d'enseignements relevant des autres parcours du niveau licence. Dans l'hypothèse où un parcours de 180 crédits est organisé au sein des IUT, ce dernier est alors dénommé bachelor universitaire de technologie (BUT). Dans cette hypothèse, le parcours intermédiaire de 120 crédits est validé par la délivrance du diplôme de DUT.

Le BUT est défini par des spécialités, qui tiennent lieu de mention, correspondent aux spécialités du DUT. Le BUT s'inscrit dans un cadre similaire à celui des DUT : un programme national (pour deux tiers du volume global des heures) fixé après avis de la commission consultative nationale des IUT ; un tiers du volume horaire global

4. Texte applicable à la rentrée 2021.

correspond à des adaptations locales de la formation définies par l'université d'appartenance, sur proposition du conseil de l'IUT. Ces adaptations doivent permettre :

- de tenir compte de l'environnement local ;
- de diversifier les profils des étudiants accueillis ;
- d'enrichir les connaissances et compétences des étudiants en intégrant notamment celles issues d'une autre spécialité ;
- d'adapter les parcours à l'évolution des métiers et aux enjeux socio-culturels et internationaux de la société.

Pour les BUT du secteur tertiaire, la formation doit être organisée en distinguant 1 800 heures d'enseignement, 600 heures de projets tutorés et 22 à 26 semaines de stages. Les modalités de répartition sur les trois années, la définition des parcours (permettant une perméabilité entre les spécialités) doivent être envisagées dans une logique de construction de compétences et laissent une assez grande liberté aux établissements.

Notons que les conditions d'accréditation incluent deux critères : un objectif d'insertion professionnelle des diplômés de licence professionnelle fixé au minimum à 50 % (objectif qui s'impose au BUT), un accueil en première année d'au moins 50 % de bacheliers technologiques appréciés sur l'ensemble des spécialités portées par un IUT donné (public pouvant faire l'objet de parcours adaptés).

On peut considérer que ce texte reconnaît la pratique existante d'un taux élevé de poursuite d'études au niveau L3 des diplômés IUT et qu'il prend en compte le gain constaté, en termes de conditions d'insertion professionnelle, par une année supplémentaire en licence pro. Il correspond aussi à un équilibre entre plusieurs attentes : celle du ministère qui souhaite voir mieux pris en compte l'accueil des bacheliers technologiques en IUT (et ce tout particulièrement dans le secteur tertiaire) ; celle des établissements qui expérimentent de plusieurs années une organisation de la licence pro qui ne soit exclusivement organisé en troisième année de licence ; celle des IUT qui considèrent que l'organisation actuelle DUT – Licence pro est peu attractive face à la montée en puissance des bachelors des écoles.

Une activité de formation continue modeste

Sur le champ de la formation continue, les IUT pris dans leur globalité ne se différencient pas du reste de l'Université : le poids de l'activité formation continue reste faible. En 2018, 60 000 diplômes nationaux étaient délivrés en formation continue par les universités. Parmi ceux-ci, 4 300 DUT venaient valider un cursus en formation continue, soit environ 7 % des diplômes délivrés en formation continue à l'Université. Ce flux peut être mis en correspondance avec celui des diplômés IUT tous publics qui est de l'ordre de 48 000 par an. Nous n'avons pas été en mesure de distinguer le secteur des services dans l'ensemble, mais il est probable qu'il ne se distingue pas de façon significative.

En revanche, les publics de formation continue sont beaucoup plus présents en licence pro : 18 400 titres sont délivrés en formation continue (plus de 30 % des diplômes universitaires délivrés dans ce cadre) à mettre en correspondance avec le flux annuel de licences pro délivrés : près de 49 000 ; pour ce diplôme, le flux de formation continue représente 37 % des diplômés.

Un second indicateur peut permettre de caractériser l'activité de formation continue : le nombre de VAE (validation des acquis de l'expérience) préparées et délivrées. En 2018, 3 600 diplômes universitaires sont délivrés par cette procédure ; 1 500 titres correspondent à des diplômes du champ DEG ; parmi ces derniers, les DUT ont une présence très faible (20), à comparer aux 800 licences professionnelles et aux 500 masters (pour le champ DEG).

Ces deux indicateurs confirment la faible orientation continue de la formation de niveau IUT, y compris pour le secteur tertiaire. En revanche, la licence professionnelle apparaît bien comme un diplôme clé dans les processus de reconnaissance des acquis et de développement de la qualification, en particulier dans le champ de la gestion. Deux explications peuvent être proposées pour éclairer le faible développement de l'activité formation continue au niveau DUT : une faiblesse de la demande et/ou un faible investissement des équipes sur cette activité. Dans la première décennie de développement des IUT, les cycles spécifiques à la formation continue étaient souvent présents, en particulier dans les départements tertiaires. La montée en activité de l'apprentissage s'est souvent faite avec un transfert de la mobilisation de ressources humaines, probablement au détriment de l'activité formation continue.

Récemment, les IUT ont restructuré leurs programmes pédagogiques en blocs de compétences. Dans le bilan de 50 ans des IUT, Moulay-Driss Benchiboun, vice-président de l'ADIUT (Assemblée des directeurs d'IUT) en charge de la formation continue et de l'alternance, souhaite que cette nouvelle structuration facilite une adaptation de la formation en fonction du rythme, du potentiel et des moyens de chaque formé grâce à un système de crédits, utilisable dans le cadre d'une VAE totale et partielle. Cela vise à permettre une plus grande individualisation de la formation et une diversification des publics, qui ne sont pas pleinement prises en charge par les IUT aujourd'hui. Les IUT présentent de nombreuses similitudes avec les *community colleges* existants aux États-Unis : pédagogie en petit groupe, souplesse de fonctionnement, fort lien avec le tissu économique, apport important à la région d'implantation. Comme pour les IUT, une dualité de fonction est présente : permettre à une partie des étudiants de rejoindre des programmes plus académiques ou favoriser une insertion professionnelle plus immédiate. Cependant, dans le cas des *community colleges*[5], la formation continue est plus développée, et ces établissements constituent une porte d'entrée privilégiée dans l'enseignement postsecondaire pour des étudiants non « traditionnels » : personnes qui n'entament pas leurs études supérieures immédiatement après la fin de leurs études secondaires, qui étudient à mi-temps, travaillent à plein temps parallèlement à leurs études par exemple. L'individualisation de la formation y est plus forte, la combinaison distanciel/présentiel plus habituelle et la diversification des publics plus avancée.

En conclusion, évolution pour demain

Le devenir des IUT tertiaires est aujourd'hui mis en question par deux données principales : une concurrence nouvelle des bachelors des écoles de commerce, en plein développement, et une interrogation sur l'évolution des métiers d'encadrement intermédiaire dans le domaine des services.

Sur les formations de niveau premier cycle, le développement des bachelors modifie le paysage. Alors que l'offre des universités apparaît comme fragmentée entre licence générale à orientation gestion, filières de type AES, départements d'IUT, celle des écoles répond par un cycle en trois ans visant à la fois l'objectif d'insertion professionnelle et celui d'une possibilité de poursuite d'études. De ce point de vue, la mise en place prochaine d'un bachelor de technologie peut se révéler plus attractif que l'actuelle juxtaposition DUT + licence professionnelle. Mais il peut aussi se traduire par la mise en place d'un cycle en trois ans plus généraliste alors que la licence professionnelle est souvent l'occasion de compléter une formation assez large par une année de spécialisation, souvent appuyée sur des écosystèmes régionaux, apportant par la même une forte contribution au développement économique local.

Le deuxième facteur à prendre en compte est la transformation progressive des métiers d'encadrement intermédiaire. Ces métiers supposent des compétences de coordination et de facilitation de la coopération, la dimension d'autorité hiérarchique étant moins présente et correspondent à des missions d'appui fonctionnel, supposant de bonnes compétences en techniques de gestion. Les dimensions systèmes d'information et numérique restructurent ces métiers en profondeur. Alors que les départements tertiaires des IUT côtoient en général dans les IUT des départements technologiques, on peut se demander si des complémentarités ne pourraient pas être plus travaillées pour accroître la compétence technologique et numérique des étudiants formés en gestion dans les IUT. En 2019, le texte créant le bachelor universitaire de

5. Bouzat, E. & Parsy, M. (2008). *Les Community Colleges aux États-Unis : l'enseignement supérieur et la formation professionnelle à portée de main*. Washington, Ambassade de France à Washington.

technologie (BUT), qui permet plus de porosité entre les spécialités, est sur ce point un véritable atout[6].

Il faut aussi prendre en compte la composition de ces encadrements intermédiaires. Si une part importante est constitué de diplômés de l'enseignement supérieur, cet encadrement comprend aussi une part de non-diplômés du supérieur (souvent de niveaux bac professionnel) ou de diplômés de BTS-IUT passés par des fonctions d'exécution qui révèlent leurs qualités aux fonctions d'encadrement. Pour ces derniers, des formes de reconnaissance des compétences et d'élargissement de celles-ci par la formation continue peut conditionner le maintien de leur progression. L'offre de niveau licence/bachelor a ici un rôle social important à jouer et les départements tertiaires des IUT devraient beaucoup plus s'en emparer ; les universités gagneraient à mieux articuler cette offre avec celle des formations de niveau master, en particulier les IAE, en proposant des parcours qui favorisent une continuité de progression. La coopération des équipes d'enseignants dans les activités de recherche devrait faciliter ce travail commun.

Enfin, on peut aussi penser que l'expérience des IUT devrait aussi être regardée au vu de la réponse proposée pour l'encadrement pédagogique en premier cycle. La présence d'un pourcentage élevé d'enseignants détachés du second degré a joué et joue un rôle déterminant dans la densité de l'encadrement pédagogique. Ces personnels sont nombreux parmi les responsables de département et ils sont souvent présents dans l'animation des formes pédagogiques relevant de modes projets. Leur apport est difficile à quantifier, mais il est probablement important dans l'aide à la socialisation des étudiants et dans la dynamique collective qui caractérise un département d'IUT. On pourrait probablement obtenir ce même effet en licence générale par une différenciation mieux reconnue des modes d'exercice professionnel des enseignants du supérieur ; pour de multiples raisons qui dépassent le cadre de ce développement, on doit constater que la concrétisation de cette différenciation reste difficile.

Bibliographie

Benoist, P. (2016). *Une histoire des instituts universitaires de technologie*. Paris, Classiques Garnier.

Bouzat, E. & Parsy, M. (2008). *Les Community Colleges aux États-Unis : l'enseignement supérieur et la formation professionnelle à portée de main*. Washington, Ambassade de France à Washington.

6. Les « mentions » en gestion du BUT sont les suivantes : BUT gestion administrative et commerciale des organisations (GACO), BUT gestion des entreprises et des administrations (GEA), BUT gestion logistique et transport (GLT), BUT information-communication (Info-Com), BUT statistique et informatique décisionnelle (STID), BUT techniques de commercialisation (TC).

Le Nir, M. (2015). Évaluation des instituts universitaires de technologie et de leurs départements : retour sur 15 années d'expérience. *Revue Internationale de Pédagogie de l'Enseignement Supérieur, 31*(3).

Le Nir, M. & et Seguy, J.-Y. (2018). Les IUT à leur création : des laboratoires d'innovations institutionnelles et pédagogiques. *Cahiers de la recherche sur l'éducation et les savoirs*, hors-série (6) : http://journals.openedition.org/cres/3167.

Michel, B. (1995). Parcours d'une réforme : les IUT. À propos d'une circulaire : quel débat ? *Agora débats/jeunesses*, (1), 69-80 : www.persee.fr/doc/agora_1268-5666_1995_num_1_1_1006.

Soldano, C. (2018). Les IUT au prisme des territoires. *Cahiers de la recherche sur l'éducation et les savoirs*, hors-série (6) : https://journals.openedition.org/cres/3204.

2. Interview d'Alain Strazzieri par Bernard Dizambourg

Alain Strazzieri fut le premier chef de département techniques de commercialisation (TC) de l'IUT de Marseille. Ce département fut d'abord créé à Marseille en 1968 puis transféré à Aix. Alain Strazzieri restera chef de département sept ans. Il jouera un rôle important localement, mais aussi nationalement. Il contribuera très fortement à définir la spécificité des départements TC et sera une référence pour les premières générations de chefs de département.

Où étiez-vous avant votre prise de fonction à l'IUT ?

J'étais préalablement à mon arrivée à l'IUT enseignant de sciences économiques à la faculté de droit et sciences économiques d'Aix. Puis, j'ai enseigné le marketing à l'IAE d'Aix. La création de celui-ci sous la direction de Pierre Tabatoni m'a beaucoup marqué ; cela va sans aucun doute déterminer mon attachement aux pédagogies actives mises en œuvre au sein de l'IAE et qui constituaient une transformation importante en regard des pratiques existantes.

Avez-vous mis en place l'équipe pédagogique ?

Oui, mais au moment de la création, l'équipe pédagogique était en fait très réduite : quelques assistants, principalement recrutés parmi des diplômés de l'IAE et un fort apport de professionnels. À la différence de ce qui se passera dans de nombreux départements, nous n'avons pas fait le choix de recruter des enseignants du second degré. Le choix de mobiliser fortement les professionnels était à la fois un choix de nécessité (pour compenser le faible encadrement) et le moyen de rechercher un ancrage rapide dans le milieu professionnel, ce qui me semblait indispensable. Des responsables d'études commerciales, des directeurs commerciaux et marketing d'entreprises régionales vont constituer le socle de nos intervenants. Cela avait aussi un autre avantage : ces intervenants avaient une forte connaissance des enjeux de formation dans le domaine commercial. Cela m'a permis d'installer un mode d'animation pédagogique souple basé sur la confiance.

Dans cette période de création, sur quels autres éléments avez-vous concentré votre action ?

L'introduction systématique des stages en entreprise ; c'était une grande innovation introduite par les IUT dans l'enseignement universitaire, à part les IAE. Mais la mise en œuvre s'est parfois révélée complexe. Il faut avoir à l'esprit que les services commerciaux en mesure d'accueillir des stagiaires n'étaient pas si nombreux à Aix et Marseille et les entreprises n'étaient pas préparées à cette nouvelle pratique. Pour faciliter le recrutement des stagiaires, nous avions programmé le stage en cours de deuxième année, avec une période de retour à l'IUT. Ce n'était pas la pratique la plus courante, le stage intervenant souvent en fin de deuxième année. Cela pouvait permettre d'utiliser pédagogiquement, dans la dernière période de cours, l'expérience vécue par les étudiants. Mais les étudiants étaient le plus souvent séduits par leur période passée en entreprise et ce n'était pas très évident de les remobiliser sur un temps de formation.

J'étais aussi très attaché à introduire une pédagogie active : élaboration d'études de cas, travaux de groupe.

Est-ce comme cela que vous avez travaillé à la création d'un jeu de simulation marketing ?

Oui, à l'époque, il n'y avait pas de jeu de simulation marketing utilisable à des conditions abordables pour nos départements. C'est pour cela que j'ai créé SIMIX, jeu prenant en compte les différentes variables du *mix*, mais où la partie simulation du comportement du consommateur occupait une place importante. Dans sa première version, SIMIX est un jeu « manuel », non informatisé, l'arbitrage des décisions supposant l'utilisation de nombreux abaques. Il sera largement diffusé dans les départements TC et connaîtra, plus tard, une version informatisée (réalisée je crois par le département TC de l'IUT de Troyes).

Quel a été votre engagement au niveau national ?

J'étais très engagé dans l'assemblée des chefs de département en association avec, tout particulièrement, le chef de département TC de l'IUT de Saint-Denis, notre collègue Pierre Hazebroucq, ancien président des DCF (Directeurs commerciaux de France), professionnel devenu enseignant associé, avec qui nous avons créé et animé la centrale d'études de cas des IUT, qui s'est étendue par la suite aux départements GEA. L'objectif était d'avoir un lieu d'échanges de matériaux pédagogiques et d'organisation de la formation pour les collègues de tous les départements. Il fallait compenser le relatif isolement des collègues à une époque où les enseignants de gestion étaient peu nombreux dans les universités.

Avez-vous organisé des formations pour les enseignants ?

Oui, en particulier sur le comportement du consommateur, avec Alain Cousineau (université de Sherbrooke, Québec), les styles de vie (avec un collègue d'HEC) ou encore sur la stratégie marketing (Jagdish Sheth et Robert A. Peterson, États-Unis). Alors que la recherche se développait de façon récente en France, nous voulions, par ces séminaires, appuyer les enseignements sur une bonne connaissance des transformations conceptuelles en cours. Mais l'objectif était aussi d'aider les collègues dans leur activité de recherche en proposant par exemple un séminaire de méthodologie de la recherche (Alain Cousineau et Étienne Bastin). Pour tout cela, je me suis beaucoup appuyé sur l'IAE d'Aix.

Chapitre 4

L'université Paris-Dauphine dans l'émergence et l'institutionnalisation des sciences de gestion en France

Par Bernard de Montmorillon

L'université Paris-Dauphine présente, dans le paysage de l'enseignement supérieur français de la gestion, un profil particulier. D'abord par son positionnement scientifique et pédagogique centré sur les sciences des organisations et de la décision, régulièrement affirmé sinon depuis sa création, du moins tout au long de sa carrière ; ensuite par son statut, université et grand établissement, qui lui permet tout à la fois d'affirmer sa vocation académique et publique tout en sélectionnant et professionnalisant ses étudiants ; enfin par son histoire, impactée par les turbulences de l'enseignement supérieur depuis plus d'un demi-siècle. Cette dernière perspective servira de trame à cette contribution, non pas tant pour insister sur la chronologie de l'établissement assez aisément cadrée de sa naissance en 1968 à son intégration dans PSL en 2019, mais plutôt pour mettre en évidence la manière dont son projet, marqué dans sa genèse par l'enseignement universitaire de la gestion, a pu affirmer sa spécificité et contribuer durant ces cinquante dernières années à l'institutionnalisation des sciences de gestion. On examinera donc successivement, et avec ce prisme, l'émergence de l'établissement de la porte Dauphine (1968-1989), puis la consolidation de son modèle (1989-1999) et, enfin, sa transformation et son agrégation dans PSL (1999-2019)[1].

1. Cet article a bénéficié d'entretiens avec de nombreux acteurs de l'histoire de Dauphine, notamment le professeur Alain Cotta, le professeur Ivar Ekeland, Michel Poix, vice-président de 1989 à 2012 et bien d'autres encore que l'auteur remercie tout en assumant les erreurs que le texte peut contenir. Quant à lui, professeur ès sciences de gestion, issu du deuxième concours d'agrégation de la discipline, désormais en question, il tient à souligner sa proximité avec son objet : il a été en poste à Dauphine de 1975 à 1982 puis de 1990 à 2016 et président huit ans durant. Cette proximité est gage d'une connaissance immédiate de l'établissement, mais peut aussi être la source d'une certaine partialité... voire d'une partialité certaine !

1. Les années d'émergence : 1968-1989

Il est nécessaire, pour comprendre les débuts de l'université Paris-Dauphine, de tracer rapidement l'état des lieux de l'enseignement supérieur français dans les années soixante et plus particulièrement celui de la gestion. Ce tableau initial permettra de mettre l'accent sur les caractéristiques principales des réformes d'Edgar Faure et sur leur lien avec l'expérience particulière de l'établissement dont le développement se concrétise durablement dès le milieu des années soixante-dix. La loi Savary de 1984 viendra alors rebattre les cartes et le projet de Dauphine devra s'adapter.

L'enseignement supérieur de la gestion dans les années soixante

L'enseignement supérieur français reste marqué, alors, et l'est encore de nos jours, par rapport aux pratiques étrangères, par deux spécificités majeures, la distinction entre les écoles et les universités et l'existence du CNRS. La première remonte au XVIIIe siècle qui a vu la création des grandes écoles formant les ingénieurs dont le pays a besoin pour ses infrastructures (ponts, chaussées...), les ressources métallurgiques et énergétiques de son industrie naissante (mines...) et ses ambitions militaires (artillerie). Quant aux universités, elles sont consacrées aux humanités au sens large (droit, médecine, lettres, sans parler de la théologie, et avant que les sciences ne les rejoignent). La recherche est principalement l'apanage de quelques écoles d'ingénieurs ou normales, de laboratoires ou instituts avant que, plus tard, seconde spécificité nationale, le CNRS créé en 1939, ne bénéficie d'une bonne part des moyens humains et financiers que la République voulut bien y consacrer. Dans ce cadre, la formation à la gestion a pris la voie des écoles (B. de Montmorillon, 2011) avec, dès 1819, la création de l'actuelle ESCP ou en 1881 celle des HEC. C'est dire que cet enseignement s'est constitué sans relations avec le monde universitaire et n'a quasiment jamais été ouvert sur les logiques de la recherche. Il ne faut pas s'étonner de ce constat : l'État ne ressentait guère alors le besoin de profils de gestionnaires et le financement des écoles de gestion principalement issu des chambres de commerce et d'industrie ne pouvait pas conduire au développement d'une analyse critique sur leur objet.

Les années soixante voient ce panorama se crisper et bientôt exploser alors que le pays venait de connaître une vingtaine d'années de croissance économique exceptionnelle. Les écoles de commerce ont largement profité de cette croissance, formant les cadres dont ont eu besoin les entreprises, surtout les plus grandes d'entre elles ; l'Université, en revanche, est restée largement en dehors de ce mouvement, à l'exception des instituts d'administration des entreprises qui se constituent en leur sein à partir de 1955 et promeuvent leur diplôme spécifique fondé sur la double compétence. Il ne s'agit pas ici de refaire l'histoire des événements de mai-juin 1968, largement documentée (cf. par exemple B. Gobille, 2008), mais bien d'insister sur deux de ses caractéristiques qui nourrissent la genèse de l'université Paris-Dauphine. D'un côté, des étudiants en ébullition qui contestent l'ordre établi et sont principalement issus d'établissements qui, pour la plupart, sont beaucoup plus soucieux de leur culture générale que de leur devenir professionnel ; les universités privilégient en effet les travaux consacrés à l'analyse sociale, au langage, à l'histoire ou à la macro-économie, à la science, sans guère s'intéresser au monde de l'entreprise. De l'autre, des diplômés d'école qui, sans trop y réfléchir, trouvent quasi immédiatement un emploi et n'ont jamais eu l'occasion d'amorcer une quelconque réflexion sur la nature et les fins de l'entreprise. C'est à la fois de ces turbulences et de cette dichotomie que va naître le projet de Dauphine.

Dauphine et les réformes d'Edgar Faure[2]

Le président Edgar Faure a été ministre de l'Éducation nationale du 13 juillet 1968 au 20 juin 1969. Bénéficiant d'une certaine confiance de la part du général de Gaulle, qu'il avait rejoint à Alger en 1943, et d'une longue, diverse et brillante expérience politique, il entreprend de refonder l'enseignement supérieur sur de nouvelles bases. La loi d'orientation de novembre 1968, votée à gauche comme à droite, impulse deux évolutions majeures. Elle promeut, une quinzaine d'années avant la loi Savary, l'autonomie des universités et leur gouvernance collégiale (c'est du reste le sens étymologique du mot *universitas*). Surtout, les universités françaises, caractérisées, notamment celle de Paris, par une certaine forme de gigantisme, sont découpées en unités de taille plus réduite et pour la plupart organisées sur une base disciplinaire. Ainsi, la vieille et prestigieuse Sorbonne se trouve très largement démembrée et deux établissements nouveaux et expérimentaux sont créés autour de thématiques peu ou guère représentées dans le contexte précédent. Le centre universitaire expérimental de Vincennes, futur Paris VIII, se spécialise autour des sciences sociales tandis que celui de la porte Dauphine, futur Paris IX, innove en introduisant au cœur de ses cursus la gestion et l'économie appliquée. C'est dire à quel point la genèse de l'université Paris-Dauphine est marquée tout en s'en démarquant assez rapidement par l'esprit de mai 1968 et par les convictions d'Edgar Faure : taille maîtrisée, autonomie revendiquée du projet et de son pilotage, collégialité de la gouvernance et ouverture académique sur les enjeux économiques qui ont marqué les Trente Glorieuses. Le grand amphi de l'université porte toujours le nom de son fondateur.

2. La plupart de ces informations sont tirées d'entretiens réalisés avec Pierre Tabatoni par M. Stern et M.T. Frank, et publiés en 2008, ainsi que d'échanges de l'auteur avec des collaborateurs du recteur.

Quelques détails sur ces années de création en souligneront les particularités.

Pierre Tabatoni (1923-2006) va jouer un rôle déterminant. Après des études de lettres classiques puis un séjour à la London School of Economics, il devient professeur agrégé ès sciences économiques en 1950 ; d'abord en poste à Alger, il rejoint l'université d'Aix et bénéficie d'une bourse de la Fondation Rockfeller aux États-Unis (1954-1955) ; il fonde à son retour l'IAE d'Aix-Marseille qu'il dirige plusieurs années, avant de rejoindre en 1962 la faculté de droit et de sciences économiques de Paris ; il devient au même moment vice-président de l'Institut européen de recherche en management. Ce cursus atypique va nourrir l'action de Pierre Tabatoni lorsqu'il rejoint Edgar Faure au ministère de l'Éducation nationale comme conseiller technique à la DGES. Il y organise un comité de réflexion chargé de piloter la création d'un centre universitaire expérimental promouvant les disciplines auxquelles il a consacré une carrière déjà longue. Alain Cotta, jeune professeur ès sciences économiques à Caen, en est le secrétaire, aux côtés de collègues de disciplines différentes et de chefs d'entreprise. Le projet prend forme.

Edgar Faure se laisse convaincre et l'opération se concrétise par le décret 68-926 du 24 octobre 1968[3] portant création à Paris du centre universitaire Dauphine, ayant statut de faculté (signé, entres autres, Charles de Gaulle, Edgar Faure et Jacques Chirac. Pierre Tabatoni décline la direction de l'établissement, Alain Cotta, jeune et... provincial, n'est pas vraiment l'acteur idoine pour le milieu académique parisien et André Cibert prend la tête du centre universitaire avec le titre de doyen puisque c'est alors encore une faculté. Paul Didier, professeur de droit, lui succède bientôt.

La question de la localisation de l'établissement semble avoir été réglée dès avant sa création par un concours de circonstances favorables. Depuis 1966 et la décision du général de Gaulle de voir le siège de l'OTAN quitter le territoire national, le bâtiment de la porte Dauphine, construit par l'architecte Jacques Carlu, se trouve libre ; sa gestion a été confiée à EDF dont le président, Marcel Boiteux, éminent économiste, est proche d'Edgar Faure et des milieux académiques. Il se raconte que le président Faure aurait déclaré avoir un local pour l'université et qu'il se demandait ce qu'il allait bien pouvoir y loger ; finalement, les lieux sont dévolus principalement au centre universitaire qui en prend le nom. Cette dévolution aura une conséquence indirecte, mais significative : les lieux sont repris sans grandes transformations, si ce n'est que de trois bureaux on fait une salle de cours, ce qui induit une pédagogie en petits groupes qui marquera durablement l'établissement. Cette particularité sera souvent mise en avant non seulement pour caractériser un projet académique spé-

3. Il n'est pas sans intérêt d'observer que ce décret de 1968, antérieur à la loi Faure d'un mois, vise le décret du 17 mars 1808 relatif à l'organisation générale de l'Université et celui du 25 décembre 1885 relatif à l'organisation des facultés ! C'est dire l'ancienneté des textes régissant alors l'Université française.

cifique, mais aussi pour justifier une dotation publique dérogatoire faute de grands amphis.

Reste donc à organiser la première rentrée. C'est chose faite en 1969. La « faculté » se constitue autour de quelques professeurs à la (très) forte personnalité, tôt engagés dans l'aventure ; une commission pluridisciplinaire recrute également de jeunes assistants et maîtres assistants, souvent très brillants (Jean Tirole ou Bruno Lafont en mathématiques, par exemple), souvent aussi marqués par le mouvement de mai 68. L'ambiance est agitée et souvent conflictuelle ; on a parlé de *Far West* pour la décrire. Il faut souligner cependant dès l'abord que la ligne « Tabatoni » est bien présente dans ces recrutements : la gestion n'existe pas en tant que discipline et le corps enseignant est composé d'économistes, de mathématiciens, d'informaticiens, de juristes, de sociologues et de linguistes : c'est marquer l'ancrage à la fois pluridisciplinaire, mais aussi fortement imprégné de calcul scientifique, de modélisation et d'économétrie de la future discipline... Il est décidé de commencer par ouvrir au public étudiant le troisième cycle, département sciences des organisations dès l'origine, qui s'organise autour de quelques diplômes propres à l'établissement et développés en deux ans ; dans le même temps, est également ouvert un diplôme de premier cycle en gestion et économie appliquée (GEA). L'année suivante, et sous l'impulsion de J.-P. Aubin, les mathématiques obtiennent de se constituer en département longitudinal (mathématiques de la décision) et créent leur laboratoire.

Les fondements principaux de l'université Paris-Dauphine sont donc en place dès sa fondation : pédagogie en petits groupes, positionnement professionnalisant, thématiques ouvertes sur la vie des entreprises et des organisations ; ces caractéristiques se développent dans un établissement qui affirme, dès son origine, son encastrement dans le monde universitaire traditionnellement attaché à la recherche, à l'élaboration des connaissances et à l'analyse critique, au sens de l'aphorisme de Raymond Aron, gravé sur une plaque de marbre apposée dans la salle du conseil, celle de l'OTAN puis celle de Dauphine, et qui portera le nom du philosophe : « La liberté politique rend les hommes dignes d'elle. Elle en fait des citoyens ni conformistes, ni rebelles, critiques et responsables. » Vaste programme pour les sciences de gestion.

L'institutionnalisation de l'université Paris IX-Dauphine

Bientôt, le centre universitaire Dauphine acquiert un statut définitif dans le cadre de la loi du 17 décembre 1970 qui porte la création, au 1er janvier 1971, des universités parisiennes dont on a parlé parmi lesquelles l'université Paris IX à la porte Dauphine. Un décret (Fontanet) de 1973 reformulera l'appellation générale des diplômes. À Dauphine, deux DEUG généralistes, GEA et MASS dans deux UER de premier cycle, accueillent les étudiants qui sont invités à poursuivre leurs études dans trois licences, proposées en deux ans, elles aussi organisées en UER spécialisées, sciences de gestion, économie appliquée et MIAGE. Les lauréats peuvent postuler à l'un ou l'autre des diplômes de troisième cycle regroupés au sein de l'UER sciences des organisations ou, en mathématiques, de MD et ouverts également au recrutement extérieur. En gestion, ces diplômes se déclinent en DEA et DESS, souvent liés et fondés sur une base disciplinaire, les premiers fortement nourris de théorie, les seconds plus nettement professionnalisés. Bientôt, les candidats se pressent au moment des inscriptions et déjà se pose la question de la sélection qui sera un serpent de mer pour Dauphine jusqu'en 2004, tout comme aujourd'hui encore pour l'ensemble des universités françaises.

En 1980, Henri Tézenas du Montcel est élu à la présidence de l'université ; il va lui donner une nouvelle visibilité et renforcer son ouverture sur le monde de l'entreprise. Agrégé d'économie, professeur à l'université de Caen, il a rejoint Dauphine dès 1968 attiré par son directeur de thèse, le professeur Alain Cotta. Personnalité charismatique, il va développer les liens de l'établissement avec les acteurs professionnels ; il s'attache ainsi à soutenir la création de nouveaux DESS bénéficiant du soutien de partenaires impliqués et à organiser au sein de l'université une série de conférences animées par des chefs d'entreprise emblématiques du capitalisme à la française, qui n'est ni vraiment rhénan, ni anglo-saxon, pour reprendre la formulation de Michel Albert (1991), mais marqué cependant par le souci du développement national et de la cohésion du groupe. Il est, du reste, lui-même professeur en gestion des ressources humaines et a publié en 1978 avec Yves Simon un ouvrage novateur qui fera date dans la discipline (*Économie et gestion des ressources humaines dans l'entreprise*). C'est aussi un animateur qui sait fédérer autour de lui les différentes composantes, qu'il s'agisse des étudiants, des personnels administratifs et aussi des maîtres de conférences et des professeurs, finalement lassés par les vives querelles intestines qui avaient marqué les premiers pas de l'établissement. Son rôle aura été déterminant dans la création durable d'une *affectio societatis* qui permettra à l'université d'affirmer longtemps sa cohérence interne malgré les vicissitudes traversées par le monde universitaire dans les années qui vont suivre. Notoriété, cohésion, sélectivité et professionnalisation, le bilan est marquant et le restera.

Mais voilà que survient l'élection de François Mitterrand avec sa volonté de réformer à nouveau l'éducation nationale, qui mettra plusieurs millions de français dans la rue. Si dans l'enseignement secondaire le calme revient assez rapidement, il n'en va pas de même dans l'enseignement supérieur. La loi dite Savary du 26 janvier 1984, qui pourtant reprend nombre des éléments de la loi Faure en matière d'autonomie et de gouvernance, réforme les EPCSC, qui deviennent des EPCSCP par adjonction du P de Professionnel, les UER, qui deviennent des UFR, et instaure le conseil des études et de la vie universitaire (le CEVU)... Il n'y aurait pas là de quoi fouetter un chat, sauf que deux profonds sous-jacents instaurent de vives et durables tensions. Il y a d'abord l'article qui dispose que « tout étudiant a le droit de s'inscrire dans l'université de son choix » ; c'est proscrire toute forme de sélection. Il y a aussi la volonté de rapprocher les universités et les grandes écoles ; c'est toucher là au cœur de la formation des cadres nationaux et provoquer leur inévitable réaction. Près de 40 ans plus tard, l'enseignement supérieur français n'est pas encore sorti du trouble instauré par cette loi (tentatives de réformes Devaquet, Juppé, Blanquer...). Quoiqu'il en soit, Henri Tézenas du Montcel considère que l'application à Dauphine de l'ensemble des dimensions de la loi Savary remet en cause les fondements de son projet spécifique et il démissionne avec un sens certain de l'effet médiatique.

S'ouvre alors pendant cinq ans une période d'adaptation sous la houlette de Brigitte Berlioz-Houin, professeur de droit privé, nommée administrateur provisoire. Elle s'attache à élaborer de nouveaux statuts, les UER deviennent des UFR, le CEVU est instauré... Les statuts de l'université sont votés par le conseil d'administration, puis approuvés. Le centre universitaire Dauphine, création expérimentale due à l'initiative d'Edgar Faure et de Pierre Tabatoni, est rentré dans le rang, tout en gardant cependant son positionnement dominant en sciences des organisations et de la décision, son site et son attractivité. La question se pose de savoir si ces spécificités seront durablement compatibles avec la nouvelle architecture statutaire imposée par la loi Savary.

2. Les années de consolidation : 1989-1999

En décembre 1989, Ivar Ekeland, professeur de mathématiques, est élu président de l'université Paris IX-Dauphine, représentant de ces disciplines développées tôt dans l'institution en soutien à la gestion et qui y ont pris un envol autonome. Rapidement, le nouveau président saura apaiser les tensions liées à la campagne et renouveler la cohésion interne. Il s'entoure ainsi d'une équipe pluridisciplinaire où gestionnaires, économistes et juristes œuvrent de concert.

L'affirmation de la primauté de la recherche

La période qui s'ouvre est marquée par trois chantiers principaux. L'épineuse question de la sélection trouve une solution temporaire. Les candidats sont invités dès janvier à fournir un dossier où figurent certaines de leurs notes de première et de terminale, ainsi que les avis des principaux de leurs professeurs sur leur chance de réussite dans les études envisagées ; le recrutement s'opère avec l'appui d'un *scoring* qui reprend les notes obtenues à Dauphine par les étudiants issus des lycées d'où viennent les impétrants. La réponse est donnée avant le bac et l'université s'engage à accueillir tous ceux qui ont reçu une réponse positive. Cette procédure fonctionnera une dizaine d'années à la satisfaction générale des candidats ou des proviseurs et avec l'accord tacite des autorités rectorales et ministérielles ; elle n'est pas sans évoquer les réformes récemment mises en œuvre.

Cependant, le projet prioritaire du moment sera la promotion de la recherche. Les mathématiciens et les informaticiens de Dauphine sont très marqués par la forte culture scientifique traditionnelle de leur discipline et entendent se situer au meilleur niveau international. Ainsi Pierre-Louis Lyons obtient-il la médaille Fields en 1994 pour ses travaux sur les équations aux dérivés partielles. Cette orientation dynamisera l'ensemble des sciences des organisations et de la décision, axe fédérateur à nouveau réaffirmé et les sciences de gestion en bénéficieront indéniablement. Il s'agit pour elles, et l'exigence n'est pas propre à l'établissement, d'affirmer leur scientificité vis-à-vis des sciences économiques qui les ont vus naître, mais aussi des disciplines dites dures qui en bien des domaines les nourrissent. Ainsi, à côté des laboratoires de mathématiques (le CEREMADE), d'informatique (le LAMSADE), et des centres de recherche en économie appliquée (santé, énergie, économie financière, économie internationale), la recherche en gestion se structure à Paris IX en quatre laboratoires, qui, au départ, marqués par leur fondateur, montent en puissance. Ainsi s'affirment le CEREG (finance de marché), le CREFIGE (finance d'entreprise et contrôle de gestion), le DMSP (marketing, stratégie, prévision/prospective) et le CREPA (politique générale, stratégie, conseil et plus tard ressources humaines). Ces efforts rencontreront un succès certain et conduiront à de nombreux travaux doctoraux : pendant longtemps, la moitié puis le tiers des thèses ès sciences de gestion émaneront de Dauphine, avant que, à la fin du siècle, et durant les années deux mille, d'autres pôles ne s'affirment. L'activité de publication, elle aussi, se développe notablement dans la discipline : Bernard Pras fonde la revue *RAM* (*Recherche et Applications en Marketing*), Bernard Colasse promeut les travaux de recherche en contrôle de gestion, Yves Simon crée chez Economica la collection Gestion... Cette activité, si elle reste principalement française, marque en tout état de cause une contribution significative à l'assise dans le pays des sciences de gestion.

L'ouverture confirmée à la formation continue

Le dernier grand chantier animé par Ivar Ekeland sera celui de la construction d'une nouvelle aile rendue nécessaire par la croissance des effectifs. Le dernier étage accueille une bibliothèque de recherche qui bénéficie tout particulièrement aux sciences de gestion, Dauphine ayant obtenu d'être Cadist dans la discipline. Élie Cohen, professeur agrégé ès sciences de gestion, prend alors la relève à la présidence. Il s'attache tout particulièrement à développer la formation continue qu'il a longtemps dirigée dans l'université. Cette activité est une des missions attribuées aux EPCSCP par la loi Savary. À Dauphine, elle a connu un développement régulier, notamment dans le champ du management, et se positionne à la fois dans le domaine des formations spécialisées intraentreprise et dans celui des formations diplômantes. À la fin de la décennie, le département d'éducation permanente (DEP) ouvre, en partenariat avec l'UQAM de Montréal, un MBA proposé aux cadres d'entreprise souhaitant approfondir leurs compétences, notamment théoriques, et dynamiser leur carrière ; dans le même mouvement, il ouvrira bientôt des programmes MBA International Paris en association avec l'IAE de Paris et déclinés avec des partenaires étrangers : ces programmes s'implanteront au Liban, avec l'université Saint-Joseph, au Maroc, en Tunisie, en Algérie, au Sénégal, à l'île Maurice et quelques années durant en Égypte.

Cette dynamique est aussi une source de revenus significatifs pour l'établissement. Ce point n'est pas négligeable. En effet, la dotation publique a eu tendance sinon à se réduire, du moins à plafonner en dépit de la hausse des effectifs : c'est que le caractère expérimental de l'établissement a disparu en 1989 avec l'adoption du statut standard et que le ministère n'a plus souhaité maintenir de contributions dérogatoires. La question financière se pose alors, et avec une acuité renforcée par la compétition avec les écoles de commerce qui bénéficient à la fois du soutien des chambres et de la possibilité d'augmenter les droits d'inscription. L'accroissement des ressources propres était donc devenu une impérative nécessité : formation continue, taxe d'apprentissage, contrats de recherche ont ainsi longtemps contribué au tiers du budget global. Il faut ajouter, enfin, que la formation continue a permis, dans les disciplines qui l'ont nourri du moins, d'assurer des compléments de revenus internes aux enseignants-chercheurs qui, bien que d'abord motivés, cela va sans dire, par leur engagement universitaire, n'étaient pas sans comparer leurs revenus avec ceux de leurs collègues consulaires, anglo-saxons ou privés, voire avec ceux des cadres d'entreprise qu'ils formaient. Le DEP leur a donc offert la possibilité de compléter leurs ressources au sein même de leur établissement sans avoir à courir le cachet à l'extérieur ou à la concurrence.

Ainsi, à l'aube des années quatre-vingt, l'université Paris IX a confirmé son institutionnalisation en développant l'ensemble de ses missions et a acquis, de ce fait, une forme d'équilibre que l'on peut caractériser globalement de « modèle » et situer par rapport aux universités, mais aussi dans le cadre des sciences de gestion.

Dauphine, un « modèle » particulier dans le paysage français de l'enseignement et de la recherche en gestion

Le terme de modèle n'est bien évidemment pas utilisé ici au sens d'exemple à suivre, mais au sens d'assemblage faisant système de dimensions articulées. On insistera sur quatre d'entre elles.

L'université Paris IX-Dauphine a, d'abord, régulièrement réaffirmé son positionnement dans le champ des sciences des organisations et de la décision. Il ne s'agit pas là d'une pétition de principe, mais d'un ancrage auquel l'essentiel de la communauté adhère et qui permet, à la fois, de développer des logiques convergentes, tout en ne fermant pas la voie à des thématiques particulières. Au cœur de ce champ, la gestion est à l'origine de la création de l'établissement et a bénéficié dès le départ de l'apport d'autres disciplines. Certes, en 1968, on l'a dit, les sciences de gestion ne sont pas encore constituées en tant que telles (le premier concours d'agrégation ne s'ouvrira qu'en 1975 et les associations thématiques seront organisées ultérieurement), mais on peut penser que l'expérience dauphinoise, où elles ont été nourries dès l'abord et par des disciplines « exactes » et par des disciplines humaines et sociales, a contribué à élaborer leur positionnement à la fois quantitatif et qualitatif.

À Paris IX-Dauphine, deuxième dimension générique, les laboratoires ou centres de recherche, principalement cependant ceux de gestion, sont marqués par des spécificités qui nourrissent l'originalité de l'établissement. Les différents diplômes de troisième cycle, gérés administrativement par l'UFR SO, y sont pilotés académiquement. C'est là qu'est assurée effectivement l'articulation entre la recherche et la pédagogie ; et pour ce faire, ces centres ou laboratoires sont dotés de moyens adéquats (locaux, secrétariat, ressources financières en partie liées à la collecte de la taxe d'apprentissage, en partie aux contrats de recherche). Il y a là l'explication principale aux succès patents des DESS et DEA eux-mêmes largement ouverts sur la professionnalisation. Ces centres de recherche sont pour la plupart très attachés à la formation des doctorants, on y a déjà insisté. Cette activité diversifiée nourrit une production scientifique conséquente. Tout cela repose sur l'implication de collègues, professeurs et maîtres de conférences, appartenant à la même discipline ou sous-discipline et prêts à s'engager dans les différentes dimensions de l'activité universitaire. Ce sont donc en même temps des lieux de vie, regroupant activités pédagogiques, de recherche, de formation continue et de rayonnement extérieur. Il y a bien là un « modèle » original dont les évolutions récentes de l'enseignement supérieur et de la recherche ébranleront les fondements. On y reviendra.

Un troisième trait marque le « modèle dauphinois » tel qu'il s'est stabilisé à la fin des années quatre-vingt-dix : sa pratique pédagogique. D'abord, cela a été dit, les cursus sont organisés de façon cohérente de la première année généraliste, à la dernière, spécialisée. Sans doute des étapes sélectives scandent-elles cette progression, mais elles s'opposent nettement à la dichotomie prépa/école où la césure du concours reste marquante et parfois traumatisante ; de plus, le premier cycle est encastré dans un environnement universitaire piloté par des enseignements-chercheurs alors que les classes préparatoires sont proposées dans les lycées par des animateurs, fort compétents, certes, mais structurellement sans grande culture de recherche. La pédagogie proposée au sein de ces cursus longs privilégie dès le premier cycle l'enseignement en petits groupes, ce que l'université a appelé des « cours TD ». Ce choix, en partie contraint par l'espace, correspond à une pratique volontaire et adaptée aux disciplines de gestion précocement adeptes de la méthode de cas tout comme de la discussion en DEA et en séminaires doctoraux de papiers de recherche. Enfin, les cours de l'université sont pour la plupart d'entre eux professionnalisés. Ils se préoccupent autant de la formation scientifique et humaine des étudiants que de leurs débouchés. Cette professionnalisation, ouverte aux partenariats avec les entreprises, s'articule également, on vient d'y insister, avec les travaux de recherche développés par les enseignants-chercheurs.

Enfin, ce champ cohérent régulièrement réaffirmé, cette pratique impliquée et ouverte de la recherche, cet engagement pédagogique atypique dans le monde universitaire n'aurait pas été possible sans une forte adhésion collective progressivement constituée. Cette *affectio societatis* est d'abord le résultat de la localisation de l'université au sein d'un site longtemps unique, offrant des bureaux à l'ensemble des personnels y compris aux enseignants chercheurs qui, dès lors, travaillent sur place et ont l'occasion de se rencontrer régulièrement. La nouveauté de la création de l'établissement y a également contribué, regroupant des acteurs volontaires pour y participer au-delà de la diversité de leurs convictions et engagements individuels. Ce climat d'appartenance marque aussi les étudiants. La vie associative est très active sur le campus et Dauphine s'est longtemps targuée de compter le plus fort pourcentage d'étudiants impliqués dans l'action associative au sein de l'Université française ! Cette vie associative touche à trois principaux domaines, le sport bien sûr, (la Spi Dauphine, Rugby-Dau...), mais aussi l'engagement social, politique ou confessionnel (à l'Université, la laïcité se veut tolérance et non pas neutralité) et enfin l'animation universitaire interne (Vivre Dauphine, Esprit Dauphine...). Symbole de cette adhésion étudiante, le « Gala Dauphine » a pu être organisé jusqu'en 2007 dans les locaux mêmes de l'université, réunissant plus de 4 000 participants, certes source d'angoisse pour les responsables, mais en même temps facteur d'appropriation par tous des lieux d'étude et de travail. De ce fait, les débats au conseil d'administration (60 membres dans la version « loi Savary ») ont généralement privilégié, du moins à partir des années soixante-dix, le devenir de l'université sans s'épuiser dans des querelles idéologiques, syndicales ou corporatistes.

En conclusion à cette seconde partie, il est donc possible de soutenir que les sciences de gestion ont trouvé à Dauphine, dès les années quatre-vingt-dix, au sein des sciences de l'organisation et de la décision, un modèle d'exercice assez original dans le paysage français. Leur dimension universitaire est marquée par leur inscription dans la recherche au sein de structures atypiques. De même, et du fait de cet ancrage, les grandes missions assignées à l'université sont au cœur de leur mise en œuvre particulière : formation initiale, formation continue, création de la connaissance, responsabilité sociale. Dans le même mouvement, l'orientation sélective, la professionnalisation et les partenariats positifs liés avec les milieux professionnels caractéristiques en France du monde des écoles y sont à la fois assumés et déclinés. En ce sens, on peut considérer que les ambitions initiales des fondateurs, Edgar Faure et Pierre Tabatoni, ont été atteintes : une voie universitaire complète et innovante a été ouverte dans le pays pour la formation des cadres dirigeants des entreprises et des organisations de la vie économique. Cette consolidation progressivement assurée à la fin du XXe siècle et l'établissement de ce qu'on a pu appeler un « modèle dauphinois » vont se trouver confrontés au début du XXIe siècle à une succession de défis qui vont perturber le fonctionnement général de l'établissement et celui des sciences de gestion.

3. Le « modèle dauphinois » en question : nouveaux défis et devenir de l'enseignement et de la recherche en gestion

À partir du début des années deux mille, l'université Paris-Dauphine va se trouver confrontée à des perturbations qui vont remettre en question le « modèle » que l'on vient de décrire et avec lui en son sein, et pas seulement, la gestion. L'auteur de cet article venait d'être élu à la présidence qu'il exercera de 1999 à 2007 et les a donc vécues aux premières loges.

L'université Paris-Dauphine, grand établissement universitaire

La question récurrente de la sélection va exploser à l'entrée dans le DEUG GEA, celui de l'URF MD remplissant tranquillement ses effectifs, les maîtrises restant peu ouvertes sur l'extérieur et les DESS ou DEA sélectionnant légalement. Un nombre croissant de candidats, habilement conseillés par quelques avocats spécialisés, a exploité la faille ouverte par l'article du Code de l'éducation évoqué précédemment et déposé des recours au tribunal administratif contre le refus d'admission qui leur était notifié. Bien évidemment, ces recours étaient tous gagnés. Bref, deux voies d'accès à Dauphine se sont trouvées ouvertes : la sélection et le recours au TA. Lorsque le nombre des contestations a dépassé la centaine, à la rentrée de septembre 2002, il a fallu trouver une issue. En fait, il y en avait trois : la suppression de l'orientation sélective avec l'application de la sectorisation généralisée partout ailleurs (c'était, par exemple, interdire l'accès à Dauphine aux bacheliers de Seine-Saint-Denis) ; le basculement des DEUG en diplômes propres sélectifs, mais alors le ministère n'acceptait plus de les financer, ce qui aurait amputé d'un bon quart la dotation de l'université ; restait une troisième piste, l'option pour le statut de grand établissement qui, selon la belle formule du Code de l'éducation, est libre de déroger aux articles qu'il ne souhaite pas voir appliqués. C'est la voie qui a été choisie à une très forte majorité par le conseil d'administration.

Le nouveau statut a été rapidement élaboré par le vice-président aux affaires juridiques avec l'appui du ministère qui ne souhaitait pas faire de Dauphine un enjeu politique (Luc Ferry étant ministre de l'Enseignement supérieur) et du rectorat, pas fâché non plus de voir réglée une question irritante depuis longtemps. Il a été présenté au Conseil d'État puisque la décision devait être prise en Conseil des ministres. Et voilà que ce Conseil a fait observer que manquait l'avis du CTP (Comité technique paritaire) et qu'il ne pouvait donc pas rendre d'avis (nécessaire, mais seulement consultatif). C'est qu'aucune université ne s'était jamais dotée d'une telle instance depuis l'après-guerre malgré les instances dudit Conseil. Qu'à cela ne tienne ! Dauphine a obtenu les décrets dérogatoires du ministère de la Fonction publique et de l'Enseignement supérieur pour qu'un tel comité y soit créé. Ce fut fait durant l'été 2003. Le Conseil d'État l'ayant enfin dûment validé, le Conseil des ministres a approuvé le nouveau statut (décret 2004-16 du 26 février 2004). Sans doute, pour reprendre la formule de Lampedusa (1959,) fallait-il que « tout change pour que rien ne bouge ». Toujours est-il que l'établissement, désormais université Paris-Dauphine (le IX n'a plus lieu d'être), a gardé quasiment la même gouvernance et qu'il a été autorisé à proposer des diplômes universitaires de premier cycle sélectifs et financés. Dauphine créait ainsi dans le paysage français une institution hybride à la fois université et école, préservant son image et son attractivité tant auprès des bacheliers qu'auprès des entreprises et affirmant dans le même temps son appartenance universitaire, académique et scientifique. C'était pour les sciences de gestion un ancrage institutionnel original alliant étroitement la pédagogie à la recherche, dans une perspective ouverte sur la vie des affaires.

À peine l'affaire était-elle réglée que s'ouvrait un nouveau chantier, celui de l'adaptation à la mondialisation. À nouveau les disciplines de gestion, dans l'établissement comme dans le paysage français, allaient être particulièrement marquées par cette impérative exigence. Sans doute avaient-elles tardé à vraiment s'ouvrir à l'international, tant en matière de pédagogie que de recherche. L'auteur se souvient d'une mission effectuée en tant que président de la commission des relations extérieures de la CPU à Wuhan où, reçu courtoisement par le président de l'université, il s'est entendu demander des nouvelles de ses collègues mathématiciens. Certes, l'orientation internationale commençait-elle à s'affirmer, elle allait cependant prendre une dimension urgente avec la généralisation du « LMD ».

L'internationalisation et l'articulation recherche-formation en question

Cette réforme reprend les préconisations du rapport coordonné par Jacques Attali (1998) et touche autant les universités, stabilisées autour des trois cycles de la loi Faure, que la plupart des écoles assises sur la séquence prépa-concours-cursus en trois ans. À Dauphine, les diplômes se sont trouvés éclatés entre plusieurs niveaux : ainsi de la maîtrise en sciences de gestion, diplôme cœur de métier de l'établissement, écartelée entre le « L » sa première année et le « M1 » sa seconde année, tandis que DEA et DESS, désormais M2, devaient décliner des « M1 » ! Casse-tête sans doute inévitable, mais pas nécessairement opportun que l'université, au prix de vifs débats internes, va mettre en œuvre en se pliant à la loi commune : en 2006, donc, création d'une UFR de licence, LSO (licence sciences des organisations), d'une UFR de masters, MSO (masters sciences des organisations), tandis que l'informatique rejoignait – près de 40 ans après la création du centre universitaire – les mathématiques pour former à nouveau une UFR longitudinale, MIDO (mathématiques, informatique, décision, organisation). Les cursus en gestion y ont sans doute gagné en visibilité internationale, mais ils ont remis en cause leur assise transversale progressivement affinée (culture scientifique et générale, enrichissement disciplinaire, spécialisation professionnalisée). La séquence a perdu en solidité et en cohérence même si elle a su se nourrir de thématiques émergentes (gouvernance, responsabilité sociale, développement durable, intelligence artificielle, climatologie...).

L'établissement s'est alors engagé de façon beaucoup plus volontaire que subie dans une politique active de mondialisation. En la matière, l'action de Laurent Batsch, professeur ès sciences de gestion, élu à la présidence en 2007, a été marquante. Elle a pris plusieurs formes complémentaires. L'ouverture des cursus aux étudiants étrangers et les séjours internationaux ont été systématisés. Dauphine a joué le jeu de l'inévitable et coûteuse recherche de labels que l'on espère attractifs en choisissant cependant de ne solliciter qu'une accréditation, EQUIS (*European Quality Improvement System*) délivrée par l'EFMD (European Fondation for Management Development), obtenue en 2009. Dans le même temps, l'accent a été mis sur la création de « succursales » à l'extérieur. Ainsi, le campus de Tunis est ouvert en 2009, celui de Londres en 2014, puis ceux de Mannheim, de Madrid et de Casablanca. Enfin, le partenariat avec les établissements étrangers est conforté. On a déjà décrit les programmes MBA IP. En 2013, Paris-Dauphine signe avec la Singapore Management University l'alliance SIGMA (Social Impact Global Management Alliance) qui sera élargie les années suivantes. Cette ouverture, conforme aux fondements du modèle que l'on a décrit (professionnalisation, ancrage à recherche, initiatives décentralisées, responsabilité sociale), a pourtant renforcé l'ébranlement de l'un des piliers de l'établissement : celui du rôle de ses acteurs académiques. L'archétype de l'enseignant-chercheur, issu du modèle humboldtien allemand promu en France par la loi Edgar Faure et conforté par la loi Savary, a nourri quasi génétiquement, et d'abord en gestion, la conception du professeur portée par Dauphine, à la fois chercheur reconnu, pédagogue engagé et acteur impliqué dans l'« échafaudage » social, pour reprendre le vocable de Douglas North (2004). Ce n'était sans doute pas le modèle dominant pour les sciences dites exactes, pourtant cette conception a fortement imprégné l'établissement au moment même où, sur le plan international, s'imposait progressivement le modèle dichotomique anglo-saxon (ou, du moins, sa déclinaison perçue en France) où la recherche est confiée à des chercheurs et la formation à des enseignants. Les enseignants-chercheurs en gestion se sont vus alors incités à se retirer de la pédagogie et du pilotage académique pour se consacrer à la publication. L'organisation à la manière dauphinoise des centres de recherche a progressivement disparu du paysage institutionnel et les laboratoires sont devenus, ce qu'ils sont ailleurs, des regroupements de chercheurs. Ce mouvement a remis en cause l'étroite imbrication de la recherche et de la pédagogie, qui a longtemps nourri le positionnement particulier de l'établissement. Ce dernier allait connaître une nouvelle remise en question avec la transformation statutaire vécue par Dauphine dans les années deux mille dix.

Dauphine-PSL, enjeux et perspectives

La loi LRU, dite loi Pécresse, du 10 août 2007, propose une remise à plat de l'Université et introduit toute une série de perspectives : meilleure insertion professionnelle des étudiants ; plus grande visibilité internationale ; simplification de la gouvernance par la réduction du nombre des membres du CA ; renforcement de l'autonomie budgétaire ; évolution des procédures de recrutement par la création de concours poste par poste… L'application de cette nouvelle loi a conduit au nécessaire toilettage des statuts de Paris-Dauphine, réalisé dès 2011 sous la houlette de Laurent Batsch. On peut se demander quel impact a vraiment eu cette loi sur l'établissement du fait de sa spécificité alors déjà ancienne. L'insertion professionnelle des étudiants était déjà bien maîtrisée et le développement des ressources propres non négligeables, renforcé par la possibilité d'introduire des droits spécifiques pour les diplômes de grand établissement. En revanche, la réduction des membres du CA a touché à la représentation des différentes disciplines et parties prenantes : le scrutin de liste à la proportionnelle rend cette représentativité dépendante de leur composition. De même, l'individualisation des recrutements poste par poste a sans doute nui à la cohésion disciplinaire. Au total, c'est l'*affectio societatis* de l'ensemble des personnels qui, assez subrepticement, a pu être affaiblie, conduisant à une certaine dissociation entre la « faculté » principalement préoccupée de publications et l'administration concentrée sur ses métiers.

Quoiqu'il en soit la grande affaire de la décennie sera la participation de Dauphine à la création de l'université PSL (Paris Sciences & Lettres) impulsée par Laurent Batsch et poursuivie par Isabelle Huault, élue présidente en 2016. L'université Paris-Dauphine participe en 2010 avec 9, puis 11 partenaires parisiens à la fondation du regroupement PSL qui est sélectionné comme IDEX (initiative d'excellence) par un jury international et est officiellement créé comme université le 5 novembre 2019 (décret 2019-130, portant création de l'université PSL et approbation de ses statuts). Voilà refermée, 51 ans plus tard, et par « réagrégation », pourrait-on dire, l'expérience ouverte par la création en 1968 d'un centre universitaire à la porte Dauphine. Il est trop tôt pour tirer ici un bilan de cette évolution qui, de plus, dépasse le prisme choisi des sciences de gestion. Tout au plus peut-on se risquer à quelques commentaires portant sur le « modèle Dauphine » et les défis qu'il va rencontrer.

La première question, d'évidence, est celle du positionnement dans le champ des sciences des organisations et de la décision de PSL. Le débat risque de concerner surtout les mathématiques et l'informatique, brillamment représentés dans d'autres établissements, sauf à ce que ces disciplines continuent à mettre l'accent sur la décision (ou la finance). Pour les sciences de gestion, le droit, l'économie appliquée... il n'y a guère de doublons et Dauphine peut jouer sa carte d'autant plus que des doubles diplômes peuvent y trouver leur place. Encore faut-il un consensus interne volontariste pour conforter ce champ. Les choses ne devraient guère bouger dans le domaine de la pédagogie : orientation sélective, professionnalisation, si du moins PSL promeut, comme Dauphine l'a toujours fait, l'initiative décentralisée dans ce domaine. En matière d'ancrage enseignement-recherche, tout va dépendre du degré d'implication des enseignants-chercheurs et, donc, des incitations qui leur seront proposées. Les perspectives ne sont guère favorables, même si la marchandisation de l'enseignement supérieur et son effet délétère sur la situation des enseignants-chercheurs semble marquer le pas avec l'introduction croissante de la prise en compte des impacts sociaux dans l'évaluation des travaux, des carrières et des établissements. On peut penser également que la visibilité de l'ensemble dans les classements internationaux aura une retombée positive sur l'attractivité de Paris-Dauphine.

Dans le domaine de la recherche, des perspectives favorables peuvent être ouvertes si, du moins, Dauphine bénéficie assez, dans le champ de la gestion et des sciences humaines et sociales, des financements alloués à l'ensemble. Reste le dernier pôle, celui de la gouvernance. La création de l'université PSL se traduit évidemment par une perte certaine d'indépendance : pouvoir de diplômer, autonomie budgétaire, autonomie stratégique, positionnement dans les instances nationales... Cependant, l'adhésion interne, sur laquelle on a plusieurs fois insisté, peut se trouver préservée si les futures équipes dirigeantes savent affirmer un projet propre, assurer l'autonomie dans PSL et mobiliser le concours de la collectivité interne. Il faut le souhaiter car il serait dommage que les sciences de gestion perdent leur incarnation dans un établissement universitaire longtemps emblématique pour ne plus se développer que dans des écoles souvent fort bien « classées », mais où l'articulation recherche-pédagogie n'est pas aussi structurellement culturellement implantée que dans les universités.

L'université Paris-Dauphine a donc construit un projet original donnant une place prépondérante aux sciences de gestion. Une relecture néo-institutionnelle, fondée sur les travaux de Douglas North (2004), peut permettre, pour conclure, d'en expliquer les logiques tout en ouvrant sur des questionnements renouvelés. La création à Paris du centre universitaire Dauphine opère une rupture dans le paysage institutionnel de l'enseignement supérieur français à la fin des Trente Glorieuses. L'état des lieux est alors marqué par la dichotomie entre deux formes d'« institutions formelles », les universités d'un côté et les écoles de l'autre, ainsi qu'entre deux puissantes « institutions informelles », qui allouent aux secondes la formation des cadres opérationnels et la relation avec les entreprises et aux premières la formation humaniste et sociale ainsi que la recherche. Voilà que cette société bloquée est brutalement secouée par les événements de mai 1968 qui remettent en cause tout autant l'académisme universitaire qu'une certaine forme de patronat traditionnel. Cette crise ouvre l'opportunité à des « acteurs institutionnels » de lancer un nouveau projet expérimental. Ces personnalités sont reconnues dans leur milieu respectif (Edgar Faure dans le monde politique, Pierre Tabatoni dans le monde académique, une cohorte de jeunes professeurs dans celui de l'Université...) et, de ce fait, parviennent à faire bouger l'« échafaudage » sociétal en créant le nouvel établissement et en convaincant les enseignants qu'il va de leur intérêt de le rejoindre et les étudiants de s'y inscrire. Avec l'introduction de la formation et de la recherche en gestion dans un établissement universitaire principalement dédié à cet objet, au départ du moins, Dauphine aura contribué, au côté des IAE et de la Fnege et, plus tardivement, des écoles de commerce, à l'émergence puis à l'institutionnalisation des sciences de gestion en France.

Soixante ans plus tard qu'en est-il ? L'université Paris-Dauphine est toujours là, mais elle s'est intégrée dans un ensemble plus vaste. Se pose la question de sa volonté et de sa capacité à préserver son caractère propre, ce qui va dépendre des acteurs de l'établissement. Quant aux sciences de gestion, la question dépasse cet article et fera l'objet de la seconde partie de l'ouvrage. Tout au plus peut-on considérer qu'à l'université Paris-Dauphine elles ont manifesté une articulation forte entre l'enseignement et la recherche et l'on peut penser que leur devenir va dépendre, précisément, de cette articulation, parce que c'est elle qui est la source de leur reconnaissance sociétale. C'est affaire d'ontologie.

Bibliographie

Albert, M. (1991). *Capitalisme contre capitalisme*. Paris, Seuil.

Attali, J. (coordinateur) (1998). *Pour un modèle européen d'enseignement supérieur*. Paris, Ministère de l'Éducation nationale, de la Jeunesse et des Sports.

Gobille, B. (2008). *Mai 1968*. Paris, La Découverte.

Montmorillon (de), B. (2011). Redesigning business management education : a historical and social perspective. Dans S. Dameron et T. Durand (dir.), *Redesigning Management Education et Research*. Cheltenham, Palgrave Macmillan.

North, D. (2004). *Understanding the process of economic change*. New York, Princeton University Press.

Simon, Y. & Tézenas du Montcel, H. (1978). *Économie et gestion des ressources humaines dans l'entreprise*. Paris, Masson.

Stern, M. & Frank, M.T. (2008). *Tabatoni Pierre, recteur de l'académie de Paris*. Paris, Institut national de recherche pédagogique.

Tomasi di Lampedusa, G. (1959). *Le Guépard*. Paris, Seuil.

Chapitre 5

Créer un corps professoral en sciences de gestion. Rôle de la Fnege et formation outre-Atlantique

Par Alain Burlaud & Geneviève Causse

Le développement des sciences de gestion passait nécessairement par la création d'un corps professoral dédié. Les cours étaient assurés par des professeurs de lycée issus de l'enseignement technique faisant des heures supplémentaires, par des praticiens assurant des vacations, par des professeurs d'économie enseignant l'économie d'entreprise ou encore par des professeurs de droit commercial, droit du travail ou droit fiscal. Mais cela ne permettait pas d'institutionnaliser la discipline et d'en faire un domaine de recherche. La Fondation nationale pour l'enseignement de la gestion des entreprises (Fnege) joua un grand rôle dans la création et le développement de ce corps professoral.

1. La Fnege, hier et aujourd'hui

Par Alain Burlaud

Nous sommes dans les années cinquante. La France se relève à peine des ruines de la guerre et doit reconstruire son industrie dans un monde plus ouvert et caractérisé par une explosion de la consommation de nouveaux objets techniques : automobiles, aviation, électroménager, téléphone, etc. Ces objets nécessitent d'importantes infrastructures : réseaux électrique, routier, téléphonique, etc. Les États-Unis sont les grands vainqueurs de la guerre et leur puissance économique, scientifique et leur capital de sympathie sont sans égal. L'URSS, seconde puissance mondiale, ne peut résister qu'en se retranchant derrière des murs et un rideau de fer.

Dans le cadre du plan Marshall, les États-Unis financent, entre 1949 et 1953, des « missions de productivité » qui consistent à envoyer outre-Atlantique 3 000 Français, des chefs d'entreprise, quelques fonctionnaires et universitaires pour étudier les causes de la prospérité américaine. Il apparut rapidement que le *technological gap* était lié au *management gap*. Les scientifiques européens n'étaient pas en retard sur leurs homologues américains, mais c'était l'industrialisation des innovations qui accusait un grand retard.

Les universités françaises, les grandes écoles, le Conservatoire national des arts et métiers (Cnam) n'avaient pas attendu l'après-guerre pour enseigner la gestion, mais les différentes fonctions de l'entreprise étaient étudiées séparément, avec une prééminence de leur contenu juridique. Ainsi, dans les facultés de droit, on enseignait le droit comptable, mais pas le contrôle de gestion, le droit du travail, mais pas la gestion des ressources humaines, le droit de la concurrence, mais pas le marketing, etc. Les écoles supérieures de commerce (ESC) avaient un peu perdu la hauteur de vue des fondateurs de l'École spéciale de commerce de Paris (ESCP) pour se limiter à l'enseignement de pratiques non conceptualisées.

L'Université fut la première à réagir, dès la fin des années quarante, avec, notamment, la création de diplômes de gestion, de composantes dédiées à la gestion, comme les IAE ou les IUT, et de concours de recrutement.

Mais ces brillantes initiatives, qui reposaient sur l'engagement et le charisme de quelques visionnaires, se heurtaient à un obstacle majeur : l'absence d'un véritable corps professoral en gestion capable de porter durablement ces projets. Les ESC faisaient essentiellement appel à des praticiens pour les cours de management et les universités à leurs professeurs de droit ou d'économie.

Pour y remédier, Michel Debré, ministre des Finances de 1966 à 1968 et fervent gaulliste, impulsa la création en 1968 de la Fondation nationale pour l'enseignement de la gestion des entreprises (Fnege) en application de la loi sur la formation continue du 3 décembre 1966. Le projet était très gaullien : financement d'une politique publique assuré très largement par l'État, coopération avec les entreprises représentées par des corps intermédiaires (chambres de commerce et syndicat patronal [Conseil national du patronat français – CNPF]), intégration des écoles de commerce dans l'enseignement supérieur et contournement des réticences de l'Université. Le général de Gaulle et, avant lui, la Révolution et Napoléon Ier se méfiaient de l'Université... On aurait pu imaginer que l'État finance la formation en gestion des jeunes universitaires, mais Michel Debré jugea la question suffisamment importante pour en faire une politique publique pour l'ensemble des établissements d'enseignement supérieur, universités et écoles, sous l'autorité de l'État, politique rendue visible en étant logée dans une structure dédiée.

La création *ex nihilo* de la Fnege ne permit pas de trouver immédiatement un plan d'action. Fonctionnaires, patrons et universitaires ne partageaient pas les mêmes vues. Notamment, les chambres de commerce ne souhaitaient pas voir les représentants de l'État s'immiscer dans le fonctionnement de leurs établissements, bien qu'ils soient largement financés par des fonds publics et qui, par ailleurs, pouvaient se trouver en concurrence avec les universités.

Un certain nombre d'hommes politiques s'opposaient aussi au projet. Ainsi, Georges Cogniot, sénateur communiste, déclara : « Les capitaines d'industrie veulent apprendre à commander aux frais de l'État. » Faire coopérer les différents acteurs était déjà en soi un défi. Il fallait mettre en œuvre une politique publique au service de l'intérêt général avec une multitude d'acteurs représentant des intérêts particuliers souvent contradictoires.

Finalement, il fut décidé en 1969 de donner la priorité à la formation de formateurs, quel que soit le lieu où ils enseignent déjà ou enseigneront plus tard. La Fnege devint un catalyseur organisant la production d'une offre : mettre sur le marché de l'emploi des enseignants formés aux méthodes de management américaines. Le fait que la Fnege ne faisait pas de distinction entre les universités et les écoles de commerce ne privilégiait aucune des deux catégories d'établissements, fut également un déterminant de son succès. Elle a d'ailleurs maintenu cette tradition qui en fait encore aujourd'hui un lieu de rencontre et de dialogue entre ces deux institutions.

La Fnege estimait qu'il fallait former 10 000 étudiants par an, ce qui nécessiterait un corps professoral à plein temps. Rappelons que beaucoup d'enseignements étaient assurés par des praticiens (cadres d'entreprise, experts-comptables, avocats, etc.) payés à la vacation, sans avoir à investir lourdement dans la pédagogie et sans obligation de recherche. Le programme arrêté par la Fnege était de former 700 enseignants, dont 400 à l'étranger, c'est-à-dire aux États-Unis dans les universités de Northwestern (près de Chicago), d'Austin (Texas) et à Sherbrooke au Québec pour des raisons linguistiques dans ce dernier cas. Le témoignage de Geneviève Causse qui suit montre en détail comment cette expérience s'est déroulée et comment elle a été vécue pas les boursiers.

Les cycles de formation mis en place duraient de 12 à 18 mois à temps plein. Les frais de transport, de scolarité ainsi qu'un revenu permettant de vivre sur place étaient pris en charge par la Fnege. Le montant de la bourse tenait compte de la situation de famille des boursiers qui, pour la plupart, étaient de jeunes enseignants non-docteurs. En contrepartie, ils devaient s'engager à enseigner pendant trois ans ou plus à raison de 3,5 jours par semaine, activités de recherche incluses. Le reste du temps pouvait être consacré à des activités de conseil. Le modèle idéal s'inspirait du statut des professeurs de médecine. L'enseignement pouvait être dispensé dans des universités, des écoles consulaires ou privées, dans des entreprises ou des administrations. Cette liberté laissée aux boursiers et aux établissements était la contrepartie du soutien de toutes les parties prenantes au programme.

Par ailleurs, la Fnege accorda au début des années soixante-dix des bourses à un certain nombre de doctorants français pour qu'ils puissent finir leur thèse à l'Institut européen de recherches et d'études supérieures en management, créé à Bruxelles à l'initiative de la Fondation Ford pour le développement de la recherche européenne en gestion.

L'objectif était de former des « agents de changement », des « apôtres du management » *made in America*. Ils devaient transposer dans l'enseignement supérieur français les contenus et les méthodes acquis aux États-Unis ou au Québec. Mais si les boursiers avaient connu un choc culturel en s'expatriant, ils vécurent un second choc culturel en rentrant ! Ils n'allaient pas si facilement changer les habitudes de travail de leurs collègues restés en France. Ils se heurtèrent au poids des traditions, à une administration parfois rigide ou inerte et, dans les universités, au pouvoir des « mandarins ». De plus, les conditions matérielles étaient bien différentes : absence de bureau, crédits limités, nombre de salles pour enseigner en petits groupes insuffisant, etc.

Les besoins étant à peu près satisfaits, le programme prit fin en 1973. Si son ampleur peut paraître modeste à l'échelle d'un pays comme la France, il eut un gros impact car, dans les milieux économiques, il était en phase avec l'image de modernisme, de progrès, de prospérité et de liberté des États-Unis. Cette admiration n'était cependant pas partagée par tous : le parti communiste encore puissant au début des années soixante-dix en France, les syndicats ouvriers, les mouvements pacifistes qui manifestaient contre la guerre du Vietnam, le mouvement de contestation de la société de consommation, etc. Mais les étudiants en gestion et leurs professeurs appartenaient majoritairement à la catégorie des admirateurs.

À partir de 1974, la Fnege lança de nouveaux projets pour prendre le relais de la formation de formateurs. Elle organisa des programmes doctoraux pour stimuler la préparation de thèses en France qui furent ensuite institutionnalisés en 1986 avec la création du Centre européen de formation à la gestion (CEFAG), l'objectif étant de former 1 500 docteurs. Peu après, en 1975, le ministère de l'Enseignement supérieur créa le doctorat d'État en sciences de gestion et, en 1976, le concours d'agrégation de sciences de gestion. Ce dernier, un concours national, est la voie normale de recrutement des professeurs des universités. Il fut conçu sur le modèle de l'agrégation de droit et suppose que les candidats aient un doctorat. La Fnege organisa aussi des prix de thèse qui, aujourd'hui encore, sont délivrés.

Outre le doctorat, il fallait pour bâtir un corps enseignant au profil académique, des possibilités de publications. Ainsi, la Fnege lança la *Revue française de gestion* (*RFG*) en 1975. C'est une revue pluridisciplinaire qui reste aujourd'hui la principale revue académique francophone dans son domaine.

L'expérience de la Fnege a posé une question de fond : les sciences de gestion sont-elles universelles ou doivent-elles être contextualisées ? Quelle est la part de contingence ? Implicitement, en voulant importer en France le *management made in USA*, facteur supposé explicatif important de la suprématie économique américaine, la Fnege a privilégié une conception universaliste de la gestion. Ce n'est pourtant pas une vision très gaullienne, ce qui prouve que la Fnege s'est affranchie de l'idéologie de ses fondateurs. Le modèle mondial idéal est, ici, celui d'une économie de marché où les entreprises, soumises aux mêmes contraintes, sont gérées partout selon les mêmes critères. Le rôle de l'État, tout au moins dans les discours, est limité aux fonctions régaliennes. Le nom même de la Fnege, Fondation nationale pour la gestion des entreprises, identifie la seule gestion des entreprises privées, ce qui exclut le secteur public, qui pourtant est à l'origine de sa création et de son financement et représente environ 50 % du PIB. L'économie sociale et solidaire n'est pas non plus mise en avant.

Enfin, si l'académisation du corps professoral était une tendance lourde et générale dans les pays industrialisés, la Fnege a largement accompagné le mouvement en contribuant à constituer ce corps professoral en gestion, sans doute dans une voie allant au-delà de ce qu'auraient souhaité ses fondateurs : préparer des entrepreneurs capables de former des entrepreneurs. Le modèle était celui de la Harvard Business School, caractérisé par la proximité avec les entreprises, l'apprentissage par l'action et les méthodes actives d'enseignement. Mais la réalité fut sensiblement différente. Le corps enseignant est finalement devenu une « bureaucratie professionnelle » au sens d'Henry Mintzberg, très préoccupée par des indicateurs bibliométriques, de *rating* et de *ranking*, souvent loin des entreprises, alors que l'objectif initial était que le conseil occupe 1,5 jour par semaine. La recherche, ou plutôt, la publication, est devenue la source de légitimité de nombreux enseignants et un outil de gestion des carrières, un outil de régulation par le clan au sens de William Ouchi.

Académisme et corporatisme ont donc convergé pour promouvoir ce profil d'enseignant en « sciences de gestion ». Une distinction fondamentale a été perdue : la gestion est une pratique que l'on peut conceptualiser et non une science, mais elle peut être l'objet d'une science.

Épilogue. Aujourd'hui, en 2021, la Fnege est une institution importante dans la vie de la communauté des enseignants et des établissements d'enseignement supérieur de gestion, qui n'a sans doute pas d'équivalent à l'étranger. Par ailleurs, elle tire sa légitimité de son utilité et non de son autorité, autorité à laquelle elle a sagement renoncé dès le début, préférant l'attractivité. Elle offre donc un portefeuille de services impressionnant, que chacun est libre d'utiliser ou pas :

- tests d'aptitude pour la sélection des étudiants ;
- formations doctorales avec, notamment, le CEFAG ;
- aide au recrutement d'enseignants-chercheurs ;
- aide à l'entrepreneuriat étudiant ;
- aide à l'internationalisation des diplômes français ;
- remise de prix de thèses, études de cas, ouvrages de management ;
- labellisation des ouvrages de management ;
- publication d'un classement des revues académiques ;
- publication d'études, thèses, ouvrages ;
- création du *Business School Impact System* (BSIS) mesurant l'impact des établissements sur leur environnement local, adopté par l'European Foundation for Management Development (EFMD) au plan international ;
- création de l'*Engineering School Impact System* (ENSIS) et de l'*University Impact System* (UNIS) mesurant l'impact de ces établissements sur leur environnement local ;
- création de Fnege Médias, site francophone de vidéos labellisées sur la recherche et l'enseignement en management et, enfin, un lien unique entre le monde académique et celui des entreprises.

Ce dernier point est essentiel pour comprendre ce qu'a été et ce qu'est encore la Fnege : ses statuts prévoient qu'elle soit nécessairement présidée par un chef d'entreprise alors qu'elle est au service des enseignants et chercheurs en gestion. Le parcours de ces différents présidents avec les dates de leurs fonctions est très parlant :

- Louis Dherse (1968-1970) était un industriel sorti *major* de l'École polytechnique en 1924 qui, avant la Seconde Guerre mondiale, occupa d'importantes fonctions au port du Havre et dans les chemins de fer. Après la guerre, il fut l'un des artisans de la modernisation de la sidérurgie française.
- Jean-Yves Eichenberger (1970-1977), ancien élève de l'École des mines de Paris, fut vice-président de la société minière et métallurgique Peñarroya.

- Olivier Lecerf (1977-1979), Sciences Po Paris et centre d'études industrielles de l'université de Genève, fut directeur général du groupe Lafarge et administrateur de L'Oréal.
- Patrick Node-Langlois (1980-1985), docteur d'État en sciences économiques, IAE et Stanford, fit tout sa carrière chez Lafarge et devint président de plusieurs sociétés du groupe.
- Alain Chevalier (1985-1988), ancien élève de l'ENA, fut auditeur à la Cour des comptes. Parti dans le privé, il fut l'un des fondateurs du groupe LVMH sans en avoir jamais détenu d'actions. En 1986, il refusa la proposition du Premier ministre, Jacques Chirac, de devenir ministre de l'Industrie.
- Yvon Chotard (1988-1998), Sciences Po Paris, a rejoint la résistance pendant la Seconde Guerre mondiale. Il a fondé une maison d'édition et occupé de nombreux mandats dans les organisations patronales dont la vice-présidence du CNPF (aujourd'hui Medef).
- Jean-Marie Descarpentries (1999-2008), ancien élève de l'École polytechnique, occupa des fonctions de direction dans de nombreuses entreprises : Danone, Saint-Gobain, Carnaud et enfin, Bull.
- Michel Bon (2008-2016) (et intérim en 2018), ESSEC, Sciences Po Paris, Stanford et ancien élève de l'ENA, fut inspecteur des finances avant de partir dans le privé où il occupa d'importantes fonctions dans des banques, la présidence de Carrefour et enfin de France-Télécom.
- Bruno Lafont (2016-2017), HEC et ancien élève de l'ENA, fit toute sa carrière dans le groupe Lafarge dont il devint le président.
- Jean-Marc Janaillac, président de la Fnege depuis décembre 2018, HEC, ancien élève de l'ENA (promotion Voltaire), fit une carrière de haut fonctionnaire avant de prendre des responsabilités dans de grandes entreprises : AOM, Maeva, RATP, Transdev et enfin, Air France-KLM dont il devint le président.

Ces portraits, à peine esquissés, illustrent une caractéristique forte des grands chefs d'entreprise français : le passage par une grande école (Polytechnique, Sciences Po Paris, HEC, ESSEC) puis la fonction publique (ENA), si possible dans les « grands corps » (inspection des finances, Cour des comptes), avant de prendre des fonctions de direction dans de grands groupes généralement de dimension internationale. Les membres de cette technostructure, pour reprendre l'expression de J.K. Galbraith, ont peu fréquenté l'Université, à l'exception de Patrick Node-Langlois qui avait un doctorat d'État, et n'ont donc jamais eu d'expérience de la recherche académique, contrairement à ce que l'on peut observer dans d'autres pays comme l'Allemagne ou les États-Unis où le doctorat fait souvent partie du parcours obligé des grands dirigeants. Les patrons des petites entreprises, les dirigeants de services publics ou de l'économie sociale et solidaire, les responsables politiques comme les maires de grandes villes sont exclus *de facto* et *de jure*, du fait des statuts de la présidence de la Fnege. On retrouve très largement cette surreprésentation des questions relative aux grandes multinationales dans l'enseignement et la recherche en gestion.

2. La formation de formateurs outre-Atlantique : compte rendu d'une expérience

Par Geneviève Causse

La formation de formateurs en gestion au début de la décennie soixante-dix, sous l'égide de la Fnege, a concerné environ 700 personnes, dont la moitié ont suivi un cycle de formation en Amérique du Nord. L'expérience dont il est question dans ce chapitre est particulière à certains égards, par le lieu de formation, qui est le Québec, et non pas les États-Unis, et par le fait qu'elle est relative à un groupe de boursiers. En effet, outre les formations individuelles (PhD, MBA), des programmes spécifiques d'une durée d'un an s'adressaient à des groupes d'une trentaine de boursiers environ. Ils ont eu lieu à Northwestern et à Sherbrooke.

Pour ce qui concerne les caractéristiques de la formation, le bénéfice qu'ont pu en retirer les boursiers, et leur insertion au retour, l'expérience rapportée peut cependant être considérée comme étant celle de la majorité des boursiers. Relevons seulement quelques particularités du lieu de formation, l'université de Sherbrooke, qui a accueilli 20 % des boursiers formés outre-Atlantique.

Le premier départ pour Sherbrooke a eu lieu en avril 1970, c'est-à-dire quatre ans après le discours mémorable du général de Gaulle[1], à un moment où le mouvement de résistance québécoise perdurait et n'avait pas perdu de son intensité[2]. Comme le mentionnent Chessel et Pavis (2001, p. 222), le choix de Sherbrooke par les responsables de la Fnege fut une décision politique. Il a d'ailleurs eu une influence sur le choix de certains boursiers qui souhaitaient une formation à la gestion outre-Atlantique, mais considéraient qu'ils minimisaient ainsi l'américanisation que cela supposait. La dimension politique de ce choix fait par la Fnege, alors que les paroles mémorables du général de Gaulle étaient encore bien présentes, a conduit les per-

1. Il avait terminé son discours à Montréal par « Vive le Québec libre ! ».
2. Ce mouvement était très présent chez les intellectuels, notamment chez les poètes et chanteurs, comme Pauline Julien et Gilles Vigneault. « Je m'ennuie d'un pays qui n'est pas un pays. Je m'ennuie d'un pays qui n'est pas un pays aujourd'hui. Je m'ennuie d'un pays qui sera. » (Vigneault, G. [1970]. *Poèmes et chants de la résistance*. Montréal, Éditions K.

sonnalités du ministère des Affaires étrangères, lors d'une réunion préalable à leur départ, à leur demander fermement d'adopter, en toute circonstance, une attitude de réserve.

Le premier groupe de Sherbrooke était de 29 boursiers, âgés de 23 à 43 ans, la moyenne d'âge étant de 33 ans environ. Quelques-uns sont venus avec leur femme, quelques autres avec femme et enfants. Certains avaient une formation dans le domaine scientifique exclusivement (20 %), d'autres (10 %) exclusivement dans le domaine du droit ou de l'administration (préparation de concours administratifs). Par contre, nombreux étaient ceux ayant une double formation, sciences et économie, sciences et sociologie, économie et lettres... Trois étaient diplômés d'un IAE. La majorité des boursiers disposait d'une expérience professionnelle, parfois de plusieurs décennies, comme ingénieur ou cadre. Environ la moitié d'entre eux avait également une expérience pédagogique. Trois boursiers étaient enseignants à temps plein, assistants dans une université. Trois jeunes boursiers fraîchement diplômés n'avaient aucune expérience.

La composition du groupe considéré n'était pas très différente de celle du groupe qui a suivi la formation à Northwestern à la même époque. Rappelons que les critères de sélection de la Fnege étaient : « être diplômé de l'enseignement supérieur, avoir des aptitudes et le goût pour l'enseignement et la recherche [...] et posséder une expérience pratique de la gestion, acquise dans une organisation publique ou privée, sinon être prêt à acquérir une telle expérience par un stage d'environ un an[3] ». En l'occurrence, dans le groupe considéré, à part un boursier diplômé expert-comptable, aucun n'avait réellement une expérience avérée dans le domaine de la gestion. L'expérience professionnelle de cadre avait été acquise dans des fonctions techniques, commerciales ou dans l'Administration. L'engagement du bénéficiaire de la bourse était d'enseigner au moins trois ans à l'issue de la formation, cinq ans pour les fonctionnaires.

Pour quelques-uns des 29 boursiers du groupe, une carrière semblait toute tracée. Il en était ainsi pour trois boursiers diplômés en économie (licence[4] et DES), assistants en économie. Pour eux, l'étape suivante était le concours d'agrégation des universités. Il en était également ainsi pour quatre d'entre eux, qui avaient le statut de fonctionnaire et pouvaient évoluer dans leur fonction au sein de leur ministère (Santé publique, Postes et Télécommunications, Caisse des dépôts et consignations, Fonction publique). Mais ils étaient prêts à suivre cette formation pour évoluer plus rapidement dans leur carrière, voire changer d'orientation.

3. Extrait de la note d'information sur la formation des professeurs de gestion, cf. Chessel, M.-E. & Pavis, F. (2001). *Le technocrate, le patron et le professeur : une histoire de l'enseignement supérieur de gestion* (p. 150). Paris, Belin.
4. À l'époque, la licence était en quatre ans, donc équivalente à la maîtrise actuelle.

Personnellement titulaire d'une licence en droit, du diplôme de l'École du trésor public, après quelques années passées dans l'Administration, puis dans un lycée technique, comme professeur agrégé en techniques économiques de gestion, et exerçant parallèlement le métier d'expert-comptable et de commissaire aux comptes, l'activité exercée n'était pas considérée comme un aboutissement. Cet exemple est assez représentatif, me semble-t-il, de ce que ressentaient la plupart des boursiers. En effet, la majorité des membres du groupe disposait d'une double, voire d'une triple formation dans des domaines différents, et ayant des expériences professionnelles et pédagogiques diverses, étaient à la recherche d'un nouveau départ. Ils optaient pour un programme de formation en gestion à l'américaine, persuadés que c'était une porte ouverte vers un métier tout tracé d'enseignant-chercheur-consultant. C'est d'ailleurs ce que laissaient entendre les responsables de la Fnege lors de la présentation du programme. Nous étions encore imprégnés de l'esprit de 68, tout était possible.

L'expérience relative au programme de formation de formateurs en gestion à Sherbrooke sera rapportée en deux parties, la première fera part des apports, mais aussi des étonnements, la deuxième partie abordera le retour à l'issue du programme de formation.

Les apports du programme

Cinquante ans après le séjour outre-Atlantique, nous tenterons de faire part le plus fidèlement possible des apports scientifiques et pédagogiques du programme, tels que perçus, mais également des étonnements, voire des chocs culturels. Mais commençons par évoquer l'environnement de la formation, qui a eu une influence sur les changements de comportement.

L'environnement de la formation

Considérons l'environnement de travail, le campus où se déroulait le programme, puis le cadre de vie durant le séjour.

Le campus universitaire

En France, à l'époque, la plupart des universités et écoles d'ingénieurs étaient situées en ville dans des bâtiments prestigieux dont l'architecture était empreinte du style grec ou romain, ainsi, à Paris, la Sorbonne et l'École polytechnique. En province, les anciennes universités, comme celles de Rennes ou de Montpellier, étaient dans des bâtiments historiques imposants[5]. C'est donc avec étonnement que l'on a pu découvrir une véritable ville universitaire moderne, située en périphérie de la ville.

Chaque discipline avait son bâtiment spécifique. Ces bâtiments étaient séparés de larges avenues dans lesquelles la circulation était semblable à celle d'une ville. Un bâtiment central abritait l'administration de l'université ainsi que différents services communs aux différentes facultés : la bibliothèque, le service médical, etc. Un autre bâtiment, également commun, était un lieu de rencontre pour les étudiants des différentes facultés : cafétéria, salle de sport, salle de réunion, etc.

Sur le campus régnait une atmosphère de travail étant donné les moyens pédagogiques mis à la disposition des étudiants. Une salle de travail avec manuels et revues se trouvait dans chaque faculté, ainsi qu'une salle informatique en libre-service. Nous étions ébahis par l'abondance des moyens informatiques mis à la disposition des étudiants, du temps d'ordinateur quasiment illimité, le centre de calcul ouvert toute la nuit, un système de *time sharing* permettant d'accéder à des banques de données relatives aux entreprises américaines, mais également à celles d'autres pays[6]. La bibliothèque centrale, non seulement était bien équipée mais, ce que nous trouvions exceptionnel, était ouverte très tard dans la nuit.

Des résidences universitaires se trouvaient généralement à proximité, certaines étaient situées sur le campus qui était donc un lieu de vie réservé aux étudiants. Sur les campus, les étudiants ne sont pas intégrés dans un quartier de la ville, y mettant une ambiance particulière qui en fait un « quartier latin », ils ont leur « cité ».

Le cadre de vie

Le nouveau cadre de vie n'a pas été sans influence sur le changement de comportement. Les membres du groupe arrivèrent sans se connaître. Au début, ils furent logés dans un quartier neuf du campus, mais très vite chacun de son côté s'est débrouillé pour trouver un logement meublé et équipé en ville. La plupart des appartements étaient situés dans des immeubles qui avaient la particularité d'avoir des espaces communs, généralement en sous-sol, d'une part une salle de réunion, d'autre part une pièce où se trouvaient des équipements utiles : machines à laver, à essorer, à sécher... Bien qu'au Québec, où nous étions, l'hiver soit long et rigoureux, souvent un jardin et une piscine étaient à la disposition des locataires dès les beaux jours. Cette manière de vivre un peu collective n'a pas réellement fait l'objet d'un mimétisme en France.

---

5. En France, a fait exception l'université de Caen qui, détruite pendant la guerre, a été reconstruite sous forme de campus, dès 1957.
6. C'est ainsi qu'un doctorant du groupe a pu constituer sa base de données financières des entreprises françaises, un fichier impossible alors à constituer avec les moyens existant en France.

Il a fallu également se procurer un moyen de locomotion, le marché de l'automobile d'occasion étant bien développé, c'est à celui qui a pu se procurer à bon prix la plus belle américaine (Mercury Cougar, Ford Mustang...). La nouveauté a également été le recours aux services à domicile, qui est apparu comme un élément de plus grande liberté. Lorsque l'on se réunissait entre amis le week-end, ou dans la semaine pour préparer les cas, la coutume a été la livraison de pizzas à domicile, ce qui n'existait pas en France à l'époque (mais s'est très vite développé). Les centres commerciaux immenses et luxueux étaient naturellement des lieux où l'on pouvait faire des achats de toute nature, mais c'était également des lieux agréables de promenade et de rencontre, surtout pendant la période hivernale.

Parmi les boursiers, il y avait peu de femmes. Le pourcentage était tellement faible que l'on peut penser qu'il s'agissait d'un choix de la Fnege. L'annuaire de la Fnege relatif à 132 boursiers, publié en 1970, fait état de 3 femmes, l'une célibataire, la deuxième, dont le mari était également boursier, et la troisième « qui a laissé son mari et ses enfants en France[7] ». La femme n'avait pas de place dans le *business*, il a été facile de le constater lors des séances de T-group (*training group*), mais surtout, dans la société traditionnelle québécoise de l'époque, la place de la femme était au foyer. Par contre, il était naturel que le mari s'éloigne de son foyer pour se former.

Notons enfin l'ambiance un peu paradoxale qui régnait parmi les intellectuels, particulièrement en Amérique du Nord. Nous venions pour apprendre le management à l'américaine, qui semblait être bien mis au point et destiné à devenir universel, mais en même temps l'époque était à la contestation. L'esprit de 68 était présent et s'y ajoutait un mouvement de contre-culture à la fois antiségrégationniste, pacifiste et anticapitaliste. Même si la charge de travail ne permettait pas d'assister à des concerts, on ne pouvait échapper à la musique engagée de Joan Baez et Bob Dylan. Mais nous n'étions pas venus pour dénoncer le capitalisme.

Les aspects pédagogiques

Les étonnements face à la prise de connaissance de l'environnement de la formation furent suivis d'étonnements encore plus importants lorsqu'il s'est agi de la formation elle-même. Pour ceux qui avaient suivi un parcours de formation universitaire, en droit par exemple, le souvenir était : le cours en amphi par un professeur en toge, des prises de notes les plus fidèles possibles, les révisions de fin d'année, au mieux de fin de semestre, et l'examen final. Durant l'année, il n'y avait pas de contact professeur-étudiants, les seuls contacts étaient avec les assistants lorsque le cours

7. C'est la reprise textuelle de l'expression écrite par le recteur de l'université de Sherbrooke sur ma première fiche d'évaluation.

était assorti de TD. Pendant l'année, chacun pouvant mener sa vie d'étudiant à sa manière.

À Sherbrooke, les caractéristiques importantes de la formation ont été les suivantes : un enseignement interactif, le contenu diversifié des cours, l'importance du travail en groupe, l'accès aux entreprises, l'accent mis sur le comportement.

Un enseignement interactif

À Sherbrooke, comme à Northwestern, un programme de formation a été organisé spécialement pour un groupe de boursiers, nous étions entre Français. Visiblement, les professeurs canadiens, les plus jeunes, faisaient preuve d'une certaine appréhension face à un groupe de Français d'un certain âge, la plupart disposant d'une expérience professionnelle, et arrivant avec leur réputation de frondeur. Mais, en général, le professeur dispensait un enseignement très interactif. Souvent, il provoquait même la réaction. Rarement au bureau qui lui était réservé, il n'hésitait pas à interpeller les participants, les incitait parfois à prendre sa place pour exposer un point de vue différent du sien. La simplicité et la proximité très grande des enseignants provoquaient l'étonnement.

Les enseignants étaient des professeurs de l'université de Sherbrooke, mais également des professeurs renommés d'universités extérieures, soit du Canada, ainsi Jacques Saint-Pierre, professeur de finance de l'université Laval, soit des États-Unis, ainsi Myron Gordon du MIT, auteur du « modèle de croissance » dit de Gordon, Edgard H. Schein, également du MIT, inventeur du concept de « culture d'entreprise » et Samuel Hayes, professeur de finance à la Harvard Business School. Ces professeurs extérieurs assuraient généralement des cours bloqués le week-end, de sorte que nous partagions les journées entières du samedi et du dimanche avec eux.

Le contenu diversifié des cours

Parmi les cours dispensés, il y avait d'abord les cours relatifs aux disciplines de base de la gestion : la comptabilité, l'analyse financière, l'organisation des entreprises, la stratégie, l'informatique, le processus de décision, etc. Par rapport aux enseignements effectués en France à l'époque, ils avaient la particularité d'être ancrés dans la littérature, essentiellement américaine, chaque cours faisait référence à un ouvrage de base, et en même temps d'être proche du terrain. C'est ainsi que lors du cours de *management control*, la partie réservée à la manière de calculer les coûts de revient a été traitée à partir des exemples de terrain.

À côté de ces cours de base, d'autres cours étaient très spécialisés et très nouveaux pour tous. Il s'agissait surtout des cours dispensés par les professeurs extérieurs. Ainsi, le cours de Jacques Saint-Pierre a porté sur le coût du capital, celui de

Samuel L. Hayes essentiellement sur les banques d'investissement, quant au cours de Myron J. Gordon, intitulé *Politique des dividendes*, a consisté pendant deux jours à étudier les relations entre les bénéfices, les dividendes et le cours des actions. Naturellement, le contenu de ces cours correspondait aux préoccupations des financiers dans le contexte américain de la décennie soixante-dix.

L'importance du travail en groupe

À côté des enseignements didactiques, généralement bloqués sur une demi-journée, le reste de la journée et de la soirée était réservé au travail en groupe. Le travail exigé, résolution d'études de cas, travail de réflexion sur un sujet, élaboration d'un logiciel, etc. était tellement important qu'il était impossible de le réaliser seul. Le travail demandé exigeait le plus souvent des connaissances et de l'expérience dans des disciplines différentes, il ne pouvait être réalisé que par un groupe multidisciplinaire composé de quatre à cinq personnes.

En conséquence, les groupes n'étaient pas constitués en fonction des affinités, mais des apports possibles au groupe. Ce n'est pas sans un pincement au cœur qu'un jour, il a fallu céder aux usages du contexte nord-américain et admettre la décision de la majorité des membres du groupe de ne pas donner de rendez-vous de travail à l'un des membres qui n'apportait pas la contribution attendue. La composition des groupes n'était donc pas permanente. Elle pouvait également évoluer en fonction de la nature des travaux. À tour de rôle était désigné celui qui avait la mission de présenter les résultats du travail effectué et les conclusions, devant les autres participants, en présence de l'enseignant.

L'intensité du travail n'était pas spécifique au groupe de boursiers, elle était la même pour les étudiants de MBA, aussi des séances en commun de défoulement étaient périodiquement organisées. Elles avaient lieu le samedi soir, soit à l'université où des caisses de Molson (bière locale) avaient été commandées et livrées, soit aux prémices du printemps dans une érablière pour une « partie de sucre[8] ».

L'accès aux entreprises

Les cas sur lesquels on travaillait étaient pluridisciplinaires et relativement récents, de sorte qu'il était souvent utile de chercher toutes les informations disponibles sur le terrain.

8. Les « parties de sucre » sont des fêtes organisées dans les « cabanes à sucre » à la sortie de l'hiver au cours desquelles on déguste le sirop d'érable caramélisé (la « tire ») déposé sur des comptoirs recouverts de neige, ainsi que des produits locaux. La soirée se prolonge en général dans la nuit par une partie de traîneau dans les chemins éclairés de l'érablière.

La prise de contact avec les entreprises était très facile. Les cadres, souvent titulaires d'un MBA de l'université, étaient très accessibles. Ils n'hésitaient pas à soumettre un de leurs problèmes et venaient volontiers le jour prévu à l'université pour assister à la présentation des résultats de l'étude.

C'est ainsi que notre groupe a pu effectuer le diagnostic de l'entreprise Bombardier. Le travail a sans doute été jugé satisfaisant puisque l'entreprise a mis à notre disposition, l'hiver venu, quelques exemplaires de son produit phare, des motoneiges, durant un week-end.

L'accent mis sur le comportement

Outre l'accent mis sur le comportement lors des différentes interventions, un cours portait sur la psychosociologie des organisations. C'est sans doute le cours qui a marqué le plus les participants. La sociologie des organisations n'avait pas encore véritablement fait son apparition en France[9]. À l'époque, la « gestion des ressources humaines » n'existait pas, on gérait le personnel, considéré comme l'un des facteurs de production.

Le professeur qui a dispensé le cours était Edgard H. Schein, professeur au MIT, qui travaillait à l'époque sur son modèle de culture organisationnelle. C'était un enseignant très « présent » qui donnait à chacun l'impression d'être scruté en profondeur. Son objectif inavoué était, semble-t-il, de faire découvrir à chacun ses points d'ancrage de carrière possibles (créativité, compétence, défi...).

Après quelques interventions didactiques portant sur la culture organisationnelle, l'objectif étant de diffuser une terminologie commune, il est très vite passé à la méthode du *training group* (T-group). Les membres du groupe étaient assis en cercle, sans aucun matériel, l'animateur étant à l'extérieur du groupe. Visiblement, selon les consignes données, l'objectif était de mieux se connaître : ses atouts, ses valeurs, son comportement vis-à-vis des autres. Il n'était pas permis de faire dévier la conversation hors du temps présent et hors du groupe. La consigne était « ici et maintenant ». Le départ des échanges émanait de l'animateur ou d'un membre du groupe. La même question était parfois posée successivement à chacun, ainsi la question qui n'a pas été sans conséquence sur les relations intragroupe : « Si vous souhaitez créer une entreprise avec un associé, quel est le membre du groupe que vous choisissez de préférence comme associé ? Pourquoi ? » Naturellement, ceux qui n'avaient pas été choisis se demandaient pour quelles raisons ils n'avaient pas été choisis. L'animateur était très vigilant car de tels procédés peuvent avoir des effets contre-productifs et traumatisants, surtout quand l'intervenant précise les raisons à celui qui n'a pas été

9. C'est en 1977 que paraît l'ouvrage de Crozier et Friedberg, *L'Acteur et le système*, et en 1985 *La Sociologie des organisations* de Bernioux.

choisi. Il en est ainsi également lorsque l'intervenant éprouve le besoin de préciser : « Si c'est pour aller au cinéma, je prends X (la femme du groupe), mais pour créer une entreprise je prends Y... »

Ces séances faisaient bien prendre conscience de la différence culturelle. Nous étions dans un univers où l'on ne mélange pas vie privée et vie professionnelle. On peut très bien dire à un collègue, voir un ami, que son profil ne correspond pas à ce que l'on cherche, mais cela ne signifie pas qu'il n'est pas valable ou que l'on ne l'aime pas[10].

La méthode, très nouvelle à l'époque, a ensuite été utilisée différemment. Très vite on a parlé de dynamique de groupe, de recherche-action.

Tous les participants, grâce au travail fourni, grâce également à la solidarité dans le groupe, ont pu satisfaire aux exigences de l'université et obtenir un diplôme de troisième cycle en gestion des entreprises de l'université de Sherbrooke. Le programme s'apparentait très fortement à un programme de MBA, mais il n'en a pas eu l'intitulé car il fallait que la dimension académique apparaisse et ne pas laisser penser qu'il s'agissait d'une formation de cadres.

La prise de connaissance des méthodes et outils de management « à l'américaine » a été très importante, mais les apports du programme ont d'abord été un changement de comportement dû à un environnement économique, social et culturel différent, et surtout à des habitudes de travail inhabituelles.

Ceux qui n'étaient pas attachés à un établissement avaient généralement pris des contacts avec les établissements français d'enseignement supérieur en gestion susceptibles d'accueillir des boursiers dès leur retour en France. Mais la vie avait été très intense, c'est véritablement le jour de la remise solennelle des diplômes le 24 avril 1971, en présence du recteur de l'université, du consul de France à Montréal, du délégué de la Fnege[11], que pour les 29 boursiers la question s'est posée : l'insertion ou la réinsertion allait-elle être conforme à celle souhaitée ?

Le retour à l'issue de la formation

À l'issue de la formation, chacun a tenté de satisfaire au mieux au contrat de départ signé avec la Fnege et d'entamer une carrière de professeur en sciences de gestion. Quelques réunions ont été organisées par la Fnege, mais très vite chacun a

10. Nous avons pu constater cela ultérieurement de manière plus aigüe dans le contexte africain, plus proche culturellement du nôtre que le contexte anglo-saxon. Mettre une mauvaise note à un étudiant risque fort de signifier qu'on ne l'aime pas.
11. Pierre Tabatoni.

vécu à sa manière sa réinsertion, il est donc difficile d'avoir un regard sur les différentes évolutions de carrière, aussi il sera fait état en grande partie de ma situation personnelle.

Après avoir évoqué l'insertion ou la réinsertion des boursiers, nous ferons part des atouts qui ont permis de faire face à la « résistance au changement » et des déphasages constatés, dus à l'écart économique et culturel des contextes, celui de la formation et celui du retour.

Des évolutions de carrière assez différentes

Les situations au retour furent différentes selon que les boursiers étaient, au départ, préengagés ou solitaires, selon également leur formation de base et la formation reçue outre-Atlantique.

Les préengagés et les solitaires

Les solitaires sont ceux qui n'étaient pas liés à un établissement au départ. Ils avaient eu connaissance de l'offre de bourse et y avaient répondu. Les préengagés sont ceux dont la formation était cofinancée par leur établissement. Dans cette deuxième catégorie, il faut faire la distinction entre ceux envoyés par un établissement, essentiellement l'ESSEC et HEC, et ceux qui, enseignant dans une université ou un IUT, avaient postulé individuellement et avaient obtenu que leur établissement continue à verser leur salaire, la Fondation versant un complément.

Les solitaires, non liés à un établissement, devaient préparer leur retour en respectant les termes du contrat signé avec la Fondation. Pour ceux envoyés par un établissement, en principe, un plan de carrière les attendait. Quant aux autres, en poste au départ dans un établissement de l'Éducation nationale ou d'une administration, ils avaient l'obligation de réintégrer leur établissement, mais aucun changement dans leur carrière n'était prévu.

C'est ainsi qu'enseignant dans un IUT avant mon départ et ayant pris des contacts avec ESCP, qui avait accepté de me recruter à temps plein[12], j'ai été rappelée à l'ordre par le ministère de l'Éducation nationale qui exigeait une réintégration dans mon poste d'origine, comme si rien ne s'était passé. Une demande de rencontre avec le directeur de l'IAE de Paris de l'époque, le professeur Capet, fut opportune. Mon profil correspondait sans doute au profil des enseignants recherchés dans les IAE qui offraient des formations en gestion, mais ne disposaient pas, ou pas suffisamment, d'enseignants formés à la gestion. Le professeur Capet me proposa de candidater à un poste d'assistant, la séance de recrutement était prévue la semaine suivante. Au

12. Étant ainsi la première femme recrutée comme enseignante à ESCP.

moment convenu, dans une salle de la Sorbonne, je me suis retrouvée avec cinq autres candidats, tous doctorants de l'université Paris 1, et trois professeurs de l'université. Les candidats ont été réunis autour d'une table pour participer à un débat sur une question tirée au sort. Celui qui s'en sortait le mieux serait ensuite recruté. La question fut : « Vous avez à choisir une revue de management destinée à un public d'étudiants de deuxième et troisième cycle, quelle revue choisissez-vous ? » Le goût de la compétition inculqué outre-Atlantique a sans doute fait son effet. C'est ainsi que ma carrière d'assistant a débuté à l'université, ESCP a accepté un contrat à mi-temps.

N'ayant pas de diplôme de troisième cycle français, et le diplôme de Sherbrooke n'étant pas reconnu par l'Université française, il a fallu entamer le long processus : DEA en gestion, doctorat d'État en sciences de gestion, puis présentation au concours d'agrégation des universités en sciences de gestion en 1981. C'est lors de ce concours qu'une femme fut agrégée pour la première fois en gestion, le passage outre-Atlantique avait peut-être là encore porté ses fruits.

Cette expérience personnelle du chemin qu'il a fallu parcourir est rapportée car elle est susceptible d'expliquer le faible nombre de boursiers qui sont devenus professeurs agrégés des universités en sciences de gestion. À notre connaissance, seuls quatre autres boursiers ont été admis au concours d'agrégation en sciences de gestion, deux qui étaient déjà titulaires d'un diplôme de troisième cycle en économie avant leur départ et ont suivi une formation individuelle aux États-Unis[13], le troisième était diplômé de troisième cycle en droit avant son départ, il a été agrégé en 1981[14], le quatrième, diplômé de l'Institut d'études politiques de Paris et d'un diplôme de troisième cycle en économie et en droit avant son départ, a été admis au concours d'agrégation en 1986[15]. Un boursier qui a suivi la formation à Sherbrooke, titulaire d'un troisième cycle en économie, a été agrégé en économie[16] et a enseigné la finance à l'université de Rennes. Il faut préciser que dans les facultés d'économie, sous le vocable « économie financière », la finance, dans sa dimension théorique et mathématique, était enseignée en France dans quelques universités avant la décennie soixante-dix[17].

Face à la difficulté d'intégrer l'Université, les boursiers se sont donc plus naturellement tournés vers les écoles. L'un d'eux a indiqué être rebuté par le fait que la formation professionnelle reçue ne soit pas prise en considération à l'Université : « Il

13. Pierre Barreyre et Bernard Pras admis au premier concours en 1976.
14. Jacques Rojot.
15. Patrick Gibert.
16. Alain Galesne.
17. Jovanovic, F. & Numa, G. (2021). The development of financial economics in France between the mid-1970s and the early 1980s : import or rediscovery ? *History of Political Economy, 53*(2), 279-311.

est scandaleux que des professeurs (universitaires surtout) enseignent la gestion d'entreprise alors qu'ils ne savent pas ce qu'est une entreprise pour n'y avoir jamais travaillé ! Une expérience professionnelle d'au moins quelques années devrait être exigée et validée au lieu d'un "concours d'agrégation" qui n'est qu'une cooptation déguisée de personnes sur des critères académiques[18] ! » C'est certainement la réaction d'un déçu qui oublie que la gestion venait d'émerger à l'Université et que les textes réglementaires, ceux du recrutement des enseignants par exemple, ne pouvaient changer du jour au lendemain. Passer le concours d'agrégation, certes de nature académique, n'empêchait pas de mettre à profit, au sein de l'Université, une double formation à la fois académique et professionnelle.

Les activités pédagogiques

Au retour, parmi les 29 boursiers de Sherbrooke, un peu plus de la moitié ont exercé des activités pédagogiques, soit comme enseignants à temps plein, soit à temps partiel. L'un d'entre nous[19] a été retenu comme enseignant pendant une année à l'université de Sherbrooke, puis a été recruté à HEC. Ceux qui étaient dans une université au départ, IAE ou IUT, sont généralement restés à leur poste (environ 7), certains ont été recrutés dans une école (2 à l'INSEAD, 3 à ESCP), quelques-uns ont cumulé l'enseignement à l'Université et dans une école. Parmi ceux qui étaient au départ dans l'Administration (4) et exerçaient une activité de formation, celle-ci a été renforcée ou bien ils ont été nommés responsables du service de formation. La fonction publique exigeait normalement que leur activité d'enseignement soit effectuée dans les instituts régionaux d'administration (IRA), ce qui souleva quelques problèmes avec les administrations d'origine. L'un d'eux[20] a réussi à entrer à temps partiel au CESMAP (Centre d'études supérieures du management public[21]).

À notre connaissance, tous les boursiers du groupe n'ont pas exercé une fonction d'enseignant comme il était prévu, mais ont été vacataires ou ont exercé une fonction pédagogique parallèlement à leur activité de consultant ou de cadre.

La plupart des membres du groupe étant de formation scientifique, et les enseignements à Sherbrooke ayant porté en grande partie sur l'informatique, l'analyse système et les méthodes quantitatives, la moitié de ceux ayant exercé les fonctions d'enseignant ont dispensé des cours dans ces domaines. Les disciplines choisies ont été ensuite, à peu près à égalité, la finance et le marketing, suivies par l'organisation et la gestion des ressources humaines.

18. Rapporté par Chessel & Pavis (2001, p. 211).
19. Serge Lacrampe.
20. Jean Dif.
21. Une émanation de l'École nationale supérieure des PTT qui deviendra plus tard l'Institut de management public (IDMP).

Les publications

Les manuels universitaires sont généralement écrits par des professeurs connus, ayant déjà exercé leur activité d'enseignant pendant quelques années, or, on a pu constater que, dès leur retour, des boursiers se sont lancés dans l'aventure et ont souvent publié en collaboration avec d'autres boursiers. Considérant la seule décennie soixante-dix, à notre connaissance, sont parus les ouvrages suivants :

- en 1974, *Le Mercator* de R. Laufer, J. Lendrevie et D. Lindon ;
- en 1975, *Méthodes de gestion de la trésorerie*, dont les deux auteurs sont des boursiers de Sherbrooke, G. Causse et S. Lacrampe ;
- en 1976, *Monsieur Personnel et le développement des hommes*, de G. Amado, J. Laufer et G. Trépo ;
- en 1976, *Théorie et gestion financière : fondements et tendances*, de M. Bertonèche et S. Teulié, titulaires d'un PhD ;
- en 1978, *L'Analyse des coûts en management*, de P. Gibert (boursier de Northwestern) et Ph. de Lavergne ;
- en 1979, *Management financier : analyse, décision, contrôle* par trois auteurs de ESCP ayant suivi un programme de formation outre-Atlantique, G. Causse, A. Chevalier et G. Hirsch.

Dans les écoles, l'habitude a également été prise de publier régulièrement des cahiers de recherche. À ESCP, un cahier de recherche a même été publié par des professeurs de l'école en collaboration avec un professeur de l'université de Sherbrooke[22].

Les atouts face à la « résistance au changement »

La « résistance au changement » est une expression qui a souvent été utilisée par les responsables de la Fnege, considérant que les boursiers de retour en France auront à lutter pour faire changer les choses dans le domaine de l'enseignement de la gestion. Rappelons que l'objectif de la Fnege était de construire un enseignement de gestion en France susceptible de réduire l'écart flagrant entre le management américain et le management européen[23]. Sans doute l'enseignement de la gestion avait commencé, quelques IAE avaient été créées, mais nous étions encore aux bal-

22. Boudeville, J., Causse, G. & Garnier, G. (1976). Autonomie décisionnelle des filiales françaises d'entreprises américaines multinationales. *Cahier de recherche ESCP*, *6*(79).
23. Cet écart a été bien mis en évidence lors de la parution, en 1967, de l'ouvrage de Jean-Jacques Servan-Schreiber, *Le Défi américain*, chez Denoël.

butiements et il fallait que ceux qui avaient été plongé dans le contexte et avaient absorbé « la potion magique[24] », s'en chargent.

La résistance que l'on a pu ressentir peut se traduire par la difficulté d'introduire la dimension professionnelle dans l'univers académique de l'époque et celle de prendre quelques libertés par rapport aux habitudes ancrées. Cette résistance fut très différente à ESCP et à l'Université.

Le contexte de ESCP

L'introduction de la dimension professionnelle fut facile à ESCP, surtout dans le domaine de la formation continue. Il existait à l'époque des programmes longs diplômants destinés aux cadres et dirigeants (STEGE), des programmes portant sur des problématiques nouvelles purent être proposés dès lors qu'ils répondaient à une demande. C'est ainsi que furent proposés des programmes relatifs à la gestion des collectivités territoriales, à la fonction d'auditeur interne. Leurs particularités étaient l'adoption d'une pédagogie très interactive permettant un échange d'expériences ente participants, c'est-à-dire des méthodes qui rappelaient celles en usage outre-Atlantique.

L'enseignement à ESCP, école de la CCIP[25], a également permis de répondre à des offres de la direction l'Enseignement qui gère les nombreux établissements de formation de la chambre. Avec un collègue d'HEC[26], boursier également de la Fnege, nous avons eu l'audace d'affronter un public difficile, celui des cadres de la CCIP (siège et divers services décentralisés), l'objectif de la formation était de faire en sorte que les gestionnaires de service, placés dans un environnement où il est de bon ton de ne pas faire de vague, et dont les méthodes étaient ancestrales, fassent évoluer leur manière de travailler. À cette occasion, le souvenir des séances de T-group a été bien utile. C'est en s'appuyant sur les quelques jeunes cadres qui souhaitaient le changement que le séminaire a pu se dérouler assez sereinement.

Lorsque la CCIP a décidé de créer le master franco-russe de management international, les premiers volontaires étaient des boursiers de la Fnege. Il s'agissait d'un programme d'aide aux entreprises françaises qui avaient décidé de s'implanter en Russie, essentiellement dans la région de Moscou, juste après l'éclatement de l'URSS. Les méthodes pédagogiques interactives ont été très utiles dans la mesure où, dans les premières promotions (1990), les participants avaient un profil particulier, la plupart avaient été formés dans un *Komsomol* (école du parti communiste) et

24. Cette expression est de Claude Riveline, professeur à l'École des mines, cf. Une pédagogie médiévale pour enseigner la gestion. *Gérer & Comprendre*, (38), mars 1997.
25. Nom de la chambre de commerce et d'industrie de Paris qui est devenue chambre de commerce de Paris Île-de-France lors du regroupement des chambres de la région Île-de-France.
26. Romain Laufer.

avaient travaillé dans des complexes industriels dans le contexte d'une économie planifiée. Il était nécessaire de bien connaître leur passé, leur manière de considérer les choses avant de passer aux outils d'accompagnement de l'économie de marché.

Une collaboration avec le BIT a permis également d'intervenir dans des pays en développement, comme le Niger, la Guinée, où des centres de perfectionnement à la gestion (CNPG) furent créés. Le public était composé de cadres et dirigeants de profils très différents quant à l'âge, la formation, le poste occupé et le type d'entreprise. Des méthodes pédagogiques innovantes ont pu être déployées, l'action sur le savoir-être et le savoir-faire s'est révélée plus importante que la transmission d'un savoir.

En conséquence, à ESCP c'est essentiellement dans les activités pédagogiques annexes (formation continue, projets) que la formation reçue outre-Atlantique a pu être mise à profit.

La situation à l'Université

À l'université Paris 1-Panthéon-Sorbonne, comme sans doute dans les autres universités, une différence importante existait entre l'UFR de sciences économiques et de gestion et l'IAE. À l'UFR, les assistants disposaient de peu de marge de manœuvre, le professeur dispensait son cours d'amphi, les assistants étaient chargés d'animer les TD, dont le contenu est le même pour toute l'équipe de chargés de TD. Par contre, à l'IAE, face à un public de cadres, il était possible de faire évoluer les méthodes pédagogiques, d'introduire davantage de méthodes interactives. D'ailleurs, l'enseignement de la gestion était déjà développé et les enseignants de l'IAE, qu'ils soient universitaires ou vacataires, avaient adopté un comportement différent de celui existant dans les UFR. Des réunions pédagogiques régulières avaient pour objet d'améliorer les techniques pédagogiques, d'actualiser les cas utilisés, de revoir les programmes.

Mais lors de ma nomination à l'université de Clermont-Ferrand, après la réussite à l'agrégation, la résistance au changement s'est réellement fait sentir. La seule échappatoire a été la création d'une maîtrise de sciences et techniques comptables et financières (MSTCF) en collaboration avec l'école supérieure de commerce de Clermont. Il a été difficile de faire admettre la collaboration, l'argument financier a été utile. Cette création a permis de prendre quelques distances avec les règles universitaires, écrites ou non écrites, qu'il convenait de respecter à la lettre, et surtout d'introduire la dimension professionnelle dans l'offre de formation.

Après un retour tant souhaité à Paris (université Paris-Est Créteil[27]) en octobre 1989, lors de la première rencontre avec le doyen de l'UFR de sciences éco-

27. À l'époque Paris XII.

nomiques et de gestion, celui-ci me remit mon emploi du temps de la semaine suivante. La première ligne indiquait un cours de comptabilité générale, en amphi, le lundi matin à 8 heures, en licence. Ce fut un choc, pas tant par le fait qu'il s'agissait du lundi matin à 8 heures, mais parce qu'il s'agissait de transmettre un savoir technique à un public nombreux, ce n'était plus ma manière d'envisager la formation. Je lui ai demandé de surseoir, un professionnel pouvait très bien assurer le transfert de savoirs en comptabilité. Trois mois après, en janvier 1990, en collaboration avec la responsable de la formation continue de l'université, et grâce au soutien du président de l'époque[28], était créée la maîtrise de sciences de gestion en alternance, puis quelques années plus tard le DESS contrôle de gestion et audit, également en alternance. C'est dans cette université que fut créé le premier diplôme en alternance, sous le régime de l'apprentissage, dans une université française[29].

L'université ayant des accords de coopération avec certaines universités étrangères, notamment avec l'université d'Abidjan[30], des missions régulières, durant plusieurs années dans cette université, ont permis, à force de patience, dans une faculté d'économie, de mettre en place des diplômes professionnels de second et troisième cycle dont certains en alternance dans les différents domaines de la gestion. Leur création a contribué à rapprocher l'université des milieux professionnels et a donné une certaine autonomie à la gestion.

Ces exemples montrent qu'effectivement une résistance au changement était prégnante, mais qu'il existait un souhait de changement et des pistes étaient ouvertes, même à l'Université.

Un certain déphasage dans le contenu des enseignements

Bien qu'outre-Atlantique les méthodes et outils de gestion avaient été présentés comme universels, au retour la question a pu cependant se poser de savoir si les connaissances acquises pouvaient être transposées en l'état. C'est alors que l'on a pu constater un certain déphasage. Le mimétisme intégral n'était pas opportun. Par ailleurs, des disciplines utiles se sont révélées absentes.

Des contenus non adaptés

Pour les disciplines relatives au comportement des hommes, ainsi la GRH et le marketing, il était évident qu'une adaptation devait avoir lieu. Par contre, dans des domaines plus techniques, la question ne s'est généralement pas posée et le dépha-

28. Bernard Dizambourg.
29. L'avènement de la formation en alternance fera l'objet d'un développement dans la deuxième partie de l'ouvrage.
30. Devenue l'université nationale Félix-Houphouet-Boigny (UNFHB).

sage a été flagrant. Nous prendrons comme exemple, d'une part la finance, le déphasage était dû dans ce cas à l'environnement, d'autre part la manière de calculer les coûts. Dans ce dernier cas, il s'agit plutôt d'une méprise.

Outre-Atlantique, l'essentiel du cours de finance portait sur la finance de marché, dont une partie sur les options, alors que le marché des options n'existait pas encore en France[31]. Des cours sur les options ont cependant été dispensés au retour dans certaines écoles. Un boursier de la Caisse des dépôts[32] témoigne du déphasage qu'il a pu constater à son retour : « lorsque l'on m'a confié l'élaboration d'un modèle d'évaluation des actions convertibles... je travaillais pour des actuaires et il n'était pas question de proposer un modèle non actuariel qu'ils auraient spontanément rejeté. Le modèle de Black-Scholes n'a été connu en France qu'en 1976 ».

À Sherbrooke, un séminaire d'une vingtaine d'heures a porté sur la politique des dividendes, notamment sur le dilemme distribution/rétention des bénéfices, c'est-à-dire la détermination de la priorité dans la décision : on décide d'abord de ce qui doit être distribué, le solde étant porté en réserves, ou l'inverse, on décide d'abord de ce qui doit être retenu. Ce fut un cours très intéressant, mais outre que le problème se posait dans peu d'entreprises françaises, la réponse est très culturelle. Les actionnaires français n'attendent pas la même chose de leur placement que les actionnaires anglo-saxons. Le déphasage constaté en finance n'a pas été sans incidence, il a provoqué chez les enseignants-chercheurs une rupture entre la finance de marché et la finance d'entreprise. Encore actuellement : est-on considéré comme un véritable enseignant-chercheur en finance si on se limite à la finance d'entreprise ?

Le deuxième exemple est plutôt une méprise, constatée en contrôle de gestion dans la manière de calculer les coûts de revient. Si en France une méthode rigoureuse et assez complexe de calcul des coûts existe depuis 1927 grâce à la création de la méthode des sections homogènes (devenue la méthode des centres d'analyse) par le colonel Rimailho, aux États-Unis, dans le même temps, les entreprises ont recours à une méthode simple, pragmatique, jusqu'au jour où cette méthode ne convient plus. Dans la décennie soixante, une méthode plus complexe est mise au point dans les grandes entreprises américaines, la méthode ABC (*activity based costing*). Elle présente des similitudes fortes avec la méthode des centres d'analyse, sans pour autant dériver de cette dernière. En effet, outre-Atlantique on ne connaissait pas la méthode française. La méthode ABC, utilisée dans les entreprises, a rapidement été enseignée dans les universités nord-américaines et présentée comme une panacée par rapport à la méthode utilisée précédemment. « [...] à leur retour, les boursiers ont fait connaître, à un public français, ce qui leur avait été enseigné, c'est-

31. Elle ne verra le jour qu'au cours de la décennie suivante.
32. Jean Dif.

à-dire que la méthode *ABC* est la panacée en matière de calcul des coûts par rapport à la méthode ancienne. [...] la méthode à la fois complexe et présentée comme révolutionnaire ne pouvait être qu'un remède permettant de combler le *management gap* qui distinguait les entreprises américaines des entreprises françaises et était supposé expliquer le retard de ces dernières en termes de compétitivité[33] ». Si la méthode ABC était une panacée par rapport à la méthode utilisée auparavant dans les entreprises américaines, elle ne l'est pas par rapport à la méthode des centres d'analyse.

Des champs oubliés

L'enseignement outre-Atlantique tenait compte naturellement des caractéristiques du contexte, comme nous venons de le voir précédemment. Outre l'enseignement de quelques savoirs en déphasage avec notre contexte, on peut constater l'absence de certains champs d'étude qui sont pourtant très utiles dans l'environnement français, ainsi la gestion des PME et le management public.

La plupart des boursiers au retour, qu'ils soient enseignants ou consultants, ont dû tenir compte de la particularité des PME, qui constituent la majorité des entreprises en France. Mais chacun sait que l'on ne va pas outre-Atlantique pour recevoir une formation relative aux PME. La conséquence est qu'à l'Université, comme dans les écoles, les cours de management portent essentiellement sur les grandes entreprises, voire sur les entreprises cotées.

Si l'on considère que le management public est l'ensemble des méthodes utilisées dans les entités du secteur public, son importance est différente dans le contexte américain où le secteur public se limite essentiellement aux administrations et en France où le secteur public est très large, comportant de nombreuses organisations ayant des statuts différents et gérées selon des modèles spécifiques. Le berceau de la formation au management public est donc plutôt en France. La formation outre-Atlantique n'a pas comporté de formation au management public, au grand dam des boursiers qui exerçaient leur activité dans le secteur public avant leur départ. Un membre du groupe a fait part de son souhait d'avoir une intervention sur le PPBS (*Planning Programming Budget System*[34]), mais il lui a été indiqué que c'était passé de mode, ce qui illustre bien le *gap* qui existait entre l'Amérique du Nord et la France dans ce domaine. Ce *gap* incita sans doute certains boursiers à développer en France des méthodes de management propres aux organisations non marchandes au sein d'établissements spécialisés, ainsi la création du Centre d'études supérieures du

33. Bampoky, B., Burlaud, A. & Causse, G. (2020). L'ABC : une fausse innovation managériale ? *La Revue du Financier*, (239/240/241), mai-août, 105-121.
34. À l'époque, il devait être introduit en France sous le sigle RCB (rationalisation des choix budgétaires).

management public (CESMAP[35]), qui deviendra plus tard l'IDMP (Institut de management public) dont le directeur scientifique, Patrick Gibert, est un ancien boursier (université de Northwestern). C'est à l'initiative de ce dernier que sera créée la revue *Politiques & management public* en 1983.

Le déphasage entre les contextes qui limitent le mimétisme est naturel. Nous l'avons constaté lors du retour des boursiers européens formés outre-Atlantique. Il est perceptible également lorsque l'on observe le retour dans leur pays d'universitaires africains formés en Europe, en dehors des réalités et préoccupations du contexte africain.

3. Conclusion

Ce serait très prétentieux de laisser penser que c'est grâce aux boursiers de la fondation formés outre-Atlantique que l'enseignement de la gestion a vu le jour en France. L'enseignement en gestion existait déjà, initié par des professeurs d'économie ou de droit qui avaient fait le choix des IAE. Du fait de leur solide formation théorique de base, certains de leurs écrits restent des références pour les enseignants-chercheurs en gestion[36]. Mais c'est certainement grâce à la Fnege que la discipline a pu se développer rapidement et être reconnue. C'est grâce à la Fnege que l'agrégation de gestion a vu le jour et que la gestion a pu se démarquer de l'économie et du droit.

Les retombées de la formation de boursiers ont été importantes, mais différentes selon les établissements. Il est évident que les écoles qui ont planifié l'envoi des boursiers[37] en ont profité pleinement. À leur retour, les boursiers ont constitué une masse critique suffisante pour faire évoluer l'offre de formation. L'image de l'établissement s'est trouvée changée. Les autres écoles, comme ESCP, ont pu développer un corps d'enseignants permanents. Par ailleurs, de nombreuses écoles ont vu le jour en province. C'est grâce à la formation d'un grand nombre d'enseignants en gestion que ces établissements se sont développés.

À l'Université, face à la montée en puissance des écoles, grâce à la formation d'un corps enseignant en gestion, l'offre de formation et le contenu de la formation ont évolué très rapidement. Tout en conservant la dimension académique, elle a su intégrer une dimension professionnelle plus ou moins importante selon les programmes et selon les établissements.

35. Émanation de l'École nationale supérieure des PTT.
36. Ainsi, lorsque l'on veut cerner un concept de base en gestion, le concept « entreprise », il faut recourir aux écrits de J.-G. Mérigot, de M. Capet ou de C. Champaud.
37. Essentiellement l'ESSEC et HEC.

L'envoi des boursiers outre-Atlantique a également été bénéfique pour les boursiers eux-mêmes. Les partants avaient tous un désir de changement, persuadés que la formation outre-Atlantique apporterait les savoirs utiles à un changement de carrière. Avec le recul, il semble que ce qui a été important est le changement de comportement. Même pour les professeurs nord-américains les plus renommés, l'empreinte qu'ils ont laissée est d'abord le style de leurs relations avec leur public. La décision de la Fnege a été prise à un moment opportun. La quasi-totalité des boursiers qui ont tenté l'aventure sont d'accord sur le fait que leur séjour outre-Atlantique a été déterminant[38].

38. C'est ce que confirme l'enquête réalisée par Chessel & Pavis (2001, note 1, p. 259) auprès de 153 boursiers : 97 % d'entre eux affirment que leur séjour a été déterminant.

Chapitre 6

Les pionniers de l'international : comment les établissements français d'enseignement de la gestion sont devenus une référence en matière de stratégie à l'international ?

Par Delphine Manceau

La trajectoire internationale de l'enseignement de la gestion français est à la fois étonnante et exemplaire. La France se situe parmi les pays qui comptent le plus d'institutions accréditées à l'international : pas moins de 22 écoles et universités françaises (dont l'université Paris-Dauphine et l'IAE d'Aix-Marseille) sont accréditées EQUIS, plaçant l'enseignement de gestion français en troisième position derrière le Royaume-Uni et la Chine ; concernant AACSB, le chiffre s'élève à 26 établissements. De même, dans le classement des 100 premières *business schools* européennes du *Financial Times* qui fait figure de référence à l'international, la première nationalité représentée est la France avec 26 institutions : plus du quart du top 100 européen ! On notera d'ailleurs que les critères liés à l'internationalisation des étudiants, du corps professoral, de l'expérience étudiante, des parcours professionnels des diplômés sont extrêmement valorisés par le *Financial Times*, montrant par là même la dimension internationale des écoles françaises.

Et pourtant, si l'on se remémore la situation telle qu'elle apparaissait il y a 30 ou 40 ans, l'appréciation était toute autre. Les grandes écoles de commerce étaient taxées de modèle franco-français peu exportable et l'enseignement de la gestion à l'Université était encore peu ouvert à l'international.

C'est cette trajectoire remarquable que ce chapitre cherche à retracer dans les grandes lignes.

1. De la référence permanente au modèle américain à une reconnaissance internationale des établissements français

Si la France de l'après-guerre et en particulier son enseignement de la gestion étaient tournés vers l'Amérique, elle s'est peu à peu découvert une identité européenne.

Les pionniers et l'omniprésence du modèle américain

Les écoles de commerce françaises se sont inspirées de longue date du modèle américain. Elles importent la méthode des cas dans leurs pratiques pédagogiques dès les années cinquante. En 1957, l'INSEAD est créée et lance son MBA deux ans plus tard. Son modèle, directement inspiré des *business schools* américaines, se démarque des grandes écoles de commerce françaises à l'époque centrées sur le recrutement d'étudiants après une classe préparatoire. En 1969, HEC Paris lance son propre MBA.

Dans les années soixante-dix, la Fnege décide d'envoyer de futurs enseignants-chercheurs aux États-Unis ou au Canada pour y faire leur PhD et apprendre à faire de la recherche dans le pays de référence. Plusieurs personnalités, qui ensuite joueront un rôle majeur dans l'enseignement et la recherche en gestion en France, ont ainsi été formées à la recherche dans les *business schools* des meilleures universités américaines tels le MIT, Wharton ou Northwestern University.

En parallèle, les grandes écoles françaises commencent à proposer des accords d'échanges à leurs étudiants. Les cursus s'internationalisent lentement. HEC Paris fait figure de précurseur en lançant en 1973 un programme d'échange avec New York University et la London School of Economics, ensuite élargi avec la création du réseau CEMS en 1975.

En 1973 également, l'EAP est créée et propose un modèle de formation dans trois pays européens (France, Allemagne et Royaume-Uni), inaugurant le modèle d'école multicampus. Elle est la première grande école à délivrer deux diplômes européens. L'ouverture d'un nouveau campus en Espagne en 1987 et surtout la fusion avec ESCP en 1999 changeront l'ampleur du projet en augmentant massivement le nombre d'étudiants faisant leurs études dans trois pays différents et en développant le rayonnement de ce modèle d'école européenne multipolaire.

L'internationalisation des cursus étudiants se développe rapidement et les écoles françaises entrent pleinement dans la concurrence internationale. Elles incitent leurs professeurs à publier dans des revues internationales, qui sont lues par les enseignants-chercheurs du monde entier. Tant les pratiques de recherche que la pédagogie s'inspirent directement des méthodes et du modèle américain. Encore aujourd'hui, la très grande majorité des revues scientifiques de meilleur rang, tel qu'évalué par le CNRS dans son ancien classement (catégories 1 et 1g) et par la Fnege (revues 1 et 1*), sont américaines, même si nombre de chercheurs français et européens le regrettent.

Cette notoriété de la recherche constitue un facteur essentiel de visibilité d'une institution sur la scène académique mondiale. Il est à noter que l'internationalisation de la recherche a précédé celle du corps professoral, qui elle-même a précédé celle des populations étudiantes.

C'est à cette époque que les écoles françaises, recherchant une plus forte reconnaissance mondiale, s'intéressent aux organismes d'accréditation internationale. L'ESSEC fait figure de pionnier en étant la première *business school* non nord-américaine à obtenir l'accréditation AACSB, en 1997.

Néanmoins, à l'époque, le système français d'enseignement de la gestion apparaît comme atypique à l'international, et ce pour plusieurs raisons :

- la référence mondiale en matière de formation au management est le MBA, cursus suivi par des étudiants ayant une expérience professionnelle de quelques années. On s'interroge alors pour savoir si de jeunes étudiants qui ne connaissent pas l'entreprise peuvent vraiment apprendre à manager et à exercer des responsabilités en entreprise. Le modèle français du « programme grande école » destiné à des étudiants à l'excellent parcours scolaire, mais sans aucune expérience professionnelle, choisis sur critères académiques par un concours très sélectif, est alors jugé atypique, même si d'autres pays comme l'Inde en ont des similaires avec ses Indian institutes of management (IIM) ;
- les classements mondiaux des *business schools* reposent à l'époque principalement sur les programmes MBA. En conséquence, les institutions françaises sont pénalisées dans ces classements, soit parce qu'elles ne proposent pas de MBA, soit parce qu'il ne s'agit pas de leurs programmes phares. Elles y sont peu visibles et ces classements font la part belle aux *business schools* américaines ou aux institutions qui s'en inspirent fortement comme la London Business School ou l'INSEAD. Certaines écoles françaises essaient de faire classer leurs programmes grande école parmi les classements MBA. Cependant, les critères basés sur les salaires des diplômés favorisent peu des profils ayant une expérience professionnelle réduite par rapport à des étudiants ayant travaillé deux ou trois ans avant de démarrer leur MBA. Pourtant, la césure a, entre-temps, été introduite par de nombreuses écoles françaises, permettant à certains de souligner que les programmes grande école sont préexpérience à l'entrée mais postexpérience à la sortie, après plusieurs stages et une année de césure ;

- un autre facteur spécifique des grandes écoles de commerce françaises sur la scène internationale est le fait qu'elles ne sont pas adossées à des universités multidisciplinaires comme ce peut être le cas dans de nombreux pays et notamment aux États-Unis, freinant l'interdisciplinarité de la recherche. Cette spécificité persiste encore aujourd'hui pour les écoles de management.

On entend donc à l'époque que les grandes écoles françaises sont un modèle atypique, difficile à exporter, et elles éprouvent des difficultés à faire reconnaître leur excellence à l'international. Elles ont souvent du mal à nouer des accords d'échange avec les MBA américains. Pourtant, elles persévèrent, signant des accords en Europe et sur les autres continents.

L'émergence d'un modèle européen et le rayonnement des établissements français dans ce modèle

La fin des années quatre-vingt-dix et le début des années deux mille marquent un renversement, généré par deux événements marquants :

- l'EFMD, institution européenne en faveur de la qualité de l'enseignement du management, lance l'accréditation EQUIS en 1998. Désormais, l'Europe a son propre système d'accréditation international. Les écoles françaises se lancent rapidement dans la course. La reconnaissance croissante d'EQUIS, avec un poids croissant en Asie, les renforce indirectement. Les structures universitaires s'y intéressent également : l'IAE d'Aix obtient l'accréditation EQUIS en 1999 et Paris-Dauphine en 2009 ;
- le *Financial Times*, organe de presse qui publie les classements internationaux de référence mondiale et qui donc permet de comparer des systèmes éducatifs de pays différents, lance un classement des *masters in management* en 2005. L'impact de ce classement est majeur : il crée un nouveau standard mondial aux côtés du MBA, montrant que de nombreux pays forment au management des étudiants sans expérience professionnelle et que ces formations constituent un formidable passeport pour des carrières internationales de haut niveau. Au départ, principalement centré sur des institutions européennes, le classement intègre progressivement des programmes asiatiques (issus d'Inde, de Chine, de Singapour, de Taiwan) et même américains, montrant que le standard devient mondial... au point que l'INSEAD a lancé récemment un *master in management* aux côtés de ses MBA.

Depuis les débuts de ce classement, les établissements français s'y situent très bien. Par exemple, en 2020, trois écoles françaises sont situées dans le top 10 et 21 établissements français dans le top 90, principalement des écoles de commerce, mais aussi l'IAE d'Aix. La France est, de loin, le pays le plus représenté dans le classement.

Si le classement des *masters in management* est mondial, il contribue également au classement des *European business schools* du *Financial Times*, qui résulte de la compilation des classements mondiaux par programmes et intègre celui des MBA, *executive MBA*, *executive education* et *masters in management*. Dans ce classement général, les écoles françaises sont très bien situées, avec 27 % des établissements classés, et représentent la première nationalité. Il est d'ailleurs à noter que ce classement étant réservé aux institutions d'enseignement européennes, la presse britannique contribue ici à faire émerger un modèle européen face au modèle américain...

Enfin, le *Financial Times* a été suivi par *The Economist*, référence internationale, elle aussi, des classements de *business schools* et qui a lancé son propre classement des *masters in management* en 2017. Dans le classement de 2019, parmi 40 institutions mondiales, figurent 10 écoles françaises, représentant là encore 25 % du total et le premier pays représenté.

Il s'agit là d'une véritable consécration pour l'enseignement de la gestion français que d'être jugé comme le premier pays européen par ces deux classements de référence, avec un effet autoréalisateur, puisque de bonnes positions dans de tels classements contribuent fortement à attirer des étudiants et des professeurs internationaux, renforçant ainsi le degré d'internationalisation des institutions représentées.

Mais ces critères posent justement la question de ce qu'internationalisation veut dire et des critères pour l'évaluer. C'est ce que nous nous proposons d'étudier dans la suite de ce chapitre.

2. Les enjeux de l'international et les différents modèles à l'œuvre

Les enjeux de l'internationalisation de l'enseignement supérieur de gestion peuvent être analysés à travers les critères d'évaluation des accréditeurs ou des organismes de classement.

Côté EQUIS, l'international constitue un des 10 critères évalués pour qu'un établissement soit accrédité. Il s'agit d'être engagé pour former au management dans un environnement international en encourageant la mobilité des étudiants, en proposant des programmes joints, en ayant des activités de recherche à l'international ; d'attirer des étudiants d'autres pays ; d'avoir un corps enseignant à la culture internationale ; de développer des connexions avec le monde économique et académique en dehors des frontières et de disséminer une recherche de portée et d'objet international. EQUIS reconnaît que l'internationalisation peut prendre des formes très diverses et considère que l'enjeu est culturel.

Côté *Financial Times*, les choses sont plus normatives, comme c'est en général le cas en matière de classements. La presse sélectionne quelques critères quantitatifs sur lesquels elle compare les établissements. Gardons en tête qu'un palmarès, par définition, promeut implicitement un certain modèle de formation : pour le *Financial Times*, il s'agit des programmes à forte dimension internationale permettant des carrières rapides et très rémunératrices, comme en témoigne la place des salaires trois ans après le diplôme dans ses critères. Le classement valorise fortement la dimension internationale dans le corps professoral, les profils des étudiants et la composition des *boards*, tout en évaluant l'intensité de l'expérience internationale (séjours académiques, séminaires et stages) dans les cursus.

Ces critères sont évaluatifs, mais aussi performatifs, tant les accréditations et les classements contribuent à influencer les stratégies des établissements (Dameron et Manceau, 2011). Examinons les pour analyser les différents types de stratégies des institutions françaises d'enseignement de la gestion.

Internationalisation du corps professoral et de la recherche

La première dimension de l'internationalisation porte sur l'activité académique. Il s'agit à la fois du profil du corps professoral et de son activité de recherche.

La recherche a probablement été la première activité des établissements d'enseignement supérieur à s'internationaliser avec la participation à des conférences internationales et la volonté de publier dans des revues de référence mondiales, en général anglo-saxonnes. C'est d'ailleurs par la formation à la recherche que l'internationalisation de l'enseignement de la gestion a commencé en France avec l'envoi par la Fnege de futurs enseignants-chercheurs aux États-Unis et au Canada pour y réaliser leur PhD.

L'internationalisation de la recherche se poursuit depuis lors. L'enjeu est de réaliser une recherche de niveau international, et reconnue comme telle, qui permette la publication dans les revues du meilleur rang et élargisse son audience aux meilleurs chercheurs du monde entier. Il s'agit de contribuer activement à la recherche mondiale en management, de favoriser les collaborations avec des chercheurs d'autres pays et de travailler sur des problématiques et des questions de recherche de portée mondiale. À cet égard, l'organisation de conférences internationales en France, la participation aux meilleures conférences dans d'autres pays ou l'accueil de professeurs visitants par les établissements contribuent à l'internationalisation de la recherche. Des initiatives comme la conférence de Lalonde en comportement du consommateur et management des services, organisée par l'IAE d'Aix et accueillant de nombreux chercheurs de renommée mondiale, contribuent activement à la visibilité et à l'internationalisation de la recherche française.

L'internationalisation de la recherche pose néanmoins la question de la prééminence des revues américaines au niveau mondial, et ce d'autant que l'activité de recherche est désormais principalement évaluée à travers les publications d'articles académiques et non les ouvrages et les conférences. Dans la plupart des pays existent des classements nationaux de revues académiques de gestion, où les revues de premier rang sont quasiment toutes américaines. Même si elles ont diversifié leurs approches depuis 30 ans, ces revues mettent souvent en avant certaines approches de recherche et ne favorisent pas toujours la diversité des approches épistémologiques ou méthodologiques, et encore moins celles des thématiques traitées et de leur ancrage culturel. D'aucuns soulignent également que la prééminence de l'anglais comme langue de publication modifie les manières de raisonner, car la langue dans laquelle on réfléchit et articule un travail intellectuel peut modifier la manière de penser les sujets. À cet égard, si, comme nous l'avons évoqué ci-dessus, un modèle européen s'impose progressivement au niveau des programmes en parallèle au modèle américain, il ne semble pas que cette diversité culturelle existe aujourd'hui en matière de recherche, et les revues académiques européennes de premier plan restent peu nombreuses. Elles sont moins reconnues dans les milieux académiques. Et cette question a une acuité particulière si l'on s'intéresse non seulement aux *impact factors* de la recherche, mais aussi à son impact managérial sur les entreprises, les grandes, mais aussi les PME.

Au-delà de la recherche, l'internationalisation de l'activité académique passe également par celle des corps professoraux. Il s'agit d'internationaliser l'enseignement des professeurs de culture internationale évoquant différentes références culturelles dans leurs cours et exposant les étudiants à des approches plus internationales. Cette évolution porte à la fois sur l'origine culturelle des professeurs et sur leurs lieux de formation, puisque réaliser ses études de master ou de doctorat dans un autre pays permet d'élargir les références. N'ayant pas accès aux pourcentages de professeurs ayant étudié à l'international, je citerais ici quelques chiffres sur les nationalités des corps professoraux des écoles françaises qui montrent que cette diversité culturelle est majeure dans bon nombre d'écoles françaises : les chiffres sont en effet impressionnants avec 89 % de professeurs internationaux à la Rennes School of Business[1], 87 % à l'IÉSEG ou encore 72 % à HEC Paris et à NEOMA Business School. Une telle diversité conduit certaines écoles à parler de l'*internatio-*

1. Les chiffres mentionnés ici et dans le paragraphe suivant sont ceux indiqués par le *Financial Times* dans son classement *master in management* de 2020.

nalisation at home soulignant que l'expérience de leurs étudiants est internationale, même lorsqu'ils étudient en France, puisqu'ils échangent avec des professeurs de culture très internationale. Pour la plupart des étudiants issus de l'enseignement secondaire français, c'est d'ailleurs une grande nouveauté quand ils rejoignent les grandes écoles de commerce que d'être ainsi exposés à des professeurs et à des méthodes pédagogiques issus du monde entier.

Notons enfin que les politiques visant à accueillir des professeurs visitants issus d'autres institutions académiques mondiales contribuent également à internationaliser le corps professoral et l'expérience étudiante, tout en favorisant l'internationalisation de la recherche à travers des coopérations internationales.

Internationalisation de la population étudiante

La deuxième dimension de l'internationalisation porte sur les populations étudiantes. Depuis de nombreuses années, les établissements français cherchent à attirer des étudiants internationaux qui rejoignent l'école pour y obtenir leur diplôme – et que l'on distingue des étudiants visitants venus pour un ou deux semestres d'échange sans diplôme à la clé. Les chiffres sont variés, mais élevés, depuis 18 % d'étudiants internationaux à l'EM Strasbourg et 30 % à la Toulouse Business School, jusqu'à plus de 50 % à l'EDHEC ou KEDGE, et atteignant même 90 % à ESCP pour son *master in management*[2]. Il s'agit bien là aussi de renforcer l'expérience internationale de l'ensemble des étudiants, français inclus, en les exposant à un environnement international *at home* à travers une vie quotidienne, des travaux de groupe et des discussions en classe avec des étudiants du monde entier.

Pour favoriser ces recrutements internationaux, les écoles ont bien sûr développé des programmes intégralement enseignés en anglais. Elles ont également mis en place des politiques de communication permettant de se faire connaître dans le monde entier, les classements internationaux jouant un rôle central en la matière. Elles s'appuient sur des agents locaux qui font la promotion de l'école dans les salons et auprès des lycées et des universités du pays, ainsi que, pour certaines écoles, sur des bureaux de recrutement implantés localement. Au niveau national et des politiques publiques, Campus France assure une visibilité de l'offre de formation française au niveau international, tandis que les bourses Eiffel aident à attirer en France les meilleurs étudiants étrangers.

2. Chiffres émanant du classement *masters in management* du *Financial Times*, 2020, cf. *supra*.

Internationalisation de l'expérience étudiante

L'internationalisation concerne également l'expérience vécue par les étudiants pendant leur cursus. Au-delà des professeurs et des camarades côtoyés en France, il s'agit pour les étudiants d'aller étudier dans d'autres pays et/ou d'y vivre des expériences professionnalisantes. Cette approche n'est bien sûr pas spécifique à l'enseignement de la gestion : selon une enquête menée par Campus France en 2016, 42 % des étudiants français, toutes disciplines confondues, avaient ou allaient effectuer un séjour à l'étranger pour valider leur cursus, faisant de la France le deuxième pays derrière l'Allemagne pour l'expatriation de ses étudiants. Ce chiffre recèle toutefois des disparités selon les types d'établissements puisqu'il s'élevait à 29 % dans les universités contre 80 % dans les grandes écoles (Rollot, 2019).

Toutes les écoles de management françaises ont intégré cette dimension à leur cursus avec des voyages d'études, des stages, des séjours académiques dans un ou plusieurs pays, souvent obligatoires pour décrocher le diplôme. Cette dimension internationale contribue d'ailleurs à l'attrait des écoles de management, comme en témoigne les déceptions liées à l'impossibilité de réaliser ces séjours internationaux en période de pandémie liée à la Covid-19. Ces expériences ont plusieurs vertus : expérience d'autres cultures, mais aussi d'autres pédagogies, ouverture sur le monde, mais aussi apprentissage de l'autonomie et de la différence pour des étudiants soudain loin de leurs repères.

Pour offrir cette expérience internationale, plusieurs grandes approches stratégiques ont été développées par les établissements français.

Les partenariats avec des institutions académiques locales

Il s'agit de permettre aux étudiants de réaliser un ou plusieurs semestres d'études dans une université reconnue d'un autre pays. C'est le modèle le plus fréquent et qui reste privilégié par des écoles comme HEC Paris, l'EDHEC, Audencia ou NEOMA. Les avantages de ce modèle sont les suivants :

- offrir une véritable immersion culturelle dans un système académique local puisque l'étudiant vit pendant quelques mois la vie d'un étudiant japonais, coréen, allemand ou australien en s'immergeant dans une université locale, avec des professeurs locaux, des camarades locaux, les approches pédagogiques du pays, etc. NEOMA a poussé la logique en proposant d'autres types d'immersion, par exemple en permettant à ses étudiants *startuppers* incubés d'aller passer un semestre dans l'incubateur d'une université partenaire, ayant ainsi accès à l'écosystème entrepreneurial du pays et aux manières locales de penser l'entrepreneuriat ;

- diversifier les destinations puisque les partenariats académiques peuvent être très nombreux (par exemple 125 écoles partenaires pour HEC Paris ou 300 à Audencia) et porter sur un grand nombre de pays dans le monde entier, permettant de réagir rapidement en cas d'instabilité ou d'évolution géopolitique de certaines zones ;
- le prestige des universités partenaires renforçant la qualité et la reconnaissance de l'expérience internationale, avec des partenaires comme Wharton, UC Berkeley ou National University of Singapore (NUS) pour HEC Paris.

Un enjeu clé associé à cette stratégie est l'arbitrage entre le nombre de partenariats et la proximité des collaborations. D'une part, il convient d'augmenter le nombre de partenaires pour offrir des possibilités de départ à un grand nombre d'étudiants, tout en évitant qu'ils soient trop nombreux d'une même école à aller chez le même partenaire au risque de rester ensemble et de rater l'immersion culturelle locale. Mais d'autre part, les écoles cherchent à nouer des partenariats privilégiés avec quelques partenaires qui vont au-delà de l'accord d'échange pour privilégier des doubles diplômes, proposer des programmes conçus conjointement, favoriser l'échange de pratiques pédagogiques ou encore développer des centres de recherche communs. Une alliance de huit écoles comme FOME (Future of Management Education Alliance) en constitue un bon exemple : sous l'impulsion de l'Imperial College Business School, huit écoles, dont l'EDHEC, l'ESMT Berlin, l'Instituto de Empresa à Madrid, la BI Norwegian Business School, SMU Singapore, la Ivey Business School et la Melbourne Business School, ont développé un partenariat dans le domaine des *EdTech* et une plateforme de formation en ligne certifiante et diplômante. Il s'agit donc ici d'alliances stratégiques sur certains axes spécifiques qui vont bien au-delà du partenariat pour des échanges d'étudiants.

C'est autour de ces mêmes axes d'intensification des collaborations avec quelques partenaires privilégiés et proches en termes de vision et de mission qu'un établissement comme l'IAE d'Aix fait actuellement évoluer sa stratégie internationale autour de trois axes :

1) renforcer les synergies avec la stratégie internationale de son université de rattachement, Aix-Marseille Université ; ainsi, l'IAE développe actuellement ses liens avec six universités européennes (CIVIS) avec lesquelles Aix-Marseille Université vient de signer un accord ;
2) réduire le nombre de partenariats, mais en les renforçant, avec l'identification de partenaires stratégiques comme Kelley aux États-Unis ou le CFVG au Vietnam, avec des collaborations qui portent à la fois sur l'enseignement et la recherche ;

3) choisir ses partenaires en fonction de leur cohérence avec sa mission d'ascenseur social ; aux États-Unis, par exemple, les partenariats se font principalement avec des universités publiques.

Les campus à l'international

Une autre stratégie internationale qui s'est fortement développée est celle de l'ouverture de campus à l'international. Ainsi, l'ESSEC a des campus à Singapour et au Maroc ; KEGDE à Shanghai, Suzhou et Dakar ; l'université Paris-Dauphine à Tunis et Londres ou encore SKEMA, l'école qui a fait de cette stratégie multicampus à l'international le cœur de son positionnement d'« école globale », à Suzhou (Chine), Raleigh (États-Unis), Belo Horizonte (Brésil) et au Cap (Afrique du Sud). De manière générale, et au-delà de la gestion, l'enseignement supérieur français se démarque par l'étendue de cette approche, avec 133 implantations françaises à l'étranger répertoriées par Campus France en 2016 et un quatrième rang mondial de pays opérateur de campus internationaux derrière les États-Unis, le Royaume-Uni et l'Australie selon *Times Higher Education* (Rollot, 2019). Par rapport à une stratégie fondée sur des partenariats, les avantages de ce modèle sont les suivants :

- incarner spatialement la dimension internationale de l'école avec des campus dans différents pays ;
- accueillir davantage d'étudiants français sur chaque campus local, permettant ainsi l'accueil sur place de tous les étudiants qui le souhaitent ;
- permettre une intégration parfaite dans le cursus académique de l'école puisque c'est elle-même qui définit les cours et les modalités pédagogiques pratiquées sur son propre campus.

Les enjeux stratégiques associés à cette approche sont la capacité à recruter des étudiants localement pour éviter d'en faire des antennes françaises dans un pays d'accueil et le bon choix des pays d'implantation en fonction des évolutions géopolitiques et économiques de chaque région du monde.

Ces deux stratégies ne sont pas exclusives les unes des autres, une école comme ESCP alliant plus de 130 partenariats académiques dans le monde avec ses 5 campus européens, qui recrutent tous localement un grand nombre d'étudiants et constituent ainsi de véritables creusets multiculturels. Ou encore l'université Paris-Dauphine qui combine ses propres campus à Tunis et Londres avec des partenariats avec l'université Carlos III à Madrid et avec Goethe Universität à Francfort pour y proposer des doubles licences internationales.

Les campus joints avec une institution partenaire

À mi-chemin entre ces deux modèles, il existe un modèle hybride consistant à ouvrir un campus local en partenariat avec une institution académique locale. Ainsi, Audencia a ouvert à Shenzhen en 2016 la SABC (Shenzhen Audencia Business School) en commun avec l'université de Shenzhen. Il s'agit alors de s'associer à une université du pays pour faciliter l'immersion dans le système universitaire local, favoriser les recrutements d'étudiants locaux grâce à la notoriété du partenaire, tout en proposant aux étudiants français d'y séjourner pour une partie des études, renforçant ainsi le modèle de mélange culturel et d'immersion dans l'environnement social et économique local. Ce type de dispositif combine les avantages des deux stratégies et facilite fortement la reconnaissance du diplôme par les autorités publiques locales, mais exige d'identifier des partenaires adéquats et ayant une même vision stratégique.

Quelles que soient leurs modalités, les dispositifs les plus aboutis d'expériences académiques internationales sont probablement les cursus aboutissant à l'obtention de diplômes reconnus dans plusieurs pays, en général des doubles diplômes et des diplômes joints. L'étudiant allie alors l'expérience académique au diplôme, renforçant ainsi sa capacité à décrocher un emploi dans les pays concernés. Là encore, les modèles sont multiples. Par exemple :

- l'obtention de plusieurs diplômes d'institutions de pays différents, à l'instar de l'ESSEC qui propose à ses étudiants de suivre le *master of engineering* de l'UC Berkeley au cours de leur dernière année de scolarité et ainsi de combiner les deux diplômes ;
- les diplômes joints associés à des cursus élaborés conjointement par plusieurs institutions, tel l'*international master in luxury management* conçu et développé conjointement par NEOMA et le Politecnico de Milan et qui aboutit à un diplôme commun ;
- certains diplômes reconnus dans plusieurs pays, tel le *master in management* de ESCP reconnu par les autorités publiques de ses différents pays d'implantation ;
- ou encore le *master in international management* de la CEMS (Global Alliance in Management Education), diplôme d'un réseau de 32 partenaires dans le monde et reconnu en tant que tel par le *Financial Times* (13ᵉ dans le classement *masters in management* en 2020).

Pour finir, ces expériences internationales, quelle que soit leur nature, constituent une composante essentielle dans la maturité et l'évolution qu'elles permettent chez les étudiants. À la fois expérience de vie, source d'apprentissage académique et d'ouverture culturelle, elles transforment profondément les étudiants qui les vivent. Elles se combinent avec les stages à l'étranger qui, là aussi, sont accompagnés par les établissements à travers les offres de stage proposées, l'accompagnement à la préparation des entretiens, l'encadrement pédagogique pendant ces expériences qui, elles aussi, sont souvent des moments marquants dans une scolarité.

3. Présence internationale des établissements français sur les marchés locaux de l'enseignement supérieur

Une quatrième dimension de l'internationalisation des établissements est leur participation à la formation des populations locales de différents pays et leur contribution à l'enseignement local de la gestion. De nombreuses institutions françaises ont établi des programmes ou des antennes à destination des jeunes ou des professionnels de nombreux pays en vue de les former au management. D'autres contribuent activement à des programmes proposés par des établissements locaux, voire développés conjointement. En voici quelques exemples fondés sur des dispositifs distincts :

- HEC Paris et sa filiale au Qatar proposent différents programmes de formation continue en anglais afin de former les élites locales au management (*executive MBA*, mastère spécialisé, programmes courts et sur mesure) ;
- l'IAE de Paris propose des programmes de formation continue délocalisés dans différents pays, par exemple son master *executive* de finance à l'île Maurice ou le MBA International Paris (IP) proposé au Liban et réalisé conjointement avec l'université Paris-Dauphine et l'université Saint-Joseph à destination des cadres locaux ;
- le Centre franco-vietnamien de gestion (CFVG), créé en 1992 par les gouvernements vietnamien et français et mis en œuvre par la chambre de commerce et d'industrie de Paris Île-de-France, est aujourd'hui un acteur majeur de la formation en management au Vietnam et un bel exemple de coopération franco-vietnamienne en matière d'enseignement supérieur. Certains établissements français y sont étroitement associés, tels ESCP, l'université Paris-Dauphine et l'IAE de Paris qui y envoient leurs professeurs pour enseigner aux étudiants locaux et y délivrent des diplômes. Le CFVG offre aussi une large palette de programmes de formation continue ;
- l'ESA Beyrouth, grande école de management dédiée à la formation des cadres et dirigeants du Liban et du Moyen-Orient, a été créée en 1996 et elle aussi gérée par la chambre de commerce et d'industrie Paris Île-de-France. Elle

s'appuie sur des partenariats étroits avec de nombreux établissements d'enseignement supérieur français, tels HEC Paris, ESCP, SKEMA, NEOMA, l'IAE de Poitiers ou encore l'université Paris 1-Panthéon-Sorbonne. Ils y envoient leurs professeurs et, dans certains cas, y délivrent un double diplôme ;

- l'École internationale du management et de l'entrepreneuriat (EIME) de Yaoundé a été créée par Y Schools (anciennement Groupe ESC Troyes) en 2016 pour former des étudiants camerounais. Elle propose un bachelor en trois ans destiné à près de 200 étudiants. Y interviennent des professeurs de Y Schools et des enseignants locaux. À terme, l'ambition est d'y dupliquer le modèle que l'école a développé à Troyes, en mettant en place des actions au bénéfice des jeunes entrepreneurs locaux comme un incubateur, et de favoriser les échanges entre les étudiants français et camerounais avec des possibilités d'échanges réciproques ;
- certains programmes joints développés avec un partenaire local ont la même finalité, à l'instar du bachelor en *e-business* et management de l'innovation joint entre NEOMA et l'université de Nankai qui forme des étudiants chinois à travers un diplôme reconnu par les autorités publiques chinoises et françaises, et qui propose ensuite aux étudiants chinois d'étudier un an et/ou de poursuivre un master en France.

Ces programmes et ces établissements contribuent indéniablement au rayonnement international de l'enseignement supérieur français. En favorisant la mobilité des professeurs et leur exposition à des publics de cultures différentes, en les incitant à mieux connaître les écosystèmes et les problématiques managériales locales, ils favorisent l'internationalisation du corps professoral. En exposant les étudiants et les *managers* locaux à des professeurs français avec leurs approches pédagogiques et académiques, leurs références et leurs exemples, ils contribuent à faire connaître la gestion et l'économie françaises auprès des acteurs économiques locaux. En outre, ces programmes aboutissent souvent à des doubles diplômes ou à des passerelles vers des programmes proposés en France, favorisant l'internationalisation des établissements français sur leur territoire d'origine.

4. Conclusion : les *business schools* françaises, références internationales contribuant au rayonnement de la France et de ses régions

Nous avons cherché dans ce chapitre à explorer à la fois l'histoire et les leviers de l'internationalisation de l'enseignement supérieur français de la gestion. Un système jugé très local il y a 40 ans et qui se trouve aujourd'hui faire figure de référence en Europe et caracoler en tête des classements internationaux. C'est à la fois le fruit d'initiatives politiques fortes comme la création de l'accréditation européenne EQUIS, de facteurs exogènes favorables comme la création du classement *master in management* par le *Financial Times*, mais aussi et surtout d'une ambition stratégique forte de la part des écoles de management françaises et de certains IAE et universités. Ces établissements allient aujourd'hui corps professoral et cohortes d'étudiants très internationaux avec la proposition d'expériences éducatives fortement internationales à leurs étudiants. Alors que certains établissements européens, *leaders* incontestés dans leur pays, se contentent d'avoir 10 % d'étudiants internationaux et de proposer quelques expériences facultatives de mobilité, les *business schools* françaises se sont résolument lancées à la conquête des étudiants du monde entier, développant des stratégies de communication ambitieuses au plan mondial. Elles ont développé la mobilité internationale de leurs étudiants, multipliant les partenariats et les alliances et, pour plusieurs, ouvrant des campus d'envergure dans des pays de référence. Les corps professoraux ne sont pas en reste, avec une ouverture culturelle et des taux d'internationalisation parfois exceptionnels.

Cette histoire s'inscrit dans l'internationalisation générale de l'enseignement supérieur, avec le succès impressionnant des programmes Erasmus et des échanges internationaux dans toutes les disciplines, et, plus récemment, le développement des programmes Erasmus+ destinés à favoriser la mobilité internationale des enseignants-chercheurs. Pour autant, la gestion est probablement l'un des domaines où cette logique a été particulièrement forte, poussée par la mondialisation des entreprises. En témoignent les parcours professionnels de nombreux jeunes. Ainsi, 17 % des jeunes diplômés issus des grandes écoles de management avaient choisi de prendre un premier emploi à l'international en 2018, un chiffre élevé depuis de nombreuses années, mais qui évolue aussi au gré de la situation du marché de l'emploi en France (Enquête CGE, 2019).

Reste la question de savoir si cette internationalisation des *business schools* sert l'internationalisation des entreprises françaises. La réponse semble être indubitablement positive, en faisant venir dans notre pays des talents du monde entier et en incitant les jeunes diplômés français à vivre une expérience internationale qui sera bénéfique aux entreprises qu'ils rejoindront. Peut-être le système a-t-il historiquement bénéficié davantage aux grandes entreprises, que les jeunes diplômés rejoignent souvent davantage, du moins pour leur premier poste, qu'aux PME, dont le degré d'internationalisation est souvent moins élevé. Pour autant, sur le long terme, il a indubitablement favorisé une vision internationale chez les *managers* formés dans l'enseignement supérieur de gestion français.

Ce sujet montre également qu'il est tout à fait possible d'associer une forte ambition internationale à un ancrage local fort. En effet, de nombreuses écoles de management, créées il y a plusieurs décennies par des chambres de commerce locales pour former la jeunesse régionale et offrir les compétences adéquates aux entreprises du territoire, ont développé de longue date leurs recrutements d'étudiants sur le marché national puis international. Les débouchés des diplômés sont eux aussi devenus nationaux puis internationaux, générant parfois la question de l'utilité au plan local. Bien au contraire, offrir à la jeunesse locale des expériences d'études et de vie internationales et des perspectives de carrières mondiales, tout en faisant venir dans une région des jeunes du monde entier, contribue à la notoriété et au rayonnement d'une région et d'un pays. C'est vrai au niveau national, cela l'est aussi au niveau local. Les études d'impact menées par la Fnege et l'EFMD (études BSIS) en témoignent, avec des chiffres impressionnants d'impact local de nombreux établissements d'enseignement supérieur de gestion dépassant 100 et même parfois 200 M€ annuels de retombées économiques.

De nombreux pays, à l'instar de l'Australie, ont compris de longue date le *soft power* que confère un enseignement supérieur très international. Le succès de l'enseignement supérieur de gestion français contribue au rayonnement de notre pays. Selon Campus France, la France est aujourd'hui le quatrième pays du monde – et le premier non anglophone – par le nombre d'étudiants internationaux accueillis chaque année, toutes disciplines confondues. Mais ce chiffre diminue (-9 % entre 2011 et 2016) tandis que d'autres pays, notamment l'Allemagne et la Russie, connaissent une forte croissance. Bernard Ramanantsoa (2016) regrettait, dans un rapport récent, que l'enseignement supérieur français n'ait pas d'approche suffisamment structurée pour se développer à l'international et que ces résultats soient davantage le fruit d'initiatives en ordre dispersé que d'une stratégie articulée. Espérons que l'enseignement supérieur de management et ses performances à l'international essaiment au-delà de son propre champ et contribuent à renforcer le rayonnement de la France sur la scène académique mondiale.

Bibliographie

Dameron, S. & Manceau, D. (2011). *L'impact des accréditations et des rankings sur les stratégies des établissements d'enseignement supérieur de gestion* (rapport Fnege).

Ramanantsoa, B. (2016). *L'enseignement supérieur français par-delà les frontières : l'urgence d'une stratégie* (rapport pour France compétences).

Rollot, O. (2019). *Livre blanc : l'enseignement supérieur français acteur mondial.* Paris, Headway.

Chapitre 7

L'institutionnalisation de la recherche en sciences de gestion en France

Par Marc Nikitin

À partir de quel moment peut-on parler d'institutionnalisation de la recherche scientifique dans le domaine des sciences humaines et sociales ? Jean-Louis Le Moigne (1988, p. 176), abordant le cas des sciences de gestion, affirmait que le critère le plus assuré d'institutionnalisation d'une discipline était l'existence d'une « communauté scientifique différenciée qui revendique son autonomie au nom de la discipline portant ce nom ». Plus récemment, Robert Boure (2005), traitant principalement des sciences de l'information et de la communication, considérait que cette institutionnalisation tenait essentiellement à l'existence d'une communauté scientifique d'une part, et à une « onction académique donnée en France par l'État » d'autre part. Selon ces critères, les sciences de gestion seraient donc complètement institutionnalisées. Cependant, pour les sociologues, créateurs et principaux utilisateurs du terme, l'institutionnalisation comporte trois éléments et désigne un processus de formalisation, de pérennisation et d'acceptation d'un système de relations sociales. Avec ses associations de chercheurs, ses congrès, ses revues, ses systèmes d'évaluation des travaux, la recherche en sciences de gestion constitue effectivement un système de relations sociales. Mais peut-on parler d'institutionnalisation à son sujet, au regard de la définition ci-dessus ? À partir de la toute fin des années soixante, la création de la Fnege[1], de la maîtrise en sciences de gestion et d'une section « gestion des entreprises » au sein du CCU[2] ont entamé la formalisation d'un système de rela-

1. Fondation nationale pour l'enseignement de la gestion des entreprises. Voir à ce sujet Cheyssel & Pavis, 2001.
2. Comité consultatif des universités. Créé en 1945, il a changé plusieurs fois de nom pour aboutir à l'actuel Conseil national des universités. De 5 sections en 1945, le CCU est passé à 47 en 1969.

tions sociales autour de l'enseignement et de la recherche en sciences de gestion. Ce dernier s'est ensuite pérennisé avec la création d'associations, de congrès, de revues et d'un système d'évaluation des chercheurs. Mais *quid* de l'acceptation d'un tel système par l'ensemble de la société ? La recherche en sciences de gestion a-t-elle réussi à se rendre socialement utile, ou même simplement visible ? On peut émettre quelques doutes si l'on observe que bien peu de *managers* connaissent son existence ; on peut également être mal à l'aise quand on constate que des chercheurs en sciences de gestion, invités à s'exprimer à la télévision, se présentent le plus souvent comme sociologues ou économistes ; on peut enfin s'inquiéter, ou même commencer à désespérer, quand on constate que pratiquement aucun chercheur d'une autre discipline ne fait référence, dans ses travaux, aux résultats des nôtres[3]. À l'inverse, nous faisons notre miel des travaux des sociologues, des économistes, des psychologues, des juristes, des historiens et même d'un paléoanthropologue[4] pour enrichir notre connaissance du management des organisations. Nous avons donc bien passé les étapes de la formalisation et de la pérennisation, mais nous buttons manifestement sur celle de l'acceptation, ce que confirme Pavis (2003, p. 51) : « Aujourd'hui, les sciences de gestion constituent une discipline dominante sur le plan quantitatif, mais toujours peu visible sur le plan scientifique. »

Cette acceptation, qui ne vient toujours pas, pèse évidemment sur le fonctionnement de la communauté scientifique : la faible légitimité de la recherche en sciences de gestion, vis-à-vis des *managers* comme vis-à-vis des chercheurs des autres disciplines scientifiques, incite chaque institution et chaque courant de pensée à cultiver ses particularismes et à développer une certaine insularité. La communauté des chercheurs en sciences de gestion semble donc éclatée : écoles contre universités, *quantis* contre *qualis*[5], associations fonctionnelles contre associations thématiques. Des cadres fédérateurs comme la SFM[6] ou la Fnege peinent à peser sur l'évolution de la recherche et de sa légitimité.

Pourtant, la recherche en management a déjà derrière elle un bon siècle d'ancienneté. À partir des années vingt, des praticiens avaient tenté de mettre en place des organismes qui lui étaient dédiés. La Conférence pour l'organisation française, qui regroupait les adeptes de F.W. Taylor, fusionnait même en juin 1926 avec le Centre d'études administratives des partisans d'Henri Fayol pour fonder le CNOF (Comité

3. L'auteur de ces lignes serait bien sûr ravi d'être démenti.

4. Pascal Picq (2011) révèle, dans *Un paléoanthropologue dans l'entreprise*, tout l'intérêt qu'il y a à mêler les théories de l'évolution à la compréhension du management des entreprises, et c'est passionnant. Il semble néanmoins ignorer, comme les dirigeants d'entreprise qui l'ont sollicité, l'existence d'une recherche en management menée par une communauté scientifique dédiée. À sa décharge, on peut considérer qu'il n'a vraisemblablement pas l'occasion de croiser beaucoup de chercheurs en sciences de gestion au Collège de France.

5. Adeptes respectivement des méthodes quantitatives et qualitatives d'analyse des faits.

6. Société française de management.

national de l'organisation française). La question de la dimension scientifique du management taraudera longtemps cet organisme, qui publiera en 1964 un ouvrage collectif intitulé *Vers une science de l'action* (groupe d'études méthodologiques du CNOF, 1964). Par ailleurs, Gaston Berger[7] avait développé une réflexion philosophique sur le même sujet dans son mémoire de maîtrise en philosophie dès 1925. Les premiers mots manifestaient une inquiétude toujours d'actualité pour les *managers* et les chercheurs : « Je veux comprendre ; je veux agir. Ces deux tendances qui expriment, je le sens, le plus intime de mon être, tantôt s'entrelacent et tantôt se repoussent, créant dans mon esprit une douloureuse confusion. » (Berger, 1925) De plus, quelques rares thèses traitant de gestion[8] ont été soutenues dans les facultés de droit à partir du début du XXe siècle. En 1963, une mention « administration des entreprises » était créée dans le doctorat de sciences économiques. On peut néanmoins considérer que, dans l'enseignement supérieur, la recherche en sciences de gestion est véritablement née au tournant des années soixante et soixante-dix[9] dans les établissements où s'enseignait la gestion.

Pour aborder le problème de l'institutionnalisation de la recherche en sciences de gestion nous examinerons en premier lieu son arrivée dans les établissements d'enseignement qui ont progressivement incité leurs enseignants à cultiver leur penchant pour la recherche (écoles d'ingénieurs, écoles de commerce et universités). À partir des années quatre-vingt, et en même temps que s'accomplissait un changement de paradigme, la recherche s'est ensuite structurée en associations de spécialistes, traversées par divers mouvements de recomposition, en même temps que se multipliaient les revues scientifiques, en particulier à l'initiative de ces associations. Une troisième période s'ouvre à partir des années deux mille, avec l'exacerbation de la concurrence internationale pour les écoles et la volonté du ministère de l'Enseignement supérieur de réveiller les chercheurs « somnolents » dans les universités. C'est l'époque des classements des revues scientifiques, qui montre qu'un instrument d'évaluation peut influencer considérablement le comportement de ceux qu'il évalue. En conclusion, nous évoquerons les menaces qui pèsent sur l'institutionnalisation des sciences de gestion, en même temps que les éléments qui nous permettent encore d'espérer.

7. Gaston Berger (1896-1960) : philosophe, gérant d'entreprise et haut fonctionnaire, fut l'un des fondateurs de l'IAE de Paris en 1956.
8. Pour une liste de ces thèses, voir Bessire *et al.* (2015, p. 124-127).
9. L'expression « sciences de gestion » est d'ailleurs apparue en mai ou juin 1969 (Cheyssel & Pavis, 2001, p. 101).

1. Formalisation : des embryons de communauté scientifique à partir des années soixante

Le concept de communauté scientifique est né au milieu des années soixante, en relation avec l'augmentation importante des effectifs universitaires ; il fait référence à l'ensemble des chercheurs, parfois étendu aux personnels qui concourent à la recherche. Une telle communauté n'est pas organisée, au sens où elle n'agit pas de façon coordonnée, n'a pas de représentant légal ni de stratégie. De plus, ses contours sont très flous. Ce concept a été créé par les sociologues, au moment où ils se sont aperçus que la production scientifique n'était pas seulement le résultat de la seule « logique de la découverte scientifique », mais qu'elle était largement tributaire du fonctionnement de cet ensemble social et culturel qu'ils ont baptisé communauté scientifique. Étudier une communauté scientifique revient donc à examiner l'environnement institutionnel de la production scientifique, en partant de l'hypothèse selon laquelle cet environnement et la production scientifique elle-même interagissent. Parce qu'elle n'a ni représentant légal ni stratégie, cette communauté scientifique peut être divisée à l'infini : on parle aussi bien de la communauté scientifique internationale que de la communauté des sciences de l'information en France, c'est-à-dire que la première peut se subdiviser en autant de parties qu'il est jugé nécessaire par ceux qui l'étudient, rendant plus aisé le processus de fragmentation de telles communautés[10].

Des embryons d'une communauté scientifique des sciences de gestion sont tout d'abord apparus dans les trois types d'établissements dispensant des enseignements de gestion : les écoles d'ingénieurs, les écoles de commerce et les universités. D'une part, ces embryons de communauté scientifique seront très marqués par les cultures de ces trois types d'établissements, mais d'autre part, ils ont en commun de résulter d'une volonté collective de développer la recherche parallèlement à ces enseignements de gestion. Les missions de productivité avaient vu, entre 1949 et 1953, de nombreux français partir aux États-Unis pour s'initier aux nouvelles méthodes de gestion. Jusque tard dans les années soixante, des fondations américaines comme la Fondation Rockefeller[11] ou la Fondation Ford invitaient des enseignants français à se former aux États-Unis (Cheyssel & Pavis, 2001, p. 15). Ce sont ceux-là même qui ont formé les premiers centres de recherche français. La Fnege, créée en 1968, a ensuite pris le relais de cette organisation de la nouvelle recherche française en gestion, en contribuant à créer une culture commune à ces trois types d'établissements et à

10. Ce paragraphe est tiré de Bessire *et al.*, 2015.

11. Cette fondation avait également contribué, à partir des années vingt, à l'institutionnalisation des nouvelles disciplines des sciences sociales en France (économie, sociologie, psychologie, ethnologie), cf. Tournès, 2008.

former les chercheurs, grâce, par exemple, à la création du CEFAG (Centre européen de formation approfondie à la gestion) en 1986.

Dans les écoles d'ingénieurs, l'École des mines a ouvert le feu en créant, en 1967, le Centre de gestion scientifique (CGS). Selon Hatchuel (2016, p. 166), le qualificatif de « scientifique » tenait au fait que « ... le Centre a[vait] été créé en 1967 autour d'une thématique qu'on appelait à l'époque et encore aujourd'hui, la recherche opérationnelle (RO) ». Le nom de ce centre est inspiré de celui du Management Science Center de Philadelphie, que Claude Riveline avait visité à l'été 1967, lors d'un voyage aux États-Unis[12]. En 1972, l'École polytechnique crée le CRG (Centre de recherche en gestion) et s'enorgueillit légitimement aujourd'hui que ce dernier ait été « le premier laboratoire de recherche en gestion à avoir été reconnu par le CNRS (1980)[13] ». « De nombreuses autres écoles s'engagèrent dans cette voie, notamment l'École centrale et l'École des ponts » (Riveline, 2002, p. 21). Il faut bien sûr rappeler, pour comprendre la légitimité des écoles d'ingénieurs dans la recherche en gestion, que jusque dans les années soixante la plupart des dirigeants d'entreprise étaient issus des écoles d'ingénieurs. Des chercheurs de ces centres créèrent, en décembre 1985 et avec le concours du CNRS et de la Fnege, une série particulière des *Annales des Mines* : la revue *Gérer & Comprendre*. Dans la ligne éditoriale de cette revue, on trouve une prise de position bien peu *mainstream* et que l'on peut considérer comme un premier marqueur méthodologique de la culture de recherche en gestion dans les écoles d'ingénieurs : « Le plus souvent, les méthodes de validation statistiques laissent sceptique le comité (de rédaction), bien que plusieurs de ses membres (qui ne sont pas les moins critiques...) aient par ailleurs une large expérience de l'enseignement des méthodes mathématiques et statistiques[14]. » Un autre marqueur de cette culture est le renoncement à l'éclatement du management en sous-disciplines : c'est bien l'administration, au sens que Fayol donnait à ce terme, qui est le seul objet de recherches, et non ses déclinaisons fonctionnelles comme le marketing, la comptabilité, la GRH ou la finance. Dans le même temps, l'écrasante majorité des écoles de commerce et des universités, avec leurs départements ou diplômes organisés autour de techniques particulières (marketing, comptabilité, GRH, finance, etc.) ont favorisé la structuration de la recherche selon ce même découpage. Ces deux marqueurs ont largement contribué à l'insularité des chercheurs des écoles d'ingénieurs, peu présents dans les congrès des associations créées à partir de 1979 (cf. *infra*), et défavorisés dans le concours d'agrégation, particulièrement dans la troisième épreuve de spécialité.

12. Témoignage de Claude Riveline sur la création du CGS, lors d'un entretien avec Patrick Fridenson et Jean-Claude Moisdon (Fridenson, 1994, p. 20).
13. https://portail.polytechnique.edu/mie/fr/recherche/le-centre-de-recherche-en-gestion.
14. www.annales.org/gc/fonct-redac.html.

Dans les écoles de commerce, la France des années soixante s'évertue à combler le *managerial gap*. « Les gouvernements français, sous l'impulsion des Premiers ministres Michel Debré et Georges Pompidou, favorisent l'émergence de champions nationaux. À cette fin, l'heure n'est plus seulement aux ingénieurs diplômés et aux cadres autodidactes. Les ressources humaines, la vente, la finance, l'organisation, la communication et même la stratégie réclament davantage de spécialistes[15]. » (Patrick Fridenson, dans Cheyssel & Pavis, 2001, p. 6). Les écoles de commerce sont donc sollicitées en premier lieu et elles entreprennent de modifier profondément leur fonctionnement. Ce qui caractérise les bouleversements que vont connaître les trois grandes écoles parisiennes à la fin des années soixante, c'est avant tout la création d'un corps d'enseignants permanents, dont plusieurs seront formés aux États-Unis grâce à des bourses de diverses fondations américaines dans les années soixante ou de la Fnege à partir de 1969. Après l'obtention de leur PhD, ces enseignants importeront les normes académiques américaines et en particulier la complémentarité entre les activités d'enseignement et de recherche : l'ESSEC crée en 1969 le CERESSEC (Centre d'études et de recherche de l'ESSEC), qui gérait des contrats et des rémunérations liées à la recherche et à la publication, alors qu'à HEC, un poste de directeur de la recherche est créé dans les années soixante-dix. Sous des formes diverses, les écoles parisiennes développent des structures à même de stimuler la recherche, imposant progressivement des critères de recrutement de leurs enseignants (doctorat indispensable, production scientifique comme premier critère de recrutement). En revanche, il n'est pas certain qu'une séparation très nette fût tracée entre *consulting* et recherche, d'autant moins que le courant dominant de la recherche à cette époque était le courant dit « normatif », dont l'objectif essentiel était de se mettre au service des *managers* pour les aider à trouver des solutions pratiques à leurs problèmes.

Dans les universités, hormis quelques rares enseignements introduits dans des facultés de droit à Nancy et Grenoble au moment de la Première Guerre mondiale, puis dans les IAE[16] d'Aix-en-Provence et Paris à partir de la seconde moitié des années cinquante, l'enseignement de la gestion n'est pas entré avant 1968. Il y entre en même temps que celui de nombreuses nouvelles disciplines comme la linguistique, les sciences de l'éducation, les mathématiques appliquées, l'informatique, la biochimie (Patrick Fridensonn, dans Cheyssel & Pavis, 2001, p. 7). En 1968 est créé le centre expérimental de Paris-Dauphine, qui deviendra l'université Paris IX-Dauphine peu de temps après. Des diplômes sont créés à la même époque : MIAGE[17] (1970),

15. Nous soulignons.
16. « Au début des années soixante, 14 instituts sont répartis sur l'ensemble du territoire, mais cette formation demeure marginale et seul l'IAE de Paris attire de nombreux étudiants. » (Chessel & Pavis, 2001, p. 13).
17. Maîtrise d'informatique appliquée à la gestion des entreprises.

MSG[18] (1971) et MSTCF[19] (1974). Pour encadrer ces formations, un corps d'enseignants-chercheurs spécifique est créé. Pour couronner l'édifice, le concours d'agrégation pour le recrutement de professeurs des universités en sciences de gestion est ouvert en 1976. Ces enseignants-chercheurs disposaient naturellement du même statut que leurs homologues des autres disciplines et s'est donc créée, par une sorte de mimétisme, une communauté scientifique avant même que n'apparaisse une véritable production scientifique. Les enseignants-chercheurs ne pouvaient d'ailleurs trouver que peu de débouchés pour leurs éventuels travaux puisque la première revue francophone, la *Revue française de gestion*, est créée en 1975 par la Fnege. La *RFG* fusionne en 1976 avec *Hommes et Techniques* et en 1977 avec *Management France*, deux revues issues des organisations du patronat. On perçoit à cette occasion le rôle d'« agent de liaison » de la Fnege, qui met à la portée des nouveaux chercheurs l'expérience de recherche des organes professionnels. Des groupes de jeunes chercheurs s'organiseront progressivement à partir de la fin des années soixante-dix pour créer, le plus souvent dans un amateurisme très convivial, les associations qui structurent encore largement aujourd'hui la recherche en sciences de gestion.

2. Pérennisation

Une seconde phase de l'institutionnalisation, la pérennisation, commence à la fin des années soixante-dix, quand la communauté scientifique naissante se structure autour d'associations et de revues, indépendamment des établissements d'enseignement qui l'avaient vu naître. De façon concomitante, la recherche « normative », celle qui cherchait des principes et des bonnes pratiques, et qui avait prévalu jusqu'à cette époque, voit progressivement ses fondements scientifiques contestés : dans les années soixante aux États-Unis, la théorie de la contingence avait montré la vanité de la recherche de principes généraux[20] et l'on se rend compte que pour répondre aux préoccupations et aux inquiétudes des *managers*, « la science est à peu près muette » (Garnier, Hatchuel & Molet, 1976, p. 17). La recherche s'oriente donc vers une démarche « positive », fondée sur l'observation des pratiques et visant à les expliquer. Cette démarche, plutôt que de vouloir modeler le comportement des *managers*, tente de le modéliser ou de l'expliquer à l'aide de théories venues de l'économie et de la sociologie ; cette même démarche constitue en outre une condition nécessaire pour s'intégrer dans la communauté scientifique globale.

18. Maîtrise en sciences de gestion.
19. Maîtrise en sciences et techniques comptables et financières.
20. Herbert Simon (1946) avait déjà montré que des principes généraux de management déjà formulés pouvaient, à l'instar des proverbes, être contradictoires entre eux.

Pour se structurer, la jeune communauté scientifique a eu besoin de créer des associations permettant de débattre et d'élaborer. Les premières associations ont réuni, en fonction de leur spécialité, les chercheurs des universités et des écoles de commerce. L'AFC (Association française – devenue francophone – de comptabilité) et l'AFFI (Association française de finance) ont été créées en 1979, l'AFM (Association française de marketing) en 1984, l'AGRH (Association francophone de GRH) en 1989, l'AIMS (Association internationale de management stratégique) et l'AIM (Association information et management) en 1991. Par la suite se sont créées des associations que l'on pourrait qualifier de « transversales » par rapport aux précédentes : l'ADERSE (Association pour le développement de l'enseignement et de la recherche en responsabilité des entreprises) en 2001, RIODD (Réseau international de recherche sur les organisations et le développement durable) en 2002, AIRMAP (Association internationale de recherche en management public) en 2011, SPSG (Société de philosophie des sciences de gestion) en 2012, AHMO (Association pour l'histoire du management des organisations) en 2013. Chacune des cinq premières associations a créé sa revue scientifique[21]. L'AFC et l'AFM ont créé une seconde revue[22], plus susceptible d'être lue par un public de praticiens. Comme on peut le lire sur le site d'ACCRA, cette revue « contient des articles scientifiques courts (40 000 signes, espaces compris) susceptibles d'intéresser l'ensemble de la communauté francophone des universitaires, des professionnels avertis et des étudiants avancés en audit, comptabilité et contrôle de gestion. Il s'agit d'assurer la diffusion et la valorisation des travaux de recherche appliquée auprès d'un plus large public en respectant des critères académiques rigoureux ».

Les cinq premières associations affichent toutes leur souci d'être accessible aux praticiens et de les attirer dans leurs rangs. Dans quelle mesure cette démarche est-elle véritablement couronnée de succès ? En l'absence d'une enquête sociologique sérieuse, il est difficile de répondre à une telle question. Il semble néanmoins que les communications dans les congrès et les articles publiés soient, dans leur écrasante majorité le fait d'enseignants-chercheurs, et que ces derniers en soient quasiment les seuls lecteurs.

La pérennisation tient également au fait que la recherche en sciences de gestion a adopté les mêmes critères de délimitation que les autres disciplines scientifiques. Il semble largement admis aujourd'hui, dans notre communauté, qu'une recherche est dite scientifique lorsque ses résultats ont été validés par une communauté scientifique. Pour procéder à l'évaluation d'une telle recherche, on retient d'ordinaire deux façons principales de procéder : l'évaluation peut avoir lieu avant publication (sélec-

21. *Comptabilité Contrôle Audit*, *Finance*, *Recherche et Applications en Marketing*, *Revue de Gestion des Ressources Humaines*, M@n@gement, *Systèmes d'Information et Management*.
22. *Décisions Marketing* pour l'AFM et *ACCRA* (*Audit Comptabilité Contrôle : Recherches Appliquées*) pour l'AFC.

tion des travaux par des revues à comité de lecture[23]) ou après publication (nombre de citations recueillies par lesdits travaux). Des modalités intermédiaires peuvent bien sûr exister, par exemple la sélection par un comité *ad hoc* comme le Conseil national des universités en France. Chaque mode d'évaluation possède des avantages et des inconvénients et aucun n'est exempt de critiques à son encontre. On remarque par ailleurs que les différentes disciplines scientifiques n'utilisent pas nécessairement les mêmes façons de procéder. Si les sciences de la nature semblent privilégier les indices de citations, l'économie et la gestion privilégient la reconnaissance par des revues à comité de lecture, alors que d'autres disciplines des sciences humaines et sociales prennent en compte toutes les publications, y compris les livres. À partir des années deux mille, cette évaluation devient beaucoup plus prégnante pour les chercheurs : « L'évaluation de la recherche apparaît en France dans un contexte marqué par une série de lois et dispositifs apparus entre 2001 et 2007 (LOLF, RGPP et LRU). » (Jedlicki, 2012) Pour les écoles de commerce, c'est plutôt la concurrence internationale qu'elles se livrent qui a été déterminante, mais les deux phénomènes ont abouti à la création d'outils d'évaluation nouveaux et au renforcement de ceux qui leur préexistaient. Le CNRS avait par exemple mis en place, à partir de 2001, un classement des revues pour ses besoins internes de recrutement (Pontille et Torny, 2010). Il l'a rendu public afin d'être transparent pour les postulants. Ce sont ensuite les différents acteurs de la recherche et de son financement qui s'en sont emparés, lui donnant l'importance qu'il a acquis depuis. De tels classements existaient, au moins depuis 1973, mais étaient loin d'avoir acquis la prégnance qu'ils ont depuis deux décennies. Selon Pontille et Torny (2010, p. 95) : « On peut en effet distinguer au moins trois outils et donc trois couples classifications/usages clairement établis en économie et en gestion aujourd'hui en France :

- les classements des écoles de commerce (HEC, ESSEC, Sup de Co Montpellier...) et des fondations (Paris School of Economics, Toulouse School of Economics) sont des listes courtes, voire très courtes, dont l'objectif est l'allocation des moyens, et même de plus en plus le versement de primes directes. Plus que des outils d'évaluation, ce sont des instruments d'incitation destinés à une élite – gestionnaire dans le premier cas, économique dans le second – dans une institution donnée ;
- la catégorisation de la section 37[24], qui constitue un outil d'aide à l'évaluation, non seulement pour les chercheurs, mais pour l'ensemble des enseignants-chercheurs soumis à l'AERES, est un outil de promotion d'un modèle profes-

23. Une revue à comité de lecture fonctionne de la façon suivante : quand un auteur lui soumet un article, le rédacteur en chef anonymise l'article avant de l'adresser à deux ou plusieurs évaluateurs, membres de la communauté scientifique. C'est l'avis de ces évaluateurs qui déterminera si l'article est accepté ou rejeté.
24. La section 37 du CNRS est celle qui regroupe l'économie et la gestion.

sionnel quasi universel, fondé sur la publication dans des revues en langue anglaise ;

- la très longue liste-périmètre de l'AERES, instrument œcuménique de comptage des « publiants » ou « produisants », définit pour tous l'appartenance à la profession d'économiste ou de gestionnaire universitaire. »

3. Acceptation : l'incertitude persiste et les ersatz de science font florès auprès des *managers* et des chercheurs

Il serait inexact d'affirmer que l'acceptation des sciences de gestion ne progresse pas dans la société française de 2020. Mais elle progresse à un train de sénateur et les avancées sont timides et clairsemées : par exemple, ce sont désormais les sciences de gestion, et non les techniques de gestion, que l'on enseignera au lycée, en faisant explicitement référence aux résultats de la recherche dans ce domaine[25], certains organismes de praticiens (ordre des experts-comptables) financent la recherche en octroyant des bourses de thèse[26], certaines entreprises font de même dans le cadre des contrats Cifre[27], l'ANC[28] sollicite les chercheurs en lançant des appels à projets sur une liste de sujets qu'elle juge prioritaires[29], des chercheurs soutenus par la Fnege tiennent à jour un baromètre des préoccupations des *managers*, etc. À l'inverse, on peut constater que les chercheurs qui intéressent le plus les entreprises sont ceux qui se muent en consultants, ou bien les chercheurs d'autres disciplines qui viennent apporter un éclairage incident sur le fonctionnement des entreprises.

Si l'incertitude persiste, un autre phénomène nous paraît plus inquiétant que la lenteur des progrès de l'acceptation de la recherche en sciences de gestion par l'ensemble de la société : il s'agit du succès d'auteurs, qualifiés de « management gurus » dans les années quatre-vingt et rebaptisés « penseurs en management » depuis 2000. Depuis une vingtaine d'années, des classements de *business gurus* sont publiés par des revues professionnelles ou des cabinets de consultants, sur le modèle

25. Les nouveaux programmes 2020-2021 diffèrent très sensiblement des précédents et l'on pourra s'en convaincre en consultant : https://eduscol.education.fr/ecogest/enseignements/ecogest/im_ecogest/1-stmg-sciences-de-gestion-1ere.pdf.
26. Par le truchement du PARC (programme d'aide à la recherche comptable) depuis 2008, financé par le Conseil supérieur de l'ordre des experts-comptables.
27. La convention industrielle de formation par la recherche, ou contrat Cifre, est une aide au recrutement de doctorants en entreprise.
28. Autorité des normes comptables : organisme normalisateur.
29. Les exemples cités (OEC et ANC) concernent la comptabilité, en raison des connaissances particulières de l'auteur de ces lignes dans ce domaine. On peut raisonnablement penser que les mêmes initiatives peuvent se développer dans d'autres sous-domaines du management.

des classements des écoles de management ou de celui des revues scientifiques. L'un d'entre eux semble émerger aujourd'hui : le *Thinkers50*, classement des penseurs les plus influents en management, réalisé par deux journalistes britanniques[30]. Et le moins que l'on puisse dire est que l'élaboration de ce classement manque de rigueur scientifique. Certains de ses résultats, tout d'abord, ont de quoi étonner : Donald Trump figurait à la vingtième place du classement de 2009 et Tom Peters[31] y a occupé de nombreuses fois des places d'honneur, alors que 20 ans après la publication de son livre à succès[32], il confessait lui-même que ce qu'il avait fait était tout sauf de la science. L'histoire de cet ouvrage a été racontée par la presse spécialisée et à l'occasion du vingtième anniversaire de sa parution, *The true confessions of Tom Peters* ont été publiées en 2001 dans la revue *Fast Company.* Selon les propos de Tom Peters, « *There was no carefully designed work plan. There was no theory that I was out to prove. I went out and talked to genuinely smart, remarkably interesting, first-rate people*[33]. » Plus inquiétant encore, le succès de ces « penseurs » en management ne touche pas que quelques dizaines de milliers de *managers* crédules, mais également de nombreux chercheurs, si l'on en juge par le nombre exceptionnellement élevé de citations de leurs publications[34].

Nous avons conduit une analyse sommaire du classement 2019, et plus particulièrement des 10 premiers de ce classement. Nous avons relevé, pour chacun, le nombre maximum de citations obtenues pour une publication[35] d'une part, et l'existence d'une validation scientifique des travaux[36] d'autre part. Il ressort de cette analyse que chacun des 10 « plus grands penseurs en management » (ou binôme) a au moins une publication citée plus de 1 000 fois (de 1 189 à 11 645), ce qui indique que de nombreux membres de la communauté scientifique font référence à ces travaux. Par ailleurs, les travaux de cinq « penseurs » (ou binôme) n'ont pas bénéficié de validation scientifique *a priori* ; les travaux de deux « penseurs » (ou binôme) ont bénéficié d'une telle validation avant 2010 et ceux de trois auteurs continuent de bénéficier d'une telle validation. La porosité des deux communautés (producteurs d'énoncés validés scientifiquement et « penseurs ») est donc patente puisqu'environ la moitié des plus grands « penseurs » publient également dans les meilleures revues scientifiques. À l'inverse, les « gourous » sont très cités par les chercheurs, et compte

30. Stuart Crainer et Des Dearlove.
31. Consultant chez McKinsey, comme son coauteur.
32. *In search of excellence*, coécrit avec Robert H. Watermann, traduit dans de nombreuses langues et dont plus de trois millions d'exemplaires ont été vendus. À ce sujet, on peut consulter la fiche Wikipédia qui lui est consacrée : https://en.wikipedia.org/wiki/In_Search_of_Excellence.
33. www.fastcompany.com/44077/tom-peterss-true-confessions.
34. En revanche, une critique argumentée de ce livre (Kervern, 1986), publiée dans *Gérer & Comprendre* en 1986, n'a à ce jour été citée que cinq fois.
35. *Harzing's Publish or Perish*, en date du 25 avril 2020.
36. Nous avons retenu comme critère de validation scientifique l'existence de plusieurs publications dans des revues classées 1 ou 2 par le CNRS.

tenu de l'importance du nombre de citations, cela ne peut pas être uniquement pour dénoncer leur manque de rigueur.

Outre des résultats pour le moins surprenants, la méthode d'élaboration de ce classement pose question. Pour l'élaborer, les deux fondateurs mettent en œuvre un processus d'évaluation[37] qui reprend quelques attributs des recherches de terrain menées par les chercheurs. Il se fonde sur deux critères : la viabilité et la visibilité des idées présentées par chacun des « penseurs ». Néanmoins, de tels indicateurs ne peuvent correspondre aux critères retenus par la communauté scientifique : d'abord parce que le détail de leur calcul n'est pas rendu public et surtout parce qu'ils font d'un très large public l'arbitre des élégances en matière scientifique. De plus, on peut être surpris de la volatilité de tels classements : par exemple, les deuxième, troisième et cinquième du classement 2017 sont absents du classement 2019 ; l'influence de trois des cinq plus grands penseurs en 2017 se serait donc volatilisée en 2019 !

L'existence et le succès de tels classements font manifestement de l'ombre à la recherche en sciences de gestion et, surtout, entretiennent une confusion entre recherche et conseil, entre chercheur et consultant-gourou. Cependant, la responsabilité d'une telle situation incombe également à notre communauté scientifique, qui n'a pas encore su faire entendre un discours suffisamment utile et clair aux *managers*.

4. Conclusion

Depuis la fin des années soixante, les sciences de gestion ont entamé un processus d'institutionnalisation en formalisant puis en pérennisant un système de relations sociales. Une communauté scientifique dédiée aux questions du management et numériquement importante s'est constituée, bénéficiant de l'onction de l'État français et du soutien de diverses institutions. Pour autant, le chemin reste encore long et incertain pour aboutir à l'acceptation de la pertinence et de l'utilité sociale de ce système de relations sociales. Les *managers*, destinataires privilégiés de notre production, comme la communauté scientifique globale, seul arbitre possible en ce qui concerne la validité de nos énoncés, restent pour le moment circonspects à notre égard.

37. Décrit dans www.thinkers50.com/about/t50-faqs, en réponse à la question : « *What is the methodology used to produce the Thinkers50 ?* »

Bibliographie

Berger, G. (2010). *Les Conditions de l'intelligibilité et le problème de la contingence*. Paris, L'Harmattan.

Bessire, D., Levant, Y. & Nikitin, M. (2015). L'institutionnalisation de la recherche comptable et de l'AFC en France : un processus fragile. *Comptabilité Contrôle Audit*, *21*(2), 97-127.

Boure, R. (2005). Réflexions autour de l'institutionnalisation des disciplines. *Communication*, *24*(1), 9-37 : http://journals.openedition.org/communication/3236.

Chessel, M.-E. & Pavis, F. (2001). *Le technocrate, le patron et le professeur : une histoire de l'enseignement supérieur de gestion*. Paris, Belin.

Fridenson, P. (1994). Jalons pour une histoire du CGS de l'École des mines de Paris. *Entreprises et Histoire*, (7), 19-35.

Garnier, P., Hatchuel, A. & Molet, H. (1976). Le management et les conditions d'une science de la gestion. *Enseignement et Gestion*, (13), janvier, 17-32.

Groupe d'études méthodologiques du CNOF (1964). *Vers une science de l'action*. Paris, Éditions Gauthier-Villars.

Hatchuel, A. (2016). Aux origines de la gestion scientifique. Dans J.-M. Saussois (dir.), *Les Organisations* (p. 166-185). Paris, Sciences Humaines Éditions.

Jedlicki, F. (2012). L'évaluation de la recherche en sciences humaines et sociales. Regards de chercheurs. *Les notes critiques* : http://journals.openedition.org/lectures/8160.

Kervern, G.-Y. (1986). L'Évangile selon Saint-Mac. *Gérer & Comprendre*, mars, 41-48.

Le Moigne, J.-L. (1988). Quelques repères pour l'histoire des sciences de gestion. *Revue française de gestion*, (70), septembre-octobre, 175-177.

Pavis, F. (2003). L'institutionnalisation universitaire de l'enseignement de gestion en France (1965-1975). *Formation Emploi*, (83), 51-63.

Peters, T. & Watermann, R.H. (1982). *In search of excellence*. New York, Harpers Collins Publishers.

Picq, P. (2011). *Un paléoanthropologue dans l'entreprise*. Paris, Eyrolles.

Pontille, D. & Torny, D. (2010). Revues qui comptent, revues qu'on compte : produire des classements en économie et gestion. *Revue de la régulation* : http://journals.openedition.org/regulation/8881.

Riveline, C. (2002). La courte histoire de l'enseignement de la gestion en France. *Revue de l'AMOPA*, (158), octobre, 21-22.

Simon, H. (1946). The proverbs of administration. *Public Administration Review*, *6*(1), 53-67.

Tournès, T. (2008). La Fondation Rockefeller et la construction d'une politique des sciences sociales en France (1918-1940). *Annales. Histoire, Sciences Sociales*, *63*(8), 1371-1402.

Chapitre 8

Changement de paradigme dominant : de la qualité académique à l'impact managérial

Par Michel Kalika & Maurice Thévenet

Par changement de paradigme, nous entendons que les écoles de management françaises ont vu évoluer au fil des deux dernières décennies leurs préoccupations majeures et la façon dont elles conçoivent leurs relations avec leur environnement et leurs parties prenantes. Elles sont en effet passées d'un paradigme à dominante interne, celui de qualité et des processus, à un paradigme externe se focalisant sur leurs contributions aux territoires et aux parties prenantes.

Le changement de paradigme dominant des écoles de management que nous soulignons ci-après ne correspond pas à une substitution, mais plutôt à une superposition de paradigmes. Le paradigme de la qualité ne va pas disparaître et les écoles de management ne vont pas renoncer à des processus qui comptent pour leurs classements et leur attractivité. L'idée de ce chapitre est davantage de montrer comment aux préoccupations passées et actuelles en termes de qualité se surajoute un nouveau paradigme relatif à l'impact.

Cette évolution du paradigme de la qualité au paradigme de l'impact peut être datée. En effet, si les accréditations se sont développées durant les décennies quatre-vingt-dix et deux mille, on peut considérer que la décennie deux mille dix a vu l'émergence et le développement de la question de la mesure de l'impact. Les auteurs formulent l'hypothèse que la question de l'impact des *business schools* va prendre une place significative au cours de la décennie deux mille vingt.

Le champ est celui des *business schools*, des écoles de management, qui intègre dans le contexte français tant les IAE, situés au sein des universités, que les écoles de commerce consulaires, associatives ou privées. La problématique est en effet globalement la même, même si elle a concerné dans un premier temps les écoles de commerce puis les institutions universitaires.

Nous abordons en premier lieu le paradigme de la qualité puis celui de l'impact.

1. Du paradigme de la qualité des *business schools*...

Il est banal aujourd'hui de parler de l'impératif de qualité et encore plus de reconnaître à des institutions tierces le soin de l'établir, voire de jouer un rôle dans les incitations à développer continûment la qualité de ces institutions. Il n'en allait pas de même au milieu des années soixante-dix alors que l'appartenance au réseau des grandes écoles ou à l'université française constituait une preuve suffisante de l'excellence du travail effectué. C'est en 1997, il y a une vingtaine d'années, qu'a débuté l'accréditation internationale avec l'AACSB qui a accrédité, non seulement une grande école française (l'ESSEC), mais aussi la première institution hors d'Amérique du Nord[1]. Il existait alors à l'époque une démarche du Chapitre des grandes écoles de management permettant d'admettre des écoles au sein de la Conférence des grandes écoles (CGE) ainsi qu'une procédure d'admission de nouveaux instituts d'administration des entreprises (IAE) au sein du réseau, mais aucune accréditation internationale, du moins pas pour les programmes traditionnels.

Les accréditations internationales se sont peu à peu imposées pour toutes les institutions en précisant les modes d'amélioration continue de la qualité.

Aujourd'hui, les institutions savent ce que coûtent l'obtention et le maintien d'une accréditation en moyens financiers, humains et organisationnels ; elles savent aussi le coût de ne pas être accréditées, en termes de reconnaissance internationale par exemple. Il est donc inutile de discuter à ce stade d'un processus qui est actuellement profondément ancré dans les pratiques du secteur. Il peut être plus intéressant encore, quels que soient les discours actuels, de décrire le commencement du processus, en laissant les acteurs, plutôt que les historiens, raconter leur part de vérité et de reconstruction *a posteriori*. Ainsi, c'est avec l'un des acteurs de la première accréditation AACSB, en 1997, une école non américaine, l'ESSEC, que je souhaiterais partager quelques éléments d'histoire.

Un témoignage est toujours partiel et partial, mais son intérêt en la matière peut concerner, avec un regard rétrospectif, les considérations de départ, les réticences rencontrées et les effets produits.

1. L'université de Laval à Québec avait été en 1995 la première institution hors des États-Unis à être accréditée par l'AACSB.

Considérations de départ

Durant les années quatre-vingt-dix, les notions de qualité, de qualité totale, de nécessité d'attester de cette qualité et de son amélioration continue, s'étaient depuis longtemps installées dans la vie des entreprises. On se rappellera ainsi l'attrait pour un management dit « japonais » dès les années quatre-vingt. Il ne fallait pas être grand clerc pour imaginer que ces préoccupations concerneraient aussi un jour le monde de l'enseignement supérieur, quand il s'agirait de justifier auprès des familles, des diplômés, des entreprises et de la société en général de la qualité de la production immatérielle de l'enseignement supérieur. Il n'était donc pas étrange de se tourner vers des démarches d'attestation de cette qualité qui avaient fait leur preuve dans le secteur et qui démontraient, dès les années quatre-vingt-dix, que la qualité tenait moins à des standards qu'à la capacité de prouver que les institutions faisaient ce qu'elles disaient et avaient bien mis en place les processus leur permettant d'honorer leurs missions et leurs engagements[2].

Mieux encore pour les écoles françaises, elles se trouvaient régulièrement confrontées dans leurs relations internationales à la nécessité de faire comprendre les caractéristiques de ce système des grandes écoles auquel la plupart des partenaires étrangers – de tradition universitaire – ne comprenaient pas grand-chose : une référence internationale devait donc être un accélérateur de relations internationales plus intenses.

Enfin, l'accréditation AACSB, fruit d'une longue tradition universitaire, était fondée sur un corpus de valeurs académiques. Les grandes écoles avaient longtemps proposé un enseignement par des professionnels ; c'est seulement au début des années soixante-dix que certaines d'entre elles se dotent d'un corps professoral permanent avec, en particulier, l'aide de la Fnege. La tradition académique était donc assez jeune, mais la référence à des valeurs de qualité issues de cette tradition académique plus ancienne et reconnue avait du sens : l'accréditation était aussi un moyen de renforcer des valeurs académiques auxquelles ces écoles étaient attachées.

Réticences

Il n'est jamais facile d'initier une démarche et les réticences étaient nombreuses de toutes parts. Nous n'en avons que trois :

- au niveau de la gouvernance de l'ESSEC, certains avaient des doutes sur la faisabilité de l'opération : la démarche d'accréditation AACSB était très amé-

2. Mottis, N. & Thévenet, M. (1999). Accréditation et enseignement supérieur. Certifier un service comme les autres... *Gérer & Comprendre*, décembre.

ricaine et même si l'AACSB avait fait le choix d'accréditer en dehors des États-Unis pour se confronter à d'autres systèmes éducatifs, avec un souci d'ouverture, d'apprentissage et de partage, on pouvait se demander si ce n'était pas des vœux pieux ou du moins, si la plus grande sincérité de nos amis américains ne se heurterait pas à l'étrangeté d'un système si éloigné du leur... ;

- une deuxième réticence venait aussi de l'intérieur de l'école. En résumé, l'idée était que le système des grandes écoles n'avait pas besoin d'accréditation internationale et que sa qualité n'était plus à démontrer. Pouvait aussi percer ici ou là une petite pointe d'anti-américanisme qui agrémentait toujours une argumentation de ce côté de l'Atlantique, à cette époque ;
- à l'extérieur de l'école, les critiques étaient également assez fortes. Je me souviens de ce directeur général d'une grande institution française, aujourd'hui triplement étoilée, me disant que son institution ne rentrerait jamais dans ce processus, parce qu'« ils n'allaient quand même pas se faire accréditer par ceux qui accréditent... la 250e *business school* du fin fond des États-Unis... ».

Produits

Plus de 20 ans après, force est de constater que l'accréditation, le travail sur l'amélioration continue de la qualité de nos écoles, est rentrée dans les mœurs avec 25 écoles françaises aujourd'hui accréditées par l'AACSB. On peut même penser que cela n'a pas nui à l'attractivité des écoles françaises dans leur développement et recrutement à l'international. Il n'est pas interdit de penser non plus que la place occupée par les écoles françaises dans les classements internationaux doit aussi beaucoup à cet investissement dans la qualité et pour les plus anciens : qui aurait imaginé, il y a 30 ans, une telle place ?

La référence aux exigences des accréditations aura beaucoup aidé les directions d'école à prendre certaines décisions, en matière de gestion des professeurs ou de systèmes d'informations par exemple. Les accréditations leur ont donné également beaucoup d'arguments vis-à-vis de leurs parties prenantes.

Nous sommes cependant obligés de constater aujourd'hui aussi que, comme tout système, les accréditations ont leur coût, si bien que la plupart des écoles ont désormais au moins une personne en charge de leur gestion ; on sait aussi tous les effets pervers de la bureaucratisation car dans des systèmes de règles, même s'il s'agit de montrer des *process*, des *outputs* et des *outcomes*, la tendance est toujours de vouloir respecter à la lettre la règle plutôt que son esprit.

L'un des effets de cette première accréditation AACSB a aussi été de susciter d'autres accréditations telles qu'EQUIS par exemple. Ce système développé par l'EFMD a certes ses particularités, mais force est de reconnaître que la créativité a forcément ses limites en termes d'invention de critères de qualité. Cependant, on voit se distinguer des approches différentes. La qualité se mesure-t-elle en vérifiant que les écoles font effectivement ce qu'elles affirment ? La qualité est alors une conformité à ce qui est annoncé avec des mécanismes de vérification et d'amélioration continue de ces résultats. La qualité n'est-elle que relative ? L'accréditation permettant alors d'accéder à la catégorie des écoles de meilleure qualité que les autres. Ces difficultés à s'accorder sur la notion de qualité et les risques de fossilisation et de bureaucratisation de la notion expliquent sans doute en partie le glissement progressif vers d'autres notions telles que celle de l'impact.

2. ... au paradigme de l'impact des *business schools*

Il convient tout d'abord de souligner, avant même d'évoquer l'impact des *business schools*, que les accréditations qui constituent des processus d'amélioration de la qualité ont beaucoup apporté aux écoles de management et leur ont permis de progresser sur les plans du fonctionnement interne, de la recherche et de l'internationalisation. Les écoles de management étant des institutions académiques, dont les professeurs sont un maillon essentiel, mais pas toujours facilement gérable, il ne fait pas de doute que les accréditations en ont constitué un levier de management.

L'émergence du paradigme de l'impact mérite qu'en soient précisées les causes, puis les formes de l'institutionnalisation de la place de l'impact pour enfin souligner les conséquences de cette évolution.

Les causes de l'émergence du paradigme de l'impact

Il n'est jamais aisé d'identifier les différentes causes de l'évolution d'un phénomène, mais il nous semble pertinent d'étayer cette évolution du paradigme dominant par plusieurs considérations.

La première peut être trouvée dans la crise économique de 2008 où le rôle et la responsabilité des *business schools* ont été soulignés. L'impact de la formation à la finance sur le comportement des *managers* et les comportements irresponsables et dommageables qu'a suscité la crise des *subprimes* a fait naître un doute sur la légitimité des écoles de management et la nature de leur enseignement. Les doutes n'avaient pas attendu la crise pour être exprimés. Ainsi, Pfeffer, en 2002, publiait un article au vitriol, *The end of business schools ?*, et Mintzberg, en 2003, dans son ouvrage *Managers not MBAs*, formulaient déjà des critiques acerbes sur l'enseignement du management dans le programme phare des écoles : le MBA. La crise a probablement joué un rôle de déclencheur ou d'accélérateur de doute. Étant critiquées, les écoles de management ont depuis réagi et eu à cœur de communiquer sur leur impact.

La deuxième raison tient probablement à l'évolution de la recherche en management. En effet, afin d'être reconnue par les autres disciplines et de satisfaire les exigences des systèmes d'accréditation, la recherche en management a longtemps uniquement privilégié les publications dans les revues académiques anglophones. Elle s'est engagée ainsi dans une trajectoire qui s'est progressivement déconnectée des parties prenantes, les entreprises, et plus généralement les organisations privées et publiques, en privilégiant exclusivement l'impact académique de la recherche. La question de l'utilité, et donc de l'impact d'une recherche (le coût d'une publication dans une revue A est estimé à 250 k€), s'est donc posée de façon croissante. La recherche en management et ses publications avaient-elles pour seules finalités de répondre aux standards numériques des accréditations et aux besoins de la gestion des ressources humaines en termes de primes et de promotions ?

La troisième raison tient à la perception que les parties prenantes locales (chambres de commerce, organisations professionnelles et acteurs publics) pouvaient avoir des écoles qu'elles avaient contribué à créer, pour nourrir le territoire d'entrepreneurs et de *managers*, et qui voyaient ces écoles de management s'internationaliser et se focaliser sur des publications académiques dont l'intérêt managérial leur échappait, souvent à juste titre. Le rôle visionnaire de la Fnege et de son délégué général de l'époque, le professeur P.L. Dubois, qui a eu l'idée du processus BSIS (2011), est ici à souligner.

L'institutionnalisation du paradigme de l'impact

Compte tenu du rôle majeur joué par les organismes d'accréditations dans l'industrie de l'enseignement supérieur, il est intéressant de voir comment cette question de l'impact s'est progressivement imposée. L'institutionnalisation du paradigme de l'impact s'est faite progressivement en partant de l'impact de la recherche pour ensuite être étendu à l'impact de l'ensemble des *business schools*.

L'impact de la recherche

C'est en 2008 que l'AACSB, l'organisme nord-américain d'accréditation des *business schools*, a publié un rapport consacré à l'impact de la recherche. L'introduction de ce rapport notait que les *business schools* devaient s'intéresser davantage aux *outcomes* de la recherche et à la diversité des formes de recherche pour répondre aux attentes des parties prenantes. Clairement, l'AACSB notait qu'il ne suffisait plus d'évaluer la recherche au travers des seuls *outputs*, c'est-à-dire des nombres de publications académiques destinées aux seuls univers académiques, mais aussi d'évaluer l'impact de la recherche sur les praticiens et les pouvoirs publics. Cette préoccupation est d'ailleurs apparue de la même façon dans les universités au Royaume-Uni au travers de la méthodologie gouvernementale REF[3] (*Research Excellence Framework*, 2014) qui a pris en compte l'impact managérial et sociétal au travers d'études de cas.

L'impact des business schools

C'est en 2012 que la Fnege a testé la démarche BSIS (*Business School Impact Survey*) sur les écoles de management en France, puis en 2013 que l'EFMD a adapté cette méthodologie (dénommée alors *Business School Impact System*) pour l'international. La démarche, qui visait à convaincre les parties prenantes du rôle et de l'impact des *business schools*, présente un spectre beaucoup plus global que celui visé par l'AACSB, qui a pour objectif d'attester de l'impact des écoles de management sur sept dimensions : éducationnel, financier, développement économique, intellectuel, écosystème, responsabilité sociale et image. Ce processus, qui n'est pas une accréditation, a déjà vérifié la conformité de différents standards dans une cinquantaine de *business schools* dans 17 pays (octobre 2020). Son objectif est d'aider les institutions académiques à mettre en évidence leur impact et à formuler des recommandations pour améliorer cet impact. BSIS identifie l'impact des écoles sur une ou plusieurs zones d'impact qui peuvent être une ville, une région, un pays, etc. Sur le plan de la recherche, BSIS vise à identifier tant l'impact académique traditionnel, que l'impact managérial et sociétal des travaux menés par les enseignants-chercheurs.

L'intégration de l'impact comme un pilier des systèmes d'accréditation

C'est en 2013 que l'AACSB fait reposer son système d'accréditation et d'amélioration de la qualité sur trois piliers : innovation, engagement, impact. Même si la façon de mesurer l'impact n'y est pas clairement précisée, cette évolution a contribué à ce que les *business schools* s'interrogent sur leur impact et à passer d'un paradigme interne de la qualité à un paradigme plus externe, celui de la contribution aux parties prenantes. De son côté, l'EFMD intègre dans les critères EQUIS une rubrique « *connections with practice* » depuis 2018 et attache un rôle croissant à l'influence de l'école. Enfin, l'AMBA (2020) a lancé le *Business Graduates Association Continuous Impact Model* et fait de l'impact le cœur de son nouveau dispositif d'accréditation.

3. www.ref.ac.uk/about/what-is-the-ref.

Les conséquences

Les conséquences de cette évolution de la place de l'impact dans les paradigmes dominants des écoles sont multiples.

Comme nous venons de le voir, les processus d'accréditation font une place croissante aux questions d'impact. Cela traduit une évolution de la conception de la qualité des institutions d'enseignement du management : alors qu'elles étaient centrées sur le fonctionnement interne des institutions (processus, corps enseignant, recherche), les démarches d'accréditation ont évolué vers la prise en compte des impacts réels, des contributions de l'activité des écoles aux entreprises, aux organisations publiques et aux parties prenantes au sens large. L'importance croissante des questions concernant le développement durable confère aussi aux écoles une responsabilité dans ce domaine que les organismes d'accréditation cherchent à prendre en compte.

La prise en compte de l'impact a engendré dans les institutions, qui se sont notamment engagées dans BSIS, un effet interne en termes de fierté collective. Si l'on schématise, on peut même affirmer que les mécanismes d'accréditation et la focalisation très forte sur les publications académiques internationales ne valorisaient jusqu'alors que les quelques professeurs à l'origine des publications qui généraient des étoiles et ceci n'était pas sans conséquences sur la dynamique interne des institutions[4]. En revanche, une approche globale de l'impact, au travers des sept dimensions mentionnées ci-dessus, a pour effet de valoriser l'ensemble du corps enseignant (y compris ceux qui ont des publications à impact managérial) et des équipes supports qui œuvrent dans le développement des relations avec les partenaires. Cette approche contribue à créer une culture de l'impact, source de fierté organisationnelle.

Enfin, et c'était l'objectif initial, cette approche en termes d'impact modifie et réactualise considérablement l'image des *business schools* et produit un effet sur la perception que les parties prenantes ont de leurs écoles de management.

3. Conclusion

Le développement et la pérennisation du paradigme de l'impact des écoles de management supposent les conditions suivantes : en premier lieu, une prise en compte de la dimension managériale et sociétale de l'impact de la recherche, ensuite,

4. www.letudiant.fr/educpros/actualite/a-trop-regarder-les-etoiles-les-business-schools-bs-ne-risquent-elles-pas-de-perdre-pieds-u.html.

la définition de nouvelles métriques permettant d'apprécier, de valoriser l'impact managérial de la recherche.

Il faut enfin noter que les *business schools* n'ont pas l'exclusivité de ce questionnement sur l'impact et que cette problématique se pose aujourd'hui aussi pour les entreprises.

Cet intérêt pour l'impact relève-t-il d'une mode comme le monde du management en connaît tant ? Nous pensons au contraire qu'elle correspond à une tendance lourde s'expliquant par la recherche de légitimité des institutions et les exigences des parties prenantes. On peut supposer que dans l'avenir, l'intérêt de l'impact des écoles sur le développement durable et/ou sur le bien commun ne vont que croître.

Bibliographie

AACSB International (2012). *Impact of research: a guide for business schools*: https://www.aacsb.edu/~/media/aacsb/publications/research-reports/impact-of-research-exploratory-study.

Kalika, M. (2020). *Measuring business impact: the lessons from the business schools. Corporate Governance*, octobre.

McKenna, H.P. (2021). *Research impact: guidance on advancement, achievement and assessment.* Londres, Springer Nature.

Mintzberg, H. (2004). *Managers, not MBAs: a hard look at the soft practice of managing and management development.* Oakland, Berrett-Koehler Publishers.

Mottis, N. & Thévenet, M. (1999). Accréditation et enseignement supérieur. Certifier un service comme les autres... *Gérer & Comprendre*, décembre.

Pfeffer, J. & Fong, C.T. (2002). The end of business schools? Less success than meets the eye. *Academy of Management Learning & Education, 1*(1), 78-95.

PARTIE 2.

DÉFIS ET ENJEUX DE L'ENSEIGNEMENT ET DE LA RECHERCHE EN SCIENCES DE GESTION

Dans cette seconde partie de l'ouvrage, nous allons aborder les principaux bouleversements affectant l'enseignement et la recherche en sciences de gestion :

- *la professionnalisation et l'internationalisation du corps enseignant au détriment des enseignements assurés par des praticiens ;*
- *le rôle de l'État, à la fois opérateur, stratège et régulateur sur le marché de l'enseignement supérieur en gestion ;*
- *les évolutions de la pédagogie avec le développement de l'alternance et du numérique ;*
- *les incidences des classements et de la bibliométrie sur les carrières des chercheurs et les pratiques de la recherche ;*
- *l'autonomie des établissements et leurs contraintes budgétaires ;*
- *la question brûlante de l'endettement des étudiants et du coût croissant des études.*

Chapitre 9

Le corps enseignant : une professionnalisation croissante

Par Véronique des Garets & Annie Médina

Les enseignants en sciences de gestion ont des profils très variés. Cette variété a plusieurs causes. Les études de gestion se font dans les écoles de commerce et les universités. Cette dualité est propre à notre discipline. Les écoles de commerce ont leur propre modèle de recrutement et de carrière. Les universités recrutent selon les exigences de la fonction publique d'État. Au sein de ces deux modèles, on trouve également des enseignants aux missions, profils et statuts différents.

1. Les enseignants-chercheurs à l'Université : des profils différents répondant à des besoins importants

Par Véronique des Garets

Les besoins des universités en enseignants de gestion ont explosé depuis un peu plus de 60 ans. Avant les années cinquante, à l'exception des instituts de préparation aux affaires dans les facultés, la formation à la gestion est considérée comme une formation technique qui ne nécessite pas que l'Université dispense un niveau élevé de formation ni, surtout, une formation autonome. Les facultés de droit puis d'économie intègrent quelques éléments d'enseignement en gestion sans jamais en faire une discipline fondamentale. Pourtant, dès 1955, Gaston Berger voit l'importance de former des cadres à la gestion, mais elle reste une discipline complémentaire, un second diplôme pour des ingénieurs ou autres cadres. Les IUT, nés en 1966, proposent dès leur création un bac+2 en gestion, mais avec une vision technique de la discipline. En 1962 est créée l'agrégation du second degré appelée « techniques économiques de gestion » et une section « gestion » est organisée au sein de l'École normale supérieure de l'enseignement technique[1] (ENSET) pour former des enseignants à l'enseignement technique. Depuis ces années soixante et le rôle fondamental de la Fnege pour former des enseignants, les sciences de gestion ont gagné en autonomie.

Le statut des enseignants-chercheurs de l'Université est défini par le décret du 6 juin 1984 qui évolue régulièrement, mais donne le cadre général de leur recrutement et des missions qui leur sont confiées. Ces enseignants sont dits « permanents » et ont un statut de fonctionnaire d'État. La loi n° 2007-1199 du 10 août 2007 relative aux libertés et responsabilités des universités (LRU) a permis le recrutement par les universités d'enseignants contractuels. Ces contrats à durée limitée s'ajoutent aux enseignants et enseignants-chercheurs non permanents déjà présents dans les universités : enseignants invités, généralement étrangers, attachés temporaires d'enseignement et de recherche (ATER), contrats doctoraux avec mission d'enseignement, professeurs ou maîtres de conférences associés à temps plein ou à mi-temps. Enfin, on trouve dans les universités de nombreux vacataires, tout particulièrement en sciences de gestion, généralement professionnels en entreprise, consultants ou experts-comptables qui viennent partager leur expérience. Le nombre de ces vacataires en gestion n'est pas recensé dans les statistiques ministérielles.

Quelques chiffres peuvent illustrer cette répartition à l'Université. Entre 2015 et 2019, selon le ministère de l'Enseignement supérieur, de la Recherche et de l'Innovation[2], le nombre d'enseignants en sciences de gestion est passé de 4 984 à 5 056 qui se répartissent de la façon suivante :

1. Aujourd'hui, École normale supérieure Paris-Saclay.
2. https://www.enseignementsup-recherche.gouv.fr/cid118435/personnels-enseignants-du-superieur-bilans-et-statistiques.html.

		2018/19	2014/15
Enseignants non permanents	Enseignants invités	124	128
	ATER mi-temps	59	72
	ATER temps plein	169	179
	Doctorants contractuels avec mission d'enseignement	97	156
	Enseignants associés	482	591
	Contractuels L. 954-3	164	
	Total non permanents ATER, DC, associés et L. 954-3	971	998
Enseignants permanents	PR et assimilés	494	440
	MCF et assimilés	1 620	1 620
	Enseignants du second degré	1 847	1 798
	% PR + MCF/total non permanents*	45,9 %	48,4 %

Ces enseignants ont des missions et des statuts différents.

Parmi les enseignants non permanents, donc recrutés pour une durée limitée, les enseignants invités sont généralement des enseignants-chercheurs étrangers présents pour quelques mois dans l'Université française ; les ATER et les doctorants contractuels doivent mener à la fois une recherche doctorale et une mission d'enseignement ; les enseignants associés sont recrutés sur des contrats de un à trois ans et doivent justifier d'une activité professionnelle de plusieurs années dans la discipline enseignée, leur participation aux activités de recherche étant souvent très marginale ; les contractuels peuvent se voir confier des missions d'enseignement et de recherche mais, la plupart du temps, du fait des forts besoins des universités en enseignement, les missions d'enseignement sont très importantes, laissant peu de place à la recherche.

Parmi les enseignants permanents, on peut distinguer les enseignants-chercheurs et les enseignants du second degré, détachés à l'Université (agrégés du second degré ou certifiés). Les missions des enseignants-chercheurs, selon le décret de 1984, concernent à la fois l'enseignement et la recherche, soit 50 % pour chacune des deux missions. Il faut ajouter néanmoins une partie chronophage d'administration de l'enseignement et de la recherche sous forme d'engagements collectifs. Les enseignants du second degré se consacrent essentiellement à l'enseignement et à l'administration de diplômes. Ils sont nombreux dans les IUT et le premier cycle des formations universitaires.

Les besoins en enseignants de gestion sont en forte croissance à l'Université. Les statistiques du ministère globalisent souvent les chiffres de l'économie et de la gestion mais si on considère les derniers chiffres détaillés publiés, qui concernent l'année 2014-2015, on constate qu'il y a 122 000 étudiants en gestion (pour 32 000 étudiants en économie) avec une croissance des effectifs en gestion au détriment de l'économie. Pourtant, du fait de la création plus récente de la section « sciences de gestion et du management » et du concours d'agrégation en 1976, le nombre d'enseignants-chercheurs n'est que très légèrement supérieur en sciences de gestion. Les enseignants en sciences de gestion sont donc très fortement sollicités, que ce soit en filière gestion ou dans des filières pluridisciplinaires qui intègrent un enseignement de gestion. Le recrutement des enseignants-chercheurs est donc particulièrement tendu.

Devenir enseignant-chercheur en sciences de gestion

En réponse aux besoins déjà soulignés, le recrutement des enseignants-chercheurs suit un processus répondant aux obligations du décret de 1984 donnant un statut de fonctionnaire d'État. Comme tout fonctionnaire, il s'agit donc d'un concours de recrutement.

On peut distinguer deux niveaux de recrutement : le recrutement des maîtres de conférences et le recrutement des professeurs des universités. Après avoir rappelé ces deux niveaux, les débats en cours sur les modalités de recrutement seront présentés.

Le recrutement des maîtres de conférences

Le parcours du candidat à un poste d'enseignant-chercheur passe par le doctorat, normalement préparé en trois à cinq ans dans le cadre d'une école doctorale. Ce doctorat, habituellement en sciences de gestion et du management, peut aussi être obtenu dans une discipline proche si la thématique relève des sciences de gestion. On voit ainsi parfois des docteurs en sociologie, psychologie, économie qui ont choisi une double approche intégrant des réflexions et modèles théoriques des sciences de gestion et qui envisagent une carrière comme maître de conférences ou professeur en sciences de gestion et du management. Chaque année, de l'ordre de 350 thèses en sciences de gestion sont soutenues en France, la moitié des lauréats demandant immédiatement une qualification en qualité de maître de conférences par le Conseil national des universités (CNU).

À la suite de ce doctorat, le candidat à une carrière universitaire demande une qualification au CNU dans la section « sciences de gestion et du management ». Cette institution nationale, par la délivrance d'une qualification, autorise le candidat à postuler à un poste le conduisant à devenir fonctionnaire d'État. Ces postes sont demandés par les universités et ouverts au concours de recrutement par le ministère de l'Enseignement supérieur, de la Recherche et de l'Innovation. La seconde étape du recrutement est locale et l'université choisit le candidat qu'elle juge apte à répondre au profil qu'elle recherche. L'autonomie de recrutement des universités se manifeste donc par ce choix local.

Depuis l'autonomie renforcée des universités, réaffirmée par la loi de programmation pluriannuelle pour la recherche (LPPR) en 2020, les universités peuvent recruter des candidats étrangers en s'affranchissant de la qualification par le CNU.

Le recrutement des professeurs des universités

En 1976 a été ouvert le premier concours d'agrégation en sciences de gestion. Jusqu'à cette date, les professeurs enseignant la gestion relevaient des sciences économiques ou du droit privé. Cette date a marqué l'autonomie de la gestion et du recrutement de ses enseignants-chercheurs. Plusieurs voies permettent de devenir professeur des universités[3].

Le concours d'agrégation, à l'image d'autres concours de la fonction publique, a proposé de 1998 à 2017 deux accès, un concours externe et un concours interne réservé à des maîtres de conférences en exercice sous condition d'ancienneté (depuis 2018, une seule voie persiste). Ce concours est une spécificité des sciences juridiques, économiques, politiques et de gestion. Construit sur quatre épreuves pendant de nombreuses années, ramenées à trois aujourd'hui, il permet de vérifier 1/ les compétences en recherche du candidat, 2/ ses compétences dans un spectre large des disciplines des sciences de gestion lors d'une épreuve dite théorique et 3/ ses compétences d'analyse et de réflexion lors de l'étude d'un cas. Ce concours permet donc de vérifier à la fois les capacités du candidat à devenir professeur en sciences de gestion, donc avec un spectre large de compétences et en même temps spécialiste d'une sous-discipline qu'il a choisi au sein des sciences de gestion. Il répond ainsi aux besoins en enseignement et en recherche des universités. Ni l'âge, ni l'habilitation à diriger des recherches ne sont des conditions de candidature, ce concours permet donc à de brillants candidats d'accéder rapidement au statut de professeur des universités.

3. Les voies d'accès sont nombreuses en application de l'article 46 du décret de 1984. Notre présentation se limitera aux voies les plus courantes en sciences de gestion à l'Université.

D'autres voies existent qui sont identiques aux voies de recrutement des autres domaines disciplinaires des universités. Les principales sont issues du décret de 1984, couramment appelées 46 3° et 46 1°.

La voie 46 3°

Ce concours est destiné aux enseignants-chercheurs en poste dans un établissement supérieur d'un état membre de l'Espace économique européen depuis au moins 10 ans et titulaire d'une habilitation à diriger des recherches. Les candidats sont généralement maîtres de conférences dans une université française. Ils sont sélectionnés localement puis un avis est demandé au CNU qui atteste que le candidat répond aux critères retenus par le CNU[4]. Actuellement, moins de 10 recrutements ont lieu chaque année selon cette voie. Les universités peuvent proposer une fiche de poste plus ou moins précise selon leurs besoins.

La voie 46 1°

Cette voie a été ouverte en sciences de gestion en 2015 seulement. Elle est réservée à des candidats titulaires d'une habilitation à diriger des recherches et ayant été qualifiés par le CNU. À l'image de la procédure de recrutement pour les maîtres de conférences, le CNU valide un parcours professionnel constitué d'un parcours en recherche, en enseignement et d'un engagement collectif au service de la communauté académique. Suite à cette qualification, le candidat peut participer aux concours de recrutements locaux sur des postes dont les profils ont été définis par les universités d'accueil. Depuis 2015, chaque année, une dizaine à une trentaine de professeurs sont recrutés par cette voie. La mise en place de cette voie, qui préexistait dans les disciplines universitaires autres que le droit, l'économie, les sciences politiques et la gestion, a soulevé de nombreux débats qu'il est utile de présenter. La loi du 24 décembre 2020 de programmation de la recherche remet en cause la qualification du CNU en la supprimant lorsque le candidat est maître de conférences titulaire.

Autres voies

D'autres voies de recrutement plus marginales existent, telles que la voie 46 4° réservée à des professionnels qui ont fait preuve d'une capacité à mener des recherches en plus de leur excellence professionnelle. Ces postes étaient parfaitement identifiés avant l'ouverture de la voie 46 1°, elle est désormais plus floue car les qualifiés 46 4° peuvent être candidats sur des postes 46 1° dans les universités, ce qui a réduit la diversité des profils. Enfin, une voie mobilisée permet à des maîtres

4. Les critères adoptés par le CNU section 06 sont indiqués dans les rapports de session et sont affichés sur le site Internet du CNU : www.conseil-national-des-universites.fr.

de conférences, ayant occupé un poste de haute responsabilité administrative (tel que président d'université), d'obtenir une reconnaissance par l'attribution d'une qualification aux fonctions de professeur des universités ; cette voie est exceptionnelle. L'ensemble des critères de ces différentes voies est présenté dans le décret de 1984 ainsi que sur le site Internet du CNU.

Les débats en cours sur le recrutement des professeurs des universités en sciences de gestion

Les débats concernant le recrutement des professeurs en sciences de gestion à l'Université ont deux origines : la loi LRU d'une part, le décontingentement du concours d'agrégation en sciences de gestion et l'ouverture de la voie de recrutement selon l'article 46 1° d'autre part.

Avant tout, il faut rappeler que les enseignants-chercheurs peuvent choisir de développer leur carrière au sein de l'Université ou au sein des écoles de commerce. Chacun est à la recherche des meilleurs candidats, mais le système universitaire est très contraint en matière de grille des salaires de la fonction publique et de missions confiées à l'enseignant-chercheur. Certains docteurs choisissent l'Université et apportent leur concours à des écoles pour des enseignements ou pour de la recherche. De la même façon, certains enseignants d'école sont également vacataires à l'Université.

À l'origine du débat est la loi LRU en 2007. Les présidents d'université estiment qu'un concours national tel que l'agrégation est une entrave à leur liberté de recrutement puisque les candidats choisissent selon leur classement le poste et l'université qu'ils désirent. Les universités souhaitent choisir leurs futurs enseignants-chercheurs en cohérence avec leur stratégie et leur contexte. Jusqu'en 2014, le nombre de postes mis au concours d'agrégation en sciences de gestion devait représenter 50 % des postes publiés au recrutement, ce qu'on appelle le contingentement. Puis, sur une période de quatre années, une expérimentation a eu lieu, supprimant ce contingentement et, en même temps, la voie 46 1° a été mise en place. Cette expérimentation a donné lieu à diverses analyses et à un rapport confié au Haut Conseil de l'évaluation de la recherche et de l'enseignement supérieur (Hcéres) et à un groupe de travail conduit par le professeur Pierre-Louis Dubois.

Si ce « décontingentement » respecte parfaitement la loi d'autonomie des universités, les analyses convergent pour montrer qu'il a eu plusieurs effets :

- une réduction très importante du nombre de postes mis au concours de l'agrégation par les universités (4 seulement en 2019) alors que le nombre de candidats reste élevé (42 en 2019) ;

- un nombre croissant de qualifiés 46 1° sans poste de professeur, pouvant créer tensions et frustrations au sein des équipes universitaires et en même temps certaines universités qui peinent à recruter ;
- un taux d'endorecrutement très important pour ces 46 1°, pratique interdite dans certains pays ou que certaines universités s'interdisent.

Ces débats montrent également la baisse d'attractivité des carrières à l'Université du fait des conditions matérielles proposées et de la concurrence des écoles de management et du secteur privé. Le rapport de l'Hcéres recommande de maintenir la différenciation des voies de recrutement des professeurs des universités en sciences de gestion pour répondre à la diversité des profils des candidats et à la variété des attentes des universités. Pour maintenir cette diversité des voies, il faut redonner au concours de l'agrégation son attractivité, tant pour les universités, avec des professeurs qui sont à la fois sélectionnés sur un large socle de connaissances et de réflexion en sciences de gestion et une spécialisation dans leurs travaux de recherche, que pour les candidats qui privilégient parfois les autres voies, qui n'entraînent pas forcément une mobilité géographique. Un encouragement à la mobilité, souvent riche pour les universités et les professeurs, devrait faire l'objet d'une réflexion.

Les 460 professeurs des universités en sciences de gestion et les 1 600 maîtres de conférences permettent, avec l'appui des nombreux vacataires partageant leur expérience professionnelle, de répondre aux besoins de formation de haut niveau en sciences de gestion. L'enseignement et la recherche dans cette discipline constitue un modèle original au sein de l'Université française.

2. Le corps professoral des écoles de gestion

Par Annie Médina

À la différence des professeurs d'université qui ont un recrutement, un statut, un développement de carrière homogènes, quelle que soit l'université dans laquelle ils exercent leur activité, le recrutement, le statut, la carrière des professeurs des écoles de gestion dépendent essentiellement de celle à laquelle ils sont rattachés.

La grande majorité des écoles de commerce sont nées de la volonté des chambres de commerce[5], établissements publics. Ces écoles étaient alors considérées comme

5. Une petite minorité d'écoles avaient un statut privé d'associations régies par la loi de 1901 : parmi les plus importantes, l'ESSEC, passée sous le contrôle de la CCI de Versailles en 1981, devenue CCI Paris Île-de-France en 2013, ou bien l'EDHEC, dont les membres du conseil d'administration, hormis l'université catholique de Lille, sont en majorité des anciens élèves occupant des postes stratégiques dans les entreprises.

des services d'un établissement administratif et, à ce titre, bénéficiaient notamment des prérogatives accordées par l'État à ces institutions, comme celle d'assurer le service public de l'enseignement[6]. Les professeurs permanents de ces écoles avaient donc un statut d'agents publics qui les rapprochait des professeurs des universités, en leur offrant notamment des garanties au plan social. Mais là s'arrêtait le rapprochement avec les enseignants des universités car le recrutement, les salaires, les promotions de ces professeurs étaient fixés par la chambre de commerce à laquelle appartenait l'institution. Il est donc difficile de présenter une étude générale et encore moins exhaustive du corps professoral des écoles de gestion.

Nous tenterons cependant de dégager les traits qui nous semblent communs à tous les professeurs enseignant dans les principales écoles de gestion françaises, en rappelant comment un corps professoral s'est progressivement formé dans ces écoles avant d'analyser les caractéristiques principales de leur corps professoral aujourd'hui.

L'évolution du corps professoral des écoles de gestion : du professionnel à l'académique, du national à l'international

L'émergence d'un corps professoral dans les écoles de commerce se rapprochant des critères retenus dans l'enseignement supérieur et de ceux retenus dans les institutions internationales s'est faite lentement.

Alors que plusieurs de ces écoles ont été créées au XIXe siècle, il n'y avait à la fin des années soixante qu'un nombre très réduit de professeurs salariés dits « permanents ». L'essentiel des enseignements était assuré par des vacataires dont le recrutement se faisait sans formalisme particulier. Il s'agissait d'universitaires (en économie et en droit) ou bien de praticiens (notamment en comptabilité) qui assuraient ponctuellement un ou plusieurs cours.

Cette situation correspondait à la vocation des écoles de commerce et particulièrement de celles appartenant aux chambres de commerce, dont la mission était la formation de cadres d'entreprise capables d'être opérationnels dès la sortie de l'école. La gouvernance de ces écoles, comprenant exclusivement des représentants d'entreprise, considérait alors que l'enseignement de la gestion ne pouvait être assuré que par des professionnels.

Parallèlement au développement dans les années soixante-dix des sciences de gestion dans les universités, les écoles de commerce ont procédé à des recrutements plus importants de professeurs permanents.

6. Il en est ainsi d'HEC et des ESC Bordeaux, Dijon, Lille, Lyon, Marseille, Montpellier, Nice, Reims, Rouen... ESCP, la plus ancienne école de commerce française, a été créée en 1819 mais n'a appartenu à la chambre de commerce de Paris que 50 ans après sa création.

Plusieurs facteurs ont joué un rôle essentiel dans le développement du corps professoral des écoles de gestion : l'impulsion de la Fondation nationale pour l'enseignement de la gestion des entreprises (Fnege) qui a permis aux futurs professeurs d'acquérir le niveau académique requis dans l'enseignement supérieur, l'impact des organismes accréditeurs qui ont fait entrer les écoles françaises dans le monde des grandes écoles et des universités internationales, l'influence des classements français et internationaux et enfin l'instauration de règles encadrant l'activité des professeurs.

La Fnege, moteur du développement du corps professoral des écoles de gestion

La Fnege, créée en 1968 par l'État français, a beaucoup contribué au développement académique des corps professoraux des écoles de commerce.

Grâce aux bourses mises en place pour financer les études doctorales et au financement d'études ou de séjours dans des universités étrangères, particulièrement aux États-Unis, la Fnege a non seulement permis de former des professeurs titulaires d'un doctorat (ou d'un PhD), mais également favorisé l'ouverture internationale des enseignants. Ainsi, progressivement, et surtout à partir du milieu des années quatre-vingt, le doctorat est devenu la règle dans le recrutement des professeurs des écoles de commerce.

Cependant, et afin que les écoles de commerce n'abandonnent pas leur spécificité, à savoir la proximité avec le monde de l'entreprise, une partie importante des professeurs recrutés, souvent eux-mêmes anciens élèves de grandes écoles de gestion, avaient une expérience de l'entreprise. L'enseignement de ces professeurs permettait ainsi d'établir un pont entre la théorie et la pratique.

Une autre étape importante a été franchie à partir de la fin des années quatre-vingt-dix, sous l'impulsion des accréditations nationales et internationales.

Les accréditations : vecteurs de changement du corps professoral

Les accréditations ont eu un effet décisif sur l'évolution des corps professoraux des écoles de gestion en permettant à celles-ci de se référer à des critères externes reconnus.

Outre la reconnaissance extérieure nationale ou internationale qu'apportent ces accréditations, reconnaissance qui constitue une sorte d'assurance certifiant la qualité d'une école ou d'un diplôme, les accréditations ont le mérite de contraindre les écoles à réfléchir à leur stratégie et à l'adéquation entre la stratégie affichée et la déclinaison de celle-ci par rapport à l'organisation de l'école, de ses acteurs ainsi que des moyens mis en place pour atteindre les objectifs fixés.

Au sein de cette démarche qualité, le corps professoral – son organisation, sa qualification, son rôle dans la formation des élèves – joue un rôle essentiel.

Les critères retenus par les différents organismes d'accréditation nationaux ou internationaux pour évaluer la qualité du corps professoral s'appliquent à toutes les institutions d'enseignement, universités ou grandes écoles. Parmi ces critères, la recherche et, spécialement, les publications dans les revues internationales apparaissent comme déterminantes pour une appréciation supposée objective de l'excellence du corps professoral. C'est en raison de ce critère retenu par les accréditeurs que les écoles de gestion françaises ont dû mettre l'accent sur la dimension recherche des professeurs exerçant dans les écoles de gestion.

Les accréditations nationales

Le Haut Conseil de l'évaluation de la recherche et de l'enseignement supérieur (Hcéres[7]), qui a pour rôle d'évaluer les établissements d'enseignement supérieur ainsi que les entités de recherche et de s'assurer de la qualité des évaluations conduites par d'autres instances, place le corps enseignant et son potentiel de recherche et de rayonnement au centre de l'évaluation.

La Commission d'évaluation des formations et diplômes de gestion (CEFDG[8]) est la seule instance nationale qui évalue les formations dans le domaine de la gestion et garantit leur qualité (master grande école notamment). Le nombre de professeurs permanents, les activités de recherche, l'innovation pédagogique et l'ouverture internationale des professeurs occupent une place importante dans les critères d'évaluation de cette institution.

La Conférence des grandes écoles (CGE)[9] joue le rôle de cercle de réflexion et de production d'études, et accrédite des institutions[10] et des programmes. La CGE est à l'origine de la création de mastères spécialisés (MS) qui ont connu un grand développement dans les écoles de gestion et mobilisé de nombreux professeurs à l'origine de la création et du développement de ces mastères. La CGE accrédite depuis 2002 des *masters of science* (MSc) Cette dernière accréditation a notamment permis aux écoles de développer leur offre de programmes anglophones pour des étudiants

7. L'Hcéres est une autorité administrative indépendante créée le 14 novembre 2014 en remplacement de l'Agence pour l'évaluation de la recherche et de l'enseignement supérieur (AERES).
8. La CEFDG, appelée aussi commission Helfer, du nom de son premier président, qui en a été l'initiateur, a été créée en 2001 pour évaluer les diplômes de gestion. Elle accrédite les formations reconnues par l'État au niveau bac+3 et bac+5 (grade master). Un nouveau référentiel a été établi en 2020 qui permet notamment aux écoles de gestion de formuler une demande de reconnaissance au grade de licence pour les diplômes bachelor mis en place par certaines écoles de commerce.
9. La CGE a été créée en 1973 par un groupe d'écoles d'ingénieurs et de commerce.
10. La Conférence des grandes écoles compte 38 écoles de gestion.

internationaux titulaires d'un bachelor[11]. L'effet de ces accréditations sur l'évolution du corps professoral a permis de renforcer les liens avec l'entreprise et la formation aux métiers auxquels ces programmes préparent. Le financement apporté par la création de ces programmes a permis le recrutement de professeurs-chercheurs ayant une dimension internationale.

Les accréditations internationales

Les accréditations internationales, auxquelles se sont soumises les écoles de gestion à partir du début des années deux mille, ont eu un effet important sur la composition et le profil des professeurs, à plusieurs niveaux. Tout d'abord, les exigences imposées par les organismes internationaux en termes de taux de couverture des cours par des professeurs permanents, qui plus est avec un profil académique de haut niveau, ont été décisives dans l'augmentation du nombre de professeurs permanents. En outre, en mettant l'accent sur l'importance du doctorat dans la qualification des professeurs, en tenant compte dans une large mesure des publications des professeurs et de leur dimension internationale, en inscrivant les évaluations des écoles et de leurs professeurs dans un environnement mondial, les accréditations ont été à l'origine d'une prise de conscience des institutions et des professeurs qui a conduit à faire évoluer considérablement le recrutement et la gestion des corps professoraux.

Les deux accréditations les plus prestigieuses qui évaluent les écoles de gestion sont AACSB (accréditation américaine) et EQUIS (accréditation européenne).

Association to Advance Collegiate Schools of Business (AACSB[12])

Le grand intérêt de l'accréditation AACSB[13] a été de créer un référentiel rigoureux qui doit orienter l'école vers la cohérence managériale, académique et organisationnelle de manière à offrir aux étudiants une formation de haut niveau reconnue par tous et plus spécialement par le monde académique et par les acteurs économiques. L'AACSB fait une distinction entre, d'une part, les professeurs fortement impliqués dans l'école qui doivent assurer un minimum de cours au sein des différents programmes et dans chaque discipline (*participating faculty*[14]) et, d'autre part, les intervenants extérieurs qui assurent un ou plusieurs cours (*supporting faculty*[15]).

11. À côté de ces deux labels destinés aux diplômes de formation première, la CGE accrédite aussi deux autres certificats : BADGE pour les programmes longs de formation continue et CQC pour les programmes courts.
12. L'AACSB a été créée aux États-Unis en 1916 et s'est développée au niveau international à partir de 1997.
13. En 2020, 24 écoles de gestion françaises ont obtenu l'accréditation AACSB.
14. En principe, ce minimum est de 75 % des cours dispensés dans les programmes et de 60 % des cours assurés dans chaque discipline.
15. Il appartient à chaque école de déterminer, à partir des standards retenus par l'AACSB, les critères d'appartenance des professeurs à la catégorie *participating faculty*.

European Quality Improvement System (EQUIS[16])

L'accréditation EQUIS est donnée aux institutions pour trois ou cinq ans selon le niveau de développement des écoles[17]. Elle s'apparente à l'accréditation AACSB sous certains aspects, notamment en ce qui concerne la cohérence, la mission, la stratégie, les moyens mis en œuvre et la composition du corps professoral des institutions. Toutefois, elle ne fixe pas de normes et met l'accent sur la diversité et la composition du corps professoral, ce qui a une conséquence directe sur les politiques de recrutement des écoles de gestion.

AACSB et EQUIS sont des guides intéressants pour le management du corps professoral, même si certains déplorent la standardisation nécessairement créée par ces accréditations sur la structure des corps professoraux des écoles de gestion.

Parmi les accréditations internationales portant sur les programmes, nous pouvons citer principalement l'AMBA et l'EFMD Accredited.

L'Association of Masters of Business Administration (AMBA[18]) accrédite les programmes MBA (master postexpérience), MBM (master sans expérience) et les DBA (niveau doctorat). Par rapport au corps professoral, et concernant les programmes MBA et MBM, l'AMBA vérifie que les professeurs qui participent à l'enseignement ont une expertise suffisante en enseignement, en recherche et en conseil. Les exigences sont donc moins contraignantes que pour les accréditations AACSB et EQUIS[19].

L'EFMD Accredited accrédite des programmes organisés par des universités ou des écoles de gestion allant du bachelor au PhD, en passant par les MBA et les *executive MBA.* L'accréditation des PhD n'est ouverte que pour les écoles ayant déjà l'accréditation EQUIS.

Les classements : une influence indirecte sur la gestion du corps professoral

Comme pour les accréditations, il existe des classements internationaux et des classements nationaux des écoles de gestion.

Les principaux classements internationaux, dont tiennent compte les écoles de commerce françaises, sont le classement Quacquarelli Symonds (QS) et le classement du *Financial Times* (FT).

16. EQUIS a été créé en 1998 par l'European Foundation for Management Development (EFMD).
17. En 2020, 7 écoles de gestion françaises ont obtenu l'accréditation pour trois ans et 16 écoles l'ont obtenue pour cinq ans.
18. L'AMBA a été créée en 1967 par huit des plus grandes *business schools* anglaises sous la forme d'une association, Business Graduates Association (BGA).
19. En 2020, 260 écoles dans le monde sont accréditées AMBA, dont 18 écoles en France.

Le classement QS

Ce classement établit un classement des meilleures universités au niveau mondial par discipline et se fonde sur quatre critères : la réputation académique de l'établissement, sa notoriété auprès des employeurs, le nombre de citations des articles publiés par les chercheurs et l'impact des travaux de recherche. La dimension recherche à travers la publication d'articles dans les revues américaines les plus prestigieuses revêt donc une très grande importance dans ce classement.

Le classement du *Financial Times*

Ce classement occupe une place majeure pour les écoles françaises. Il ne concerne que les écoles accréditées AACSB et EQUIS et porte tant sur l'école que sur les différents programmes, y compris ceux de formation permanente. La recherche prise en considération, un des critères parmi les quatre retenus, est appréciée à travers le nombre d'articles publiés dans les revues sélectionnées par le *Financial Times*, qui tient compte également de la proportion entre le nombre d'articles publiés et le nombre de professeurs-chercheurs de l'institution.

Les classements nationaux

Plusieurs journaux (*Challenges*, *L'Étudiant*, *L'Express*, *Le Figaro*, *Le Point*...) publient, chaque année, le classement des écoles de commerce françaises. La recherche, qui n'est qu'un critère parmi d'autres dans ces classements, est évaluée à travers le nombre d'articles publiés par les professeurs dans la sélection des revues réalisée par le CNRS et la Fnege.

L'émergence de règles encadrant l'activité des professeurs

À la fin des années soixante-dix, l'augmentation du nombre de professeurs permanents dans les écoles de gestion a conduit les chambres de commerce à créer des règles propres aux professeurs des écoles de gestion, regroupées parfois sous le nom de « statut du corps professoral[20] ». Ces règles sont restées en vigueur avec quelques amendements mineurs pendant plus de 35 ans.

Ce statut prévoyait une période probatoire de trois ans avant la titularisation et l'existence d'une période sabbatique rémunérée. Cette dernière règle a d'ailleurs permis à beaucoup de professeurs de poursuivre et de terminer leur thèse à une époque où celle-ci n'était pas exigée lors du recrutement. Le temps de travail était réparti sur une durée de quatre jours par semaine, ce qui devait permettre aux pro-

20. C'est le cas notamment de ESCP et HEC.

fesseurs de disposer librement d'un jour par semaine pour développer leur expertise et ainsi maintenir un lien avec les entreprises.

L'activité du professeur se développait autour de trois axes : l'enseignement, la recherche et la participation au développement et au rayonnement de l'école. Ainsi les professeurs pouvaient, à côté de leurs heures d'enseignement obligatoires, aménager leur activité et notamment choisir à certaines périodes de leur vie académique de mettre l'accent sur la recherche (rédaction d'articles, création de cas, rédaction d'ouvrages à caractère académique ou professionnel) ou l'enseignement (création de nouveaux cours en formation première ou en formation permanente, développement d'innovations pédagogiques). Les professeurs pouvaient également faire le choix de consacrer une partie de leur activité à la participation au développement de l'école (création de nouveaux programmes en formation première ou en formation continue, création de nouvelles options) ou encore d'assurer des fonctions au sein de la direction de l'école.

Parmi les règles applicables à la carrière des professeurs, les conditions requises pour le passage d'un grade à un autre (assistant, professeur assistant, professeur associé, professeur) étaient retracées succinctement. La gestion du corps professoral était assurée par le doyen, entouré d'un comité consultatif composé de membres élus par les professeurs. La gestion et le développement de la recherche étaient confiés au doyen associé à la recherche. Cependant, les salaires, de même que l'enveloppe des promotions, étaient décidés par la chambre de commerce, ce qui limitait de manière significative les pouvoirs de gestion du doyen.

Le corps professoral des écoles de gestion françaises entre son passé et son avenir

Le corps professoral des écoles de gestion françaises[21] a très fortement évolué au cours de ces dernières années dans le cadre de la stratégie des écoles, résolument tournée vers un positionnement international[22].

Par ailleurs, le changement récent de gouvernance des écoles passées sous un statut privé a eu un impact direct sur la gestion du corps professoral. En effet, dans un contexte lié à la réduction forte du financement des chambres de commerce associée aux besoins croissants des écoles de gestion pour concurrencer les institutions internationales, les chambres de commerce ont décidé de rendre autonomes

21. Le corps professoral des écoles de gestion françaises est aussi appelé « faculté » (*faculty*) par un grand nombre d'entre elles.
22. Dans ce contexte, la plupart des écoles associent « Business School » à leur nom initial : EDHEC Business School, EM Lyon Business School, ESCP Business School, ESSEC Business School, KEDGE Business School, NEOMA Business School, SKEMA Business School...

leurs écoles de gestion. Une nouvelle structure juridique a donc été créée *ad hoc* pour organiser cette autonomisation : l'établissement d'enseignement supérieur consulaire (EESC) créé par la loi du 20 décembre 2014. Cet établissement est, au regard de la loi, une société commerciale (société anonyme) par la forme. Cependant, pour garder le lien avec la structure publique antérieure, la nouvelle entité comporte des dispositions particulières concernant notamment la répartition du capital social[23], la composition du conseil d'administration et l'interdiction faite à l'établissement de distribuer des dividendes aux actionnaires. Deux professeurs au moins, élus par leurs pairs, ainsi que le doyen du corps professoral, siègent au conseil d'administration. Comme tous les administrateurs, ils ont un droit à l'information et, bien entendu, un droit de vote au sein du conseil d'administration.

La majorité des écoles appartenant aux chambres de commerce est passée sous statut EESC. Toutefois, certaines écoles ont conservé leur statut d'association[24] et une seule école, qui appartenait précédemment à la chambre de commerce, a choisi le statut de société anonyme[25].

Les changements dans la gouvernance des écoles ont donné plus de liberté aux institutions pour gérer leur corps professoral et notamment les rémunérations et les promotions ; ainsi, les écoles pourront s'affranchir des règles de gestion du personnel qui, sous le statut précédent, étaient déterminées par les chambres de commerce liées, elles-mêmes, par leur statut d'établissements publics.

Les écoles ont ainsi mis en place de nouvelles règles de gestion des professeurs, plus proches des standards internationaux et plus en phase avec les critères retenus par les accréditeurs. Toutefois, ces nouvelles règles ne s'appliquent qu'aux professeurs recrutés après le changement de statut de l'école. Les professeurs recrutés avant la création de l'EESC resteront agents publics de la chambre de commerce, dont dépendait l'école, et seront donc toujours régis par les règles fixées par cette dernière et ce, pendant une durée de 15 ans à partir de la création de la nouvelle structure. Cette situation transitoire, nécessaire sur un plan juridique, met en présence deux statuts différents parmi les professeurs, différence constituant une source de disparité entre les nouveaux recrutés et les anciens, s'appréciant notamment en termes de salaire.

23. La chambre de commerce et d'industrie doit rester majoritaire.
24. EDHEC, ESSEC, SKEMA.
25. EM Lyon.

L'organisation du corps professoral : une évolution progressive

La composition du corps professoral

Afin de répondre à l'orientation académique des écoles de gestion françaises dans un contexte international, le développement du corps professoral a d'abord porté sur la recherche de profils recherche très marqués.

Par ailleurs, l'accroissement du nombre de programmes mis en place par les écoles de gestion et, en conséquence, l'augmentation du nombre d'étudiants ont nécessité le recrutement d'enseignants et ont conduit ces écoles à formaliser, à travers des contrats spécifiques, le statut de ces derniers au sein du corps professoral.

Certaines écoles ont ainsi créé le statut de professeur enseignant permanent, à temps partiel ou à temps complet, à côté de celui de professeur-chercheur. Le niveau académique est moins exigeant pour ces professeurs, mais ils ont des obligations d'enseignement plus lourdes, sans objectifs de publication. Leur mission est essentiellement tournée vers les activités pédagogiques et l'encadrement des élèves. La création de ce nouveau statut de professeur enseignant a le mérite de la clarté et de la transparence. Les enseignants vacataires qui participaient de manière significative à l'enseignement et à la vie de l'école peuvent aujourd'hui, à travers ce nouveau statut, faire l'objet d'un recrutement formalisé (contrat à durée indéterminée à temps plein ou à temps partiel).

Une troisième catégorie de contrats correspond à celui de professeur affilié. Tout en faisant partie du corps enseignant, les professeurs affiliés font l'objet de contrats moins homogènes par rapport à l'ensemble du corps professoral et plus individualisés, notamment par rapport à l'investissement en termes de temps et d'activité dans l'institution.

Les professeurs enseignants et les professeurs affiliés, au profil de praticiens le plus souvent, dispensent un enseignement tourné vers la pratique professionnelle et contribuent ainsi à maintenir la proximité des écoles de gestion françaises avec l'environnement économique et spécialement avec l'entreprise.

Enfin, d'autres professeurs collaborent de manière plus ponctuelle pour assurer des missions spécifiques d'enseignement ou d'encadrement des élèves : ce sont les professeurs émérites, les professeurs visitants et les chargés de cours ou collaborateurs ponctuels.

L'organisation par départements

Dans la plupart des écoles de gestion, les professeurs sont regroupés par départements correspondant aux disciplines du management avec quelques regroupements à la marge. Certaines écoles mettent l'accent sur le caractère multidisciplinaire que doit refléter l'organisation des départements, à l'instar de la formation que les écoles souhaitent donner aux élèves. Dans ces écoles, les professeurs sont donc regroupés selon la logique définie par l'institution.

L'organisation par départements est en cohérence avec la formation et la spécialité de chaque professeur, dans le domaine de l'enseignement, comme dans celui de la recherche. Le département est alors un lieu d'échanges entre les collègues et, à ce titre, il est très important individuellement pour chaque professeur et collectivement pour l'école. C'est au sein des départements que se retrouve l'ensemble des professeurs. Le département est appelé à donner son avis sur le recrutement de nouveaux professeurs. Il donne également son avis pour les changements de grade et pour l'attribution du titre de professeur émérite notamment.

Cette organisation par discipline peut cependant apparaître moins adaptée à la logique plus globale qui gouverne la gestion des entreprises et des organisations d'une part et à l'aptitude d'ouverture que l'on veut donner aux élèves d'autre part. L'existence de projets académiques, qu'ils soient dans le domaine de la recherche ou dans celui des programmes, et qui nécessitent une coopération transversale entre plusieurs disciplines, permet de pallier ces inconvénients sans pour autant modifier l'organisation par départements et les avantages qu'elle apporte à la communauté des professeurs.

Le doyen du corps professoral et le doyen à la recherche

Le recrutement et la carrière des professeurs des écoles de gestion sont gérés par un doyen du corps professoral. Le rôle du doyen est de représenter le corps professoral en interne, au sein des instances mises en place par la direction et à l'extérieur de l'institution, dans les milieux académiques spécialement. Le doyen élu ou nommé par la direction de l'école supervise les recrutements de professeurs, leur évaluation et leur développement de carrière.

À côté du doyen ou sous sa responsabilité, un doyen associé à la recherche a vu son rôle s'accroître depuis ces dernières années pour répondre à l'importance de la dimension recherche dans la stratégie des écoles. Le doyen à la recherche a pour rôle de promouvoir la recherche à l'intérieur et à l'extérieur de l'école, de stimuler la recherche et d'inciter les professeurs à s'orienter vers cette activité. Dans ce but, il dispose de moyens en personnels pour aider les professeurs techniquement dans leurs recherches, dans les traductions... Il gère un budget destiné notamment à financer les colloques auxquels les professeurs participent, à valoriser les recherches sous forme de bonus, à acquérir des bases de données.

L'activité et la carrière des professeurs : une nécessaire articulation entre recherche et enseignement

Dans le cadre de la stratégie de développement international menée par les écoles de gestion, un certain nombre d'entre elles ont fait évoluer les règles relatives à l'activité et à la carrière des professeurs permanents en matière de recherche et d'enseignement.

La place de la recherche

– La prise en compte de la recherche dans le recrutement des professeurs-chercheurs

Afin d'accroître leur notoriété dans l'environnement international et de répondre aux exigences des accréditations en matière de recherche et, pour une grande partie d'entre elles, de combler leur retard dans ce domaine, les écoles de gestion françaises ont mis l'accent au cours de cette dernière décennie sur le recrutement de professeurs ayant une dimension recherche très marquée. Dans la mesure où il existe une concurrence très forte entre les écoles pour attirer les candidats ayant ce profil (concurrence qui ne se limite pas au territoire français), les conditions qui leur sont faites sont attractives : salaires élevés, importance des moyens mis à disposition pour la recherche, environnement favorable et surtout temps pour développer ces recherches, c'est-à-dire plan de charge enseignement réduit. En contrepartie, ces professeurs sont soumis à une pression forte et à des objectifs à atteindre très précis en matière de publications pendant la période qui précède la titularisation, qui peut aller jusqu'à six ou sept ans selon les écoles. L'entrée effective de ces professeurs dans le corps des professeurs-chercheurs des écoles de gestion est subordonnée à la production d'un certain nombre d'articles parus dans les revues qu'elles sélectionnent.

Cependant, privilégier le recrutement de chercheurs dans les écoles de gestion représente un coût important. Comme nous l'avons souligné, les professeurs ainsi recrutés ont des salaires élevés, sollicitent des moyens et participent moins que les autres en termes d'heures de cours enseignés et de gestion de programmes. Le risque parfois évoqué de cette politique est de mobiliser des moyens importants pour recruter des professeurs-chercheurs qui trouveraient un intérêt dans un environnement leur permettant de renforcer leur profil recherche et par là même leur propre notoriété sans développer un attachement particulier à l'égard de l'institution.

– L'importance de la recherche dans l'évaluation du professeur

Les écoles posent des règles très précises par rapport à l'activité du professeur-chercheur en matière de recherche et de publications et précisent le niveau des revues. Les revues prises en compte dans l'évaluation sont généralement celles classées par le CNRS, la Fnege ou le *Financial Times*. Certaines écoles ont établi leur propre liste de revues à partir des classements opérés par les professeurs.

L'exigence des écoles portant sur la publication dans des revues classées permet d'accroître la visibilité de l'institution vis-à-vis du monde académique dans un contexte international. Pour ces écoles, il est donc important que les articles publiés par les professeurs le soient dans ces revues. L'évaluation du professeur dans le domaine de la recherche, principalement fondée sur le nombre d'articles parus dans les revues classées, apparaît objectivement comme peu contestable. En effet, avant d'être publié, l'article est évalué par un comité de lecture composé de pairs et le cheminement de l'article entre le moment où il est rédigé et celui où il apparaît dans la revue est long et fait l'objet d'échanges entre les examinateurs et l'auteur. Pour autant, l'évaluation des qualités académiques des professeurs ne doit pas se limiter au nombre d'articles publiés dans les revues classées A, A+ ou Alpha. Il convient de retenir également les contributions intellectuelles des professeurs qui apportent des solutions aux problèmes posés aux acteurs de l'économie et particulièrement aux entreprises. Dans ce but, le support des contributions retenues s'étend et doit s'étendre aux ouvrages publiés, qu'ils soient académiques ou professionnels, aux articles parus dans des revues professionnelles, aux études de cas... On notera par ailleurs que ces productions contribuent à accroître le prestige des professeurs au sein des milieux professionnels et ont une incidence sur la qualité de l'enseignement. Ce prestige participe à la visibilité des écoles, notamment auprès des professionnels et des entreprises, et favorise ainsi le développement des chaires d'entreprise qui, au-delà du soutien qu'elles apportent pour financer la recherche, offrent un terrain de recherche appliquée aux professeurs.

La publication d'articles dans des revues sélectionnées est devenue un objectif figurant dans le plan d'activité des professeurs-chercheurs de certaines écoles à côté des heures d'enseignement obligatoires, ce qui n'est pas sans soulever certaines difficultés si les professeurs recrutés il y a quelques années, à une époque où les exigences en matière de recherche n'étaient pas ce qu'elles sont aujourd'hui, n'atteignent pas les objectifs ambitieux prévus par l'école en matière de recherche. Cette situation nécessite une gestion fine des carrières des professeurs pour ne pas faire naître chez les plus anciens un sentiment de frustration nuisible à la cohésion du corps professoral.

L'importance de la recherche ne doit pas faire oublier, cependant, que la raison d'être du professeur est de transmettre son savoir, de permettre aux étudiants de comprendre le monde dans lequel ils évoluent et de participer au développement des organisations.

L'enseignement dans les écoles de gestion

– Les caractéristiques de l'enseignement

L'activité et le rôle du professeur ont évolué depuis une dizaine d'années sur deux plans, sur le contenu de l'enseignement d'une part, sur la forme de l'enseignement d'autre part.

Pendant longtemps l'enseignement se caractérisait schématiquement par un volet théorique, l'apport de connaissances, et des illustrations pratiques, des études de cas : le professeur apportait un savoir et transmettait un savoir-faire.

Les accréditations évaluant les programmes mettent aujourd'hui l'accent sur le développement des compétences des élèves et sur les moyens mis en œuvre pour s'assurer que les compétences souhaitées ont été acquises tant en formation première qu'en formation permanente. Cet objectif modifie le rôle du professeur dans les cours.

Par ailleurs, les évolutions liées aux transformations digitales ont influencé la gestion des entreprises et, par là même, le rôle du professeur dans la formation des élèves.

La mission du professeur était traditionnellement, en premier lieu, d'apporter des connaissances aux élèves ; or, ces derniers ont aujourd'hui accès à la connaissance instantanément à travers les données fournies par les moteurs de recherche, voire à travers les cours en ligne ouverts à tous. En conséquence, le rôle du professeur doit dépasser la transmission d'un savoir, il doit développer la réflexion, ouvrir l'esprit, donner les outils pour permettre aux futurs *managers* d'évoluer dans un monde multiculturel.

Le rôle du professeur est donc complexe. Il doit apprécier les aptitudes et les compétences que les élèves doivent acquérir et être capable d'anticiper les évolutions du management, liées notamment au développement de nouvelles technologies qui modifient les métiers dans l'entreprise, comme par exemple le recours à l'intelligence artificielle. C'est sur ce dernier aspect du rôle du professeur que le développement de la recherche dans les écoles de gestion trouve aussi sa justification.

La manière d'enseigner a également beaucoup évolué au cours de ces dernières années. Les nouveaux outils numériques ont permis, notamment, le développement d'enseignements à distance. Ces enseignements supposent, outre le support de moyens techniques et d'une équipe dédiée, un investissement et un apprentissage important de la part des professeurs. La crise sanitaire liée à la Covid-19 a considérablement accéléré cet apprentissage et mis à l'épreuve la faculté d'adaptation des professeurs dans un contexte de tension très forte pour les professeurs comme pour les étudiants (Moatti, 2020[26]). Ces enseignements doivent permettre une interactivité entre les élèves et le professeur d'une part et entre les élèves entre eux d'autre part. Or, créer un cours en ligne qui réponde à cette finalité et à l'exigence de qualité qu'on attend d'un professeur d'une grande école de gestion est un investissement important. Dans la mesure où l'enseignement est valorisé en termes d'heures de cours, se pose alors la question de savoir comment comptabiliser dans les plans de charge des professeurs à la fois l'investissement et le cours lui-même.

– La place de l'enseignement dans l'évaluation du professeur

Comme il a été rappelé précédemment, l'activité du professeur porte sur plusieurs domaines : la recherche, l'enseignement, l'implication institutionnelle et la participation au rayonnement de l'école. Alors que l'évaluation de la recherche peut être objectivement mesurée, même si cette mesure comporte de nombreux biais, il n'en est pas de même de celle de l'enseignement. En effet, si le nombre d'heures enseignées est une donnée objective, il n'y a pas d'indicateur de même nature pouvant être retenu pour apprécier la qualité de l'enseignement. C'est d'abord à travers les questionnaires remplis par les élèves que se fait cette évaluation. Pour éviter cependant la subjectivité des appréciations portées par les élèves, les critères d'évaluation des cours ont été affinés et précisés au fil du temps (qualité des supports de cours, prise en compte de l'évaluation des professeurs assurant le même cours...). L'enseignement du professeur est également évalué par rapport à l'ensemble des cours qu'il assure dans les différents programmes. Indépendamment de l'appréciation des élèves, d'autres indicateurs peuvent aussi être pris en compte comme l'innovation dans l'enseignement.

L'orientation prise dans la gestion du corps professoral permanent, spécialement à travers les objectifs de publications assignés aux professeurs-chercheurs, ne doit pas, pour autant, éloigner les écoles de commerce françaises de la pratique de la gestion des entreprises. Cette spécificité qu'elles tirent de leur histoire, et qui est valorisée par les entreprises, doit perdurer. En associant aux professeurs-chercheurs des professeurs enseignants et affiliés praticiens, les écoles peuvent maintenir la proximité avec les acteurs économiques et transmettre aux élèves la connaissance pratique de la gestion qui est essentielle dans leur formation. Cette spécificité doit aussi apparaître dans les règles s'appliquant aux professeurs-chercheurs dans le domaine de l'enseignement afin qu'ils continuent d'intervenir de manière notable dans les programmes, en particulier dans ceux destinés aux entreprises, et qu'ils fassent ainsi partager les fruits de leurs recherches.

26. Moatti, V. (2020). De la formation à la transformation. *ESCP Impact Papers*, 2020-74-FR. À partir de deux articles coécrits avec Hervé Laroche et publiés dans *Libellio*, série spéciale Coronam.

Le corps professoral des écoles de gestion constitue ainsi un acteur clé dans la stratégie élaborée et mise en œuvre par la gouvernance des écoles de gestion dans le contexte international et, plus spécifiquement, dans le rôle que celles-ci sont appelées à jouer dans le développement des organisations et particulièrement des entreprises.

Bibliographie

Bon, J. & Caby, J. (2014). L'enseignement du management selon le prisme de l'amélioration continue de la qualité. Dans *Le Professeur de management à 360°* (p. 184-190). Paris, Éditions Vuibert.

Bon, J., Manceau, D. & Tissier-Desbordes, E. (2014). Innovation et transformation dans l'enseignement supérieur. Dans *Le Professeur de management à 360°* (p. 171-177). Paris, Éditions Vuibert.

Dubois, P.-L. & Kalika, M. (2014). Du *Business School Impact Survey* (BSIS)... au *professor of Management Impact Survey* (PMIS). Dans *Le Professeur de management à 360°* (p. 152-159). Paris, Éditions Vuibert.

Kalika, M., Michel, G. & Orsoni, J. (sous la direction de) (2014). *Le Professeur de management à 360°*. Paris, Éditions Vuibert.

Lussier, S. & Chanlat, J.-F. (2017). Les enseignants en gestion face aux nouvelles injonctions institutionnelles. Une étude France-Québec. *Revue française de gestion*, *6*(267), 79-96.

Menger, P.-M., Marchika, C. & Hanet, D. (2015). La concurrence positionnelle dans l'enseignement supérieur. Les grandes écoles de commerce françaises et leur académisation. *Revue économique*, *66*(1), janvier, 237-288.

Moatti, V. (2020). De la formation à la transformation. ESCP Impact Papers, 2020-74-FR. À partir de deux articles coécrits avec Hervé Laroche et publiés dans *Libellio*, série spéciale Coronam.

Pérez, R. (2014). La figure de l'enseignant-chercheur en sciences de gestion : entre acteurs privés et pouvoirs publics. Dans *Le Professeur de management à 360°* (p. 145-151). Paris, Éditions Vuibert.

Pras, B. (2010). *L'évaluation des enseignants-chercheurs en sciences de gestion* (rapport établi par la Commission de réflexion sur l'évaluation des enseignants-chercheurs en sciences de gestion mise en place par la Fnege).

Thévenot, J. (2013). *Les institutions d'enseignement supérieur de gestion et leur corps professoral. Étude de la Fnege*, mars.

Chapitre 10

Un État régulateur ou stratège ?

Par Marianne Blanchard & Olivier Rollot

Le rôle de l'État dans l'enseignement en général, dont l'enseignement supérieur et la recherche, est important en France. Il a un quasi-monopole dans certaines disciplines comme la médecine ou le droit, mais dans d'autres disciplines, nous sommes dans une économie mixte, les établissements étant publics (essentiellement les universités), consulaires (essentiellement les écoles supérieures de commerce), privés, français ou étrangers. Ils s'affrontent donc sur un marché concurrentiel. Toutefois, l'État intervient en tant que stratège ou régulateur afin de garantir la qualité des formations et des diplômes, pour protéger les étudiants, mais aussi parce que beaucoup d'établissements bénéficient directement ou indirectement de financements publics.

Ces questions sont abordées dans un propos introductif puis débattus sous forme d'une table ronde.

1. Un État régulateur ou stratège ? Propos introductif

L'État occupe une place non négligeable dans l'organisation et le fonctionnement de l'enseignement et de la recherche en gestion, que ces activités prennent place dans les établissements universitaires ou dans les écoles. Certes, ceci n'est pas propre à cette discipline, l'institution étatique contribuant de façon générale au « gouvernement des disciplines académiques », soit l'ensemble des acteurs, normes, instruments qui « participent à l'organisation, l'orientation, la régulation et la production des sciences en général et des disciplines en particulier » (Benninghoff &

Crespy, 2017, p. 2). Néanmoins, on peut s'interroger sur l'existence de spécificités dans les rapports qu'entretient l'État avec les sciences de gestion.

Comme pour les autres disciplines, celui participe au gouvernement de la gestion, à travers plusieurs instances, comme le Conseil national des universités (CNU), qui organise les carrières des universitaires (voir chapitre précédent), ou le Haut Conseil de l'évaluation de la recherche et de l'enseignement supérieur (Hcéres). Sous certains aspects, son rôle apparaît toutefois particulier, en raison des spécificités historiques dans l'organisation des activités de recherche et d'enseignement en gestion. De fait, une partie non négligeable de ces dernières se déroule dans des établissements de statut privé ou mixte[1]. Cela ne signifie pas qu'elles échappent totalement à son contrôle, mais qu'elles relèvent d'un type d'action étatique original, qui s'est progressivement mis en place au cours des dernières décennies. En lien avec les acteurs universitaires et des écoles de gestion, mais aussi avec les représentants des sphères économiques, l'État participe ainsi d'une forme de régulation du secteur, notamment à travers des activités de qualification et de normalisation de l'offre de formation.

Mais plus qu'un simple régulateur, l'État sait aussi se faire stratège dans sa façon d'agir sur l'enseignement et la recherche en gestion, en cherchant à orienter les rapports avec d'autres disciplines et entre les institutions. Ceci est particulièrement vrai pour les activités inscrites dans un cadre universitaire, ayant dû s'adapter aux réformes de ce dernier, comme la mise en place du système LMD ou encore la création de pôles dit « d'excellence ». Toutefois, la politique universitaire a également pu avoir des effets – plus ou moins directs – sur les écoles.

Sans prétendre à l'exhaustivité, on se propose ici de donner un aperçu du/des rôle(s) de l'État dans le gouvernement de la gestion depuis le début du XXIe siècle, à travers deux études de cas : la régulation des diplômes non universitaires d'une part, les politiques de site d'autre part.

L'État régulateur

L'action régulatrice de l'État vis-à-vis de la gestion peut se décrire comme recouvrant un double rôle de qualification et de normalisation. De façon large, la qualification implique la définition de critères de qualité qui permettent aux utilisateurs

1. Les écoles dépendant de chambres de commerce étaient qualifiées de « consulaires », bien que ce terme ne renvoie à aucune catégorie juridique clairement définie. Tout en étant soumises au régime des établissements d'enseignement privés, elles étaient gérées par les CCI, établissements publics. En conséquence, la plupart de ces écoles pouvaient être assimilées à un service public sans personnalité juridique, celle-ci n'étant reconnue qu'à la seule CCI. Le développement des écoles sous statut associatif, et plus récemment du nouveau statut d'établissement d'enseignement supérieur consulaire (EESC), les constitue comme des entités autonomes de droit privé, qui peuvent ouvrir leur capital à des investisseurs privés, à hauteur de 33 % maximum. Les CCI restent néanmoins un acteur majeur, puisqu'elles doivent détenir au moins 51 % du capital de l'établissement.

d'un produit ou d'un service de le juger[2]. Cette qualification peut être d'ordre juridique et prise en charge par les pouvoirs publics ou de type commercial[3]. Dès la fin du XIXe siècle, l'État reconnaît les premières écoles supérieures de commerce et vise leurs diplômes. Cette qualification étatique a une double finalité. Premièrement, elle permet de certifier auprès des employeurs la qualité de la formation dispensée et d'attester d'un certain « niveau ». Les diplômes reconnus par l'État sont en effet « un élément de référence de la relation salariale puisqu'ils sont utilisés comme repères dans les politiques de recrutement, de promotion ou de rémunération » (Rose, 2007, p. 65). Deuxièmement, l'évaluation des formations et des diplômes par l'État permet de garantir l'acquisition de certains savoirs et de prérequis, ouvrant ainsi l'accès à des formations de niveau supérieur dans le cursus scolaire ou universitaire. Par exemple, l'obtention d'un diplôme accompagné du grade master autorise l'inscription en doctorat. Du côté de la recherche, l'État participe, à travers l'évaluation du dossier par l'Hcéres et le ministère de l'Enseignement supérieur et de la Recherche, à l'attribution du label d'équipe d'accueil (EA) ou d'unité mixte de recherche (UMR) en lien avec un organisme de recherche (CNRS principalement). Ces labels ont un impact sur le financement des unités de recherche et sur la possibilité d'accueillir des chercheurs et chercheuses liés à un organisme de recherche. L'activité de qualification est indissociable de pratiques de normalisation, que l'on peut définir comme visant « soit à [re]définir de nouvelles règles, soit à conformer des institutions [...] à ces nouvelles normes[4] ». En effet, en définissant des critères à partir desquels évaluer les formations ou les activités de recherche, l'État instaure des cadres normatifs auxquels les établissements doivent se conformer sous peine de voir leur « valeur » se déprécier.

Il importe d'emblée d'insister sur le fait que ce travail de régulation étatique se construit toujours en lien à la fois avec les représentants des écoles de gestion et des formations universitaires, mais aussi avec ceux des mondes économiques. Autrement dit, il s'agit de concertations tripartites, voire quadripartites, si l'on admet que les intérêts des représentants des écoles ne sont pas toujours les mêmes que ceux des universitaires.

2. Bourdieu, J., Bruegel, M. & Stanziani, A. (2004). Classer des produits, produire des acteurs : les boissons alcooliques. Dans J. Bourdieu, M. Bruegel & A. Stanziani (dir.), *Nomenclatures et classifications : approches historiques, enjeux économiques* (p. 116-120). Versailles, INRA Éditions. Colloque organisé à l'ENS de Cachan, 19-20 juin 2003, actes et communication, (21), novembre.
3. Ainsi pour le vin, l'État distingue juridiquement des catégories (AOC, vin de table, vin de pays), mais il existe d'autres formes de classification comme le guide Parker.
4. Benninghoff, M. (2006). Pouvoirs publics et normalisation des institutions scientifiques. Dans J.-P. Leresche, M. Benninghoff, F. Crettaz von Roten & M. Merz (dir.), *La Fabrique des sciences. Des institutions aux pratiques* (p. 19). Lausanne, Presses polytechniques et universitaires romandes.

Il serait trop long ici de détailler l'ensemble des actions régulatrices de l'État vis-à-vis de l'enseignement et de la recherche en gestion, aussi avons-nous fait le choix de présenter une étude de cas : celle de la régulation des diplômes non universitaires.

Les débuts d'une réflexion

Comme l'ont rappelé les chapitres précédents, les sciences de gestion connaissent, à la fin des années soixante-dix, une véritable institutionnalisation au sein de l'Université, avec la création de nombreux diplômes[5] (voir aussi Pavis, 2003) et l'ouverture de la section de sciences économiques du CNRS à cette discipline. Dans le même temps, les écoles de gestion apparaissent comme un secteur de moins en moins régulé, avec la multiplication du nombre d'établissements, extrêmement rapide dans les années quatre-vingt. En particulier les établissements dont le diplôme n'est pas visé par l'État ou non reconnu par celui-ci, peu sélectifs scolairement, connaissent une forte croissance.

Dans ce contexte se pose la question des modes de certification des formations à la gestion et de l'opportunité de mettre en place un système de régulation qui s'appliquerait à l'ensemble de ces formations. C'est un des objets du rapport *L'avenir des formations supérieures aux métiers de la gestion* remis en 1991 par une commission *ad hoc* à Lionel Jospin et Dominique Strauss-Kahn, alors respectivement ministre de l'Éducation nationale et ministre délégué de l'Industrie et du Commerce extérieur. La commission qui produit le rapport est dirigée par Christian Vulliez, Bernard Decomps et Georges Chacornac, ce qui vaudra à ce texte le nom de rapport « Chacornac-Decomps-Vulliez ». Un parallèle est dressé avec les formations d'ingénieurs, qui constituent un ensemble nettement délimité et structuré sous le double contrôle de l'État et des associations professionnelles d'ingénieurs, puisque depuis la loi du 10 juillet 1934, le titre de « diplômé d'une école d'ingénieur » est protégé par la Commission des titres d'ingénieur (CTI) qui examine les projets d'habilitation des écoles. Inversement, écrivent les auteurs du rapport, « le système des formations aux métiers de la gestion n'est pas un système. Il n'est bouclé par aucun dispositif de reconnaissance des titres. Il ne se laisse décrire par aucune grille de diplôme. Sans cohérence institutionnelle, il se développe par des voies multiples [...]. L'apparence est plutôt celle d'une inflation de titres, en l'absence d'unité de change ou de règles de parité » (p. 10-11). Les auteurs dénoncent en particulier l'essor des écoles non reconnues : « on voit se développer hors écoles, hors universités, hors reconnaissance, hors homologation, des écoles ou des instituts chics et chers, habiles à placer

5. 1970 : maîtrise d'informatique appliquée à la gestion des entreprises (MIAGE), 1971 : maîtrise de sciences de gestion (MSG), 1974 : doctorat en sciences de gestion, 1974 : maîtrise de sciences et techniques comptables et financières (MSTCF), 1976 : agrégation de sciences de gestion.

leurs "clients", qui proposent au prix fort des formations dont on sait ce qu'elles coûtent à défaut de savoir ce qu'elles valent » (p. 3).

Le rapport émet néanmoins des réserves quant à la possibilité d'adapter le modèle de la CTI à la gestion, en raison de la pluralité des niveaux proposés et de la diversité des organismes qui les prennent en charge et des métiers de la gestion (p. 51).

Dans l'immédiat, ce rapport n'entraîne pas de réformes. Néanmoins, il pose clairement les jalons d'une réflexion sur la mise en place d'un organisme indépendant d'évaluation commun à l'ensemble des formations.

La mise en place de la CEFDG

À la fin des années quatre-vingt-dix, deux rapports servent de catalyseurs au processus qui donnera naissance à la Commission d'évaluation des formations et diplômes de gestion (CEFDG) en 2001.

En mai 1998, le ministère de l'Éducation nationale, dirigé par Claude Allègre, met en place au niveau de la direction de l'Enseignement supérieur une mission de réflexion sur les disciplines de gestion, dirigée par Roland Pérez. L'instauration de cette commission est essentiellement liée à deux types de préoccupations. Tout d'abord, elle s'inscrit dans le projet de Claude Allègre de construire un espace européen de formation : un des objectifs assignés à la commission est en effet de réfléchir à l'harmonisation des formations à la gestion. Mais le rapport doit aussi servir de réflexion sur l'organisation de ces formations, alors que le paysage qu'elles constituent semble de plus en plus morcelé.

En décembre 1998, la commission Pérez remet son rapport[6], qui aborde notamment la question de la régulation des formations à la gestion. Le modèle de la Commission des titres d'ingénieur (CTI) y est à nouveau évoqué... et refusé, au motif que « les formations concernées sont trop variées pour être mises dans un moule unique, surtout à une époque d'ouverture internationale ». Le rapport suggère que la puissance publique facilite la « régulation du marché » par « la mise en place d'instances autonomes assurant une meilleure transparence en termes d'information du public potentiel et d'évaluation des établissements concourant à l'offre de formation ».

Un autre rapport, orienté plus spécifiquement sur les écoles consulaires, joue un rôle : publié par l'Inspection générale des finances (IGF) en mai 1999, il porte sur les chambres de commerce et d'industrie. Ce texte aborde les problèmes de la tutelle des formations consulaires, tutelle décrite comme « éclatée » entre plusieurs directions et

6. *Mission de réflexion sur les disciplines de gestion* (rapport de synthèse), 28 décembre 1998, révisé le 28 février 1999.

ministères. S'ensuit un problème de « pilotage », l'État ne disposant pas de moyens d'action efficaces face aux chambres de commerce. De fait, le seul véritable outil de contrôle à la disposition de celui-ci concerne la reconnaissance de l'institution et le visa des diplômes, mais ces validations se font alors pour une durée indéterminée, sans évaluation périodique. En conséquence, le retrait du visa étatique, qui « aurait pour l'établissement concerné un effet désastreux », apparaît comme un moyen d'action trop extrême pour pouvoir être réellement utilisé dans la gestion de ces écoles. Les rapporteurs suggèrent alors de s'inspirer des écoles d'ingénieurs pour lesquelles il existe depuis 1997 une révision périodique des habilitations à délivrer un diplôme d'ingénieur. Si les inspecteurs de l'IGF se soucient de l'organisation des ESC, c'est que pour eux l'absence de gestion concertée est « génératrice de surcoûts ». Or, ceci constitue un problème de première importance dans la mesure où ces écoles bénéficient de financements publics, représentant en moyenne 40 % de leurs ressources. L'importance des fonds publics dans les ressources de ces écoles justifie pour les inspecteurs de l'IGF le droit de regard de l'État sur la gestion de ces dernières et les autorise à formuler des recommandations à ce sujet, comme le regroupement des écoles les plus petites ou la limitation du recours à l'apprentissage, jugé trop coûteux.

Produits en réponse à des demandes distinctes et portant sur des objectifs différents, le rapport Pérez et le rapport de l'IGF conduisent néanmoins à des conclusions proches et sont explicitement mentionnés par un groupe qui se réunit à partir de l'automne 1999 autour des questions de régulation des formations à la gestion. Ce premier groupe conclut à la nécessité de mettre en place une instance d'évaluation des écoles de commerce, qui s'occupera de la question des visas, mais aussi du droit à délivrer le grade de master, nouvellement créé dans le cadre du processus de Bologne.

Un groupe de travail est réuni au printemps 2000 sous l'égide de Jean-Pierre Helfer, alors à la tête de l'IAE de Paris : y est décidée la composition de la commission, à savoir 16 membres, avec 4 représentants du monde universitaire, 4 représentants des formations privées et consulaires, 4 représentants des milieux économiques et 4 personnalités qualifiées. Il est intéressant de noter le poids des universitaires alors même que cette commission n'a vocation qu'à évaluer les formations hors université. Par ailleurs, comme le rappelle G. Talut (2018), la CEFDG n'est pas une instance d'accréditation : elle formule un avis et c'est l'État, *via* le ministère de l'Enseignement supérieur et la de Recherche, qui le valide ou non. Celui-ci garde donc, *in fine*, la main sur ses labels.

Du grade master au grade licence

Le rôle des instances étatiques a été visible aux premiers temps du fonctionnement de la commission : à la rentrée 2003, la commission Helfer propose d'attribuer à 28 écoles le grade de master (sur 36 demandes), mais le 20 octobre, le Conseil national de l'enseignement supérieur et de la recherche (CNESER) refuse de valider cette décision. Soutenues par le ministère, les écoles finissent néanmoins par remporter la bataille du master et, dès 2010, plus d'une quarantaine d'entre elles sont habilitées à décerner ce grade pour au moins l'un de leurs diplômes.

Plus récemment, face au développement très rapide des formations bac+3 (dites « bachelor »), la ministre de l'Enseignement supérieur, Frédérique Vidal, a annoncé qu'il serait possible pour les écoles de décerner le « grade de licence » à partir de 2021. Les dossiers, déposés à partir de l'été 2020 auprès de la CEFDG, devront, entre autres, prendre en compte trois critères : la qualité de la recherche, et notamment la présence d'enseignants-chercheurs dans le corps enseignant permanent ; l'existence d'une politique d'ouverture sociale, entre autres, par des systèmes de bourse ou le développement de l'apprentissage et enfin l'inscription dans une « politique de site » (ComUE, activités de recherche, échanges pédagogiques etc.). Les deux dernières dimensions interrogent le positionnement de l'État, puisqu'il s'agit ici d'inciter les établissements à répondre à des orientations plus générales dans la politique de l'enseignement supérieur et de la recherche. Il est intéressant de noter que des insuffisances en termes de politique d'ouverture sociale des écoles de gestion avaient été pointées en 2013 dans le rapport public annuel de la Cour des comptes, en appelant à une intervention plus nette de l'État[7]. Quant à l'inscription dans la politique de site, elle est au cœur des grandes orientations dans les réformes qu'a connues le système d'enseignement supérieur et de recherche français au cours des dernières décennies.

L'État stratège

Le gouvernement étatique des activités d'enseignement et de recherche en gestion répond à des logiques qui dépassent le cadre de cette seule discipline. En particulier, comme l'a bien montré C. Musselin, l'accent est désormais mis sur la constitution d'entités groupant des institutions d'enseignement supérieur et de recherche situées sur un même territoire, tout en diminuant, au sein des établissements, l'autonomie des « facultés » au profit d'une gouvernance centrale plus marquée (Musselin, 2017).

Si ces orientations ont un impact direct sur les activités universitaires, elles ne sont pas non plus sans effet sur les écoles.

7. « Il apparaît paradoxal que l'État, responsable et garant de l'égalité d'accès des étudiants aux filières de l'enseignement supérieur, se satisfasse de la situation et n'ait pas tenté, depuis 10 ans, d'y voir plus clair. » (Cour des comptes, 2013, p. 321)

La politique de site et ses effets

Depuis le début des années deux mille, les ministres de droite comme de gauche ont porté une politique volontariste de site, visant à réunir, sur un territoire donné, des établissements universitaires, des écoles et des organismes de recherche.

En 2006, la loi de programmation pluriannuelle de la recherche (LPPR) donne naissance aux PRES. Les écoles de gestion se sont investies relativement tardivement dans ces pôles (Aust, Crespy, Manifet, Musselin & Soldano, 2008), néanmoins ce retard initial a progressivement été rattrapé : début 2011, elles étaient représentées dans 10 des 21 PRES existants, mais seules quatre d'entre elles y apparaissaient en tant que membres fondateurs.

Si les PRES représentaient des rapprochements institutionnels concrets entre écoles de commerce et universités, le rapport annuel de la Cour des comptes, publié en février 2011, en dressait toutefois un bilan assez mitigé : « Les PRES ont un impact encore faible en matière de formation et de recherche. Ils éprouvent des difficultés à développer des actions de mutualisation structurantes[8]. »

La participation des ESC aux PRES semble relever avant tout de politiques d'affichage et d'enjeux symboliques : comme le souligne un rapport de la chambre régionale des comptes à propos de l'ESC Toulouse, « les bénéfices résultant de l'adhésion [au PRES] sont, somme toute, limités[9] ». Néanmoins, « le fait de rester en dehors du PRES aurait eu des conséquences défavorables ».

Le remplacement des PRES par les communautés d'universités et d'établissements (ComUE) en 2013 ne modifie pas la logique intégratrice de l'État, qui pousse les établissements à se regrouper, voir à fusionner, dans de véritables « empires universitaires » (Musselin, 2017). En septembre 2019, sur 19 ComUE, on comptait 6 écoles membres et 5 associées. Autrement dit, sans être totalement marginale, l'intégration des écoles de gestion à ces structures n'a rien de mécanique et dépend des configurations locales. Des liens ont pu être tissés entre écoles de gestion et universités par l'intermédiaire de la recherche, et en particulier des écoles doctorales, puisque seules HEC et l'ESSEC sont habilitées à délivrer ce diplôme à leur nom. À titre d'exemple, ESCP est ainsi associée à l'école doctorale de l'université Panthéon-Sorbonne.

De fait, si fusion il y a eu au cours des dernières années, c'est essentiellement entre les écoles elles-mêmes et indépendamment de logiques territoriales : les ESC de Lille et Nice ont fusionné pour donner naissance à SKEMA, Marseille et Bordeaux

8. Cour des comptes (2011). *Les pôles de recherche et d'enseignement supérieur : un second souffle nécessaire* (rapport public annuel), p. 305.
9. Chambre régional des comptes de Midi-Pyrénées (2012). *Rapport d'observation définitive sur la gestion du groupe École supérieure de commerce de Toulouse, exercices 2005 à 2009*, p. 16.

ont créé KEDGE, quant aux écoles de Rouen et Reims, elles ont formé NEOMA. Les logiques de site sont donc apparues secondaires face aux logiques statutaires : les écoles se sont rapprochées de celles qui leur étaient proches dans la hiérarchie symbolique (Sauder, 2005) qui les ordonne. Notons que certains rapprochements autour des activités de recherche transcendent aussi les cadres territoriaux : ainsi, l'école SKEMA propose-t-elle de délivrer des doctorats en lien avec les universités de Nice et de Lille 2, où elle a ses campus, mais aussi avec l'IAE d'Aix-en-Provence.

Quelle autonomie pour l'État stratège ?

L'existence d'autres logiques dans les rapprochements que celles suggérées par l'État témoigne à la fois des marges de manœuvre dont disposent les acteurs locaux, mais aussi – et paradoxalement – du poids de contraintes plus globales, liées aux processus d'internationalisation des activités d'enseignement supérieur et de recherche.

En effet, qu'il s'agisse des fusions « par site » ou « par statut », l'objectif reste – du moins pour partie – le même : atteindre une « masse critique » pour exister « à l'international ». Cet objectif est explicitement formulé dans la création des PRES, avec pour ligne de mire le fameux classement dit « de Shanghai[10] » (voir chapitre suivant). Du côté des écoles, la question de la visibilité internationale est également un élément central pour rendre compte des fusions. En particulier, il s'agit de mettre en commun les ressources pour répondre aux exigences, particulièrement en termes d'enseignants permanents et d'activités de recherche, là aussi des classements (comme celui du *Financial Times*), mais aussi des accréditations internationales (EQUIS, AACSB) (Nioche, 2007 ; Cret, 2007).

Autrement dit, dans sa gouvernance des disciplines, l'État est, d'une part, contraint par ce qui se joue à l'échelle mondiale et les « scripts[11] » qui s'imposent aux systèmes d'enseignement supérieur et de recherche (Musselin, 2008) et, d'autre part, entre en concurrence avec des logiques et d'autres institutions propres à chaque

10. « Le classement de Shanghai [est] certes critiquable mais que puisqu'on ne [peut] changer les indicateurs dont nous [ne sommes] pas maîtres, il [vaut] mieux les retourner en notre faveur. Lorsqu'ils choisissent leur future université, les étudiants américains, australiens, chinois, indiens regardent ce classement. C'est la mondialisation. On ne peut s'en abstraire et nous devons donc gagner des places, ce qui n'est pas contraire à l'exigence d'excellence de l'université française » déclarait ainsi V. Pécresse en 2007 (compte rendu analytique officiel du 11 juillet 2007 au Sénat : http://www.senat.fr/cra/s20070711/s20070711_8.html).

11. Les scripts peuvent se définir comme prescriptions normatives qui circulent dans l'environnement institutionnel des universités et des écoles et énoncent les propositions légitimes, les normes, les standards que ces établissements et les gouvernements doivent adopter s'ils veulent paraître rationnels et efficaces. C. Musselin en distingue cinq : la modification du rôle de l'État avec l'introduction de nouveaux instruments de pilotage plus souples (1) ; l'autonomisation des universités (2) ; le rôle accru des « parties prenantes » (*stakeholders*) (3) ; l'inscription dans une logique de privatisation (4) ; l'injonction à se placer dans une perspective mondiale (5).

discipline. Dans le cas de la gestion, la partition écoles/Université induit de fait des dynamiques particulières.

Conclusion : l'État, régulateur, stratège et passerelle ?

En dépit de certaines collaborations, le système d'enseignement supérieur et de recherche en gestion en France reste caractérisé par la dualité entre les formations universitaires et les écoles de gestion. Une des différences fondamentales entre ces deux systèmes est la place et le rôle de l'État : alors que les activités d'enseignement et de recherche au sein des universités publiques sont largement tributaires des orientations étatiques, mais bénéficient également des financements publics, les écoles disposent d'une plus large autonomie, mais sont contraintes par la recherche d'un équilibre budgétaire qui dépend de plus en plus des frais de scolarité des étudiants. L'État intervient essentiellement à travers la reconnaissance des formations, des diplômes et l'attribution des grades, mais aussi par les rapports publiés par ses instances, et, ne l'oublions pas, par l'organisation et le financement des classes préparatoires aux écoles de commerce.

Régulateur ou stratège, l'État apparaît aussi comme une passerelle entre les deux systèmes d'enseignement et de recherche à la gestion : il organise ou participe des principales instances réunissant les acteurs des écoles et des universités, qu'il s'agisse de la CEFDG, ou encore de la Fondation nationale pour l'enseignement de la gestion des entreprises, reconnue comme établissement d'utilité publique (sur sa création, voir Chessel & Pavis, 2001).

Bibliographie

Aust, J., Crespy, C., Manifet, C., Musselin, C. & Soldano, C. (2008). *Rapprocher, intégrer, différencier. Éléments sur la mise en place des pôles de recherche et d'enseignement supérieur* (rapport à la délégation interministérielle à l'aménagement et à la compétitivité des territoires).

Benninghoff, M. & Crespy, C. (2017). Le gouvernement des disciplines académiques en transformation. Dans M. Benninghoff, C. Crespy, J.-É. Charlier & J.-P. Leresche (dir.), *Le Gouvernement des disciplines académiques* (p. 1-14). Paris, Éditions des archives contemporaines.

Chessel, M.-E. & Pavis, F. (2001). *Le technocrate, le patron et le professeur : une histoire de l'enseignement supérieur de gestion.* Paris, Belin.

Cret, B. (2007). Stratégies d'établissement, stratégies d'accréditation. *Revue française de gestion, 178-179*(9), 233-250.

Musselin, C. (2008). Vers un marché international de l'enseignement supérieur ? *Critique internationale*, (39), 13-24.

Musselin, C. (2017). *La grande course des université.* Paris, Presses de Sciences Po.

Nioche, J.-P. (2007). La montée en puissance des accréditations non étatiques. *Revue française de gestion, 178-179*(9), 219-232.

Pavis, F. (2003). L'institutionnalisation universitaire de l'enseignement de gestion en France (1965-1975). *Formation Emploi*, (83), 51-63.

Rose, J. (2007). Diplômes et certifications. Les termes du débat et les lignes d'un programme de recherche. Dans F. Maillard et J. Rose (dir.), *Les Diplômes de l'Éducation nationale dans l'univers des certifications professionnelles. Nouvelles normes et nouveaux enjeux* (p. 65-86). Marseille, Céreq.

Sauder, M. (2005). *Status judges: the effects of formal rankings on educational status systems* (thèse de doctorat en sciences de gestion). Evanston, Northwestern University.

Talut, G. (2018). *La normalisation des formations supérieures de gestion en action : une analyse pragmatique des pratiques rhétoriques de la Commission d'évaluation des formations et diplômes de gestion (CEFDG)* (thèse de doctorat en sciences de gestion). Paris, Université Paris II-Panthéon-Assas.

2. Un État régulateur ou stratège ? Table ronde

Processus de Bologne, LMD, autonomie des universités, création de la CEFDG (Commission d'évaluation des formations et diplômes de gestion), de l'AERES (Agence d'évaluation de la recherche et de l'enseignement supérieur) puis du Hcéres (Haut Conseil de l'évaluation de la recherche et de l'enseignement supérieur)... Ces 30 dernières années, l'enseignement supérieur français a été le théâtre de nombreuses avancées et réformes. Si l'enseignement de la gestion en a été fortement impacté, une question se pose : l'a-t-il été en vertu d'une stratégie établie par l'État ou, par ricochet, de la part d'un État essentiellement régulateur ?

Pour en débattre se sont réunis :

Marianne Blanchard, maître de conférences en sociologie à l'Institut national supérieur du professorat et de l'éducation (INSPÉ) de l'académie Midi-Pyrénées ;

- Alain Burlaud, professeur émérite au Conservatoire national des arts et métiers (Cnam), ancien conseiller à la direction générale de l'Enseignement supérieur du MESRI ;
- Aude Deville, président de la section 06 « sciences de gestion et du management » du CNU et professeur des universités à l'institut d'administration des entreprises de Nice ;
- Jean-Pierre Helfer, fondateur et ancien président de la CEFDG, ancien directeur général d'Audencia BS et de l'IAE Paris, aujourd'hui directeur de la recherche Excelia et conseiller stratégique de Planeta France ;

- Isabelle Huault, présidente du directoire d'EM Lyon BS et ancienne présidente de l'université Paris-Dauphine PSL ;
- Roland Pérez, professeur émérite de l'université Montpellier 1, ancien président de l'université de Picardie, auteur d'un rapport en 1998 qui a préfiguré la création de la CEFDG.

Ce débat était animé par Olivier Rollot, directeur exécutif de HEADway Advisory, cabinet de conseil spécialisé dans l'enseignement supérieur, rédacteur en chef de *L'Essentiel du Sup*, ancien directeur de la rédaction de *L'Étudiant* et rédacteur en chef au *Monde*.

Rapprocher les systèmes académiques européens

En avril 2001 naît une instance qui s'est depuis imposée comme la régulatrice des écoles de management : la CEFDG, une instance dont la création avait été préconisée par un rapport de Roland Pérez en 1998 et que Jean-Pierre Helfer, alors professeur à l'IAE Paris, allait mettre en œuvre : « À l'époque les écoles ne pouvaient obtenir pour leurs diplômes qu'un visa. Certes il fallait respecter une certaine procédure mais ce visa était ensuite obtenu pour une durée illimitée. Ce qui ne nous paraissait pas opportun. » Pour définir ce que devait être la CEFDG, un groupe de réflexion dirigé par Jean-Pierre Helfer a travaillé pendant deux ans, de 1999 à 2001, en s'appuyant sur ce qui se faisait dans d'autres domaines, mais aussi sur les avis des entreprises comme des ministères et des instances internationales d'accréditation. « Sa création fut sous-tendue par l'idée stratégique de mener les écoles de commerce vers des standards de haute qualité. Il s'agissait d'abord d'inscrire les écoles de commerce de manière plus claire à l'intérieur du registre européen de l'enseignement supérieur. Ainsi ces écoles pouvaient dispenser des diplômes qui correspondaient à une attente et à une comparaison européenne en s'insérant ainsi dans le système LMD » confie Jean-Pierre Helfer.

Ce poids majeur de la mise en œuvre du processus de Bologne dans toutes les réformes intervenues ces dernières années, Alain Burlaud le confirme : « S'il n'y avait pas eu la réforme du LMD, il n'y aurait rien eu de ce qui a suivi. Nous avions là un État que je qualifierais de visionnaire dans une réforme portée par Jean-Marc Monteil. Et, bien entendu, Jean-Pierre Korolitski était également à la manœuvre. » La réforme des cursus français dans le domaine des sciences de gestion doit en effet être contextualisée insiste Roland Pérez : « Elle s'est inscrite, comme celle des autres formations supérieures de notre pays, dans le cadre d'une initiative européenne visant au rapprochement des systèmes académiques des différents pays afin de créer un "espace européen de l'enseignement supérieur", initiative connue sous le nom de "processus de Bologne" ». Mais Roland Pérez constate également qu'en « fait, ce rapprochement est devenu plutôt un alignement sur le système américain qui comprend – comme on le sait – trois grades successifs : bachelor, master et PhD ». Mais si la délivrance du grade de master aux diplômés des écoles d'ingénieurs était facilitée par l'existence de la Commission du titre d'ingénieur (CTI) qui, depuis 1937, veille sur les conditions de délivrance et d'usage du titre d'ingénieur diplômé, « en revanche, il n'y avait pas d'équivalent à la CTI pour les écoles relevant du secteur tertiaire, écoles dites du haut enseignement commercial, de gestion ou de management » reprend Roland Pérez.

Aller vers des standards de haute qualité

La création de la CEFDG a permis de faire émerger en France des standards de qualité et de faire reconnaître la valeur de ses établissements. Comme le rappelle Jean-Pierre Helfer, « on oublie qu'à l'époque, le diplôme de la grande école était à peu près méconnu à l'étranger. Et quand on parlait de classes préparatoires à l'étranger on nous demandait pourquoi nous recrutions nos élèves dans des lycées. Trois ans de formation après un lycée c'est donc un bachelor nous disait-on ? La première idée stratégique, c'était donc de faire en sorte que l'on puisse promouvoir, ou tout au moins donner une place connue sans aucune ambiguïté, au diplôme de sortie des écoles de commerce ». Cette première idée stratégique en rejoint une deuxième souligne le fondateur de la CEFDG, celle de « trouver une forme non pas de standardisation, même pas d'harmonisation, mais tout au moins un outil de comparaison entre ce qui se passait à l'intérieur des deux grands réseaux d'enseignement du management en France, c'est-à-dire le réseau universitaire d'un côté et le réseau des écoles de l'autre ».

Sous l'impulsion de Jean-Pierre Korolitski, sous la plume de Christian Martin, le ministère de l'Enseignement supérieur et de la Recherche établit alors, dans l'article 1 du texte de sa création, que la CEFDG devait être consultée de manière générale sur les modalités de contrôle et d'évolution des formations de commerce et de gestion. Mais c'est finalement sur l'article 2, portant sur la création du grade de master, qu'allait se focaliser l'action de la commission. Grade de master, mais pas master comme le rappelle encore Jean-Pierre Helfer : « J'ai passé de longues soirées au ministère pour trouver quelque chose qui permettait de dire que c'était le même diplôme, mais pas le même diplôme. Et un beau jour quelqu'un a eu l'idée de dire que les écoles ne délivraient pas un diplôme de master mais délivraient un diplôme reconnu comme ouvrant les mêmes droits que le master. Ce fut le "grade de master". Naturellement, la réalité des choses a fait que la différence a complètement disparu. »

En revanche, l'article 1 portant sur la création de la CEFDG n'a pas véritablement été mis en œuvre. « Il y a eu des quantités de réglementations dans le domaine de l'enseignement supérieur dans le domaine du management qui n'ont pas été soumises à la Commission. Et la Commission s'est préoccupée prioritairement, quasi exclusivement du grade » constate Jean-Pierre Helfer, regrettant qu'on abandonne ainsi l'action d'un État qui se voulait stratège : « Nous sommes passés d'une idée stratégique de qualité des formations à une mise en œuvre empêtrée dans la régulation. »

Quand le grade de master s'impose

Peu à peu, disposer du grade de master est devenu un sésame indispensable pour toute école de commerce souhaitant faire partie des écoles de premier plan, au point d'occuper la quasi-totalité des travaux de la CEFDG. « Plutôt que de faire en sorte que les deux grands réseaux de formation, les IAE (instituts d'administration des entreprises) et les écoles de commerce, construisent des ponts entre eux, plutôt qu'établir une indication très nette sur ce qui se passait en France par rapport à ce qui se passait à l'étranger, la définition du grade de master est devenue le quasi seul métier de la CEFDG pendant un certain temps » analyse Jean-Pierre Helfer, qui établit encore : « Bien sûr, là elle a également remis des visas. Bien sûr, il y a également eu des formations à bac+3 qui ont été examinées, et tout ceci continue avec la création du grade de licence, mais très vite nous nous sommes concentrés sur le grade de master. » À la clé des regards, de plus en plus acérés, des différentes parties prenantes avec notamment des « journalistes qui ont considéré que les classements des écoles devaient prendre en compte non seulement le grade, mais également la durée du grade au même titre que les accréditations internationales ». L'enjeu était d'autant plus crucial que les écoles étaient alors persuadées que peu d'entre elles obtiendraient le grade reprend Jean-Pierre Helfer : « On me disait "Cher président, on a bien compris que le grade sera délivré au maximum à cinq établissements, les doigts d'une main au maximum. Et quand on vous tordra le bras, vous irez aux doigts des deux mains, mais certainement pas davantage". Mais ce n'était pas l'option que je préconisais. »

Pour finir, constate Jean-Pierre Helfer, l'action de la CEFDG n'est pas allée « nécessairement dans le sens de la reconnaissance européenne, pas nécessairement non plus dans l'harmonisation entre les deux réseaux d'enseignement supérieur », mais a permis un « progrès qualitatif et quantitatif généré par la volonté de tous les établissements d'obtenir le grade de master. Les écoles se sont transformées. Il y a eu des recrutements de centaines et de centaines d'enseignants permanents, alors qu'il y en avait très peu dans les écoles en général, ce qui a permis d'élever les taux d'encadrement supplémentaires. Il y a aussi eu une accentuation et un renforcement de la recherche ». Les excellents rangs des écoles de commerce françaises dans les grands classements internationaux est d'ailleurs l'illustration de ces progrès importants. Un mouvement qualitatif s'est appuyé sur les référentiels de la CEFDG établis dans le sens de ce qui se passait à l'international, c'est-à-dire des accréditations qui existaient déjà. « Voilà pourquoi l'État a été à la fois régulateur et stratège. Mais, parti d'une idée qui était véritablement une idée stratégique de fond, une idée magnifique, une idée de long terme, une véritable disruption, nous nous sommes peu à peu dirigés vers une réglementation qui a considérablement amendé l'idée stratégique de départ » conclut Jean-Pierre Helfer.

Rapprocher deux mondes

L'un des effets majeurs de l'action de la Commission aura été de rapprocher le monde des écoles de commerce et celui des universités. Le tout avec en ligne de mire l'accès à une plus forte légitimité grâce au respect des critères académiques « classiques ». « Il s'est opéré une forme de rapprochement entre ce qui se pratiquait à l'Université et dans les *business schools.* Ces dernières proposent aujourd'hui un contenu académique plus important en termes de recherche. Et dans le même temps, l'Université s'est professionnalisée. Une forme de convergence s'est établie entre ces deux mondes » remarque Isabelle Huault. Ce que confirme Aude Deville : « À l'Université, l'action d'instances d'évaluation, et tout particulièrement du Hcéres, a structuré notre discipline. L'évaluation des enseignements et des centres de recherche a aidé à créer du sens et donné plus de légitimité. » Légitimité de l'enseignement de la gestion, le mot est central note Marianne Blanchard : « La gestion n'était souvent pas considérée comme une véritable discipline scientifique. La place de la recherche a été affirmée avec la création d'une instance d'évaluation. De plus, la possibilité pour les écoles de décerner le grade de master les a placées symboliquement au même niveau que les universités. »

Là aussi, il importe de revenir aux fondamentaux souligne Roland Pérez en rappelant que « les sciences de gestion se sont construites progressivement et constituent un espace de connaissances et de pratiques qui peut être représenté par un triangle dont chaque élément constitue un enjeu pour les sciences de gestion, en les légitimant ou, au contraire, en les minorant/critiquant. Ces trois éléments – qui constituent autant de "lignes de front" pour les SG – concernent respectivement les aspects praxéologiques, idéologiques et méthodologiques de ces disciplines. Le premier – le plus ancien – concerne la relation avec les pratiques de gestion et ses acteurs. Pendant longtemps, la gestion a été considérée comme se résumant à des pratiques relativement simples mobilisant quelques connaissances techniques ». C'est ainsi que, jeune professeur à Lille en 1965, Roland Pérez se voit expliquer par le directeur d'une école d'ingénieurs désirant donner un enseignement de gestion à ses élèves : « Dans leurs futures fonctions comme cadres supérieurs, ils auront besoin : (i) de savoir lire un bilan, (ii) de calculer un prix de revient, (iii) d'apprécier la rentabilité d'un investissement. Vous avez 30 heures pour leur apprendre la gestion. » Depuis cette époque, les mentalités ont bien évolué, se félicite Roland Pérez : « Il est maintenant admis qu'à l'instar d'autres savoirs d'action, la gestion ne se réduit pas à quelques outils mis en œuvre par des acteurs formés dans d'autres disciplines et arrivant dans l'univers de la gestion sans y avoir été spécifiquement préparés. Il reste néanmoins une certaine distance, voire une condescendance, entre les acteurs engagés dans des activités de gestion (les gestionnaires) et le mode académique de ce champ disciplinaire (les « gestiologues »), même si des efforts sont faits pour rapprocher les uns des autres (activités de conseil ici, recrutement d'enseignants associés là...). »

Le poids grandissant de la recherche

Ce poids nouveau de la recherche dans l'enseignement de la gestion a apporté le meilleur, mais aussi le pire, comme le rappelle Isabelle Huault : « Nous avons assisté, à certains égards, à une forme de standardisation de la discipline avec le règne du "*publish or perish*" qui a parfois fragmenté les universités et les centres de recherche. Les facultés ont également subi une forme de standardisation avec une place accordée au monde anglo-saxon qui était sans doute plus importante que ce qu'elle aurait dû être, dans des disciplines qui doivent être aussi contextualisées. » Pour autant, la directrice de EM Lyon estime que « l'action du Hcéres a été très structurante pour notre champ disciplinaire, à la fois pour sa relégitimation, sa normalisation comme science et pour sa montée en qualité académique. Mais cela a aussi produit une forme de mimétisme avec d'autres disciplines auxquels nous devons veiller ». Depuis la communauté académique en gestion a établi qu'il fallait valoriser d'autres formes de production de connaissances, comme les ouvrages ou les revues francophones.

Cette montée en puissance de la recherche en gestion, Aude Deville s'en félicite : « La recherche des laboratoires de sciences de gestion est un support de la formation à l'Université. L'enseignement, enrichi par la recherche, constitue un des avantages compétitifs de l'enseignant-chercheur universitaire qui le distingue d'autres acteurs intervenant dans les formations. »

Et cette recherche est d'autant plus importante pour légitimer l'enseignement des sciences de gestion que le second élément de son triangle, tel que le définit Roland Pérez, se situe au plan idéologique : « Pour beaucoup de personnes, la gestion a été apparentée à un ensemble de procédés utilisés pour mieux effectuer les activités d'une entreprise pour le seul bénéfice de son patron. Cet *a priori* trouvait son justificatif dans le fait que la plupart des établissements enseignant la gestion étaient soit privés, soit dépendant de chambres de commerce et d'industrie (ainsi, à Paris, ESCP ou HEC) ; par ailleurs, le corpus utilisé dans ces établissements prenait le plus souvent comme référence celui des *business schools* américaines dans lesquelles maints de leurs enseignants avaient été formés. Aussi, une critique idéologique a pu se développer sur le statut même du champ de la gestion comme discipline scientifique, contestation allant jusqu'à demander la suppression de la section du CNU qui lui était consacrée. »

Aujourd'hui, la situation a bien évolué : au niveau de l'entreprise, qui reste son domaine de référence, la gestion s'intéresse à ses différents aspects, y compris aux questions qui peuvent concerner, ici les ressources humaines, là la gouvernance ou la responsabilité sociale/sociétale (RSE). Comme l'analyse Roland Pérez, « peu à peu, notamment avec l'accession au pouvoir de partis de gauche, ces derniers ont porté un intérêt croissant aux problématiques de gestion, levant ainsi l'hypothèque idéologique qui pesait sur cette discipline. D'autre part, les terrains étudiés se sont considérablement diversifiés ; non seulement en termes de types d'entreprises ne relevant pas de la forme privée classique – comme celles relevant de l'économie sociale et solidaire (ESS) ou du secteur public – mais, au-delà de l'entreprise, vers toutes formes d'organisations humaines finalisées, d'activités et de secteurs les plus divers (artistiques, sportifs, culturels, cultuels, etc.). La gestion devient ainsi présente dans la plupart de ces organisations, suscitant même des réactions critiquant son hégémonisme. La gestion a été, en quelque sorte, victime de son succès... ».

CNU : pour ou contre la disparition de la qualification ?

Suite à son vote par le Parlement fin 2020, une concertation sur l'expérimentation du recrutement d'enseignants-chercheurs par les universités, sans passer par la qualification du CNU, est en cours. Une véritable révolution, plutôt demandée par des présidents d'université, désireux d'acquérir toutes les marques de leur autonomie, mais qui inquiète beaucoup de maîtres de conférences et de professeurs comme le souligne Aude Deville : « La qualification des maîtres de conférences et des professeurs permettait de garantir l'intégrité d'une discipline et l'équité des critères au sein d'une discipline sans pour autant priver les établissements et les comités de sélection de choisir leurs candidats. La qualification permet d'inscrire des candidats sur une liste d'aptitude établie par un comité de pairs (le Conseil national des universités section 06 pour les sciences de gestion et du management) et de reconnaître des compétences et des expériences tant du point de vue de la recherche, que de l'enseignement et de l'engagement collectif institutionnel et scientifique. » Un point de vue que ne partage pas Isabelle Huault : « Je ne dis pas que je suis pour la suppression de la qualification. Ce que je dis c'est qu'il n'y a pas de lien de cause à effet entre la qualification ou pas des enseignants-chercheurs par une instance nationale et une hausse des frais de scolarité. Il existe aujourd'hui en Europe des universités publiques dont le recrutement est décentralisé et dont les coûts d'inscription ne sont pas élevés. »

Avec le CNU, Aude Deville défend également un dispositif dynamique qui valorise les points saillants de la gestion en mettant en avant des faits observables : « Un professeur en sciences de gestion va devoir démontrer qu'il est capable d'encadrer des recherches, à la différence d'un maître de conférences qui doit seulement démontrer qu'il sait faire de la recherche. Ce que ne peut pas faire un conseil d'administration d'université où toutes les disciplines, les 77 sections du CNU, ne peuvent pas être représentées de façon homogène. À ce titre, les sections du CNU jouent un rôle dynamique et normatif en incitant les enseignants-chercheurs à atteindre des critères de valorisation et de reconnaissance tant du point de vue de la recherche que de l'enseignement et de l'engagement institutionnel et collectif. Ces critères sont cohérents et homogènes au sein des disciplines, mais hétérogènes entre les disciplines. D'un point de vue opérationnel, au regard de cette diversité et du nombre de dossiers à traiter chaque année, il est très difficile d'envisager que nos universités aient les moyens de mettre en œuvre des évaluations qui permettent de tenir compte des spécificités disciplinaires. » Sans contester ce rôle, Isabelle Huault s'interroge : « Nous oscillons entre une autonomie qui est censée être croissante et une centralisation, un jacobinisme et le maintien de règles qui sont héritées de l'ancien système. Et l'un des leviers d'une politique d'établissement, c'est bien le recrutement. Si les établissements ne font pas preuve de maturité dans ce domaine, il en va de leur qualité. » Ce qui signifie également qu'on « ne fait pas confiance à la qualité du doctorat à la française puisqu'il n'aurait pas la même valeur partout ». Et l'ancienne présidente d'université de poser le diagnostic : « Il y a un paradoxe, une tension entre cette autonomie croissante et le maintien de pratiques qui ont leur vertu : un meilleur aménagement du territoire sans doute, et une égalité et un statut de fonctionnaire d'État qui est à peu près homogène. Mais il y a des éléments qui ne plaident pas non plus pour le maintien et notamment le fait que c'est un standard très français, qu'on retrouve très peu dans d'autres systèmes internationaux. Le maintien d'une instance, d'un organisme national est à peu près inédit dans le monde aujourd'hui. »

Ce qu'Alain Burlaud résume ainsi : « Il faut alors être logique. Si l'on veut privilégier le localisme, alors il faut abandonner les diplômes nationaux ainsi que le statut de fonctionnaire d'État des enseignants-chercheurs. Qui est prêt à avoir le courage politique de soutenir un tel changement ? Ou alors, il faut dire que l'on veut le beurre et l'argent du beurre. »

Autonomie des universités, regroupements : pourquoi faire ?

La question du CNU en est nouvelle illustration : depuis 2007 et le vote de la loi relative aux libertés et responsabilités des universités (LRU), le débat est vif entre les tenants de l'autonomie et ceux de la centralisation. D'autant que, qui dit autonomie des universités ne dit pas autonomie pour tous comme le souligne Jean-Pierre Helfer : « L'autonomie de la loi LRU, c'est l'autonomie des établissements. Hors Dauphine, 98 % des formations et des structures de management dans les universités sont des composantes. Donc, quand on a donné plus d'autonomie à l'établissement, on en a donné moins aux composantes. Et quand on interroge aujourd'hui ces structures, on entend de manière tout à fait régulière que leurs espaces de liberté, d'autonomie, ont été singulièrement réduits. »

La loi LRU et les suivantes ont également conduit à la constitution de larges regroupements d'universités et de grandes écoles dans le but de mieux résister à la concurrence internationale. Pour une université comme Paris-Dauphine, membre de PSL, cela a notamment signifié des rapprochements avec l'École des mines Paris ou l'École nationale supérieure des arts décoratifs. « Il y a beaucoup de promotion de la pluridisciplinarité à travers ces grands ensembles qui apportent également une reconnaissance et une attractivité internationale, tout simplement parce qu'on est plus visible lorsque l'on est à plusieurs et plusieurs établissements prestigieux » témoigne Isabelle Huault pour laquelle *« la vertu principale de ces grands regroupements est de permettre de créer des programmes innovants et des programmes de recherche avant-gardistes ».*

La gestion : une discipline comme les autres ?

Fallait-il faire entrer les sciences de gestion dans le même moule que les autres disciplines universitaires ? Jean-Pierre Helfer pose la question : « La gestion ne ressemble pas aux autres disciplines. Vouloir uniformiser pour ne voir qu'une seule tête c'est extrêmement mauvais. Cessons d'imaginer que ce qui est bon pour tout le monde est bon pour la gestion ! » De son côté, Isabelle Huault ne voit pas la « gestion comme une discipline à part. Elle fait partie des sciences humaines et sociales et se conforme à des standards académiques qui doivent être les mêmes, sauf à dire qu'on sert les seuls praticiens et les *managers* alors que je considère que nous servons la société dans son ensemble ».

Alain Burlaud estime quant à lui que les sciences de gestion « vivent dans un monde concurrentiel avec non seulement la dualité écoles/universités, mais aussi une concurrence internationale beaucoup plus forte que dans la plupart des autres disciplines ». Et d'insister : « Notre proximité avec le monde professionnel fait aussi que nous ne sommes pas tout à fait identiques aux collègues d'autres disciplines.

Vouloir mettre tout le monde au même pas, ça n'a pas beaucoup de sens et ce n'est que créateur de conflits. Pour qu'on puisse vivre ensemble et en harmonie, il faut respecter les différences des différentes disciplines. Et ça, cela va évidemment à l'encontre de la standardisation, qu'il s'agisse d'ailleurs de la standardisation de la recherche, des enseignements, des statuts, etc. »

Roland Pérez pose également la question de la prédominance d'une approche anglo-saxonne des sciences de gestion : « L'approche jusqu'à présent dominante en sciences de gestion, dite *mainstream*, repose sur l'hypothèse implicite qu'il existe une science de gestion universelle, à l'image des sciences "dures" ou "exactes" qui constituent leur modèle de référence ; le corpus de cette science de gestion universelle peut être produit pour l'essentiel dans le monde anglo-saxon et être enseigné en anglais ; il doit être valable pour tous et tout le temps... À l'inverse, nous pensons que les situations de gestion, les comportements des acteurs concernés, les méthodes d'analyse mises en œuvre et les outils utilisés doivent être contextualisés et être différenciés selon les sociétés humaines et les périodes considérées. Les entreprises transnationales elles-mêmes ne s'y trompent pas. Ainsi, confronté à la pandémie mondiale actuelle, un groupe comme Disney n'a pas le même comportement pour y faire face aux États-Unis ou en France. On pourrait multiplier les exemples, en parlant ici des aspects sociétaux, là des incidences environnementales. Les établissements de formation à la gestion devraient s'adapter à cette contingence et offrir des cursus plus diversifiés et mieux adaptés aux besoins des publics concernés. Il n'existe pas un modèle universel de management ! »

Les effets du décontingentement du concours d'agrégation

Une autre évolution intervenue ces dernières années paraît essentielle à Isabelle Huault : le décontingentement du concours d'agrégation. « Nous observons sans doute des transformations dans le recrutement au sein de notre discipline. Dans son dernier rapport, Pierre-Louis Dubois a montré une montée en puissance un peu trop forte de l'endorecrutement dans l'Université et un enjeu de mobilité de dynamique territoriale qui est aussi un peu entamé. Je ne dis pas que c'est bien, que c'est mal, mais ce que j'observe, c'est qu'il y a une forme de recrutement qui se transforme, en particulier au niveau des professeurs d'université, et qui entrave un peu les processus de mobilité géographique qui ont lieu traditionnellement dans notre discipline avec un enjeu d'aménagement du territoire. »

Cette fin du contingentement du concours d'agrégation, Aude Deville la regrette également : « L'endorecrutement chez les professeurs approche les 70 %. La fin de ce dispositif national est en la défaveur des collègues dont l'âge moyen pour passer professeur a évolué de 34 à 44 ans. L'agrégation est un dispositif qui peut s'apparenter à un *fast-track* permettant d'attirer des enseignants-chercheurs à l'Université et cela malgré la concurrence d'institutions étrangères ou d'écoles de commerce où les rémunérations et les conditions de travail peuvent être plus avantageuses. Les dispositifs nationaux et la coexistence de différentes voies de recrutement pour devenir professeur (ce qui est un idéal pour moi) offrent de la liberté aux collègues qui apportent motivation et engagement au sein des institutions. »

Mais en fait, quel rôle doit jouer l'État ?

Régulateur, stratège, spectateur attentif, mais quel rôle doit en fait jouer l'État dans l'enseignement supérieur et singulièrement dans l'univers de la gestion marqué par la place éminente qu'y jouent les établissements privés et consulaires ? « L'État est extraordinairement positif puisqu'il nous autorise beaucoup d'espace de liberté. Mais des espaces de liberté que, assez régulièrement, nous nous refusons à prendre en main » regrette Jean-Pierre Helfer, en mettant en avant les standards d'un doctorat : « Bien souvent, nous nous échinons à dire que l'État devrait nous permettre de délivrer un doctorat en apprentissage, un doctorat en *executive education*. Mais les jurys et les pilotes des thèses ont parfaitement le droit d'estimer qu'un doctorat en sciences de gestion va être plus empreint de pratique. Et nous ne prenons pas nécessairement la main là-dessus. » Un autre exemple : les recrutements. Jean-Pierre Helfer, de nouveau : « Combien de fois j'ai vu, j'ai entendu, dans des instances de recrutement, des professeurs regretter de ne pas avoir l'obligation de s'interdire tout recrutement d'une personne qui ne serait pas passée par une entreprise pendant au moins un an. Mais il appartient à la communauté de le décider à un moment donné, sous une forme ou une autre, mais elle ne le fait jamais. Pourquoi ? Parce que notre communauté est diverse. Parce que notre communauté hésite à se donner ses règles de pratique que l'on a dans un certain nombre de secteurs. » Autre exemple : les endorecrutements. Comme le souligne encore Jean-Pierre Helfer, il fut un temps où de grandes universités parisiennes s'étaient interdites de recruter les nouveaux qualifiés professeurs qu'elles avaient formés : « Aujourd'hui, c'est quelque chose qui a disparu. En fait, l'État nous laisse beaucoup de liberté mais notre communauté ne se donne pas les moyens structurels, émotionnels, etc. de les mettre en œuvre. »

Régulées par l'État, au travers notamment de la CEFDG, les écoles de commerce se demandent parfois ce que leur apporte l'État quand leurs principales préoccupations sont internationales, que ce soit en matière de recrutement d'étudiants et de professeurs ou de classement. Ce serait oublier que « malgré tout, elles reçoivent une partie du financement, directement ou indirectement, *via* la taxe d'apprentissage, de l'État, souligne Marianne Blanchard. C'est notamment le cas des écoles sous statut d'établissements d'enseignement supérieur privés d'intérêt général (EESPIG), d'où en 2013 la publication d'un rapport de la Cour des comptes sur des écoles de commerce qui sont également scrutées par le Hcéres. « Même si cela devient de plus en plus réduit dans le budget, cela reste significatif. Comme est significatif le financement des classes préparatoires – qui sont publiques dans leur grande majorité – dont sont issus beaucoup d'étudiants de ces écoles » souligne la sociologue.

En définitive, ce que demandent également beaucoup d'acteurs de l'enseignement supérieur de l'État, c'est tout simplement de la constance. « On ne peut pas piloter un établissement, on ne peut pas piloter une faculté, on ne peut pas piloter des programmes, on ne peut pas piloter des recrutements si tout change tout le temps » remarque Jean-Pierre Helfer en prenant l'exemple de la qualification des maîtres de conférences, instaurée il y a moins de six ans et déjà en voie d'être abolie. Et des exemples comme celui-là ne manquent pas, qu'il s'agisse du versement de la taxe d'apprentissage, de l'accueil des étudiants internationaux ou encore d'une autonomie des universités qui induit une moindre autonomie des composantes. La conclusion à Jean-Pierre Helfer : « L'État tire des bords alors que nous avons besoin d'un État qui prenne des décisions une bonne fois pour toutes. En tout cas, pour une certaine durée… »

Chapitre 11

Accréditations : dérapage contrôlé ou saut dans le ravin ?

Par Philippe Lorino & Nicolas Mottis

L'accréditation internationale semble avoir creusé le fossé, en France, entre écoles et universités, puisqu'en leur majorité, les écoles de management, membres de la Conférence des grandes écoles, ont recouru aux processus d'accréditation (en 2020, 25 pour l'AACSB et 20 pour EQUIS) et que seuls deux établissements universitaires, l'IAE d'Aix et l'université Paris-Dauphine, ont suivi le processus d'accréditation EQUIS et aucune le processus d'accréditation AACSB. Cette différence significative renvoie-t-elle à des divergences stratégiques irréconciliables, des différences croissantes entre valeurs des uns et des autres ? Fait-elle peser sur l'enseignement et la recherche en gestion français la menace d'un déchirement profond et durable, susceptible de l'affaiblir ? Ou repose-t-elle plutôt sur des malentendus qu'une analyse rationnelle peut dissiper ? L'internationalisation est-elle une contrainte normative, institutionnelle, voire économique, conduisant à un alignement inéluctable sur les standards américains et à une instrumentalisation par le modèle néolibéral ? Est-ce au contraire un impératif si l'on veut situer la recherche et les futures carrières des étudiants dans un cadre plus stimulant et valorisant ? Ou est-ce plus simplement l'occasion de faire le point sur les forces et faiblesses de l'enseignement-recherche en gestion français et d'engager des actions d'amélioration, au bénéfice de tous ?

Les deux co-auteurs, professeurs à l'ESSEC pendant le processus d'accréditation et d'ouverture internationale qui a démarré en France à la fin des années quatre-vingt-dix, en ont eu une expérience directe. Ils en ont également vécu les conséquences dans leur activité d'enseignants. Nicolas Mottis, directeur du programme grande école et des MBA de l'ESSEC de 2002 à 2005, a été responsable du projet qui a conduit l'ESSEC à devenir en 1997 la première institution accréditée AACSB (organisme de référence au niveau mondial) hors Amérique du Nord. Il a été membre du comité international d'accréditation de l'AACSB de 2003 à 2006, puis chair of the accreditation quality committee (dont le rôle est de définir les standards d'accréditation au niveau international) de l'AACSB de 2006 à 2009, puis, de 2014 à 2017, à nouveau membre du comité d'accréditation au niveau mondial. Il a réalisé de nombreuses missions d'évaluation d'universités en Europe, Amérique du Nord, Asie et Afrique pour l'AACSB, EQUIS, la Fnege et différentes autorités publiques (gouvernement australien, AFD,etc.). Philippe Lorino a assumé, notamment pendant la période qui a vu l'ESSEC entrer dans le système d'accréditation internationale, différentes responsabilités dans l'institution (responsable de département, membre du conseil de surveillance du groupe ESSEC, membre du comité d'évaluation des professeurs). Il a aussi effectué de nombreux séjours à l'étranger en tant que visiting professor (Keio University à Tokyo, universités d'Helsinki, de Stuttgart, de Trento, Stanford University, HEC Montréal) et, de ce fait, a pu comparer les systèmes et tester l'image que les études supérieures de gestion françaises avaient à l'étranger. Pour analyser le processus d'accréditation, les deux coauteurs vont engager le dialogue autour de sept questions.

1. Quelles craintes accréditation et internationalisation ont-elles éveillé ?

La première question porte sur les craintes qui semblent s'être exprimées de manière répétée en France, notamment dans les cercles universitaires, vis-à-vis de l'accréditation internationale (EQUIS et surtout AACSB) et, plus généralement, vis-à-vis de l'internationalisation des établissements d'enseignement supérieur et de recherche en gestion français. Quelles sont ces craintes ?

Nicolas Mottis note que celles qu'il a rencontrées dans le cadre de ses missions d'accréditation portaient principalement sur le caractère normalisateur et contraignant de l'internationalisation, notamment de l'accréditation internationale. C'était en somme la crainte de voir s'imposer un modèle unique importé des États-Unis. Cette crainte portait notamment sur une marchandisation croissante de l'éducation avec le triomphe de logiques de marché, dans un secteur qui en était jusque-là en partie préservé, et qui risquaient de transformer tous les acteurs du secteur en clients et fournisseurs.

Pour les deux auteurs, une telle évolution, si elle avait lieu, pourrait effectivement conduire à une spécialisation et un technicisme croissants, répondant à la demande utilitariste de certains acteurs privés (industrie, banque...), au détriment d'enjeux de société clés (social, environnement, développement humain au sens large, équité). Les formations aux disciplines de base risqueraient de perdre du terrain face à des approches plus étroites, visant d'abord et avant tout à servir des logiques managériales qui privilégient le résultat financier à court terme. Il est clair qu'une telle philosophie induirait une inévitable baisse de qualité et d'ambition dans la formation de nos futurs cadres.

2. Ces craintes sont-elles fondées ?

Ceci conduit naturellement à la question suivante : ces craintes sont-elles fondées ? La pratique de l'accréditation conduit-elle à en valider la légitimité et la pertinence ? En résumé, en prenant de manière déterminée le chemin de l'accréditation, les écoles de gestion françaises se sont-elles jetées dans la gueule du loup ? Ou, pour utiliser une autre métaphore, font-elles une embardée stratégique qui les conduit dans le ravin ?

D'abord, à la lumière de son expérience de l'accréditation, Nicolas Mottis note que ces craintes ont surtout été très fortes au début de la diffusion du processus d'accréditation, soit entre 1996 et 2000 pour les principales grandes écoles françaises. À l'ESSEC par exemple, la première école hors Amérique du Nord à se lancer dans le processus (il y avait eu un cas précédemment hors États-Unis, au Canada, en ce qui concerne l'AACSB ; l'EFMD réfléchissait encore, soit à coopérer avec l'AACSB, soit à lancer son propre système, ce qui est arrivé en 1998 avec la création d'EQUIS), les débats dans la phase de discussion précédant l'engagement ont été très vifs. Ils ont souvent pris une tournure assez idéologique autour de ce risque de marchandisation de l'éducation ou d'américanisation absurde de notre modèle. De façon ironique, Nicolas Mottis note d'ailleurs que, quelques années plus tard, certains des opposants les plus virulents de cette époque sont devenus les premiers à mettre en avant les arguments de l'accréditation pour obtenir des moyens supplémentaires ou des changements en ligne avec ce qu'ils percevaient être des paramètres du modèle américain à copier (réduction des charges d'enseignement, moyens pour la recherche, pouvoir accru pour les professeurs, etc.).

À partir de ses expériences dans des universités étrangères, Philippe Lorino note qu'effectivement, sur un certain nombre de points, les pratiques françaises, dans le champ académique de la gestion, présentaient au départ des processus d'accréditation des écarts significatifs par rapport aux pratiques les plus courantes au niveau international. Il est vrai que cela est le cas partout, les écarts ne portant pas sur les mêmes points selon les pays. Mais ces écarts ne se situaient peut-être pas là où on les attendait souvent (logique académique contre logique marchande, par exemple).

Les deux auteurs retiennent comme exemples de changements opérés à la faveur du processus d'accréditation en France :

- un très net renforcement des processus d'évaluation (des étudiants, des professeurs, des programmes, des institutions) conduisant à une formalisation beaucoup plus poussée des pratiques. Pour citer quelques exemples : la rédaction du *mission statement* de l'institution conduit à une vraie réflexion sur ses éléments de différenciation stratégique ; la demande d'explicitation des pratiques conduit à rédiger des plans de cours détaillés, qui souvent n'existaient pas ou étaient très irrégulièrement mis à jour antérieurement ; la clarification des objectifs pédagogiques programme par programme, en lien avec le *mission statement*, a conduit à préciser les objectifs d'apprentissage (*learning goals*) de toutes les activités réalisées par les étudiants (cours, projets, stages, échanges, etc.) ; l'évaluation de l'atteinte du *mission statement* exige de développer des outils statistiques précis sur le placement des étudiants à la sortie et leurs évolutions de carrière, etc. ; tout cela dessine-t-il une bureaucratisation regrettable ou une meilleure maîtrise de la qualité éducative ? La réponse dépend évidemment de ce que les acteurs en font ;
- une modification significative des équilibres de gouvernance, avec notamment la montée en puissance de la logique des « académiques permanents », qui se renforcent par rapport aux responsables administratifs des chambres de commerce ou par rapport aux directeurs généraux au profil plutôt politique. Pour Nicolas Mottis, c'est là l'un des effets majeurs des processus d'accréditation car beaucoup d'écoles, y compris parmi les plus renommées, avaient encore des corps professoraux très réduits à la fin des années quatre-vingt-dix (à l'ESSEC, il y avait environ 70 professeurs permanents). Au cœur des processus d'accréditation, on trouve la mission de formation des étudiants, qui dans l'esprit des deux systèmes majeurs (AACSB et EQUIS) doit d'abord et avant tout reposer sur des « professionnels » de l'enseignement, des individus ayant en particulier validé un doctorat dans leur domaine. Avoir juste quelques docteurs qui coordonnent un bataillon de chargés de cours ne rentre pas bien dans le modèle : les accréditations ont donc clairement favorisé la constitution de corps professoraux permanents très conséquents. Le mouvement avait déjà été amorcé dans les plus grandes écoles avec la montée en puissance de la recherche dès les années soixante-dix-quatre-vingt, il a été majeur dans les écoles de second rang désireuses d'obtenir ces accréditations au début des années deux mille ;
- une évolution profonde des profils des effectifs enseignants : là où, dans les écoles, on trouvait beaucoup de professionnels expérimentés intéressés par la pédagogie, des « professionnels académisés », la tendance dominante est à

présent au recrutement d'« académiques professionnels » (à temps plein), ce qui a conduit paradoxalement à un certain éloignement du monde professionnel dans des écoles où les *mission statements* renforçaient au même moment l'explicitation d'objectifs de service : service aux étudiants pour trouver un emploi, service aux entreprises pour trouver des cadres qualifiés adaptés... ;

- une certaine tension entre pertinence et rigueur des savoirs, la pertinence étant souvent forte avec le premier type d'enseignants, les « professionnels académisés », la rigueur étant probablement plus facilement garantie avec le deuxième type d'enseignants, les « académiques professionnels ». Ces « académiques professionnels » sont recrutés jeunes, souvent sans la moindre expérience en entreprise autre qu'au travers de leurs travaux doctoraux et cherchent une reconnaissance d'abord et avant tout par leurs publications de recherche. De ce point de vue, Nicolas Mottis a d'ailleurs souvent trouvé paradoxal d'entendre des universitaires français critiquer les effets des accréditations sur les écoles, alors qu'elles ont justement poussé beaucoup d'entre elles à se mettre à niveau en recherche et à recruter des profils issus de très bonnes formations universitaires. De son côté, Philippe Lorino s'interroge sur l'opposition invoquée entre pertinence et rigueur : il faudra peut-être aller, en France comme au niveau international, vers une remise en cause de ce dualisme. La pertinence ne fait-elle pas partie de la rigueur du processus d'apprentissage ? ;
- un considérable renforcement des mobilités internationales : les accréditations ont réglé (ou vraiment allégé) la question des équivalences entre « crédits » académiques de différents pays par l'utilisation d'un langage commun. Nicolas Mottis rappelle qu'une difficulté historique des institutions, notamment françaises, habituées à envoyer leurs étudiants dans le monde entier pour des programmes d'échange, a été la comparabilité et la conversion des crédits académiques obtenus à l'étranger. Entre institutions accréditées, les choses sont assez rapides : il existe des plans de cours précis que l'on peut comparer ; souvent, l'organisation des cursus partage des références communes (durée des cours, méthodes d'évaluation, niveau des diplômes, etc.) et, *in fine*, le fait d'avoir validé un même processus d'évaluation, ce qui crée d'emblée une confiance réciproque.

Globalement, Nicolas Mottis a constaté une montée en qualité des expériences pédagogiques, mais, en parallèle, une industrialisation forte de l'enseignement, qui a pesé sur la proximité professeurs/étudiants. On peut néanmoins s'interroger sur ce qui se serait passé sans les processus d'accréditation, dans les écoles gouvernées par des chambres de commerce, avec une telle hausse des volumes. On peut l'observer dans différents établissement privés ou publics non soumis à ces démarches qualité, dans lesquels les taux d'encadrement sont souvent très bas et ont même tendance à se dégrader pour des raisons économiques.

Pour les auteurs, on constate finalement que la standardisation est toute relative : il y a encore beaucoup de diversité dans les choix stratégiques des institutions d'un pays à l'autre et au sein d'un même pays. En outre, comme on l'a vu dans beaucoup d'institutions, *de facto*, lorsque les corps professoraux se saisissent du processus d'accréditation, ils peuvent en faire un levier puissant pour concrétiser des potentiels de progrès et réaliser des changements souhaités depuis longtemps, auxquels l'accréditation apporte une forte légitimité et un appui politique.

3. Quelles dérives éventuelles ?

L'accréditation a donc déclenché des dynamiques souvent assez spécifiques. Dès lors, la troisième question porte sur les éventuelles dérives qui pourraient poser problème, soit pour la légitimation sociale du secteur, soit pour l'efficacité pédagogique, en France comme dans les autres pays. Pour Nicolas Mottis, sans aucun doute, on constate effectivement une « académisation » croissante des établissements avec :

- un écart grandissant entre, d'une part, les contenus de la recherche et des enseignements et, d'autre part, les réalités vécues sur le terrain du management et les attentes des *managers* ;
- au sein même du champ académique, un écart croissant entre recherche et enseignement, les enseignants-chercheurs tendant à considérer la recherche comme l'activité noble et la pédagogie comme une activité accessoire, volontiers sous-traitée à des enseignants non-chercheurs.

Les auteurs retrouvent cette tendance dans le faible prestige des revues plutôt orientées vers la pédagogie. Sur le plus long terme, le monde académique tend à fonctionner en boucle fermée, de manière autoréférentielle. Il est ainsi frappant d'observer à quel point les professeurs disposant d'une expérience en entreprise sont de moins en moins présents dans les corps professoraux des écoles accréditées. Ce déséquilibre a pu être partiellement compensé depuis cinq à dix ans par l'évolution des standards qui, par nécessité, ont fait une place plus grande aux enseignants ayant également une activité professionnelle en entreprise. Mais il reste indéniable que le centre de gravité des institutions a franchement basculé du côté des académiques professionnels.

Un autre aspect qui mérite la vigilance collective est le manque de vision critique sur la question : « Quel *manager* veut-on former ? » Devons-nous répondre à la demande moyenne des futurs employeurs ou au contraire devons-nous adopter une posture plus critique, en tentant d'anticiper sur les évolutions futures liées, par exemple, à la responsabilité sociale de l'entreprise ? Philippe Lorino note que, depuis la publication d'un article célèbre par Ghoshal (2005) dénonçant les effets délétères des théories les plus souvent enseignées (théorie de l'agence, *homo œconomicus*, etc.), il n'y a guère eu de transformation significative des contenus de l'enseignement. À la lumière de leur expérience pédagogique, les deux coauteurs sont convaincus que l'enseignement de la gestion manque souvent d'un socle de culture générale, en histoire de la discipline, en histoire des idées, en épistémologie, en ouverture sur d'autres disciplines de sciences sociales telles que la sociologie, la psychologie sociale, la psychologie du travail, les sciences politiques ou l'anthropologie.

4. Les apports spécifiques potentiels de la culture académique française

À l'inverse, et c'est la quatrième question abordée, la vision française de la gestion est-elle porteuse d'apports potentiellement originaux aux modèles de recherche et d'enseignement qui prévalent au plan international ?

Forts des apports de la *French theory*, les établissements académiques français pourraient tenter de promouvoir le rôle de la culture générale dans la formation des *managers*, en France et dans le monde, ou une plus large ouverture interdisciplinaire de la recherche. Les chefs d'entreprise français insistent volontiers sur l'importance de la culture générale pour former des *managers* créatifs et susceptibles de s'adapter à des situations nouvelles. Mais il n'est pas évident que l'enseignement supérieur français en gestion joue particulièrement de cette proximité avec la *French theory* pour s'affirmer internationalement. En revanche, l'importance des séjours en entreprise (formation en alternance, stages ou apprentissage) durant le cycle d'études est une caractéristique forte du modèle français. Les liens entre le monde managérial et le monde académique pourraient être encore renforcés en France et leurs vertus pédagogiques pourraient être promues au plan international (Barthélémy & Mottis, 2016).

5. Pourquoi une telle différence entre écoles et universités ?

La cinquième question concerne alors la réaction différente des écoles et des universités françaises face aux défis de l'accréditation et de l'internationalisation.

Selon Nicolas Mottis, il y a plusieurs explications à cette différence d'engagement dans les démarches d'accréditation internationale :

- une gestion différente de l'internationalisation, gérée au niveau de l'Université avec des moyens limités partagés par les différentes disciplines, alors que la plupart des *business schools* françaises sont des *stand alone institutions*, en général privées, avec un périmètre plus réduit ;
- la situation de « *business* concurrentiel » des écoles, qui dépendent plus fortement des frais de scolarité et d'une part de financement privé : sur un marché concurrentiel qui commence à développer des signaux de qualité, il est dangereux de rester sur le bord de la route ; mieux vaut être accrédité parmi les premiers et pouvoir communiquer sur cette reconnaissance. De façon caricaturale, on a ainsi vu certaines écoles mettre en avant le fait d'avoir plusieurs accréditations (concept de « triple couronne », objet de nombreuses publicités...), indicateur qui n'a aucun intérêt sur le fond (à la limite, il suffit d'avoir le label de qualité le plus exigent), mais un éventuel impact marketing pour ceux qui l'ignorent... ;
- tout simplement une question de logistique. Lancer et réaliser un tel processus soulève notamment deux exigences : des moyens financiers (quelques dizaines de milliers d'euros au total, un responsable de projet à temps quasi plein dans le cas d'une institution d'une certaine taille) qu'il est souvent difficile de dégager dans un cadre de gestion publique ; un vrai pouvoir de la direction de l'institution, qui doit en particulier être capable de faire réaliser par les enseignants des travaux souvent chronophages et peu excitants (mise à jour des CV, description des cours, des programmes, réflexions sur des changements à engager...).

6. La pratique de l'accréditation a-t-elle transformé les standards ?

Nous avons à présent un peu plus de 20 ans de recul sur les premières accréditations, ce qui permet de s'interroger sur une éventuelle évolution des standards historiques. Nicolas Mottis note que, si on compare les standards actuels à ce qu'ils étaient à la fin des années quatre-vingt-dix, aussi bien pour l'AACSB que pour EQUIS, l'évolution est énorme : la prise en compte des contributions intellectuelles va maintenant bien au-delà des seuls articles dans des revues à comité de lecture, différents profils d'enseignants sont aujourd'hui reconnus, les dimensions internationales sont mises en avant, des enjeux de société (RSE, changement climatique...) sont explicitement traités dans les *mission statements*, la diversité des parcours étudiants est admise, il y a aujourd'hui dans les équipes d'accréditation des membres issus de nombreux pays différents, ce qui contribue à la richesse des échanges. Nicolas

Mottis en déduit que les processus d'accréditation sont tout sauf figés et que les comités chargés de les faire évoluer font le plus souvent preuve d'une réelle volonté d'ouverture et de prise en compte des changements nécessaires. Si les accréditations ont eu un réel impact sur les écoles dans différents pays, notamment en France, le pays le plus en pointe avec le Royaume-Uni dans l'adoption de ces démarches, les écoles ont aussi beaucoup contribué à faire changer le système. De ce point de vue, la « conformité à des standards », souvent évoquée par les critiques du système, est toute relative dans le temps long, car les standards ont en réalité clairement montré leur plasticité et leur capacité à appréhender la diversité. Pour avoir participé aux premières accréditations en Europe (hors France), en Chine et en Afrique, Nicolas Mottis a constaté que chaque ouverture d'une nouvelle zone au niveau mondial conduisait à modifier certains critères.

7. L'accréditation a-t-elle modifié l'image internationale de l'enseignement de la gestion en France ?

Philippe Lorino s'interroge alors sur l'impact qu'a eu le processus d'accréditation sur la perception internationale des écoles françaises. A-t-elle changé ?

Pour de nombreux collègues étrangers rencontrés au cours de ses activités internationales, la société française se caractérise par une faible culture de gestion et d'organisation, voire un certain mépris pour ce domaine, notamment dans les couches dirigeantes, et par une sorte de diabolisation morale de la gestion et du management. Ces observateurs extérieurs, tout en admirant la vitalité culturelle de la France, commentent le côté assez improvisé de l'organisation à la française, la focalisation de l'investissement sur des réalisations de prestige, sans grand souci d'utilité sociale ou de rentabilité, et le désintérêt apparent des décideurs français pour les « questions d'intendance ». Sans chercher les origines culturelles et historiques de cet état de fait – sujet d'un autre papier (Lorino & Mottis, 2020) –, c'est en partie le rôle des enseignants en gestion de développer une culture de gestion de base dans la société, notamment parmi les dirigeants, d'assurer la présence des enjeux gestionnaires dans les débats publics et de faire respecter la gestion comme compétence et comme discipline académique. Pourquoi cet objectif semble-t-il imparfaitement réalisé en France ? Il y a certainement des pesanteurs historiques et culturelles fortes, qui expliquent le désintérêt relatif des dirigeants politiques, voire des dirigeants d'entreprise, pour les questions d'organisation et de gestion, hors finance et stratégie, disciplines de gestion perçues comme plus ou moins apparentées à l'économie. Le fait est que les enseignants de gestion ont une présence limitée, par exemple, dans les débats suscités par la gestion de la crise épidémique et de ses conséquences socioéconomiques, sur lesquelles on entend plus facilement les analyses des économistes, des sociologues, des politistes, des juristes ou des anthropologues, alors que, pourtant, les enjeux d'organisation et de gestion sont au cœur de cette crise.

Cet état de fait pourrait renvoyer à un trait profond de la culture française, souvent perçu par nos collègues étrangers, qui touche aux relations entre théorie et pratique. Les auteurs français influents dans la recherche en gestion internationale sont ceux de la *French theory* : Foucault, philosophe ; Levi-Strauss, ethnologue et philosophe ; Derrida, philosophe ; Latour, sociologue ; Lacan, psychanalyste ; Boltanski, sociologue ; Bourdieu, sociologue... Quant aux auteurs influents internationalement dans le strict monde du management, ce sont plutôt March, Weick, Simon, Porter, Mintzberg, Nonaka, Drucker, Senge, Deming, Prahalad, Kaplan, Nelson, Winter, soit des Nord-Américains ou des chercheurs, souvent asiatiques, réalisant une grande partie de leur carrière en Amérique du Nord, avec quelques exceptions européennes (Hofstede, Hopwood, Brunsson...). Comme si la France ne produisait plus de travaux de gestion et d'organisation originaux depuis Fayol ! Si le fossé culturel ou linguistique était la principale explication, pourquoi les philosophes et sociologues français seraient-ils reconnus, et non les chercheurs en gestion et organisation ? Ne serait-ce pas que les milieux académiques français ont survalorisé la création théorique et abstraite au détriment des savoirs appliqués ancrés dans l'expérience, comme par définition l'est, ou est supposée l'être, la gestion ? Les enseignants-chercheurs en gestion français ne véhiculent-ils pas parfois eux-mêmes un système de valeurs pour lequel la théorisation et la construction de modèles rationnels constituent un savoir noble, par opposition à la pratique et à l'expérience de terrain, qui constitueraient un savoir de seconde zone, proche du métier de consultant, englobé dans le même dédain que les savoirs technologiques, déjà sous-évalués dans l'enseignement secondaire ? Il est peut-être significatif qu'en France, l'« organisation » soit relativement peu identifiée en tant que discipline académique et champ de connaissance. Là où trois des principale revues européennes du domaine s'appellent *Organization Studies*, *Organization* et *Accounting, Organizations and Society* et l'une des principales revues américaines s'appelle *Organization Science*, la notion et le vocable d'organisation sont à peu près absents du paysage académique français, des noms des revues francophones, du découpage des sociétés savantes, des débats intellectuels et médiatiques et, de fait, des pratiques des dirigeants politiques et administratifs, qui ont généralement une faible compétence organisationnelle... Il semble souvent tacitement admis que la gestion est un domaine de savoir qui n'appartient pas au bagage de « l'honnête homme », mais qu'elle relève plutôt d'une sorte de bon sens rudimentaire possédé spontanément par tout un chacun, ainsi autorisé à se prononcer sur des sujets organisationnels sans recourir aux démarches d'analyse et de validation exigées dans d'autres domaines. Le champ de la gestion semble ainsi souvent colonisé dans nos débats publics par les lieux communs ou les fausses évidences. Les filières de formation à la gestion vivent donc en France ce paradoxe d'être très recherchées, du fait des débouchés qu'elles offrent, et plutôt décriées comme disciplines académiques, ce qui écarte d'elles nombre de candidats à un doctorat et ne leur réserve qu'un strapontin dans les filières de formation des futures élites dirigeantes. Quelles leçons devons-nous tirer de cette image biaisée, qui ne passe évidemment pas inaperçue au niveau international ? Que doivent faire les institutions académiques et le corps enseignant pour y remédier ? C'est une question que notre image dans le miroir de l'observation externe doit nous forcer à poser (Barthélémy & Mottis, 2016) : s'engager plus, avec plus de volontarisme, dans le débat intellectuel et politique général ; encourager les publications dans la grande presse généraliste et les engagements civiques ; s'appuyer sur la reconnaissance internationale comme levier de reconnaissance au niveau national ; exiger le renforcement des enseignements de gestion dans les cursus de formation des « élites » dirigeantes et pensantes, et sans doute aussi dans l'enseignement secondaire ; favoriser la créativité pédagogique en direction du grand public ; s'ouvrir aux courants de pensée tels que le pragmatisme ou plus ouverts à l'intégration théorie/pratique (Lorino, 2020) ; et sans doute bien d'autres pistes que nos débats professionnels devraient permettre d'identifier... À condition, bien sûr, que nous soyons nous-même convaincus de notre utilité collective pour la société française !

En conclusion et pour revenir à la question initiale : dérapage contrôlé ou saut dans le ravin ? Prétendre qu'il y a eu saut dans le ravin du fait des accréditations ne serait probablement pas très sérieux. Elles ne sont certainement pas entièrement responsables des maux qu'on leur attribue fréquemment. D'autres démarches, comme les classements nationaux et internationaux, qui se sont développés à peu près au même moment, ont joué et jouent un rôle autrement plus toxique. Mais dire que les dérapages ont été parfaitement contrôlés serait également assez osé : souvent par facilité ou paresse intellectuelle, de nombreux dirigeants d'école ont pris prétexte de ces démarches d'accréditation pour simplement copier ce qui se faisait ailleurs (en particulier dans le type de publication à encourager) ou, du moins, ce qu'ils en comprenaient, sans vraiment tirer parti de l'exercice du *mission statement* pour mener une réflexion approfondie sur leurs particularités et leurs potentiels spécifiques sur leur territoire stratégique. Ils ont pris beaucoup de virages, mais malheureusement parfois assis sur le siège passager...

Bibliographie

Barthélémy, J. & Mottis, N. (2016). *À la pointe du management, ce que la recherche apporte au manager.* Paris, Dunod.

Ghoshal, S. (2005). Bad management theories are destroying good management practices. *Academy of Management Learning & Education*, *4*(1), 75-91.

Lorino, P. (2020). *Pragmatisme et étude des organisations.* Paris, Economica.

Lorino, P. & Mottis, N. (2020). Et l'organisation dans tout ça ? Un oubli persistant, y compris en cas de crise. *Revue française de gestion*, *46*(288).

Chapitre 12

L'enseignement supérieur de gestion pourra-t-il encore longtemps jouer un rôle dans la diplomatie d'influence française[1] ?

Par Bernard Ramanantsoa

1. L'internationalisation de l'enseignement supérieur de gestion : une ambition partagée et des résultats tangibles

Dans le sillage des travaux de Joseph S. Nye (2004), l'internationalisation de l'enseignement supérieur est, depuis une décennie, préconisée, prônée et présentée par les responsables politiques comme un des vecteurs essentiels de la diplomatie d'influence de la France.

Nombreux sont ainsi les ministres de l'Enseignement supérieur, les ministres des Affaires étrangères et les Premiers ministres qui mettent en avant le rôle des universités et des grandes écoles, parlant tantôt de politique d'influence, tantôt de diplomatie économique.

On peut citer Valérie Pécresse en 2011 : « Car la mobilité étudiante est une chance pour nos universités et pour notre pays. C'est à la fois le signe et la garantie de l'attractivité de notre système d'enseignement supérieur. Et la France est très fière d'accueillir aujourd'hui 278 000 étudiants internationaux qui représentent 12 % de l'ensemble de ses étudiants... L'éducation et, singulièrement, les universités sont en

1. Pour étayer notre propos, nous nous appuierons sur nos travaux menés pour France Stratégie (Ramanantsoa, Delpech & Diagne, 2016) et sur les conversations et échanges de documents que nous avons eus depuis avec Quentin Delpech, que nous remercions chaleureusement.

effet aujourd'hui un enjeu majeur d'influence et de compétitivité... Car l'avenir de l'Université, c'est l'avenir de la place économique et culturelle de la France dans le monde tout simplement... Dans la bataille que se livrent nos économies pour la maîtrise des savoirs et des technologies, la mobilité étudiante est sans doute le plus sûr moyen d'assurer une forme d'équilibre et d'harmonie à l'internationalisation de nos échanges. »

En 2015, c'est Laurent Fabius, Najat Vallaud-Belkacem et Thierry Mandon qui confient à France Stratégie une « étude sur les perspectives d'internationalisation des formations et des établissements français à l'étranger », en soulignant que « nos établissements peuvent trouver, dans le développement de formations à l'étranger, de nombreux avantages : renforcement du prestige, excellence scientifique, moyen d'internationaliser les cursus ou encore opportunités en termes de ressources financières. Au-delà, cette mobilité sert également les politiques diplomatiques, dans une logique d'influence culturelle et économique... ».

Plus récemment, en 2018, c'est Édouard Philippe qui ambitionne que « face à une concurrence internationale de plus en plus vive, la France [puisse] rester l'un des acteurs majeurs de cette mondialisation des études supérieures ». Il précisait, dans le même discours, que « les étudiants étrangers [étaient] les bienvenus dans nos universités et nos écoles, mais [que] ces dernières [pouvaient] aussi aller à eux ».

Et quelques mois plus tard, en 2019, Frédérique Vidal reprendra les mêmes objectifs, insistant sur la place essentielle des universités dans la diplomatie d'influence de la France.

Les parlementaires ne sont pas en reste (Assemblée nationale, Commission des affaires étrangères, 2018), considérant que « la diplomatie scientifique et universitaire doit être au cœur de notre diplomatie d'influence », notamment pour « éclairer les grands enjeux de ce monde et inventer le futur... Constituer un vivier de futurs penseurs et décideurs qui seront autant de relais d'influence... Contribuer à notre développement économique... ».

Que répondent les institutions de management à ces souhaits ou injonctions politiques ? Si on reprend les analyses d'Olivier Rollot (2019), l'enseignement supérieur de gestion est bien placé pour être, dans le champ de l'éducation, le *leader* de cette diplomatie d'influence, à travers les développements stratégiques des établissements[2] : le recrutement d'étudiants étrangers, les politiques d'échanges, les doubles diplômes, les programmes communs, parfois les implantations de campus à l'étranger... sans oublier bien sûr le recrutement de professeurs étrangers et la

2. Voir aussi, dans cet ouvrage, le chapitre de Delphine Manceau : « Les pionniers de l'international : comment les établissements français d'enseignement de la gestion sont devenus une référence en matière de stratégie à l'international ».

recherche. Il faut dire que ces stratégies correspondent bien aux objectifs de ces institutions : recherche de prestige et développement de la marque à l'international, captation d'une demande solvable pour générer de nouveaux revenus, moyen de diversifier le vivier d'étudiants, renforcement de coopérations académiques et de recherche, accompagnement de l'internationalisation des entreprises, extension de leur capacité d'accueil, etc.

Les chiffres disponibles viennent en appui de ce constat que l'enseignement de la gestion est le fer de lance de l'enseignement supérieur français à l'export. Nous rappelions dans notre rapport pour France Stratégie (2016) que près de 22 000 étudiants étrangers sont inscrits dans les écoles de commerce en France, qui forment près de 3 000 étudiants à l'étranger, sans compter les nombreux étudiants français qui circulent sur les campus des écoles à l'étranger (environ 4 000). Nous notions à ce sujet que les écoles françaises avaient, depuis plusieurs années, développé une stratégie volontariste (se distinguant d'une stratégie au fil de l'eau), privilégiant deux formes d'implantation à l'étranger : le déploiement sur le segment lucratif de l'*executive education* au sens large (INSEAD, HEC Paris, ESSEC, ESCP) et l'implantation pour offrir à leurs étudiants une expérience internationalisée d'études (EM Grenoble, SKEMA, ICN Business School, ESSEC, ESCP, etc.). Certaines universités ont, elles aussi, investi ce segment, c'est notamment le cas du MBA International Paris de l'université Paris-Dauphine, en partenariat avec l'IAE de Paris, qui est enseigné dans neuf pays (Algérie, Égypte, Liban, Maroc, océan Indien, Sénégal, Syrie et Tunisie). Par ailleurs, nous montrions que les IAE représentaient, à eux seuls, un quart de l'offre délocalisée de toutes les universités et que, si globalement les universités françaises investissaient peu dans le déploiement de leur offre à l'étranger, et notamment dans la délocalisation de leurs diplômes, Dauphine-Tunis et Sorbonne-Abu Dhabi constituaient des exceptions notables.

2. Vers une nouvelle géographie des pôles d'attractivité et une menace sur notre capacité d'influence

Un alignement, sur la durée, entre la volonté politique et la stratégie des institutions, des résultats probants, surtout si on regarde l'évolution des dernières années : on ne peut que s'en réjouir et féliciter les acteurs de ces développements. « *Pourvou qu'ça doure !* » comme le disait Letizia Bonaparte à propos des victoires de son fils. Il convient, en effet, de se garder d'un trop grand optimisme pour les années à venir : on voit poindre de-ci, de-là plusieurs risques qui pourraient, s'ils se confirmaient, rendre plus difficile le rayonnement de nos institutions et par là leur contribution à la diplomatie d'influence de la France.

Le premier clignotant est celui de la tendance, ces dernières années, à une diminution du nombre des étudiants étrangers accueillis en France. En février 2020, les chiffres publiés par Campus France, à partir des données de l'institut statistique de l'Unesco (ISU), la France passait de la quatrième à la cinquième place mondiale des pays d'accueil des étudiants internationaux (derrière l'Allemagne). On nous objectera qu'il s'agit là de chiffres concernant l'enseignement supérieur dans son ensemble ; malheureusement cela reflète la perte grandissante de l'attractivité culturelle et scientifique de la France et le cas de la gestion aura du mal à faire exception, notre recherche subissant la même dégradation (de cinquième à septième entre 2000 et 2015, selon l'Hcéres), ainsi que notre économie.

Sans même parler des effets inconnus, mais certains, de la pandémie qui nous frappe, nous sommes déjà pris dans un « tourbillon » qui ne peut que provoquer des changements drastiques dans les pratiques de l'enseignement supérieur de gestion dans le monde et dans l'environnement concurrentiel. Les cartes seront forcément redistribuées et notre politique d'influence devra au mieux s'adapter, au pire se transformer radicalement.

À l'origine de ce « tourbillon », une véritable révolution silencieuse qui s'opère depuis plus d'une décennie, dans les pays émergents et du Sud, avec la massification des systèmes d'enseignement supérieur, et qui va inéluctablement conduire à une redistribution des pôles d'attractivité. On compte aujourd'hui près de 200 millions d'étudiants dans le monde, un doublement des effectifs en un peu plus de 10 ans. Selon l'Unesco (2013), en Chine, le nombre d'étudiants a quadruplé entre 2000 et 2012, en Inde, ce nombre a triplé. D'ici 2030, les effectifs globaux d'étudiants devraient encore doubler. Cet accroissement inédit est lié à la fois à des facteurs démographique et économique. Nous soulignions dans le rapport de France Stratégie (2016) que l'accès au savoir de la jeunesse des pays émergents était un des vecteurs de la transformation des systèmes éducatifs et un puissant levier d'accroissement de la demande d'éducation. La grande majorité des jeunes du monde – près de 85 % aujourd'hui, 89,5 % en 2025 – vit dans des pays en développement, dont environ 60 % en Asie.

Parallèlement, la croissance des classes moyennes dans ces pays offre un terrain particulièrement propice au développement de l'enseignement supérieur. En 2013, selon France Stratégie (2014), la part des pays émergents et en développement dans le PIB mondial, qui était de 36 % en 1993, a dépassé les 50 % (IMF, 2013). En 2030, à peine 22 % des classes moyennes seront en Amérique du Nord et en Europe, contre 49 % en 2013. En 2030, l'Asie pacifique représentera 65 % de la classe moyenne mondiale, dont 23 % pour l'Inde et 18 % pour la Chine. Entre 2013 et 2040, l'Inde pourrait ajouter un milliard d'individus au stock mondial de classe moyenne.

Il est difficile de savoir comment ces croissances vertigineuses se déclineront discipline par discipline, mais la plupart des experts (Bakhshi, Downing, Osborne & Schneider, 2017) s'entendent pour prévoir que le management continuera à être, dans le monde entier, une des disciplines les plus en vogue. Quoiqu'il en soit, cette « déformation » démographique ne peut que déplacer la géographie des pôles d'attractivité et nos institutions en seront affectées.

En effet, cette croissance de la demande s'accompagnera forcément de l'émergence de nouveaux concurrents. Aujourd'hui, les systèmes d'enseignement supérieur des pays développés ont encore un avantage comparatif : 23 % de la production mondiale de publications scientifiques est issue des États-Unis, près de 70 % des pays de l'OCDE[3], qui continuent par ailleurs à attirer la grande majorité des étudiants en mobilité dans le monde. La domination des universités et des *business schools* des pays de l'OCDE reste, là encore, manifeste dans les classements internationaux. Le prestige de leurs établissements, la force de leur savoir-faire académique, la prépondérance de leurs universités de recherche sont de puissants arguments d'attractivité.

Mais cet avantage est de moins en moins évident. La concurrence internationale s'intensifie à différents niveaux : entre les États à travers leurs systèmes d'enseignement supérieur (en recherche de talents et d'innovations, ressources de l'économie de la connaissance) et entre les établissements pour lesquels la compétition nationale a laissé place à une véritable course mondiale, entretenue par les nombreux classements internationaux. Là aussi, on ne voit pas comment l'évolution de la recherche et de l'enseignement en gestion pourrait se déconnecter du reste de l'enseignement supérieur.

De nouveaux acteurs bousculent l'ordre établi. Entre 2000 et 2013, la Chine et la Corée du Sud sont passées devant la France et le Royaume-Uni en termes de dépenses globales de recherche et développement. La Chine n'a jamais accueilli autant d'étudiants internationaux, généré autant de publications scientifiques et placé autant d'établissements dans les classements internationaux. Ses universités sont désormais plus nombreuses dans les classements que celles du Japon (top 100 du classement THE des universités asiatiques). Si on « zoome » sur les *business schools*, on trouve, dans les 50 premières du classement MBA du *Financial Times*, qui est la référence mondiale, 7 chinoises pour 2 françaises. Dans le même classement, sur le critère de la recherche, on trouve, dans les 50 premières, 2 chinoises et 2 françaises.

L'Australie et le Japon, destinations traditionnellement les plus attractives de la région Asie-Océanie, se trouvent de plus en plus concurrencés par des acteurs plus

3. Thomson Reuters (2013). *Traitements OST du Hcéres.*

ou moins récents, dont le potentiel ne cesse de croître : la Chine, bien sûr, mais aussi la Malaisie[4], la République de Corée[5], Singapour[6]. Ces nouveaux *hubs* captent d'ailleurs une part de plus en plus importante des parts de marché de la mobilité internationale, face aux acteurs « traditionnels » de la mobilité internationale de l'OCDE. Là aussi, cela ne peut qu'avoir un impact sur la capacité de nos institutions à attirer des étudiants venant des zones entourant ces *hubs*.

Cette concurrence va s'accroître sous l'effet de politiques très volontaristes de beaucoup d'États sur le marché international de l'éducation. Nombre de ces pays affichent désormais des objectifs ambitieux d'attraction d'étudiants étrangers.

La Chine, qui a les effectifs d'étudiants internationaux en mobilité sortante les plus importants, s'est fixé comme objectif d'attirer, en quelques années, 500 000 étudiants étrangers sur son sol[7].

De même, les Émirats arabes unis (Dubaï) attirent désormais davantage d'étudiants des États arabes que le Royaume-Uni et constituent la troisième destination la plus populaire parmi les étudiants de la région.

C'est la même chose sur le continent africain. L'Afrique du Sud attire désormais un petit tiers des étudiants internationaux originaires d'Afrique subsaharienne. Au-delà, le taux de mobilité vers l'étranger de certains pays ou régions est en recul. Ces évolutions suggèrent que les systèmes d'enseignement supérieur nationaux dans les pays du Sud se développent et sont capables d'absorber une part croissante de jeunes en leur sein, au détriment de nos institutions.

Si cette tendance se confirme, et on ne voit pas pourquoi elle s'arrêterait, l'internationalisation de nos établissements par le recrutement d'étudiants étrangers risque fort de souffrir ; la croissance, que nous rappelions au début de notre propos, risque de s'essouffler et du coup, on voit bien que notre contribution à la politique d'influence française est menacée.

3. Le numérique et son impact sur la capacité d'influence des établissements d'enseignement et de recherche en gestion français

La diffusion de la révolution numérique est un autre enjeu qui va percuter l'écosystème de nos établissements à tous les niveaux, des pédagogies à la diplomation

4. On suivra avec intérêt la croissance en quelques années, avec le soutien du MIT, d'Asia School of Business.
5. Une *business school* coréenne est désormais dans le classement du *Financial Times*.
6. On connait l'attractivité mondiale de l'INSEAD.
7. Chinese government to support international students. *China.org.cn*, 1er mai 2013 : www.china.org.cn/china/2013-05/01/content_28704250.htm.

en passant par les politiques d'attractivité internationale. En une poignée d'années, les MOOC ou *massive open online courses* – ces cours en accès libre sur Internet – ont connu un développement exponentiel. Les plateformes numériques qui les accueillent, dont le nombre ne cesse d'augmenter, sont publiques ou privées, elles peuvent viser ou non un but lucratif. Les plus connues ont pour nom *Coursera*, *edX* ou *Udacity* aux États-Unis, *FutureLearn* au Royaume-Uni et *Iversity* en Allemagne. Les risques d'« ubérisation » de notre secteur, concurrencé par des offres numériques *via* des plateformes ou des établissements virtuels, sont à prendre au sérieux. Depuis quelques mois, certains établissements, en France comme à l'étranger, commencent déjà à délivrer des MOOC, donnant droit à des crédits universitaires.

Le plus important est que le modèle d'affaires de l'enseignement supérieur pourrait être profondément revisité par le digital. Si le numérique rend effectivement possible la distribution multiple d'un même contenu, nous sommes probablement encore loin d'imaginer l'espace des possibles. Le développement des cours à distance pourrait conduire à terme au découplage explicite entre les lieux de production de connaissances, les *research institutions*, et les lieux de diffusion de cette connaissance, les *teaching institutions*. Les corps professoraux de ces deux types d'établissement se différencieraient. On s'arracherait les premiers pour leur capacité à développer de nouveaux concepts et modèles. Ils pourraient, le cas échéant, se « produire » en tant que *guest stars* dans des MOOC qui reprendraient en partie leurs travaux. Les seconds, en parallèle, seraient dédiés à l'animation des formations, en présentiel et à distance. À la forte segmentation des corps professoraux répondra nécessairement celle aussi prononcée des établissements. Ceux de premier rang, les plus orientés vers la recherche, seraient dédiés à la production de nouvelles connaissances et attireraient les étudiants sur leur campus national ; d'autres établissements se spécialiseraient quant à eux dans la seule diffusion de connaissances, au niveau licence/bachelor notamment, multipliant des formations courtes de type certificat.

Cette mutation se manifeste déjà au travers d'un processus de privatisation de l'enseignement supérieur de gestion, avec la montée en puissance d'une offre privée. Le marché de l'enseignement supérieur, en gestion plus particulièrement, est en effet, en France comme à l'étranger, de plus en plus investi par des groupes privés, des fonds d'investissement et des entreprises, *via* notamment leurs propres universités. Ces acteurs jouent sur un tout autre registre que les institutions prestigieuses misant sur la recherche. Ainsi, à l'autre spectre de cet espace mondialisé des universités de renommée internationale est apparu un grand nombre d'institutions éducatives privées misant principalement sur la production massifiée de formations supérieures. Si les universités les plus prestigieuses accueillent souvent quelques dizaines de milliers d'étudiants au grand maximum, des acteurs mondialisés fournissent aujourd'hui des formations à des centaines de milliers d'étudiants. Certains de ces acteurs sont de véritables multinationales de services éducatifs, implantés aux quatre coins du monde, grâce au rachat d'institutions et au développement d'offre digitale[8].

Dans ce scenario, on voit bien les menaces qui pèsent sur l'influence internationale de nos institutions. Seules celles ayant une forte capacité de recherche à rayonnement international – et elles sont déjà peu nombreuses –, pourront avoir une influence culturelle et scientifique.

4. Tenir notre rang : l'appui crucial des entreprises et de l'État

La concurrence internationale va s'intensifier. On devrait voir une redistribution du champ concurrentiel et les institutions capables d'avoir une influence mondiale par la pensée pourraient bien être de moins en moins nombreuses. Tenir notre rang ne va pas être une sinécure ! Proposons néanmoins quelques pistes de réflexion.

On l'a vu, la compétition pour les talents sera de plus en plus féroce et nos établissements risquent, pour des raisons démographiques, d'avoir plus de mal à attirer des étudiants étrangers. Cette difficulté s'accroîtra si nous continuons à moins retenir ces diplômés étrangers que les autres pays. Les étudiants internationaux, diplômés par nos institutions, représentent pourtant un vivier de main-d'œuvre qualifiée et contribuent aussi au potentiel d'innovation des pays (76 % des brevets issus des 10 universités américaines déposant le plus de brevets sont le fruit de travaux menés par des chercheurs d'origine étrangère) (Black & Stephan, 2008). De nombreux pays ont ainsi fait de la rétention des étudiants internationaux sur leur marché du travail un des objectifs prioritaires de leur stratégie, notamment l'Allemagne, le Canada ou encore le Danemark. Le Danemark, par exemple, cherche à améliorer le taux de rétention des étudiants internationaux et vise à faire en sorte qu'une fois sur le marché du travail, ils aient le même taux d'emploi que les diplômés nationaux. À nous de mobiliser l'État et les acteurs économiques pour cette cause.

Par ailleurs, la politique d'internationalisation, qui reste propre à chacun de nos établissements, n'empêche pas qu'une ambition vers le continent africain soit affichée, au niveau national, de manière plus volontariste : développement d'un programme d'échanges et de mobilités de type Erasmus euro-africain, renforcement de la politique de bourses vers l'Afrique, appui renforcé aux systèmes d'enseignement et de recherche pour réduire l'extraversion et la fuite des talents, promotion de la francophonie, diffusion de modèles français (offres professionnalisantes) qui rencontrent des besoins locaux.

8. C'est notamment le cas du groupe Laureate International Universities, qui forme plus d'un million d'étudiants par an, dans 88 institutions d'enseignement supérieur dans 28 pays du monde.

Mais le levier le plus important, si nous voulons que les universités et les écoles continuent à rayonner dans le monde et à contribuer à la politique d'influence française, est de développer l'excellence en recherche et en innovation. On l'a vu, celle-ci va tendre à se concentrer géographiquement et s'incarnera de plus en plus dans des *clusters* technologiques qui regroupent des universités de renommée internationale, des laboratoires de pointe, des entreprises innovantes, où des effets cumulatifs vertueux se développent. Ces centres d'excellence attireront à eux les meilleurs chercheurs et les meilleures institutions. Les départements de gestion des universités et les grandes écoles doivent y jouer un rôle central (comme la Sloan School au sein du MIT, ou la SEM à Tsinghua).

Et ne nous leurrons pas. Le développement de la recherche aux standards internationaux est crucial, mais nécessite des investissements très importants. Beaucoup de nos établissements ont atteint le maximum acceptable pour les frais de scolarité. La pandémie que nous subissons a mis en exergue que le développement de l'activité de formation continue ne sera pas de sitôt la poule aux œufs d'or longtemps attendue. Reste le recours aux *alumni*, pour certains de nos établissements, et une participation significative de l'État et des entreprises. Ce n'est pas, nous l'espérons, une douce utopie : ces deux acteurs ont des intérêts majeurs à ce que l'influence de la France et de l'Europe ne décline pas. Nos institutions ont montré qu'elles savaient efficacement y contribuer.

Bibliographie

Bakhshi, H., Downing, J., Osborne, M. & Schneider, P. (2017). *The future of skills : employment in 2030.* Londres, Pearson and Nesta.

Black, G. & Stephan, P. (2008). *The economics of university lab science and the role of foreign graduate students and postdoctoral scholars* (*working paper*). Atlanta, Andrew Young School of Policy Studies.

Campus France (2020). *Chiffres clés sur la mobilité étudiante.* Paris, Campus France.

Fabius, L., Vallaud-Belkacem, N. & Mandon, T. (2015). *Lettre de mission à France Stratégie.* Paris.

France Stratégie (2014). *Quelle France dans dix ans ? Les chantiers de la décennie* (rapport au Président de la République). Paris.

Herbillon, M. & Sylla, S. (2018). *La diplomatie culturelle et d'influence de la France : quelle stratégie à dix ans ?* Paris, Assemblée nationale, Commission des affaires étrangères.

Hcéres (2018). *La position scientifique de la France dans le monde 2000-2015.* Paris, Hcéres.

IMF (2013). *World Economic Outlook.*

Institut statistique de l'Unesco (2013 et 2020). http://uis.unesco.org/fr/uis-student-flow/janvier.

Nye, J. (2004). *Soft power. The means to success in world politics.* New York, Public Affairs.

OCDE (2020). Quel est le profil des étudiants en mobilité internationale ? Dans *Regards sur l'éducation 2020 : les indicateurs de l'OCDE.* Paris, Éditions de l'OCDE.

Pécresse, V. (2011). *Déclaration de Mme Valérie Pécresse, ministre de l'Enseignement supérieur et de la Recherche, sur la sélection et l'encadrement des étudiants étrangers.* Paris.

Philippe, E. (2018). *Discours de M. Édouard Philippe. Présentation de la stratégie d'attractivité pour les étudiants internationaux.* Paris.

Ramanantsoa, B., Delpech, Q. & Diagne, M. (2016). *L'Enseignement supérieur français par-delà les frontières. L'urgence d'une stratégie.* Paris, France Stratégie.

Rollot, E. (2019). *Livre blanc : l'enseignement supérieur français acteur mondial.* Paris, Headway.

Vidal, F. (2019). *Université d'été de la CPU : discours de Frédérique Vidal.* Paris.

Chapitre 13

La formation en alternance : au-delà du savoir

Par Geneviève Causse

L'alternance dans le domaine de la formation supérieure en gestion est apparue dans les années soixante-dix, d'abord comme une rupture obligée avec le système précédent, avant d'être considérée comme une méthode de formation. Son émergence se situe dans la mouvance des événements de 1968, comme le souligne Bertrand Girod de l'Ain[1] : « [...] une coupure aussi radicale et aussi longue entre des jeunes parqués à l'Université et les adultes, autres que les enseignants, est une situation intolérable, absurde et explosive ». Très vite les milieux académiques, professionnels et politiques ont mené une réflexion sur l'intérêt de son adoption.

La vision très mitigée que l'on pouvait en avoir n'a pas favorisé son développement[2]. Cependant, on peut considérer qu'il s'agit d'un système pertinent de formation au management, à la condition de le considérer comme spécifique et de satisfaire à ses exigences.

1. Une vision de l'alternance qui fait obstacle à son développement

Elle est d'abord apparue comme un remède à certains dysfonctionnements, que ce soit le chômage ou l'échec scolaire. Les titres d'ouvrages ou d'articles, parus à l'époque dans des revues spécialisées, sont, à cet égard, significatifs : *L'éducation en*

1. Bilan sur l'alternance dans les écoles de gestion. Le « dedans » et le « dehors ». *Enseignement et Gestion*, (14), été 1980, 7-12. Girod de l'Ain rapporte les paroles du sociologue américain P. Goodman.
2. Causse G. (1998). « La formation en alternance : remède, opportunité ou nécessité ? », *Economie et sociétés*, série S.G. 8-9, 459-478.

entreprise contre le chômage des jeunes[3], *Formation en alternance et lutte contre l'exclusion, une utopie en quête de traductions*[4]. Il est vrai que l'alternance a permis à des élèves en situation d'échec, en préparant un CAP, de compenser des résultats faibles dans les domaines théoriques par ceux obtenus dans des épreuves pratiques. Mais de ce fait, « le discrédit s'est installé sur les pratiques d'alternance désignées comme forme d'enseignement au rabais[5] ».

À partir de 1987[6], l'alternance a été rendue possible à l'Université et quelques années plus tard, en 1991, le Premier ministre Édith Cresson, séduite par le système dual allemand, malgré la réticence des syndicats, a tenté de promouvoir les formations en apprentissage, donc en alternance[7]. Les régions qui avaient la compétence en matière d'apprentissage[8] ont pris le relais. La promotion a consisté à accorder des avantages financiers aux trois catégories d'acteurs concernés : les entreprises qui accueillaient des apprentis, les établissements qui offraient des formations en alternance et les apprentis eux-mêmes. La formation en alternance a alors été considérée comme une opportunité par certaines écoles de gestion, qui se sont lancés dans ce type de formation sans forcément considérer qu'il s'agissait d'un modèle spécifique exigeant la mise en place de ses propres modes de fonctionnement. Ce comportement n'a pas amélioré l'image de marque de la formation en alternance, qui n'avait pas bonne presse chez les universitaires.

De nombreux universitaires, ceux qui se comportent comme « les gardiens du temple », étaient résolument contre. Selon eux, les universitaires n'ont pas à s'ouvrir sur l'extérieur puisque leur rôle, au sein de l'Université, est de dicter ce qu'il faut faire, de délivrer des diplômes qui attestent de l'acquisition du savoir et d'assurer leur remplacement à l'identique. L'attitude des universitaires a également été une réaction contre les écoles de gestion, ces dernières ayant été de tout temps ouvertes sur l'extérieur et affichant un objectif de former des *managers* opérationnels.

2. Un système de formation à la gestion pertinent

Ce qui différencie la connaissance scientifique en gestion par rapport aux autres disciplines est qu'elle s'appuie sur des pratiques, elle est finalisée et fait appel à d'autres sciences : l'économie, le droit, la sociologie, la psychologie, etc. La formation

3. Titre de l'ouvrage de Dalle, F. & Bounine, J. (1993). Paris, Éditions Odile Jacob.
4. Titre de l'article de Merle, M.-A. (1996). *Annales des Mines*, juin, 34-43.
5. Bachelard, P. (1994). *Apprentissage et pratiques d'alternance* (p. 21). Paris, L'Harmattan.
6. Loi de 1987 relative au baccalauréat professionnel, aux diplômes de techniciens supérieurs.
7. La formation initiale en alternance dans l'enseignement supérieur est effectuée sous le régime de l'apprentissage.
8. Loi sur la régionalisation de 1983.

ne s'arrête pas à la transmission du savoir, elle va jusqu'au savoir-faire et au savoir-être. Or, les enseignements en gestion traditionnels s'arrêtent souvent au savoir. Sans doute les enseignants tentent-ils parfois de ne pas se limiter à cela, mais pourquoi ne pas envisager une répartition des tâches ? Pourquoi ne pas laisser à l'entreprise la formation pratique ?

Les tentatives des enseignants pour dépasser le stade du savoir se traduisent essentiellement par l'introduction de la méthode des cas, mais cette dernière ne donne qu'une vision tronquée de la situation réelle. En général, la problématique est y clairement exprimée, les informations sont données, on n'y trouve aucun élément relationnel perturbateur. Bien que la méthode des cas ait pu contribuer au succès des *business schools* américaines, nous avons présents à l'esprit les deux ouvrages parus dans la décennie quatre-vingt : celui de McCormack, *Tout ce que vous n'apprendrez jamais à Harvard* (1984) et celui de Mintzberg, *Formons des managers, pas des MBA* (1989). Dans ces ouvrages, les auteurs indiquent que dans les établissements de formation, on enseigne des outils, on forme des experts en finance, en marketing, etc., mais on ne forme pas des *managers*. Cela ne signifie pas qu'ils ne le deviendront pas, mais pas dès la fin de la formation.

Des collègues français se sont à cette époque penchés sur la difficulté de la formation en gestion. Ainsi, Robert Le Duff, dans un article, *L'entreprise : quelle formation ?*, déclarait : « La formation serait celle qui privilégierait le développement de la personnalité du gestionnaire sous ses deux aspects : le savoir-faire (utilisation des connaissances) et le savoir-être (comportement vis-à-vis d'autrui...) et qui, pour ce faire, saurait doser l'enseignement classique et la formation "sur le tas" en situation réelle de travail[9]. » De son côté, Henri Savall, par la méthode socioéconomique qu'il a développée dans la décennie quatre-vingt, proposait une autre vision du rôle de l'enseignant-chercheur en gestion dans ses relations avec l'entreprise et la société, en faisant état d'un nouveau concept, celui de « formation intégrée ».

La formation en alternance permet également d'assurer de manière progressive la transition entre deux mondes, celui de l'Université et celui de l'entreprise. Dans ce régime, l'étudiant dispose d'un savoir qui peut être confronté à celui de l'enseignant. Selon la terminologie de l'école de Palo-Alto, les relations entre enseignant et enseigné ne sont plus du type parent-enfant, mais adulte-adulte.

9. Le Duff, R. (1980). L'entreprise : quelle formation ? *Enseignement et Gestion*, (16), 35-44.

3. Les conditions de succès de la formation en alternance

La formation en alternance est, par définition, un système dans lequel se succèdent des périodes de formation pratique, par l'exercice d'une activité professionnelle, et des périodes de formation académique, dans un établissement de formation. Elle suppose la réunion de deux conditions : l'existence de deux pôles de formation et une concertation entre les deux pôles. L'entreprise doit, dans ce cas, avoir une activité de formation alors que ce n'est pas sa mission première. Il faut donc qu'elle soit volontaire et respecte les règles de conduite telles que prévues dans le contrat d'apprentissage.

Dans chaque pôle de formation, l'apprenti a un tuteur, un tuteur pédagogique à l'Université, un maître d'apprentissage dans l'entreprise. Il est nécessaire qu'une relation de confiance s'instaure entre eux, qu'un programme de travail soit établi. L'apprenti n'est pas un stagiaire, il est salarié. Le temps passé en entreprise doit être à la fois producteur et formateur. Des concertations régulières entre les tuteurs doivent être prévues afin que le maître d'apprentissage soit informé des cours dispensés et le tuteur pédagogique doit s'assurer que la formation pratique se déroule selon le programme établi.

On attend de la période passée en entreprise l'apprentissage d'un savoir-faire, mais également le développement personnel de l'étudiant. « L'entreprise fait découvrir et prendre en compte les règles complexes... d'une petite société qui vous accepte ou peut vous marginaliser sinon vous exclure... L'entreprise est le lieu d'une nouvelle hiérarchie des valeurs, où être opérationnel signifie bien sûr la compétence, mais aussi maîtrise du temps et de sa valeur, et adaptabilité à toutes les situations qui demandent une créativité[10]. »

De son côté, l'Université doit adapter son programme d'enseignement. Ce n'est pas parce la formation a une dimension professionnelle que les cours doivent être pratiques, c'est l'inverse. Dans les programmes des Fachhochschulen allemandes, dont l'orientation pratique est très marquée, « l'enseignement théorique y prend une place prioritaire, non pas en tant que spéculation intellectuelle, mais pour permettre une approche plus complète et cohérente de la pratique[11]. »

Il revient à l'Université d'inculquer de solides connaissances dans les disciplines sur lesquelles s'appuie le management (économie, sociologie, droit, etc.) et dans les matières structurantes (mathématiques, statistiques). Il lui revient également de conceptualiser les pratiques. C'est un exercice difficile, peu d'enseignants sont préparés à cette pédagogie inductive. Enfin, si l'on veut former des *managers*, à un

10. Bachelard, P. (1994). *Apprentissage et pratiques d'alternance* (p. 175). Paris, L'Harmattan.
11. Thomas, J.-P. (1982). Formation pratique et insertion professionnelle. *Enseignement et Gestion*, (26), 25-30.

stade avancé dans le cursus, si l'on se situe dans une formation spécialisée dans une fonction, des enseignements transversaux doivent être introduits.

4. Un exemple de mise en œuvre

Dans un chapitre de cet ouvrage, portant sur la formation des formateurs outre-Atlantique, nous avons évoqué les activités des boursiers de la Fnege à leur retour en France, notamment la mise en place de diplômes en alternance à l'université Paris-Est Créteil (UPEC)[12] qui a été pionnière dans le domaine. Il s'agit d'une maîtrise en sciences de gestion (MSG) et d'un DESS contrôle de gestion et audit. Les circonstances dans lesquelles ces programmes ont été créés ne sont pas sans incidence sur leurs caractéristiques respectives et sur leurs retombées.

La MSG en alternance (MSGA) a été créée en 1989, en tant que formation parallèle à celle de la MSG en formation initiale existante. Les deux MSG fonctionnaient dans le cadre du même dossier d'habilitation. Naturellement, dans la MSGA, le temps passé en entreprise donnait lieu à un suivi. La différence importante était que les étudiants-apprentis étaient deux semaines en entreprise et une semaine à l'université et avaient moins de vacances. Les cours étaient identiques, dispensés par les mêmes enseignants. En conséquence, durant la formation à l'université, l'expérience acquise en entreprise ne pouvait quasiment pas être exploitée, les cours ne pouvaient être adaptés à un public disposant d'un savoir-faire, qui avait davantage besoin, dans ce type de formation, d'une pédagogie inductive. Ajoutons que l'adaptation des enseignements est difficile lorsque le programme est général, non spécifique à une activité ou fonction. En effet, dans la MSGA, certains étudiants-apprentis exerçaient des fonctions dans le domaine comptable, d'autres dans le domaine commercial, etc.

C'est forte de cette expérience qu'en 1997, j'ai créé le diplôme de troisième cycle en alternance spécialisé en contrôle de gestion et audit[13]. Ce programme était bien spécifique. Il n'existait qu'en alternance, de sorte que le programme a pu être adapté. C'est ainsi, qu'outre les cours théoriques relatifs aux disciplines concernées et les cours transversaux, nous avons pu introduire des enseignements interactifs relatifs au comportement, des conférences périodiques sur des sujets de société. Les promotions étaient limitées à 20, ce qui permettait à chacun de s'exprimer. Le rythme retenu a été de quatre jours par semaine en entreprise (du lundi au jeudi) et un jour et demi à l'université (vendredi et samedi matin) de sorte que, du fait de sa présence

12. À l'époque, l'université Paris XII Val-de Marne.
13. Deux disciplines différentes, mais complémentaires, l'audit ayant l'avantage de comporter une méthode de travail précise et efficace qui n'a pas l'équivalent en contrôle de gestion.

quasi permanente dans l'entreprise, l'apprenti devenait indispensable, des responsabilités pouvaient lui être confiées. Des réunions auxquelles étaient conviés tuteurs pédagogiques et maîtres d'apprentissage étaient organisées régulièrement. Elles se terminaient généralement par des rencontres festives avec les étudiants-apprentis. Les résultats sont vite apparus. Les candidats au programme n'avaient plus besoin de chercher une entreprise, ce sont les entreprises qui, ayant fait l'expérience de cette formation, venaient effectuer la sélection dans les dossiers de candidature. Par ailleurs, les étudiants-apprentis étaient généralement tous embauchés à l'issue du programme à un niveau supérieur à celui occupé durant leur formation. Un tel programme spécifique n'a pu être mis en place qu'avec le soutien du président de l'université de l'époque[14] et n'a pu exister que dans un cadre universitaire où le souci de promotion individuelle, de concurrence interétablissements, de *ranking*... n'est pas exacerbé. En ce qui me concerne, la motivation a sans doute été la mise en application de l'expérience vécue outre-Atlantique.

En conclusion, il nous semble important de préciser deux choses. D'une part, il ne suffit pas de se faire succéder période en entreprise et période à l'Université pour considérer qu'il s'agit de formation en alternance. D'autre part, les vertus de ce type de formation, telles qu'exposées ci-dessus, ne doivent pas conduire à la conclusion que seule l'alternance peut former des *managers*. Les formations traditionnelles en gestion, voire les formations dans d'autres disciplines (mathématiques, droit, etc.) sont de bonnes bases pour accéder à des fonctions importantes dans le domaine du management. L'intérêt de l'alternance est qu'à l'issue de la formation l'étudiant est immédiatement opérationnel, son parcours de formation a comporté la double dimension académique et professionnelle.

14. Bernard Dizambourg.

Chapitre 14

Les évolutions de la pédagogie : transmission d'un savoir d'action ou formation scientifique

Par Roland Reitter, Bernard Ramanantsoa, Hervé Colas & Bertrand Quélin

1. *Rip goes back to school.* Un conte américain bien connu[1]

Il était une fois, en 1769, un brave homme apprécié de tous, mais affligé d'une épouse acariâtre, qui s'appelait Rip Van Winkle. Parti à la chasse pour jouir d'un peu de tranquillité, il rencontra un groupe de gens étranges avec lesquels il but un peu ; sur quoi, il s'endormit sous un arbre, pour ne se réveiller... que 20 ans plus tard. De retour au village, ne reconnaissant plus rien de son petit monde, il connut une crise identitaire personnelle dans la toute nouvelle et glorieuse Amérique. Rip c'est moi, de retour à Jouy après 15 ans de retraite.

À l'étage de mon département (Stratégie), sur les 27 professeurs, aucun n'est présent. Beaucoup de noms étrangers, et très peu de noms connus de moi, ce qui semble indiquer un taux de rotation élevé.

Autre surprise : il y a maintenant deux catégories de professeurs : les « normaux » et les membres d'un *educational track*. Cela signifie-t-il que ceux qui enseignent ne font pas de recherche et inversement ?

Je cherche la bibliothèque des cas utilisés, en particulier ceux écrits par le département. On me dit recourir à quelques cas achetés à Harvard et ne plus en écrire.

1. Bertrand Moingeon, décédé en octobre 2020, aurait dû cosigner ce texte, qui porte sa trace.

Je m'interroge : fait-on encore du conseil ? Voit-on encore les entreprises ? Pour moi, le métier était un bloc : la transmission de savoirs pratiques à partir de la connaissance du terrain. Cela nécessitait un ancrage dans l'entreprise, un travail d'élaboration de cas, la connaissance et la pratique de la recherche, donc une démarche scientifique, une interaction entre pairs au niveau du département – la production collective du manuel *Strategor* fut un grand moyen de bâtir notre identité collective – mais aussi sur le campus et dans les communautés académiques nationales et internationales.

Je suis aussi bien obligé de m'avouer, non sans un peu de crainte de montrer un peu plus mon obsolescence, que la France et sa culture des Lumières ont toujours été très présentes dans mon esprit et dans celui de mes collègues les plus proches. Qu'il s'agisse de créer en Afrique du Sud, sous l'Apartheid, un programme ouvert à tous ou d'être présents à Varsovie lors de la chute du Mur, nous le faisions toujours avec en tête « une certaine idée de la France ». Cela valait d'ailleurs aussi, *mutatis mutandis*, pour mon autre *alma mater*, Harvard, où les professeurs avaient un sens aigu de leur mission nationale.

Les institutions peuvent-elles être apatrides ? La mondialisation des échanges doit-elle entraîner leur isomorphisme identitaire ?

Le monde a changé et pour éviter de me replier sur moi-même, il me faut comprendre cette évolution. Je vais m'y essayer, en gardant à l'esprit l'idée si féconde d'identité narrative, grâce à un triple effort de distanciation : la relecture de grands auteurs sur ce que sont les méthodes des sciences sociales (expliquer et comprendre ; qualitatif et quantitatif) ; le recours à la recherche du CNRS sur le rôle des *rankings* dans notre univers ; le témoignage de trois acteurs importants de cette aventure. Quatre narrations, donc, pour mieux comprendre une problématique identitaire dans le domaine de l'enseignement de la gestion.

Le dilemme de départ : quel est notre métier ?

Le thème de ce chapitre est tout à fait d'actualité. Je suis quand même un peu étonné : j'avais été bien conscient de la montée en puissance dans mon département, à HEC, de la tendance « quantitativiste », incarnée par ceux pour qui toute recherche doit passer par l'élaboration d'hypothèses, suivie de leur vérification grâce aux chiffres. Mais ceux qu'on surnommait affectueusement nos « ayatollahs », à cause de leurs certitudes inébranlables, étaient aussi parmi nos meilleurs professeurs ; ils ont écrit d'excellents cas – sans doute les derniers – et ont très activement participé à la vie institutionnelle.

L'affrontement qualitatif-quantitatif, qui a apparemment remplacé notre dualisme expliquer-comprendre, m'a toujours paru utile, mais la domination actuelle du quantitatif me semble abusive. Notre discipline a pour objet le fonctionnement des organisations. Or, celui-ci est fondamentalement humain et politique, car il s'insère dans un contexte et une histoire. Il est indispensable d'essayer d'en comprendre les ressorts. Si le traitement statistique d'un très grand nombre de données fait apparaître des régularités, tant mieux. Mais ce doit être en plus de la compréhension qualitative, pas à la place.

Pourquoi Lévi-Strauss et, avant lui, Malinowski, nous sont-ils utiles ?

D'abord parce que l'ethnologie a un objet très proche du nôtre : comprendre le fonctionnement d'un groupe humain qui nous est *a priori* étranger, mais auquel notre conscience nous donne accès, parce que nous partageons avec lui un certain nombre de mécanismes fondamentaux de l'être humain et social, en particulier le langage. L'observateur, ou le chercheur, est en quête de quelque chose qui échappe aux sujets observés, alors même qu'ils sont capables de parler de leur expérience. Bien entendu, l'interaction entre l'observateur et l'observé est complètement active. Les méthodes des sciences exactes peuvent-elles ici s'appliquer ici ? Ces sciences visent à expliquer, donc à prévoir. Pour cela, elles peuvent expérimenter en agissant sur les conditions du phénomène observé. Mais cela est quasiment impossible pour les sciences sociales, en particulier pour les sciences du management. La fameuse expérience de Hawthorne nous l'a parfaitement fait comprendre il y a près de 80 ans : les chercheurs pensaient pouvoir montrer que la productivité des ouvrières d'un atelier d'assemblage variait en fonction de paramètres physiques simples à mesurer : température, taux d'humidité... Utilisant des groupes constitués, ils manipulèrent donc ces variables et en mesurèrent l'effet par rapport à un groupe témoin. À leur grande surprise, ils constatèrent que la productivité du groupe témoin s'accroissait sans raison explicable, mettant ainsi à mal leur expérience. En fait, cet échec était un formidable succès : il a montré qu'une entreprise, qui est un système vivant, ne fonctionne pas comme un système physique : le fait même de mener une expérience sur lui le modifie ; et si l'on ne comprend pas la conscience des acteurs et leurs interactions, on fait fausse route.

Ensuite, l'ethnologie apporte une démarche. Quand Lévi-Strauss observe la structure d'un village bororo et son fonctionnement quotidien, ou quand Malinowski cherche à comprendre pourquoi les Trobriandais se transforment en argonautes et se soumettent à des rites complexes, leur attitude est très proche de la nôtre quand nous essayons de comprendre le fonctionnement d'une entreprise : le singulier d'un terrain spécifique et les concepts généralisables, applicables à d'autres terrains singuliers, entrent en dialogue et se coconstruisent. Cette démarche apporte une réponse satisfaisante à la question posée et permet de comprendre et de transmettre une *mètis* (sagesse pratique) grâce à une démarche scientifique spécifique qui ne passe pas nécessairement par un traitement quantitatif.

Lévi-Strauss n'avait sans doute pas lu Hawthorne quand, en 1972, il écrivit *Anthropologie structurale deux*, alors même qu'il était universellement considéré comme un grand scientifique. Il y dit que les sciences exactes ont pu progresser parce que le grand public ne s'étant longtemps pas senti concerné, elles ne subissaient pas de pression excessive. Leur succès a changé la donne, mais, du même coup, a modifié le statut social des sciences humaines, auxquelles on a depuis beaucoup demandé. Le danger est qu'on leur demande trop – alors que leurs limites, en termes d'explication, de prédiction et d'expérimentation, sont irrémédiables. Pour conserver leur originalité, elles doivent, écrit Lévi-Strauss, s'incliner devant l'antinomie insurmontable de la conscience et de l'expérience.

« Elles n'expliquent jamais – rarement – jusqu'au bout ; elles ne prédisent pas avec une quelconque assurance. Mais, comprenant au quart ou à moitié, et prévoyant une fois sur deux ou quatre, elles n'en sont pas moins aptes, par l'intime solidarité qu'elles instaurent entre ces demi-mesures, d'apporter à ceux qui les pratiquent quelque chose d'intermédiaire entre la connaissance pure et l'efficacité : la sagesse ou, en tout cas, une certaine forme de sagesse qui permet de moins mal agir parce qu'on comprend un peu mieux, mais sans jamais pouvoir faire le départ exact entre ce qu'on doit à l'un ou à l'autre aspect. Car la sagesse est une vertu équivoque qui relève à la fois de la connaissance et de l'action, tout en différant radicalement de chacune d'elle prise en particulier. » (Lévi-Strauss, 1972, p. 346)

Restons-en donc à Dilthey : les méthodes d'investigation sont multiples et nous pouvons choisir parmi elles ce qui nous convient en fonction de l'objet de notre recherche.

La recherche du CNRS : *In search of academic quality*

Au début des années deux mille, le CNRS entreprit un projet pharaonique pour expliquer et comprendre l'évolution des institutions d'enseignement dans le monde, pas seulement dans les *business schools* et pas seulement dans le monde occidental. Sur une dizaine d'années, avec une bonne dizaine d'assistants, il engrangea 700 entretiens approfondis dans le monde entier. Le livre et les articles issus de cette recherche, ainsi que les archives – les matériaux bruts – auront une place centrale dans ce qui va suivre, conformément à ce que m'ont appris mes maîtres : *let data speak*. La phénoménologie précède l'herméneutique.

Au départ de toute recherche majeure, se pose, me semble-t-il, une question importante issue du terrain, que seule l'investigation empirique peut éclairer. Dans *In search of academic quality*, la question est simple : dans les années deux mille-deux mille dix, on voyait bien croître l'importance des classements internationaux dans le monde de l'enseignement. La France fut terriblement irritée en découvrant sa quasi-absence des classements de Shanghai, y compris pour les *business schools*. Après l'irritation vint l'obnubilation sur les classements publiés par les grands journaux tels que le *Wall Street Journal*, le *Financial Times* et *The Economist*. Quant aux universités françaises, plus encore que les grandes écoles, elles pouvaient se poser des questions existentielles.

Dans la présentation des résultats de son énorme travail, le CNRS adopta un fil narratif que l'on peut trouver simplificateur, mais qui remplit bien son rôle structurant. Les auteurs commencent par singulariser deux formes de « qualité » dans l'univers des institutions d'enseignement : la réputation et l'excellence. La réputation est issue de l'histoire ; l'excellence, manifestée dans les classements internationaux, est plus « dynamique » en ce sens qu'elle évolue à court terme. En croisant ces deux formes de qualité, on peut créer un modèle classificatoire à quatre entrées : les institutions jouissant des deux qualités sont *top of the files* ; celles qui ont bonne réputation, mais sont moins bien classées, sont « vénérables » ; celles qui jouent le classement sont qualifiées de *wannabes* ; les autres sont appelées les « missionnaires ». J'ai cherché HEC – elle est *wannabe* ! L'espoir demeure.

La réputation et l'excellence : la montée en puissance de cette dernière

Au début des années soixante, tout était affaire de réputation. En France, les meilleurs élèves de maths élém passaient en maths sup' ; les autres s'inscrivaient en prépa HEC, sans pour autant nécessairement éprouver le moindre intérêt pour l'entreprise. Par ailleurs, il n'existait pas d'université spécialisée en gestion. Le classement au concours livrait un verdict simple : d'abord HEC, puis l'ESSEC, puis ESCP. Cela allait de soi et ne reposait sur aucune donnée quantitative, ni sur aucune appréciation de l'enseignement. Après l'intégration à HEC, le jeu était à nouveau simple, grâce au classement de sortie : les 10 premiers pouvaient postuler à une bourse pour aller aux États-Unis (et pas ailleurs !). Là encore, le classement était incontestable : première Harvard, deuxième Stanford. Les gens de Harvard avaient une connaissance approfondie du système d'enseignement supérieur français. Ils choisissaient chaque année une demi-douzaine de Français, principalement dans les grandes écoles, plus quelques « fils à Papa », probablement pour des raisons financières.

Paradeise et Thoenig (2015) le disent simplement : la réputation est contextuelle, cardinale, spécifique et construite socialement. Elle repose sur la mémoire collective et la représentation des institutions comme lieux où la sélection à l'entrée, puis la qualité et la capacité d'innovation de l'enseignement sont garants du produit final. Ce principe d'évaluation de la qualité a perdu sa prééminence au fil du temps. Leur livre le montre et l'ironie de l'histoire veut que ce processus se soit déroulé, sans que je le comprenne vraiment, entre 1961 – date de la rédaction du premier manuel d'évaluation quantitative et de mon entrée à HEC – et 2006 – ma retraite de professeur et la parution du *Berlin Principles of Ranking* qui est, paraît-il, la Bible en ce domaine. Les outils d'évaluation quantitative se sont donc lentement sophistiqués, mais leur succès, et les bouleversements identitaires qu'ils ont entraînés pour les institutions sont dus au cumul de facteurs plus profonds :

- d'abord, le gonflement des effectifs dans l'enseignement supérieur. Quelques chiffres révélateurs : en France, 42 % des 25-34 ans avaient eu accès à l'enseignement supérieur en 2010, contre seulement 20 % des 55-64 ans. En Chine, 15 millions de personnes au total avaient eu accès à l'enseignement supérieur en 2008. Au niveau mondial, on comptait 153 millions d'étudiants en 2012 et on prévoit qu'ils seront 262 millions en 2025 ;
- ensuite, la mondialisation, qui entraîne la mobilité des informations, des finances et, surtout, des personnes : en 2013, 2,8 millions d'étudiants se trouvaient à l'étranger, mais aujourd'hui, ils sont 8 millions. Actuellement, 17 % des étudiants aux États-Unis sont étrangers, mais 4 % en France.

Ces deux tendances de fond ont entraîné une mise en concurrence radicale des institutions d'enseignement, tant pour les budgets de recherche que pour les étudiants (frais de scolarité). Aujourd'hui, 42 % des étudiants dans le monde sont chinois ou indiens, alors que seulement 2 % sont français ou allemands.

Paradeise et Thoenig montrent la convergence qui s'opère depuis le début des années deux mille. La concurrence pour les ressources met en lumière la nécessité pour les décideurs (familles, gouvernements, entreprises) de disposer de guides simples et clairs pour faire leur choix, et ce d'autant plus que les institutions à grande réputation sont rares (1 % du nombre total d'après les auteurs) et que leur nombre d'étudiants est limité.

Les auteurs émettent une hypothèse fort vraisemblable : l'évaluation « excellente » par l'agrégation d'évaluations particulières en un *ranking* unique est terriblement efficace aux yeux des décideurs. Ces derniers ne s'intéressent pas à la façon dont les classements sont fabriqués, mais ne regardent que le résultat. Le numéro un gagne tout ; celui qui monte d'une année sur l'autre attire l'attention des médias, celui qui descend est en grand danger. Peut-on être dupe d'un tel tour de passe-passe ? Les auteurs sollicitent Merton qui posait déjà la question dans les années soixante-dix, au tout début du processus, et qui émettait de grandes réserves. Mais les décideurs ne lisent pas Merton. Dans la communication, le quantitatif l'a emporté – même si, je pense, personne ne dédaignerait une admission en MBA à Harvard, qui pourtant ne joue pas trop les *rankings*.

Le parcours identitaire de ceux qui, ayant la réputation et se sentant menacés par la course à l'excellence, redéfinissent leur stratégie

La course à l'excellence est redoutable, car cruelle et sans répit. La tyrannie du chiffre, c'est la tyrannie de l'esprit de géométrie contre l'esprit de finesse. C'est la simplification, la disparition des nuances, la focalisation sur une obsession, la perte de contact avec le réel social, c'est la promotion de la performance individuelle, facilement mesurable, remplaçant la coopération, moins mesurable, c'est l'isomorphisme – l'alignement sur le premier, la tyrannie de la norme, la disparition de la déviance, de l'innovation, du goût du risque ; c'est l'avènement de la bureaucratie... tout ce que Max Weber, il y a un siècle, appelait la cage d'acier de la rationalité instrumentale.

Au cœur du jeu, l'impératif du *publish or perish* ; on ne monte dans les classements qu'en produisant tous les ans suffisamment d'articles dans les revues dites de premier rang. Celles-ci exigent une révision anonyme et avec plusieurs relecteurs. C'est un processus long et coûteux qui oblige l'auteur à se spécialiser, tant dans sa discipline (le centre d'intérêt doit être très restreint) que dans la gamme des quatre activités traditionnelles des *business schools*, la recherche passant avant l'enseignement, le conseil et la participation au fonctionnement de l'institution. On ne peut guère jouer ce jeu comme l'honnête homme du XVIIe siècle. Il faut se donner à fond pour écrire et faire accepter un texte. L'institution, les collègues, les étudiants, la connaissance du contexte industriel et du cadre national, la transmission d'un savoir par des livres mûris par l'expérience, tout cela devient très rapidement secondaire.

Paradeise et Thoenig (2015) constatent aussi ce que je vois sur le campus : il y a maintenant deux corps professoraux, dont l'un est manifestement plus « noble » que l'autre et plus valorisé. Celui qui produit des articles dans les revues de premier rang reçoit des primes, est dispensé d'enseignement et n'est plus tenu de participer à la vie de l'institution. Je repense à Williamson : l'effet marché prime désormais à l'intérieur de l'institution. Dans mon département, à HEC, les « stars » de 2015 sont parties vers des cieux plus généreux ou moins fiscalisés. Parmi les autres, beaucoup ont disparu, ont été remerciés et leurs remplaçants sans doute aussi.

Mais le résultat est atteint : HEC grimpe dans les classements internationaux. Les étudiants asiatiques ou leurs gouvernements sont prêts à payer des frais de scolarité très élevés, bien qu'encore loin des standards américains.

La question de l'utilisation de la méthode des cas

Je voudrais approfondir un thème central pour moi : l'utilisation de la méthode des cas et son rapport avec la stratégie visant la qualité par l'excellence des évaluations quantitatives, les *rankings*.

On peut choisir de considérer que l'enseignement et la recherche en gestion ont pour mission première de transmettre un savoir pratique, de travailler d'abord sur le renforcement des capacités d'action dans un univers incertain et complexe. Pour l'étudiant pré-expérience – surtout en France, où les jobs d'été ne sont pas la norme – comme pour l'étudiant de MBA qui a déjà été confronté à la réalité des entreprises, la méthode des cas est un moyen unique de progresser. Certes, il ne prend pas de vraies décisions, avec de vrais enjeux financiers, mais le cas lui permet, non seulement de conceptualiser les problèmes à résoudre, mais aussi de vivre deux expériences d'interaction : d'abord avec son groupe d'étude en petit comité, puis en classe plénière avec un professeur formé à l'animation des débats et fournissant des apports conceptuels (issus de la recherche) et les fameuses *useful generalizations* – des synthèses nécessaires à différentes étapes du cours. Le cas est aussi une introduction à la politique, non seulement parce qu'il inclut cette dimension dans les données proposées, mais aussi parce que la séance de discussion en classe est, par définition, dialogique.

Le cas possède une vertu unique : il permet à la fois l'implication et la distanciation : on se met à la place du décideur, sans être le décideur ; on peut ainsi s'impliquer sans trop s'exposer affectivement. La méthode des cas a connu des sophistications intéressantes. L'une d'entre elles consiste à faire intervenir, après la discussion, les protagonistes réels du cas, généralement présents muets lors de la séance. Mais se pose alors un problème pratique de taille de groupe. Le témoin protagoniste ne peut pas se dédoubler, alors qu'il y a, en général, pour un même cas, de nombreux groupes de discussion. D'où, sans doute, une évolution qui me semble engendrer des effets pervers : le témoignage de décideurs, sans qu'on y ait de cas discuté préalablement. On fait venir une « star » de l'entreprise qui se raconte sans que la complexité politique de ses décisions puisse être évoquée par d'autres témoins. Cette formule a connu beaucoup de succès.

Autre extension très utilisée en *executive education* : un participant expose son propre problème ou un projet que l'entreprise lui a confié. Le reste du groupe en discute, là aussi sans avoir eu accès à des témoignages contradictoires.

La méthode des cas est centrée sur des problématiques réelles. Dans leur analyse de la course à l'excellence, Paradeise et Thoenig montrent bien que les professeurs, embauchés grâce à leur capacité à publier dans des revues apportant des points, ne peuvent qu'être très éloignés de cette approche. Ils sont en général très spécialisés, ce qui ne leur permet guère une vision intégratrice et concrète.

Par extension, les nouveaux professeurs sont très isolés. Ils n'ont plus guère besoin de leurs pairs, de leurs collègues de département. À la limite, ceux-ci peuvent leur paraître des concurrents directs, à la fois sur un marché interne, puisqu'une bonne partie d'entre eux sera remerciée à la fin de l'année, et sur le marché externe, c'est-à-dire, les places libres dans les autres institutions.

La pression du *publish or perish* est une pression de court terme. Les articles sont valorisés, aux dépens des livres, qui sont pourtant le fruit d'une expérience cumulée. De même, les approches les plus quantitatives, plus rapides à mettre en œuvre, sont privilégiées. La qualité de l'enseignement est trop peu quantifiable pour être prise en compte. Le fonctionnement collégial et les interdisciplinarités sont considérés comme des pertes de temps, car ne pouvant être inclus dans une évaluation quantitative.

Questions de management stratégique : capabilities *et* leadership, *les dilemmes d'un* wannabe

Il n'y a jamais une seule solution ou un seul modèle gagnant. Les institutions d'enseignement sont gérées par des stratèges. *Follow the leader* n'est pas un impératif. Pour gérer stratégiquement ces institutions, il y a des thèmes de réflexion incontournables, en particulier la réflexion en termes de « capacité » – ce qui ne peut que réjouir l'adepte ricœurien de la réflexion en termes d'identité.

Les auteurs mettent en avant six capacités :

- disposer de suffisamment de temps pour les programmes que l'on veut mettre en œuvre ;
- être capable de faire participer et de mobiliser ceux qui, à l'intérieur de l'institution, vont réaliser le projet ;
- rendre ce projet crédible ;
- comprendre les opportunités et les menaces du monde pertinent ;
- être lucide quant au degré de dépendance envers les acteurs externes, savoir évaluer la compatibilité des programmes proposés avec le positionnement stratégique des composantes de l'institution ;
- comprendre l'impact de ces programmes à l'intérieur de l'institution.

Cette liste aide à comprendre les raisonnements et les décisions prises à HEC depuis 10 ans.

Le point de départ, c'est l'assemblée générale où notre directeur, Bernard Ramanantsoa, a expliqué, sans utiliser la terminologie de Paradeise et Thoenig, la nécessité, face à la mondialisation, de figurer dans les *rankings*. Pour cela, il fallait un nouveau corps professoral. Il a été très clair : il a proposé une sorte de pacte collectif en s'appuyant sur l'âge des collègues qu'il avait en face de lui : on n'allait pas demander à des presque sexagénaires de participer à la course. Ils étaient dispensés de publier dans des revues que, d'ailleurs, ils ne lisaient pas – et qui étaient parfaitement inconnues dans les entreprises – ; ils pouvaient continuer à s'occuper de leurs cours et de leurs clients en *consulting* ; par contre, HEC allait recruter des professeurs jeunes, titulaires d'un PhD des meilleures universités américaines et représentatifs des générations montantes. La Fondation HEC devait jouer un rôle capital dans le financement du projet, ainsi que des frais de scolarité élevés et une implantation au Qatar.

Reprenons les trois « capacités » ci-dessus :

- son programme constituait une rupture majeure, mais rien n'indiquait que le temps lui manquerait, car il avait l'aval de la chambre de commerce ;
- grâce à son habileté politique, il avait le blanc-seing du corps professoral « sortant » et le choix du corps professoral « entrant » était son affaire ;
- son projet était crédible, parce que HEC jouissait du fameux capital « réputation ». Très solidement au niveau français, solidement au niveau européen (grâce aux liens historiques avec les meilleures institutions de chaque pays) ; aux États-Unis, HEC était quasi inconnu du grand public, mais avait des liens de partenariat solides avec Harvard, Stanford, Wharton, Northwestern et était présent, depuis 1967, à l'AACSB.

Je pense qu'il voyait la mondialisation plus comme une opportunité que comme une menace. Cependant, il était certainement très conscient des limites financières de la CCIP et de la difficulté pour une grande école de partager avec l'Université la manne financière gouvernementale montante. L'autonomisation financière par rapport à la chambre était inévitable, mais créait une dépendance grandissante par rapport à la Fondation HEC et à l'Association des anciens.

Parlons d'identité

Reste la question de l'identité. L'identité d'une collectivité, d'une personne ou d'une organisation n'est pas une somme de caractéristiques immuables. C'est une histoire, à la fois de « mêmeté » et d'« ipséité ». La mêmeté, c'est le socle de composantes stables, relativement cohérentes, qui donne sa spécificité au sujet et permet de l'identifier, de le reconnaître et éventuellement de s'identifier à lui ; l'ipséité, c'est la capacité à se redéfinir en permanence par l'action et par la narration. L'identité est à la fois mémoire et promesse, expérience et volonté ; elle entretient toujours un rapport dialogique avec l'environnement. On peut chercher à définir des capacités clés, personnelles ou collectives, produites par une histoire et permettant de s'engager vers l'avenir.

L'identité est racontée avec des éléments saillants et des non-dits ; elle est lue par autrui, elle est représentée, elle est une composante de chaque interaction. Une partie échappe à la conscience ; elle peut être fragmentée, conflictuelle, évanescente. Elle comporte des facettes périphériques et des éléments centraux, lesquels ne sont pas nécessairement explicites et peuvent être à découvrir au-delà des discours et des mises en scène.

Pour en revenir à l'évolution de la pédagogie, trois questions viennent à l'esprit.

L'analyse peut se centrer sur quelques interrogations fondamentales : l'organisation est-elle seulement un champ rationnel où des acteurs agissent selon leur intérêt propre, fabriquent des règles, codifient leurs interactions, signent des contrats, raisonnent par objectifs, performances, incitations... ou est-elle capable, par ses interactions et par le langage, de créer des attachements, des valeurs, des capacités collectives supérieures aux intérêts individuels, du symbolique, du don-contre-don, bref, de l'institutionnel ? Quels sont les bénéfices et les désavantages de ces deux formules ? Peut-on passer de l'une à l'autre ? Peut-on le faire sans vrai *leader* ?

Un *leader* doit-il, peut-il, se détacher entièrement de sa libido ? Ce serait la suite logique de la première interrogation. En effet, celui qui se sera engagé et aura engagé les autres dans une construction nourrie par la libido devra affronter, si l'évolution du monde le rend nécessaire, la possibilité de trahir son engagement et ses promesses. Pourra-t-il le faire s'il est prisonnier de ses propres émotions, de ses attachements ?

Est-ce que travail de fond et politique sont compatibles ? Ce dilemme peut prendre une forme très banale : un vrai *leader* pense en termes de fond ou de substance, mais il est nécessairement inséré dans un jeu politique avec d'autres acteurs. Jusqu'où peut-il sacrifier ses convictions pour rester au pouvoir ?

Le principe de la concurrence ouverte entre les acteurs économiques est au cœur du libéralisme. Mais il en va autrement des organisations : leur raison d'être étant de mettre en commun des ressources et des acteurs complémentaires en vue de coopérer. Introduire des incitations à la concurrence entre ces acteurs tend à détruire la coopération entre eux et à engendrer des ruptures d'identité, accentuées encore par l'incohérence, voire, la mauvaise foi, des narrations du *leader*.

La pétition, parue le 14 juillet 2020, de 140 chercheurs en gestion dénonçant l'obsession gestionnaire du projet de loi de programmation de la recherche française, nous réconforte un peu. La tyrannie des *rankings*, ils la vivent aussi. Ce dont nous avons parlé dans ce chapitre constitue un thème majeur, donc identitaire, pour toutes les institutions françaises d'enseignement et de recherche en gestion.

Conclusion un peu nostalgique de la pléiade

« Las, voyez comme en peu d'espace,

Mignonne, elle a dessus la place

Las las, ses beautés laissé choir[2]. »

À la fin des années soixante, à HEC et ailleurs, Didier Pineau-Valencienne et Bruno Roux de Bézieux, passés par les MBA américains, avaient milité pour le renforcement de la place des écoles dans le monde des affaires et du monde des affaires dans les écoles, notamment en introduisant la méthode des cas dans l'enseignement et en contribuant à la création d'un métier spécifique de professeur de gestion qui n'existait pas alors en France.

Nous avions conscience du prestige « sociétal » de nos écoles et des limites de leur enseignement. Nous n'avions aucune idée de la course vers l'excellence exprimée aujourd'hui par les *rankings*. Nous avons travaillé sur la « substance » de l'enseignement et cela contribuait au socle de réputation que décrivent Paradeise et Thoenig.

Le monde a changé, et nos écoles aussi. L'identité n'est pas la mêmeté et les impératifs financiers liés à la mondialisation rendaient sans doute nécessaires des choix drastiques. Mais je suis frappé par le parallèle entre la fragilité des succès liés aux *rankings* et les fragilités des capacités développées sur les campus. Même si la qualité est toujours mise en avant, l'enseignement n'a plus la priorité. Les *rankings* ne valent que ce que ceux qui les lisent veulent bien leur accorder, alors que la qualité d'une formation donnant la priorité aux substituts d'apprentissage, pratique éclairés par du conceptuel, semble plus pérenne.

Mais les parents des candidats aux concours et les chefs d'entreprise se fichent bien de l'enseignement des écoles. Et si c'était eux qui avaient raison ? Qui peut dire qu'un enseignement est supérieur à un autre ? Parallèlement, qui peut prétendre que le douzième dans les *rankings* du *Financial Times* est meilleur que le quinzième ?

Transmission de savoir ou démarche scientifique ? Peut-être est-il sage de considérer que oui, c'est un vrai choix de fond. Mais est-il bien raisonnable de penser

2. Pierre de Ronsard, *Mignonne, allons voir si la rose*.

substance plutôt que politique ? Substance et politique sont-elles compatibles ? Peut-on aujourd'hui s'identifier à des organisations sans spécificité et où le mercenariat remplace la *philia* ou l'*agapē*[3] ? La course à l'excellence détruit-elle les institutions ou est-elle le nouveau moyen de les refonder ?

2. Fragments de l'archéologie d'un changement stratégique

Roland Reitter m'a demandé « un commentaire » sur la « narration conceptualisée » qu'on vient de lire. J'ai décliné cette proposition, ne me sentant pas, faute d'un recul suffisant – je suis un des acteurs principaux de cette narration –, à même de préciser certains points de ce développement, encore moins d'en critiquer d'autres. J'ai préféré, pour en éclairer la lecture, proposer un contrepoint chronologique. Cela prend alors la forme de « fragments de mémoire » – d'où le titre –, qui devraient permettre au lecteur de valider, ou non, sa propre opinion sur l'interprétation des faits, proposée par Roland Reitter.

Prolégomènes

1975 : je « fais » mon MBA à HEC. Je suis « fasciné » par les cours que je reçois : une sorte d'émerveillement devant le savoir de ces « profs », pourtant à peine plus âgés que moi, et devant la méthode des cas que je découvre ; rien à voir avec les cours reçus à Sup'Aéro quelques années plus tôt. Je découvre aussi la puissance du travail en groupe, moi qui, jusque-là, n'avait travaillé que seul ou en « binôme ».

Parmi mes étonnements, le plus marquant est, avec le recul, le cours donné par Roland Reitter, en seconde année, sur « personnalité, pouvoir et *leadership* ». En première année de MBA, j'avais apprécié tant les cours de marketing que ceux de droit, de comptabilité ou de finance. J'avais goûté la puissance des raisonnements qui sous-tendaient les décisions. Avec le cours de Roland Reitter, je découvrais une autre facette du management : la dimension politique. Le management s'incarnait : la personnalité des dirigeants devenait majeure dans la compréhension de ce qui se passait dans les organisations. L'identité des entreprises donnait de la chair à la stratégie, aux *business plans*, aux plans de financement. Et ce cours nous montrait, à travers des cas et des biographies écrites par des historiens, des psychologues, des psychanalystes que l'on pouvait avoir accès à une réalité trop souvent présentée comme inaccessible, quand ce n'est pas comme un tabou. Roland Reitter m'a proposé, comme mémoire de fin de MBA, d'écrire avec lui un cas sur l'identité d'une

3. Agapē (αγαπη) est le mot grec pour l'amour « divin » et « inconditionnel », complétant la liste des mots grecs pour dire « amour » : *éros* (l'amour physique), *agape* (l'amour spirituel), *storgê* (l'amour familial) et *philia* (amitié, lien social).

entreprise. Grand privilège, je le mesure aujourd'hui, de découvrir comment on construit un cas en cascade et surtout la puissance du questionnaire de Levinson, pour diagnostiquer le contrat psychologique qui fonde l'identité de l'entreprise.

La recherche et l'international : prise de conscience

À la fin des années quatre-vingt, mon collègue Pierre Dussauge, en année sabbatique à Ann Arbor, me fait rencontrer des collègues américains et le doyen. Nous venons de publier un livre sur le management de la technologie et nous y faisons plusieurs fois référence dans nos conversations, jusqu'au jour où un de nos interlocuteurs nous interrompt, sceptique : « Vous êtes bien jeunes pour consacrer du temps à écrire des livres. On fait ça, une fois à la retraite, poursuit-il avec un regard malicieux. Dites-moi plutôt ce que vous faites en recherche. »

1993 : je suis doyen du corps professoral d'HEC. J'ai été « bien élu », mais je sais que plusieurs collègues, reconnus comme chercheurs, n'ont pas voté pour moi ou, en tout cas, ont hésité. J'organise un déjeuner avec plusieurs d'entre eux – tous français, à l'époque –. La question de la nature des publications émerge assez vite ; plus précisément, quelles sont les revues où devraient publier les professeurs d'HEC ? Écrire des articles dans *Le Monde* ou *Les Échos* doit-il être valorisé ? Faut-il « reconnaître » des revues comme *Le Débat* ou *Commentaires* ? Quels types de livres doivent être pris en compte pour la titularisation et la promotion des collègues ? J'ai le souvenir d'un moment très riche, avec des débats posés et bien argumentés : les plus jeunes sont les plus radicaux ; pour eux, HEC doit adopter très vite la norme qu'ils disent internationale : HEC doit se focaliser sur les articles publiés dans les revues reconnues internationalement. Les plus anciens sont un peu plus nuancés, notamment en ce qui concerne les livres. Deux d'entre eux, du département marketing et du département stratégie, vont avancer un argument qui m'a marqué : « Comment veux-tu qu'on se différencie des cabinets de conseil qui publient des éditoriaux, ont "des revues à eux", des exemples à foison et dont les *partners* sont le plus souvent d'excellents pédagogues : il faut qu'on "produise du savoir" et que ça se sache… »

1994 : Roland Reitter me fait inviter, à Harvard, par le *dean* John McArthur. John et Roland se connaissent de longue date. Passons sur l'épisode où nous sommes reçus à la *dean's house* par un maître d'hôtel… français, qui, à ma question bien impolie, nous confirme que le tableau au pied de l'escalier est bien un Picasso, un authentique ! HEC et Harvard ne jouent pas dans la même cour… on le savait. Plus douloureux est le souvenir de la rencontre avec plusieurs professeurs et un grand donateur, invité lui aussi à la *dean's house*. La plupart ignorent clairement ce qu'est HEC et pour plusieurs, la confusion avec l'INSEAD est manifeste.

1995 : je vais avoir le même ressenti quand, un an plus tard, nommé directeur général d'HEC, après la disparition douloureuse d'Henri Tézenas du Montcel, je décide de rencontrer rapidement, pour me présenter et essayer de découvrir leurs *best practices*, les *deans* de plusieurs *business schools* européennes et américaines. Je suis très bien reçu, mais à mon grand dam, je me rends très vite compte qu'en Europe, HEC est connue, mais qu'aux États-Unis, la notoriété et la réputation d'HEC *need some improvement*, pour le dire pudiquement. À l'époque, Google n'existe pas et on peut très vite se rendre compte qu'HEC n'est pas dans leur carte mentale. Je me rends aussi compte, au cours de ces échanges, que leurs deux préoccupations majeures sont le *fundraising* et les publications de leurs corps professoraux. J'ai alors du mal à leur expliquer que nous ne faisons pas de *fundraising* et à cacher que je n'ai pas, à l'époque, une vision exhaustive du nombre de professeurs d'HEC qui publient dans ce qu'ils appellent (déjà !) les *top scientific journals*. J'ai même du mal à ne pas cacher ma surprise quand un d'entre eux me précise, comme d'évidence, qu'*Harvard Business Review* n'est pas une revue scientifique.

1997, 1998, ... : l'EFMD[4] organise une rencontre entre les doyens des principales institutions européennes et Della Bradshaw, la journaliste du *Financial Times* qui suit le monde des *business schools*. Dans son propos liminaire, elle dit qu'il y a trois ou quatre institutions, en Europe, qui peuvent être considérées comme internationales et elle ne cite pas HEC. J'échange avec elle pendant le cocktail qui suit sa conférence. Elle connait HEC (ouf !), mais elle me demande si nous donnons des cours en anglais ! Devant ma surprise et ma réponse affirmative, elle précise sa question : « Est-il possible pour un étudiant qui voudrait "faire HEC" de suivre toute sa scolarité en anglais ? »

Les *rankings* et simultanément les accréditations vont faire leur apparition et prendre de plus en plus de place dans le monde des *business schools*. Au début, je regarde cela avec détachement, mais cette posture est de plus en plus difficile à tenir. Quand les fondateurs d'EQUIS sollicitent HEC pour être dans les *pioneer schools*, je réponds par l'affirmative, sans hésiter, d'autant plus que l'ESSEC vient d'annoncer qu'ils viennent d'obtenir l'accréditation AACSB ; je vais même demander qu'HEC soit dans les toutes premières à présenter son dossier.

Le *Financial Times* a commencé à publier ses fameux *rankings* : les premiers concernent les MBA. Au début, HEC est placée dans les soixantièmes ; les parties prenantes, et notamment les *alumni* (qu'on appelle encore les « anciens »), semblent indifférentes. Mais cela ne va pas durer : au deuxième ou troisième classement, qui confirme le MBA d'HEC dans « ces eaux-là », le téléphone se met à sonner. On com-

4. European Foundation for Management Development : il s'agit d'un réseau international réunissant la majorité des *business schools* et quelques entreprises.

mence à me reprocher plus ou moins amicalement ces places. Et encore : ceux qui m'appellent sont les plus bienveillants. Les plus virulents s'expriment en arrière-cour, sans m'en toucher un mot. Plusieurs membres du corps professoral s'interrogent également. « On » commence à se demander si je ne devrais pas décider la suppression du MBA : « Soixantième n'est pas digne d'HEC » me dit-on ; « il vaut mieux ne pas être classés » poursuit-on. La grande école n'apparaît dans aucun classement : cela permet aux plus corrosifs d'imaginer que si elle était classée, elle serait forcément mieux reconnue. Le problème : il n'y a pas, alors, de classement où la grande école puisse entrer. Seuls les MBA sont reconnus par le *Financial Times.* J'ai la conviction, avec quelques autres heureusement, que si on tue le MBA, la communauté des grandes *business schools* nous reconnaîtra encore moins !

Nous analysons en détail les raisons de ces résultats. Il apparaît clairement qu'une des principales raisons tient à nos mauvaises performances en recherche. Della Bradshaw a introduit de façon déterminante ce critère. Elle s'appuie pour mesurer la performance en recherche sur une liste de 50 journaux académiques (cela deviendra la désormais célèbre *FT list*). On y retrouve les *top scientific journals.* Tous sont en anglais. Les livres ne sont pas pris en compte.

Je crois, sans tomber dans le piège d'une reconstruction artificielle, pouvoir dire qu'à ce moment-là, ma conviction est forgée. La position de *leader* d'HEC, en France, ne suffit pas à faire reconnaître l'école comme un acteur international, en particulier par ses pairs. Pour cela, il faut qu'HEC soit reconnue comme une *research institution*, recrute plus d'étudiants internationaux et que l'EXED[5], la formation continue, prenne, elle aussi, le virage de l'international.

Pour faire cela rapidement, je vois se dessiner trois défis majeurs : le positionnement de la grande école, le financement et, bien sûr, la conduite du changement, c'est-à-dire l'évolution de l'identité de l'école et plus particulièrement de son corps professoral.

La grande école, l'EXED : la construction de standards internationaux et le rôle des *rankings*

Pour le monde américain, dans le domaine de la gestion, tout ce qui n'est pas MBA est *undergrad.* Avec une déduction implacable, il est très fréquent que les diplômes des grandes écoles françaises soient considérés comme des bachelors, et surtout pas des masters. Par ailleurs, je l'ai dit plus haut, à cette époque-là, il n'existe pas de classement où « faire entrer la grande école ».

5. EXED : *executive education*, dénomination internationale des activités de formation continue.

Je vais m'en ouvrir à Della Bradshaw, à qui je rends visite à Londres, une ou deux fois par an. Elle m'écoute au début d'une oreille distraite, puis avec de plus en plus d'attention. D'autres directeurs d'écoles, notamment de la CEMS[6], lui ont probablement aussi parlé de ce que nous ressentons comme une « injustice ».

2005 : en ce début d'année, Della Bradshaw m'annonce qu'elle lance un classement des *european masters in management*. Je m'en réjouis, mais en même temps j'ai très peur qu'HEC soit mal classée. Ce serait une catastrophe ! Le *ranking* est publié en septembre : nous sommes premiers ! C'est en fait un virage significatif pour l'école : la presse « éducation » du monde entier parle de nous, certains nous découvrent, toutes les parties prenantes sont heureuses. L'international, comme priorité d'HEC, ne sera plus jamais contesté. Force est de constater que ce *ranking* a joué un rôle majeur dans l'établissement de ce nouveau standard, européen d'abord, mondial aujourd'hui, celui des *masters in management* préexpérience.

2006 : le *Financial Times* lance un *ranking* des *global executive MBAs* (*global EMBA*). Là aussi, c'est un nouveau standard qui s'établit. Plusieurs *business schools* avaient, depuis quelques années, lancé des programmes à temps partiel, destinés à des dirigeants de 35-40 ans, mais le standard peinait à s'établir. Ce classement va, en quelque sorte, fortement contribuer à établir des normes. HEC va saisir cette opportunité : voulant internationaliser nos programmes de formation continue, nous avons imaginé, avec la London School of Economics et New York University, TRIUM, un *global EMBA*, réunissant les savoir-faire de trois institutions *leaders* dans leurs régions. Nous serons classés quatrième avant de parvenir quelques années plus tard à la première place. Notre reconnaissance internationale s'installe progressivement, mais durablement. Notre progression sur le segment hyperconcurrentiel des MBA (nous sommes dès cette époque dans les 20 premiers mondiaux) y a également contribué.

Un financement à l'américaine ? Encore un effort !

2008 : c'est aussi un virage, parce que toutes les parties prenantes, endossant la stratégie d'internationalisation d'HEC, vont convenir qu'HEC a besoin de ressources complémentaires, ce d'autant plus que la chambre de commerce n'a plus les moyens financiers de suivre son développement. Il faut aussi recruter des professeurs pour améliorer nos résultats en ce qui concerne nos publications et plus généralement pour accroître notre visibilité académique dans le monde.

6. CEMS : Community of European Management Schools. Ce réseau réunissait à l'époque une école par pays de l'Europe. Ce réseau s'est depuis étendu à tous les continents, toujours sur la base d'une école par pays.

Plusieurs *alumni* vont se mobiliser avec succès pour lancer, après une phase silencieuse[7], une campagne de *fundraising* de 100 M€. Toute une organisation va se mettre en place et la mobilisation va s'avérer massive. On est bien sûr loin des sommes levées par les universités américaines, mais c'est la première fois qu'en Europe, une école encore « nationale[8] » se lance dans une telle opération. Plusieurs *business schools* européennes, dont la London Business School, vont s'inspirer de ce qu'a fait HEC. L'objectif est atteint, comme planifié, en cinq ans. La stratégie d'internationalisation d'HEC, les premiers très beaux résultats ainsi que la volonté d'offrir plus de bourses sur critères sociaux ont été les piliers de la communication de cette campagne.

Le changement de l'identité

Je viens d'essayer, par la présentation de ces différents « fragments », de montrer comment s'est construit, pendant 20 ans, le changement stratégique d'HEC. On l'aura compris : il est difficile de démêler ce qui a été du ressort de la réaction, face à de nouvelles données, de ce qui a été de l'ordre d'une réelle volonté stratégique. Et en ce qui concerne cette volonté stratégique, il est encore plus difficile, voire impossible, de faire la part des choses entre les différentes influences qui se sont exercées sur les acteurs.

À ce stade de notre propos, restent en tout cas plusieurs questions.

La première est similaire à celle posée par Roland Reitter : « Est-il acceptable de fonder un texte sur sa propre identité narrative... ? » Question centrale mais sans réponse définitive, si ce n'est que c'était la « commande » de Roland Reitter, pour l'accompagner dans sa réflexion.

La deuxième est d'un tout autre ressort et a deux facettes : pouvait-on faire autrement ? Ou ce qui pour moi revient au même : pouvait-on mieux respecter l'identité d'HEC ?

Pouvait-on faire autrement ?

On comprendra, à la lecture des lignes précédentes, que je ne le crois pas. Bien sûr, mon désir, et celui des membres du comité de direction, de faire reconnaître HEC comme un acteur reconnu mondialement a joué un rôle important ; mais, avec le recul, je ne vois pas comment on aurait pu résister longtemps aux contraintes

7. Traditionnellement, les campagnes officielles de *fundraising* sont précédées d'une phase « silencieuse », pendant laquelle on cherche à comprendre les attentes des donateurs potentiels et à évaluer quel sera l'objectif de la levée de fonds.

8. L'INSEAD avait déjà mené, quelques années plus tôt, une campagne de grande envergure.

concurrentielles, à la mise en place des normes qui se sont progressivement imposées au travers des *rankings* et des accréditations, aux pressions plus ou moins amicales lors de la publication de ces *rankings.* D'ailleurs, je ne connais pas une seule école qui n'ait pas évolué dans le sens que regrette Roland Reitter : même l'IMD, pourtant prioritairement focalisée sur l'EXED, s'est « alignée » sur des critères comme la recherche ; probablement parce que les *rankings* et les accréditations sont importants pour leurs clients.

Nous pressentions, au sein de la direction d'HEC, que, comme l'écrit Roland Reitter, « la course à l'excellence serait redoutable, car cruelle et sans répit ». Nous savions que cela passerait par un changement d'identité. Aussi, pour reprendre l'approche proposée par Paul Ricœur et reprise par Roland Reitter, avons-nous travaillé à respecter le mieux possible la « mêmeté » d'HEC, ce « socle de composantes stables, relativement cohérentes, qui donne sa spécificité au sujet et permet de l'identifier, de le reconnaître et éventuellement de s'identifier à lui ». Quand nous avons travaillé à la redéfinition de l'identité d'HEC, nous avons mis en avant le slogan « *local roots* (pour la mêmeté, pour la mémoire), *global reach* (pour la volonté et la promesse) ». Nous avons travaillé sur les symboles d'appartenance pour faire le pont entre cette « mêmeté » et cette « ipséité ». Et, point majeur je crois, nous avons méticuleusement veillé à développer le sentiment d'appartenance des étudiants et, en particulier, celui des élèves de la grande école.

Enfin, et c'est à mes yeux le plus important, nous avons (Roland Reitter le décrit avec une grande fidélité) cherché à ménager l'identité professionnelle des collègues les plus anciens. Reconnaissons que nous étions « aidés » par la démographie du corps professoral. Roland Reitter oublie cependant de dire que, malgré notre volonté de respecter les identités professionnelles de chacun, cela n'a pas été sans douleur et sans quelques « accrochages », notamment lors de plusieurs assemblées générales des professeurs.

Pour conclure, ou plutôt pour ne pas conclure, et pour essayer de répondre à une des questions finales de Roland Reitter, je n'ai pas le sentiment d'avoir pris le risque de « détruire HEC » : j'y étais trop attaché (et je le suis encore). Comme le suggère Roland Reitter, j'espère que le futur parlera de cette époque comme celle d'une « refondation », de la mise en place d'une nouvelle « couche » de l'identité d'HEC.

3. De Nanterre à HEC : d'une pédagogie à l'autre

Si l'histoire de *Rip Van Winckle* présente une comparaison « dans le temps » sur 20 ans, mon témoignage et mon étonnement méthodologique sont liés à un saut « dans l'espace » de 20 kilomètres. En effet, je suis passé en septembre 1986 de l'université de Nanterre (une université très mathématisante à l'époque, très « explicative ») à Jouy-en-Josas, intégrant le programme grande école d'HEC (de 1986 à 1988) par le concours d'admission directe. J'ai quitté ainsi le travail explicatif et livresque de Nanterre pour celui plus compréhensif et appliqué de Jouy.

À Nanterre, j'ai eu la chance de suivre les cours et séminaires de professeurs parmi les meilleurs économistes français de l'époque, des stars publiant dans les meilleures revues mondiales. Je m'étais « programmé » pour l'académisme universitaire car j'aimais cette mise en équations du monde et y croyais dur comme fer... J'ai donc suivi un master recherche d'économie mathématique, sous la houlette d'un maître de la discipline, Gilbert Abraham-Frois. Intégrer HEC était un moyen de « muscler mon dossier » pour devenir professeur dans l'enseignement supérieur. Je ne savais pas que l'atmosphère d'HEC allait autant changer mon paradigme scientifique puisque je suis devenu un militant farouche des approches qualitatives voire littéraires des organisations...

Je ne peux – et ne veux – pas critiquer le modèle d'enseignement de Nanterre, je l'ai vécu pendant cinq ans avec beaucoup de bonheur. Je souhaite ici mettre en lumière une autre approche, celle d'HEC, qui synthétisait une autre forme d'excellence à la française. Nanterre était du côté de l'explication. En arrivant à HEC, on nous a demandé de comprendre des pratiques, y compris sophistiquées, en cherchant à nous immerger dans des situations, des « cas » habités par des humains (j'avais été surpris par l'insertion de dialogues dans les introductions de cas) dotés souvent d'une personnalité (comme le goût du pouvoir, la recherche de la performance, le sens à donner dans les organisations que l'on prétend diriger, etc.). Ces cours, animés par des professeurs praticiens ou anciens praticiens, étaient marqués d'un certain « esprit de finesse », parfois de prudence (la phronesis grecque), n'hésitant pas à nous présenter des limites et des doutes dans le monde « réel » qu'ils habitaient professionnellement. La fameuse devise d'HEC, « apprendre à oser », était réellement validée par ce qui nous était inculqué, c'est-à-dire une certaine *mètis*, cette intelligence de la situation dont parle François Jullien à propos d'Ulysse. En fait, HEC apprenait à prendre position dans un monde résolument incertain, à jouer avec le vraisemblable, alors que le monde des équations qui m'avait « dressé » était un monde d'hypothèses stables. Certes, la sophistication mathématique cherchait à introduire des variables aléatoires dans les comportements, mais marge de manœuvre au fond assez bridée par l'usage élargi au fameux « théorème central limite », transformant l'absence de loi face à l'incertitude en risque statistique évalué par la loi qualifiée de « normale ».

Cette formation non probabiliste m'a été très utile pour diriger par la suite des écoles de management, où j'ai entrepris d'adapter la méthode des cas. Elle m'est précieuse aujourd'hui dans mon nouveau rôle de président du conseil de surveillance de l'entreprise familiale – 700 personnes, 25 cabinets d'expertise comptable et une gamme de filiales de services aux entreprises.

Faire vivre l'incertitude entrepreneuriale en direct : la méthode des cas *in vivo*

J'ai vu Nanterre commencer timidement en 1984 à travailler par la méthode des cas en amphi, au lieu des traditionnels exercices d'économie. Bernard Prat était un dévot... La méthode des cas « à la Harvard », puis diffusée en France par des pionniers comme Roland Reitter, était systématique à HEC et se révélait comme un point d'interprétation d'une approche théorique. Cependant, dans sa version traditionnelle, cette méthode des cas présente l'inconvénient de montrer une réalité « finie ». En effet, les éléments connus sont intégrés dans le corps du cas par l'auteur. Pour pallier ce défaut, nous avons créé à Reims Management School (aujourd'hui NEOMA) un séminaire de « créativité entrepreneuriale » avec des entrepreneurs exposant leur cas « en direct » dans des classes d'une trentaine d'élèves. Les entrepreneurs, souvent choisis pour une originalité de pensée, étaient accompagnés par un professeur entraîné à l'exercice et au questionnement « sans détour ». La première rencontre avec les étudiants portait sur les circonstances réelles de cette création (la rencontre du premier client, les grandes déceptions, les joies d'une réussite particulière, etc.). Les étudiants devaient transformer cette première rencontre en portrait littéraire des entrepreneurs. Puis, dans un deuxième temps, il convenait d'explorer les conditions économiques du projet (la carcasse d'un *business plan* défini comme le coût marginal de l'investissement et de ses conséquences). La troisième séance était liée à ce qu'on appelle « l'idéation » et l'exploration concrète de projets des étudiants, combinant leurs aspirations et dispositions à ce que faisait l'entrepreneur-modèle (localisation d'un projet similaire dans un autre site connu des étudiants, développement d'une nouvelle activité en plus de l'existant, etc.). L'entrepreneur devenait consultant en stratégie au service des étudiants sur un projet proche du sien. Le tout était présenté pour un financement à des banquiers locaux qui évaluaient les projets selon les critères réels de leur établissement. Puis venait la soutenance finale. Il s'agissait donc d'un cas *in vivo* puisque l'entrepreneur était présent lors de 4 séances sur 15 jours. Les professeurs des différents départements de l'école (ceux qui n'avaient pas peur de se « colleter » au réel...) étaient mobilisés sous forme de permanence, pour un accompagnement « technique » des groupes. Ce séminaire particulièrement intense générait de nombreuses nuits blanches pour les élèves (« l'apprentissage du métier » et, notamment, une de mes antiennes selon laquelle, dans une *business school*, on apprend à se coucher tard et à se lever tôt). Les élèves glissaient ainsi d'une logique de l'admiration à celle de l'imitation de l'entrepreneur, « vous pouvez faire comme moi, puisque je suis comme vous », et envisager des voies alternatives, c'est-à-dire envisager des options inédites possibles, donnant lieu à un réel exercice de créativité au sein d'une activité professionnelle. La dimension créative était très valorisée dans l'évaluation finale.

Nous avons pu ainsi transformer l'entrepreneuriat en discipline aussi naturelle que l'analyse financière et faire passer en parallèle des promotions de près de 500 personnes en mobilisant chaque année une douzaine d'entrepreneurs différents.

Devenir dirigeant : psychopolitique du travail de rôle

Je ne parlerai pas ici du *leadership* en général, mais de cette période redoutable de la succession à assumer dans un groupe familial, qui contraint à un triple travail : cognitif – comprendre les dynamiques de cette industrie ; conatif – suis-je capable d'assumer ce rôle de chef ? ; communicationnel – comment devenir légitime et construire une institution humaine qui ait l'air de tenir debout ?

Comment s'y prendre ? Dois-je aller vite ou être prudent ? Privilégier les organes de direction opérationnelle ou donner plus de marges de manœuvre aux niveaux intermédiaires, voire au terrain ? M'engager clairement ou garder une certaine flexibilité ? Renforcer les procédures, introduire plus de mystique entrepreneuriale ? Accepter les confrontations ou rechercher les compromis ? Ouvrir plus le capital ? Parler de ma propre succession et donc carrément penser ma mort ?

Je me bornerai à dire ceci : pour faire ce travail de rôle, ma formation d'économiste et d'expert-comptable me sont utiles pour comprendre la « *doxa* financière ». La méthodologie de ces disciplines « scientifiques » ou appliquées est très structurante. C'est le premier pilier d'une formation de jeunes *managers*. Nanterre et HEC ont complété ce pilier par deux autres fondements aussi nécessaires que le pilier méthodologique : la lecture ou la fréquentation d'idées originales hors de la *doxa* (une culture générale qu'on pourrait qualifier « d'hétérofriendly »), ainsi que la fréquentation de personnalités d'exception (des « maîtres ») qui diffusent, non seulement des contenus, mais aussi et surtout apprennent à « être ». Aussi, pour me reconnaître moi-même comme chef et être reconnu comme tel, une fréquentation de ce que Roland Reitter appelle la « psychopolitique », acquise dans le « hors-champs » des modèles explicatifs, est indispensable pour disposer ou créer des catégories inédites afin de chercher à comprendre ce qui se passe. Le réel organisationnel ne cesse jamais de nous surprendre par son imprévisibilité. Et penser ce réel, labile, parfois joueur, parfois fourbe, requiert de mobiliser une pensée souvent plus analogique et associationniste que réellement conceptuelle : finalement, une vie quotidienne de dirigeant plus souvent fondée sur des métaphores voire, de façon plus intime, sur des métonymies. Une petite revanche de la pensée sauvage sur les approches dogmatiques ?

4. La pédagogie : les défis d'une évolution

La pédagogie est une des questions les plus centrales des organismes d'éducation. Elle se réfère à celle de la transmission de connaissances ? De savoir ? De comportements ? La pédagogie ne se limite donc pas à la technique de la salle de classe, mais s'enracine bien dans des questions de fond : la maïeutique socratique du questionnement et d'autoformation en serait, par exemple, une expression élaborée.

Constate-t-on une forte érosion, sur le long terme, de la place de la pédagogie des cas dans les écoles de commerce, en particulier à HEC Paris ?

La méthodologie devrait s'appuyer sur des données quantitatives portant sur le nombre d'heures de pédagogie recourant aux cas dans le volume total de la formation d'un diplômé. Un autre indicateur serait le nombre de professionnels et leur volume d'heures comparés aux enseignants permanents dans les cours fondamentaux. Une autre méthode, complémentaire à la précédente, serait de s'appuyer sur les témoignages d'acteurs de ces formations, ayant créé ou bien géré, au cours de leur carrière, des formations offertes dans une école de commerce (HEC, 1994 ; Souvenirs, 2000).

La méthode des cas : un fort marqueur de la structuration du marché

À ce titre, la technique et la méthode des cas ont assez longtemps servi de source de différenciation des écoles de gestion en France vis-à-vis de leurs homologues universitaires. Le petit nombre s'opposait au « grand amphi », la sélection des profils sur concours au choix libre (de moins en moins) de la première inscription et enfin la méthode des cas au polycopié, au manuel pédagogique ou à l'ouvrage de référence.

Ce constat de formes pédagogiques dominantes s'appuie sur des données historiques. Les moyens, les profils et les objectifs assignés à la formation servant de premier prisme. Cependant, le constat mériterait un développement plus précis, montrant la tendance au recours à la mise en situation, au projet à mener et à l'étude de cas : toutes formes communes aux deux sphères de la formation au management en France. Nous traiterons donc de formes dominantes dans les systèmes de formation. L'une des causes premières tient au fait que le management est une filière professionnelle : on en veut pour preuve le poids de la formation continue délivrée par les écoles de commerce.

La méthode des cas n'est pas l'apanage des écoles de commerce ni de la gestion

L'étude de cas ou méthode des cas est une formule pédagogique. Elle est de nature collaborative (entre les élèves), interactive (avec l'enseignant) et centrée sur l'apprenant. Son origine semble remonter au XIXe siècle pour l'enseignement du droit. Les étudiants américains en droit utilisaient une telle méthode pour analyser des affaires déjà traitées par des tribunaux. Dans un système judiciaire dominé par la jurisprudence, les décisions retenues servent de paramètres clairs à la transmission. Ensuite, elle a été développée au XXe siècle dans le domaine de la gestion. On affirme que c'est un des responsables de la Harvard Business School, M.T. Copeland, qui a eu l'idée en 1954 d'intégrer à l'enseignement des affaires une méthode que les étudiants en droit utilisaient déjà (Copeland, 1954). C'est un facteur constitutif de l'identité d'HEC de recourir à la méthode des cas, toutes disciplines confondues (HEC, 1994). L'utilité de cette méthode s'est affirmée dans de très nombreuses disciplines parce qu'elle permet d'établir des liens entre la théorie et la pratique. Elle peut également conduire à résoudre des problèmes propres à une discipline. En cela, elle se différencie de la méthode des projets ou de celle des exercices pratiques : la première est bien connue des écoles d'ingénieurs tandis que la seconde est pratiquée depuis bien longtemps pour la transmission des savoirs et pratiques médicales (Golich, 2000).

Apprendre de la réalité réifiée et réduite à un document de synthèse

La méthode des cas est une mise en situation devant conduire à la résolution d'un problème, en général complexe, et dont la problématique n'est pas toujours évidente ni apparente et qui peut conduire à plusieurs solutions qui, finalement, peuvent être jugées « bonnes ». La démarche repose sur la soumission d'un problème, réel ou fictif, à un petit groupe d'apprenants, en vue de poser un diagnostic et de proposer des solutions.

L'idée est d'en extraire une expérience, fictive par nature, et d'en déduire des règles ou des principes applicables à des cas futurs similaires. Plus le contenu s'appuie sur une situation concrète ou réaliste, plus il relate un incident ou une crise, plus il traite de l'évolution d'un phénomène ou d'un événement, et plus le cas « importe » une expérience « concrète » issue du terrain. L'étude de cas place donc les apprenants dans des situations les plus « authentiques » possibles.

C'est ainsi un élément clé de la professionnalisation de leur profil, en complément des stages et de l'alternance, sources d'une expérience personnelle directe. On comprend aisément pourquoi, dans des domaines comme le management et d'autres comme le droit, la médecine ou les ressources humaines, ce sont majoritairement des professionnels, considérés comme des experts, qui enseignaient en école de commerce. Leur expérience pratique leur permettait d'enseigner les solutions à retenir. La force de l'expérience et la connaissance du terrain l'emportaient sur toute prévalence scientifique.

Nous ne traitons pas ici du débat entre le « vrai » et le « faux » qui serait un débat sans fin. Nous soulignons le paradigme dominant : une formation professionnelle passe par l'acquisition d'une connaissance du terrain et une mise en pratique. Le « meilleur » transmetteur est le professionnel. Pendant une bonne vingtaine d'années, de sa création jusqu'au milieu des années quatre-vingt-dix, le profil du corps professoral permanent d'HEC sera dominé par des diplômés de grandes écoles, y compris d'HEC, qui exerceront en parallèle une importante activité de formation continue et/ou de conseil (Defever et Gaston-Breton, 2007). Le doctorat n'était pas un prérequis, mais la connaissance fine du monde de l'entreprise, certainement.

Des élèves aux apprenants...

La méthode des cas suppose une participation active des apprenants. Ils doivent réfléchir par eux-mêmes ou en sous-groupes. La confrontation des compréhensions et les analyses individuelles suscitent des débats. Ces discussions permettent d'approfondir l'analyse, puis d'identifier, le cas échéant, les données manquantes (ou obsolètes) et enfin cerner les connaissances à acquérir. Chaque membre du groupe communique la compréhension et les renseignements qu'il a recueillis et le groupe cherche à poser un diagnostic et à prendre une décision. Chacun est censé communiquer de manière déclarative avec les autres. Les élèves se confrontent à l'élaboration de la décision managériale. Leurs qualités intellectuelles et leur capacité de travail les amènent à se frotter à d'autres groupes ou équipes et à relever les défis professionnels lancés par le milieu des futurs employeurs. L'intervention de professionnels dans une forte proportion des enseignants non statutaires contribue à garantir la professionnalisation des formations, à détecter les profils des futurs candidats et à assurer une bonne coordination entre le réseau des diplômés et leur *alma mater*.

... des praticiens aux enseignants

De son côté, l'enseignant doit préparer un cas réaliste et précis. Pendant l'activité, il joue un rôle de guide et d'animateur dans le cheminement et les échanges. Il doit veiller à la participation de chacun. Selon le niveau des apprenants, mais également de leur expérience passée, son accompagnement est plus ou moins directif. Cependant, en théorie, il doit principalement veiller à être aussi peu directif que possible, s'assurer d'un contenu des échanges de qualité et veiller aux discussions menant à la prise de décision et au réalisme de cette dernière. Les connaissances sont issues des champs disciplinaires, mais les savoirs sont transférés de ceux qui possèdent l'expérience vers ceux qui n'ont en pas encore (Moingeon, 2003). L'enseignant, quant à lui, dirige et oriente le travail.

L'étude de cas se démarque par le degré élevé d'authenticité découlant de l'analyse de situations réelles et pouvant établir le pont avec la réalité professionnelle. En travaillant avec cette méthode, l'étudiant est très actif dans la construction de ses propres connaissances, selon le niveau de sa motivation et le degré de son engagement. Il doit faire appel à ses connaissances antérieures et les combiner avec ses connaissances nouvellement acquises. Le dialogue avec ses pairs, par l'échange, la confrontation ou l'argumentation, contribue à l'apprentissage.

La méthode des cas se démarque, au final, d'autres moyens pédagogiques, car elle s'appuie sur un déroulement plus structuré. Les cas étudiés sont plus à même d'offrir un contenu « authentique » et de reposer sur des faits réels et bien documentés. Les apprenants sont amenés à pratiquer une analyse critique. Enfin, l'étude de cas encourage l'exploration de toutes les pistes et solutions possibles. La dimension analytique et l'aisance verbale argumentative préparent aux méthodes de recrutement des employeurs.

Les évolutions à l'œuvre : des paradoxes pouvant remettre en cause l'un des fondements de la formation ?

Le recrutement des professeurs permanents, d'une part, et d'une population d'élèves, *via* le concours, dominée par la filière scientifique, va réduire la capacité à professionnaliser les profils.

L'une des évolutions les plus fortes que va connaître HEC, à partir du début des années deux mille, concerne le recrutement de jeunes diplômés titulaires d'un doctorat dans l'ensemble des disciplines de management. Ce renouvellement profond du corps professoral permanent répond aux objectifs de publication dans les meilleures revues académiques.

Trois caractéristiques en découlent. Premièrement, le doctorat les a orientés vers un type de formation éloigné du monde de l'entreprise car l'objectif est la qualité de la contribution scientifique et non la proximité au monde des affaires. Deuxièmement, il en résulte une faible activité de conseil, certains n'ayant jamais réellement dialogué avec des dirigeants. Troisièmement, cela entraîne une faible inclinaison à enseigner en MBA et en formation continue : cette dernière est donc conduite à externaliser ses ressources d'enseignants en mesure d'animer de longues sessions avec des *managers* et des cadres dirigeants.

L'une des autres évolutions, complémentaires à ce recrutement de nouveaux profils, correspond au succès croissant des étudiants issus de filières scientifiques. Leur profil s'adosse à une formation très solide en mathématiques, dans une proportion qui relègue les profils littéraires à une portion congrue. Il en résulte une attente croissante de ces étudiants à avoir accès à des enseignements rigoureux (ou perçus comme tels), reposant sur des modèles formels, voire de privilégier une formation théorique et conceptuelle au détriment de l'élaboration discursive et collective, et de la connaissance du terrain.

Le modèle de la Harvard Business School perd de son attractivité (Moingeon, 2003), modèle dont la plupart des écoles françaises de commerce se sont inspirées. La prime aux cas pratiques perd de sa valeur. D'un côté, les échanges où l'enseignant a un rôle de médiateur s'avèrent difficiles à tenir sans expérience du terrain. La capacité de l'enseignant à faire avancer une réflexion collective n'est plus sollicitée de la même façon. Le substitut fait passer le contenu tourné vers le cas, auquel quelques éléments de cours s'ajoutaient, vers un cours plus articulé, à une discipline avec des contenus enseignés et non plus distillés. Les étudiants apprennent de moins en moins des autres et le contenu fait de moins en moins référence à une bibliothèque de situations concrètes. Ces dernières ne sont plus perçues comme pouvant leur servir dans leur future vie professionnelle. Il ne s'agit plus de préparer les étudiants à argumenter et à élaborer des présentations orales bien construites. La culture générale et une rigueur théorique acquises en classe préparatoire en France reprend le dessus de la formation à l'école, dont l'objectif affirmé est pourtant l'excellence de la professionnalisation.

Du côté des entreprises, la proportion d'intervenants issus de leur rang demeure importante. Toutefois, l'évolution structurelle des attentes des futurs diplômés en direction des secteurs philanthropique, social ou associatif, ou bien montrant des priorités affirmées pour la création d'entreprise, alimente une certaine déconnexion en termes de recrutement. Les systèmes de valeurs sont de part et d'autre de moins en moins ajustés les uns aux autres.

Pour finir, si le mode de transmission de connaissances prend le pas sur la diffusion de savoir, l'autre interrogation porte sur la motivation à apprendre de ces profils d'étudiants : motivation à travailler ou motivation à vivre ?

Bibliographie

Copeland, M.T. (1954). *The genesis of the case method in business instruction.* New York, McGraw-Hill.

Defever, P. & Gaston-Breton, T. (2007). *HEC – European excellence with a global reach.* Paris, Le Cherche midi.

Dilthey, W. (1947). *Idées concernant une psychologie descriptive et analytique dans le monde de l'esprit.* Paris, Aubier.

Golich, V.L. (2000). The ABCs of case teaching. *International Studies Perspectives,* 1(1), 11-29.

HEC (1994). *L'École des managers de demain.* Paris, Economica.

Irving, W. (2011). *Rip Van Winkle.* Pau, Corentin.

Lévi-Strauss, C. (1972). *Anthropologie structurale II.* Paris, Plon.

Malinowski, B.K. (1944). *Une théorie scientifique de la culture.* Paris, Gallimard.

Moingeon, B. (2003). *Peut-on former les dirigeants ? L'apport de la recherche.* Paris, L'Harmattan.

Paradeise, C. & Thoenig, J.-C. (2015). *In search of academic quality.* Londres, Palgrave MacMilan.

Chapitre 15

L'incidence du numérique sur l'enseignement supérieur

Par Aurélie Dudezert, Jean-Fabrice Lebraty & Katia Lobre

1. La transformation digitale de la pédagogie : développer un nouveau regard sur l'enseignement en gestion

Introduction : tranches de vie pédagogique en 2025

Manuel

Il est 7 h 30 ce matin-là quand Manuel se connecte à son espace de travail numérique pédagogique. *Via* son ordinateur portable et un logiciel de webconférence que lui a fourni son école, il rejoint son groupe de *cross-learners*. Yin n'est pas encore arrivée sur l'espace, mais Annabelle, Mondher et Hanz sont déjà en ligne. Il faut dire que c'est un peu plus compliqué pour Yin avec le décalage horaire car, pour cette année, elle a choisi d'aller faire son apprentissage dans une entreprise située au Brésil. Les autres, eux, pour cette année, ont décidé qu'étant en M2, ils préféraient venir en France et faire leur apprentissage en France. La charge de travail est lourde et ils ont déjà expérimenté en M1 les allers-retours entre la France et l'étranger.

Ce groupe de *cross-learners* a été constitué cette année, mais Hanz et Manuel se connaissent déjà bien. Ils étaient ensemble dans le groupe de *cross-learners* du M1. Ils ont donc appris à collaborer et cela a facilité la rencontre et le travail avec les autres. Tous ont déjà eu l'expérience du *cross-learning* depuis la licence, mais se connaître facilite quand même les choses. Ce matin-là, ils se voient pour préparer l'échange avec l'enseignante du cours management des systèmes d'information. Ils ont rendez-vous à 8 h 30. Chacun a fait le travail demandé par l'enseignante, Sophie. Ils ont une heure pour discuter entre eux et voir ce qu'ils ont compris, ce qui coince et ce qu'ils voudraient approfondir. Ils ont déjà un peu discuté ces derniers jours *via* un espace WhatsApp dédié mais, comme en ce moment ils suivent plusieurs modules en même temps, ils ont décidé qu'il fallait se voir avant le rendez-vous. L'enjeu est important. Dans leur M2 conseil en management des systèmes d'information, cette matière compte beaucoup et ils doivent se préparer au *challenge* entreprise qu'ils ont dans deux semaines en présentiel sur le campus de Paris.

Manuel est en apprentissage dans un grand groupe industriel français. Il travaille à la direction des systèmes d'information. Il fait partie de l'équipe qui définit les usages de la *data* pour améliorer l'efficacité des pratiques de travail des salariés de l'entreprise. Il est situé à Clermont-Ferrand. Avant cela, il a suivi un M1, aussi en apprentissage. Lui a choisi depuis le début de son parcours en licence les options hybrides présentiel/distanciel et apprentissage. Elles sont plus chères à financer, mais elles lui conviennent mieux. D'abord, à la fin de son M2, il pourra indiquer cinq ans d'expérience professionnelle. Ensuite, il voulait de la souplesse et de la personnalisation dans son expérience d'apprentissage. Il pratique le skateboard en amateur, mais à assez haut niveau, et il ne voulait pas interrompre cette activité. Et puis, depuis le lycée, il sait qu'il a besoin d'apprendre à sa manière. Il sait qu'il a besoin d'être suivi et accompagné dans son apprentissage, mais il ne se voyait pas assis dans une salle de classe toute la journée. C'est pour cela qu'il n'a pas voulu suivre une classe préparatoire. Il avait le niveau et tout le monde l'y poussait, aussi bien ses parents que ses enseignants, mais ce n'est pas comme cela qu'il voulait apprendre. Pourtant, il n'a pas choisi les formations en distanciel pur. Elles sont peu chères, mais elles ne lui conviennent pas non plus. Il sait qu'il a besoin de l'émulation du groupe en physique ponctuellement pour avancer. Il a besoin de voir les enseignants, ses camarades... Il apprécie vraiment ce rythme où une fois par mois, il vient une semaine en présentiel sur le campus de Paris pour travailler à sa formation. Le reste du temps, il a des modules de formation à distance. Il a des temps prévus dans son planning pour les travailler, mais il s'organise comme il le souhaite. Il se sent soutenu et motivé par ses échanges avec ses *cross-learners*. Et pour chaque matière, il a un rendez-vous d'une heure par semaine avec le professeur et ses *cross-learners*. Ce moment de rencontre est important car il lui fixe une limite pour travailler et c'est l'occasion pour échanger avec l'enseignant et ses camarades sur les difficultés d'apprentissage. Il apprend toujours de ces échanges personnalisés.

Ce matin-là, c'est Annabelle qui bloque sur une notion plus particulièrement. Avec ses camarades, elle échange pour voir comment eux ont compris la notion. Manuel s'aperçoit au cours de la discussion que ce n'est pas clair pour lui non plus. C'est un point qu'ils vont devoir approfondir avec l'enseignante.

Sophie

Sophie a branché son casque et préparé son thermos de café. Elle a décidé de venir sur le campus ce matin pour faire ses classes virtuelles car l'après-midi, elle rencontre les entreprises partenaires avec qui elle monte le *challenge* pour son cours de M2. Sinon, la plupart du temps, elle fait ses classes virtuelles de chez elle. Elle enchaîne ce matin quatre classes virtuelles d'une heure avec les groupes de cinq *cross-learners* du cours management des systèmes d'information qu'elle anime pour le M2 conseil en management des systèmes d'information. Elle a préparé une courte introduction de 10 minutes sur le contenu qu'ils devaient voir en amont de la web-conférence et puis, elle échangera avec eux sur leurs apprentissages. Dix minutes avant la fin de la séance, elle les fera répondre à un court *quizz* pour voir si les notions sont acquises et l'analyse de ce *quizz* lui permettra de revenir sur les points clés en fin de séance. C'est un travail de préparation et d'animation lourd, mais elle a été formée et son travail est reconnu.

Au début, avant la crise sanitaire de 2020, sa direction pensait que l'enseignement à distance n'était que la reproduction de l'enseignement en présentiel. La crise a totalement changé le point de vue de la direction. L'établissement a fortement investi pour former ceux qui le souhaitaient. Mais tout le corps enseignant aujourd'hui n'est pas qualifié pour faire de l'enseignement à distance. Pour pouvoir pratiquer en distanciel, il faut avoir suivi un parcours de formation qui a été coconstruit entre la direction et les enseignants avec le soutien de la Fnege et, pendant un an, l'enseignant travaille en binôme sur deux cours avec un enseignant qui a l'expérience du distanciel. À l'issue de cela, si les résultats sont concluants et si l'enseignant est toujours intéressé, il obtient un label, reconnu par la Fnege, et est qualifié pour enseigner à distance.

Sophie a obtenu ce label en 2022. Elle a maintenant trois ans d'expérience dans le domaine. Elle apprécie cette forme d'enseignement qui lui permet de répondre vraiment aux besoins des étudiants. Pour chaque cours, elle a un forfait d'heures et elle choisit les modalités qui lui conviennent. Sur ce M2, les étudiants ont choisi l'option hybride distanciel/présentiel. C'est celle que Sophie préfère. Sur cette offre, dans la structuration de son cours, elle a une seule obligation : assurer 1 heure de classe virtuelle par semaine tout au long de la durée de son cours.

Selon Sophie, l'offre distanciel/présentiel est la plus efficace pour l'acquisition de connaissances et compétences. Toutefois, elle sait que chaque étudiant est différent et fait selon ses besoins et son budget. Aujourd'hui, en 2025, les formules purement présentielles ou purement distancielles sont les moins chères. En pur présentiel, Sophie fait des cours magistraux à des effectifs d'au minimum 80 étudiants. Elle organise aussi des études de cas ou des *challenges* entreprise, mais elle ne peut pas accompagner les étudiants de façon aussi personnalisée qu'en hybride. En pur distanciel, la relation est encore différente. Là, les étudiants ont accès aux ressources à distance, font des exercices à distance *via* la plateforme de *e-learning*, ont un examen d'entraînement que Sophie corrige et commente pour chacun puis un examen final. Des groupes de *cross-learners* ont quand même étaient définis. Ces groupes ont été mis en place à l'issue d'un constat : les étudiants apprennent aussi beaucoup entre eux et, de plus en plus, ces générations ont appris à échanger entre eux pour apprendre. Quand il n'y a pas de présentiel, ils ont du mal à apprendre entre eux. Pour faciliter cet apprentissage, l'équipe pédagogique structure des groupes de cinq étudiants qui travaillent ensemble toute l'année. La direction les a appelés *cross-learners* car ils pratiquent l'apprentissage en groupe. L'offre en distanciel pure est l'offre la moins chère de l'école. Sophie la trouve surtout utile pour les niveaux licence. Cela permet à des étudiants de découvrir une discipline, des matières et après, de voir s'ils veulent investir intellectuellement et financièrement dans cette voie.

Il est 8 h 30, Sophie démarre sa matinée de classe virtuelle avec le groupe de Manuel.

Personnalisation, hybridation, adaptabilité : l'apport des technologies digitales pour la formation en gestion

L'enseignement en gestion a considérablement évolué ces 15 dernières années. L'introduction de dispositifs pédagogiques comme les études de cas, les *challenges* entreprise, les mises en situation, a profondément transformé la pédagogie. Le développement des technologies digitales et leur intégration dans la formation en management poursuit et accélère cette transformation. Les technologies dites « digitales » sont des technologies de l'information qui transforment les pratiques pédagogiques vers des modes plus collaboratifs et avec plus d'interactions et de coconstruction du savoir avec les étudiants. Technologiquement et fonctionnellement, ces technologies digitales s'appuient à la fois sur des outils mobiles (PC, tablettes, smartphones, objets connectés...), des réseaux Web, les technologies de *cloud computing* et des logiciels/applications Web permettant des interactions écrites, audios ou vidéos (forums/réseaux sociaux ; Web ou audioconférences...). Dans l'enseignement, ces technologies sont souvent agrégées dans des plateformes de *Learning Management Systems* (LMS) structurées autour des approches d'apprentissage en « communauté » (Moodle). Ces dispositifs techniques permettent de créer, *via* le réseau technologique et humain, des interactions entre pédagogues, apprenants et ressources pédagogiques. Elles sont en général simples à prendre en main et développées dans une perspective dite *user centric*, c'est-à-dire conçues pour celui qui utilise le système d'information et non plus pour celui qui l'administre ou la déploie.

Comme le souligne l'étude Fnege, publiée en 2018 (Dudézert & Boughzala, 2018), sur la transformation numérique des établissements d'enseignement en gestion, quatre raisons sont à l'origine de l'introduction de ces technologies digitales dans la pédagogie : la volonté de s'adapter au profil des étudiants et à leurs nouvelles attentes ; la volonté de toucher de nouveaux publics à coûts et ressources constantes ; la volonté d'améliorer la qualité de la pédagogie dispensée et la volonté de mieux communiquer sur l'offre pédagogique de l'établissement.

Comme l'évoque le texte introductif de ce chapitre, les étudiants comme Manuel ne sont pas rares. Depuis une dizaine d'années, les élèves du primaire comme du secondaire sont amenés à mobiliser les technologies de l'information dans leur parcours de formation. L'arrivée des tableaux interactifs et des espaces numériques de travail a ouvert de nouvelles possibilités pour la pédagogie à ces niveaux de formation. Élèves et parents, eux-mêmes immergés dans un environnement de développement des technologies de l'information, s'en sont emparés et considèrent normal désormais que ces outils soient à disposition pour la formation. Les établissements d'enseignement supérieur en management doivent donc s'adapter à ces nouvelles attentes.

La multiplication des offres de formation grâce au numérique évoquée dans le récit correspond aussi à une tendance actuelle. Les établissements français proposent des cours en *blended learning/mix learning* associant présentiel et distanciel *via* des plateformes de formation en ligne, des listes de *massive open online courses* (MOOC), à suivre en prérequis au démarrage d'une formation ou en complément, ou des *small private online courses* (SPOC) sur mesure pour les entreprises. L'idée est de trouver de nouvelles sources de revenus en touchant des publics jusque-là empêchés comme les praticiens en activité professionnelle, les sportifs de haut niveau, les personnes handicapées ou incarcérées... L'idée est aussi de développer un accès aux marchés internationaux de la formation à des coûts maîtrisés. Enfin, l'idée est de répondre aux évolutions des attentes des étudiants, comme Manuel, qui cherchent à intégrer des formations en apprentissage leur permettant d'accumuler de l'expérience professionnelle tout en se formant et en leur permettant une certaine flexibilité et autonomie dans leur organisation.

De nouvelles technologies (objets connectés, réalité virtuelle, hologrammes, robots) sont expérimentées dans les établissements d'enseignement pour identifier leurs apports pour la formation. L'objectif est de trouver des modalités pédagogiques plus en phase avec les besoins des étudiants. Ces expérimentations visent également à accompagner la transformation d'une pédagogie plutôt centrée sur la transmission de contenu à une pédagogie visant à des montées en compétences des étudiants.

Enfin, à l'heure de l'économie numérique et collaborative, communiquer sur l'introduction de technologies digitales (tablettes, réalité virtuelle, outil de webconférence...) dans la pédagogie est aussi un moyen d'attirer des étudiants potentiels. Ces modalités permettent de transmettre l'image d'un établissement en phase avec son temps et prompt à l'innovation.

La crise sanitaire de la Covid-19 a conforté les enseignants-chercheurs et les établissements dans l'intérêt de mobiliser les technologies digitales pour la pédagogie. Une étude menée par l'observatoire de la transformation digitale de la Fnege (Boughzala & Dudézert, 2020b) au sortir de la crise sanitaire montre que lors de cette crise, toute la chaîne de travail d'enseignement a été repensée sur des modes distanciels. Pour le recrutement, les entretiens ont pu se dérouler à distance. Les cours ont aussi été assurés en distanciel sur des modes synchrones ou asynchrones. Enfin, les évaluations ont également été menées à distance en passant par des plateformes de *e-learning* ou en repensant les examens. Toujours selon cette étude, cette expérience semble également avoir été l'occasion de découvrir que le distanciel permet une adaptation de l'enseignement au plus près des besoins des étudiants. Les répondants à l'enquête déclarent que cette crise sanitaire leur a permis de découvrir que le distanciel a une souplesse aussi grande que le présentiel, qu'il offre une flexibilité parfois très utile et surtout qu'il permet une véritable personnalisation de la formation aux besoins des étudiants. Ceci est confirmé par l'étude Fnege sur l'impact du confinement sur les enseignants-chercheurs qui, à 60 %, déclarent que la crise leur a permis de réapprécier l'enseignement à distance (Caby, Kalika & Thévenet, 2020).

De fait, comme le souligne Kyungmee Lee (2020), des enseignements pensés en distanciel peuvent être beaucoup plus satisfaisants que des enseignements en présentiel en cours magistraux. Le distanciel offre la possibilité d'accéder à des formations auxquelles les étudiants n'auraient pas pu forcément prétendre du fait de la distance entre leur lieu de formation et leur lieu d'habitation. Il permet aussi une plus grande ouverture en donnant accès à un groupe d'étudiants pouvant venir d'horizons géographiques très variés. Comme l'illustre le récit présenté en introduction, le distanciel ouvre à la variété culturelle des groupes de formation.

Le distanciel peut conduire également à une meilleure personnalisation de l'enseignement en donnant la possibilité à l'étudiant, en fonction de son niveau, de suivre différents parcours d'apprentissage par le biais de ressources différentes. Le suivi de l'enseignant peut être plus précis en voyant par exemple comment un étudiant fait les exercices sur une plateforme. Il peut alors l'accompagner plus précisément. C'est ce que fait Sophie dans le récit introductif. Elle soumet les étudiants à un *quizz* au cours de sa classe virtuelle pour mieux les accompagner sur la fin de la séance. En distanciel, les étudiants ont aussi la possibilité de passer le temps qu'il est nécessaire à chacun pour comprendre les savoirs transmis. Réécouter plusieurs fois l'enseignant, refaire plusieurs fois un exercice n'est pas possible en présentiel alors que cela peut s'avérer nécessaire, pour l'acquisition du savoir, même en ayant un ouvrage ou un support de cours.

C'est enfin la flexibilité du temps et du moment de l'apprentissage qui est appréciée avec ce type de dispositif. L'étudiant a l'opportunité d'apprendre quand et où il le souhaite. L'enseignant aussi bénéficie de cette souplesse. Sophie, dans le récit, peut faire sa classe virtuelle sur le campus ou de chez elle. De fait, l'enquête flash de l'observatoire de la transformation digitale (Boughzala & Dudézert, 2020b), menée à l'issue de la crise sanitaire, souligne que pour l'ensemble de ces raisons, ces nouvelles manières de pratiquer la formation en distanciel ont séduit. Il ne s'agit pas pour les enseignants et les établissements de supprimer le présentiel, mais de le mobiliser à bon escient et de développer une pédagogie adaptée pour intégrer ces nouvelles possibilités. Introduire ces modalités pédagogiques est également vu comme susceptible d'améliorer le bien-être des étudiants comme des enseignants en limitant les transports en commun, chronophages et fatigants.

Tout ceci a cependant un corollaire non négligeable. Il suppose que l'étudiant comme l'enseignant aient le matériel informatique, logiciel et réseau adapté et qu'ils soient autonomes et motivés quant à l'enseignement dispensé et à la relation créée *via* le distanciel. Pour créer l'émulation entre étudiants, le développement de communautés/groupes d'apprentissage (les *cross-learners* évoqués dans le récit) est une solution intéressante. Pour motiver les enseignants quant à ces modes de travail, il est nécessaire, non seulement de reconnaître la nature du travail pédagogique engagé en distanciel, mais également de développer l'intelligence digitale de l'établissement.

Développer l'intelligence digitale pour une pédagogie de la gestion

Les expériences d'introduction de technologies digitales dans des dispositifs pédagogiques ont été conçues à l'origine comme un moyen de réduire les coûts pour les établissements d'enseignement. Dans les années deux mille dix en particulier, s'est développée l'idée qu'il suffisait de filmer les enseignants pour obtenir un contenu pédagogique permettant l'apprentissage en ligne. Ceci ouvrait des perspectives très intéressantes en termes financiers puisque cela offrait la possibilité de limiter le nombre d'heures d'enseignement, voire de supprimer des postes. Conséquences de ces objectifs de réduction des coûts, les réticences du corps enseignant ont été nombreuses dès les premières expérimentations et ce malgré le soutien de l'État et les financements pour subventionner l'innovation pédagogique.

Ces réticences s'expliquent aussi culturellement. De fait, ces modalités d'enseignement ont longtemps pu être considérées comme dégradantes. Ceux qui pratiquaient de l'enseignement en distanciel étaient vus comme des « planqués » désinvestis professionnellement. Dans une culture du travail française marquée par le présentéisme, pour bien faire son travail, il faut être présent et visible physiquement (Dibie, 2020). Un bon enseignant n'est donc pas un enseignant qui enseigne à distance, mais un enseignant en présentiel. Plus spécifiquement, comme le souligne Cathia Papi et Viviane Glikman (2015) : « En France, le cours magistral est devenu à la fin du XIXe siècle la principale façon d'enseigner. Il consiste généralement, pour le professeur-expert, à dispenser magistralement des savoirs sans que les étudiants n'interviennent pendant l'exposé. » Le cours magistral, en amphithéâtre devant un public d'une centaine d'étudiants, était finalement le mode d'enseignement le plus valorisé. Fondé sur l'expertise et la compétence scientifique, ce mode pédagogique permet aussi des économies d'échelle en offrant la possibilité de former de très nombreux étudiants. Cette valorisation était renforcée par une reconnaissance statutaire plus élevée des heures de cours magistraux au regard de cours en travaux dirigés rassemblant de plus petits effectifs. Les travaux dirigés, lieux principaux d'interaction et d'échanges avec le pédagogue, n'étaient pas vus comme essentiels à la formation, mais comme un dispositif de soutien à l'assimilation d'une expertise de très haut niveau dispensée par l'enseignant du cours magistral. Ainsi, l'enseignement supérieur, par ce modèle cours magistraux/travaux dirigés, valorisait très fortement le contenu et l'expertise de l'enseignant et beaucoup moins sa capacité à transmettre et faire s'approprier ses savoirs aux étudiants. Dans ce contexte, il a donc fallu expérimenter et changer de regard sur la pédagogie en gestion pour introduire les technologies digitales à bon escient.

À la fin des années quatre-vingt-dix, des expérimentations et des questionnements sur la pédagogie interrogent l'enseignement supérieur. En particulier, les travaux d'Eric Mazur (1997) montrent qu'en termes d'efficacité de l'apprentissage et de montée en compétences, les cours magistraux sont loin d'être toujours le meilleur dispositif. Ce professeur de physique à Harvard est un des premiers à avoir douté de l'efficacité des cours magistraux pour un apprentissage sur le long terme. Par différentes expérimentations, il met en évidence que les enseignements en cours magistraux, en se focalisant sur le contenu et l'expertise et moins sur la manière de transmettre le savoir, permettent essentiellement un apprentissage de court terme : les étudiants se concentrent sur la mémorisation du contenu et peuvent réussir brillamment l'examen, mais perdre leurs acquis très rapidement après cette restitution du savoir. Il souligne que c'est l'interaction et l'échange entre le pédagogue et les étudiants, et entre les étudiants entre eux, qui permet d'ancrer l'apprentissage sur le long terme. Dans l'échange, l'étudiant comprend le raisonnement et est capable de le reproduire par la suite, même en oubliant le contenu. La conséquence est celle du développement d'une connaissance ancrée. Comme il l'indique : « Si en échangeant vous avez compris et eu le "aha moment" vous le savez pour la vie, même si vous oubliez la réponse, vous conservez le raisonnement, car notre cerveau n'enregistre pas des faits mais des modèles mentaux [...]. La clé de l'éducation n'est pas d'écouter quelqu'un parler, c'est de s'impliquer, d'expérimenter et de réfléchir plutôt que de prendre des notes. » La pédagogie fondée sur les technologies digitales permet cette interaction et ces échanges entre pédagogues et étudiants, mais elle ne peut pas prendre la forme d'une simple retranscription de cours magistraux par vidéo. Elle nécessite de repenser le contenu à enseigner et de trouver le moyen de créer une interaction efficace.

Les premières expériences d'introduction de technologies digitales pour la pédagogie en sciences de gestion dans les années deux mille dix, en particulier avec le développement de MOOC, ont montré que, contrairement aux idées reçues, ces modalités pédagogiques demandent souvent beaucoup d'investissement aux collègues et qu'elles nécessitent autant, voire plus, de ressources humaines. Loin d'être une pratique pédagogique pour « planqués », l'enseignement avec les technologies digitales nécessite tout à la fois d'expliciter la finalité du cours (s'agit-il de transmettre principalement un savoir ? Une méthode de raisonnement ? Un savoir-faire ?), de trouver les fonctionnalités technologiques permettant de concevoir une transmission de connaissances à partir de cet objectif, mais également une écoute et disponibilité aux besoins des étudiants, particulièrement importantes pour qu'un apprentissage ait lieu.

C'est pourquoi, en 2019, la Fnege, en partenariat avec l'Association des universités pour le développement de l'enseignement numérique en économie et gestion (AUNEGe), lance le prix du meilleur dispositif pédagogique à l'ère numérique. Il s'agit tout à la fois de reconnaître et de valoriser l'investissement des collègues dans la transmission du savoir et de mieux reconnaître l'intérêt de ces dispositifs pédagogiques fondés sur les technologies digitales. Il s'agit également, symboliquement, de faire évoluer la vision d'un enseignement principalement centré sur la valorisation d'une expertise dite de « contenu », fondé sur la recherche, à une vision de l'enseignement centré sur la valorisation d'une compétence de transmission de savoirs. Dans cette acception, l'idée est aussi d'accompagner les établissements d'enseignement en gestion français pour faire face aux attentes du public international. Au niveau international, les modes de différenciation des établissements et de choix des établissements par les étudiants se font de moins en moins sur les matières enseignées dans les établissements que sur les modalités d'enseignement et l'expertise scientifique de l'intervenant.

Dans ce contexte, comme au sein de l'établissement de Sophie dans le récit introductif, l'idée se développe peu à peu dans l'enseignement supérieur en sciences de gestion d'un forfait pour chaque module de cours. Le service/la charge de l'enseignant ne correspond plus à un nombre d'heures de cours à effectuer en présentiel, mais à un nombre de crédits que doit effectuer l'enseignant. Libre ensuite à l'enseignant de décider des modalités pédagogiques qu'il mobilisera pour être le plus efficace dans la transmission des connaissances (présentiel/distanciel/hybride...).

L'enquête flash de l'observatoire sur la transformation digitale de la Fnege, suite à la crise sanitaire de 2020, montre que le développement de cette intelligence digitale pour la pédagogie en sciences de gestion est encore insuffisant dans les établissements. L'intelligence digitale est la capacité d'acquérir, d'interpréter et d'appliquer des connaissances liées aux technologies digitales pour les mobiliser de façon efficace, responsable et durable. Si avant la crise, 72 % des établissements d'enseignement en gestion déclarent prendre en compte l'évolution des métiers des collaborateurs avec l'informatisation et le digital, seuls 51 % d'entre eux considéraient à l'époque la transformation digitale comme un véritable axe stratégique et déclaraient que les technologies digitales sont mal exploitées dans leur établissement (Boughzala & Dudézert, 2020a). Rien de surprenant donc, qu'à l'issue de la crise sanitaire, les établissements d'enseignement considèrent que les marges de progression en termes de formation sur toute la chaîne de l'enseignement (du recrutement à l'évaluation) sont encore importantes, au même titre que les besoins en matériel informatique adapté (*Learning Management Systems*, ordinateurs portables pour les étudiants, les personnels administratifs, réseaux performants, dispositifs de web-conférence, outils de gestion de contenu...).

Néanmoins, la crise du Covid-19 met en évidence que c'est surtout dans la culture de ce qu'est la valeur ajoutée de la pédagogie en sciences de gestion que la nécessité d'une transformation est la plus importante. Environ 70 % des répondants de l'enquête Fnege (Caby, Kalika & Thévenet, 2020) ont indiqué que le confinement avait remis en question les modes d'enseignement. Si on ajoute à cette observation le fait qu'il y a encore dans de nombreux établissements la nécessité de retravailler la représentation partagée de ce qu'est un « bon » enseignant en sciences de gestion et que les attendus en termes de compétences pédagogiques ne sont pas les mêmes en formation initiale ou en formation continue, on comprend qu'un premier travail sur ce que sont les compétences attendues pour pratiquer un enseignement efficace en distanciel en formation initiale et en formation continue est probablement nécessaire. Dans le court récit fictionnel présenté en introduction, Sophie se prête, comme volontaire, à une démarche de formation et de labellisation de ses compétences pour la formation digitale. Ce type de démarche est une des pistes à explorer pour ancrer cette intelligence digitale de la pédagogie en sciences de gestion dans les établissements aujourd'hui.

Bibliographie

Boughzala, I. & Dudézert, A. (2020a). *Rapport de l'observatoire de la transformation digitale.* Paris, Fnege : https://www.fnege.org/assets/backend/javascripts/kcfinder/upload/files/Observatoire%20de%20la%20Transformation%20Digitale.pdf.

Boughzala, I. & Dudézert, A. (2020b). *Enquête flash/Covid-19 de l'observatoire de la transformation digitale.* Paris, Fnege.

Caby, J., Kalika, M. & Thévenet, M. (2020). Enseignants-chercheurs : quelle expérience durant le confinement ? Quelles projections pour l'avenir ? : https://s1.sphinxonline.net/dataviv/r/etudevp/Fnege_confinement/3266e2c5-cf05-493a-bbc8-492dc27a046b?c=!CfDJ8PrDQNXkZetAm0vVxiBvaDwAjCEIZ7RJPQk-A7P0XncPDOZU2W0_f1qSyucsuexhjHmv1DWNyaYZWrS_iI-BWzdTsJ1XGw5MHutM0L1RUqLjY5ABJn2_cuZCwcGsGwmyeb9Zw3L5nvDSEI3p0mIri06yHqEgMXsHVbccIQA2JA5.

Dibie, P. (2020). *Ethnologie du bureau : brève histoire d'une humanité assise.* Paris, Éditions Métailié.

Dudézert, A. & Bougzhala, I. (2018). *La Transformation numérique des écoles de management.* Paris, Fnege.

Lee, K. (2020). Five ways online university learning can be better than face-to-face teaching. *The Conversation* : https://theconversation.com/five-ways-online-university-learning-can-be-better-than-face-to-face-teaching-139127.

Mazur, E. (1997). *Peer instruction: a user's mannual.* Upper Saddle River, Prentice Hall.

Papi, C. & Glikman, V. (2015). Les étudiants entre cours magistraux et usage des TIC. *Distances et Médiations des Savoirs*, 26 mars.

2. Et le numérique entra réellement à l'Université : « cauchemar en pédagogie »

Préambule

Passionnés par les nouvelles technologies et toujours enthousiastes à l'idée de tester et de déployer ces innovations, nous n'en mésestimons pas pour autant les nouveaux problèmes que ces nouvelles solutions génèrent.

Le but initial de ce chapitre sera justement de mettre en lumière les externalités, voire les internalités négatives (c'est-à-dire les effets négatifs pour les acteurs eux-mêmes) auxquelles peuvent conduire la mise en service et l'utilisation de ces technologies dans un univers que nous connaissons bien : l'Université. L'objectif principal de ce chapitre est de mettre en lumière des pistes d'amélioration et surtout de faire prendre conscience des pièges ou des voies sans issues dans lesquelles nos institutions peuvent se fourvoyer. Ainsi, même si le propos peut paraître parfois acerbe, il n'en contient pas moins les ferments d'une évolution adaptative des technologies numériques de l'Université au nouveau contexte issu de la crise liée à la Covid-19.

Dans un premier temps, nous dresserons un constat de certaines difficultés opérationnelles auxquelles se confronte actuellement l'emploi du numérique dans l'Université. Dans un deuxième temps, nous décrirons, sous une forme humoristique, cinq situations problématiques qui émergent bien trop souvent encore lors de la dispense de cours en ligne. Enfin, dans un troisième temps, nous mettrons en avant quatre cadres théoriques permettant de comprendre et de construire des solutions pour remédier à ces situations problématiques.

Le constat

L'état du numérique dans l'ensemble des établissements d'enseignement supérieur français n'est pas homogène. Toutefois, tous se confrontent à des degrés variés, à des situations qui limitent les fonctionnalités du numérique. Nous nous concentrerons ici sur quatre d'entre elles. Le propos ici n'est pas d'identifier l'origine ou les responsabilités de ces situations, mais de les décrire brièvement et de fournir une illustration concrète de leurs conséquences.

Des liens limités entre les technologies de back office *et de* front office

Dans les universités, le *back office* est pris en charge par les services centraux qui assurent le fonctionnement organique des établissements par la gestion, par exemple, des personnels, des inscriptions et de la diplomation des étudiants ou encore par celle des locaux. Ils disposent à cet effet de technologies dédiées, en particulier des logiciels parfois développés en interne. Le *front office*, quant à lui, est représenté d'une part par certains personnels administratifs des services de scolarité en contact direct et régulier avec les étudiants. Il est d'autre part constitué des enseignants-chercheurs, véritables opérationnels de ces bureaucraties professionnelles au sens de Mintzberg. Ces derniers utilisent d'autres outils et logiciels adaptés à leurs besoins dans le cadre de la réalisation de leurs cours et leurs recherches. Malheureusement, il est fréquent que les technologies utilisées par les uns et les autres ne fonctionnent pas ensemble, ce qui au mieux limite les synergies, au pire génère des erreurs. La saisie des notes des étudiants en constitue une bonne illustration. En effet, bien souvent l'enseignant-chercheur fournit ses notes à la scolarité par le biais d'un fichier Excel et cette dernière ressaisie lesdites notes dans le logiciel dédié avec les risques d'erreur et le temps perdu que cela génère. La gestion des présences aurait aussi pu être citée comme exemple.

Des procédures bureaucratiques sources de rupture dans les flux d'information

Dans une université, il existe de nombreux flux d'information. L'inscription des étudiants ou encore la réalisation des ordres de mission constituent deux exemples de flux. La modélisation de ces flux permet de décrire les différentes étapes qu'ils suivent et comment et par qui ces étapes sont réalisées. Si une partie de ces étapes est traitée numériquement, souvent d'autres étapes requièrent une intervention manuelle (signature manuscrite par exemple). Chaque étape manuelle, s'insérant entre deux étapes numériques, constitue alors ce que l'on pourrait nommer « une rupture » dans le flux. Elle réduit alors fortement la « scalabilité » de la tâche, c'est-à-dire la possibilité à ressources constantes d'augmenter le nombre de tâches traitées. Ajoutons que même dans les étapes dites numérisées, il est possible d'observer des limites. Prenons l'exemple souvent rencontré d'un agent qui saisit, à la fois, des données complètes dans un fichier Excel qu'il ou qu'un de ses prédécesseurs a conçu et, à la fois, des informations générales dans une application mise en œuvre par les services centraux. Il y a donc une double saisie et l'impossibilité de réutiliser à un niveau supérieur d'agrégation les données contenues dans le fichier Excel, celui-ci n'étant pas prévu pour cela, mais juste dédié à une utilisation locale (suivi des missions faites par les doctorants, par exemple).

Des bases de données relationnelles, mais qui ne prennent pas en compte les données non structurées

L'immense majorité des systèmes de gestion de base de données disponibles, soit au niveau des universités, soit à un niveau plus centralisé, est fondée sur un modèle relationnel. Ce modèle est parfaitement adapté pour traiter des volumes élevés, mais non « massifs », de données structurées de type texte et numériques. Longtemps dominant, ce modèle existe toujours, mais l'émergence dès 2006 des réseaux sociaux a contribué à la création de nombreux autres modèles. Ces modèles, ou plutôt, ces non-modèles, sont regroupés sous l'appellation de « No-SQL ». Par exemple, il n'est pas possible pour Twitter de stocker dans une base relationnelle les millions de messages émis quotidiennement, contenant du texte, des images ou encore des vidéos. Ainsi, dotées de bases de données relationnelles, les universités ne peuvent exploiter les données issues des réseaux sociaux. Elles constituent pourtant aujourd'hui un élément important de leur vie, de celle de leurs étudiants et de l'ensemble de leurs personnels, en particulier les enseignants-chercheurs. Les attaques, dont certaines universités font l'objet relativement à leur gestion de la crise de la Covid-19, en fournissent une parfaite illustration. Elle laisse peu de doute quant à la nécessité pour les universités d'intégrer dans leur gestion, les données issues des réseaux sociaux. Par exemple, on pourrait très bien imaginer lier les données relatives à un programme de master (noms des enseignants, nombre d'étudiants, etc.) avec le suivi des sentiments exprimés sur ce master sur les réseaux sociaux. Leur analyse permettrait alors parfois de prédire certaines attaques en réputation.

Une forte hétérogénéité dans les compétences des utilisateurs

La grande hétérogénéité dans les compétences des utilisateurs en termes de numérique n'est certes pas propre aux universités. Mais au sein de ces dernières, les utilisateurs sont très variés, ils comprennent aussi bien les personnels administratifs que les personnels enseignants-chercheurs ainsi que les étudiants. Si l'hétérogénéité tient à l'existence de ces différentes catégories d'utilisateurs, elle s'observe également au sein même de chacune de ces catégories. Et il ne faut pas s'y méprendre, les étudiants ne disposent pas tous des compétences minimales requises, malgré une volonté affichée de les former (voir notamment le décret n° 201-19 du 30 août 2019 qui crée le cadre de référence des compétences numériques [CRCN]) et le fait d'être nés à l'ère du digital. Ainsi, l'utilisation quotidienne d'un smartphone ne signifie pas savoir identifier et résoudre des problèmes dans l'univers numérique ou savoir coder par exemple. Or, ce sont ces compétences qui permettent aux étudiants d'utiliser de manière efficace les technologies mises à leur disposition dans les établissements de l'enseignement supérieur.

Une minisérie illustrative

Dans ce point, nous allons, à la manière d'une minisérie humoristique télévisée, présenter le *teaser* d'une saison et de ses épisodes. La série s'intitule *Cauchemar en pédago.*

Thème général de la saison : un enseignant du supérieur, Mark, doit réaliser en visioconférence l'intégralité de son cours d'introduction aux systèmes d'information. Il s'adresse à un public d'étudiants de master 1 dont certains sont en formation continue (FC) et d'autres en formation initiale (FI).

Afin d'être attractive, cette série se veut caricaturale et met l'accent sur les aspects négatifs de la situation. Il n'en reste pas moins, qu'à la manière de l'excellente série *Black Mirror*, elle retranscrit une certaine réalité. Sont résumés ci-après les cinq épisodes constituant la saison 1.

S01E01 : lost in connection

Dans ce premier épisode, Mark apprend tout juste qu'il doit réaliser son cours en ligne. Étant déjà à l'université, il s'installe tranquillement dans sa salle de cours vide avec la connexion wifi par défaut, « deodoram ». Là, il suit la procédure venant d'arriver par mail. Il se connecte donc à son portail ENT et crée une nouvelle salle de cours virtuelle. Satisfait de cette première étape réalisée sans encombre, il envoie une invitation et le lien de connexion à tous les étudiants. Quelques minutes après, les premiers étudiants se connectent, il reconnaît alors certains visages, mais se trouve également face à de nombreuses vignettes noires, caractéristiques de caméras d'étudiants éteintes. Les étudiants commencent à discuter entre eux, leurs micros sont ouverts. Mark est plutôt content, mais brusquement tout se fige ! Est-ce lui, est-ce eux ? Paniqué, il cherche un moyen de s'en sortir et clique malencontreusement sur « arrêter la réunion ». Il tente alors de se reconnecter à son portail, mais rien n'y fait. Décontenancé, il opte pour le redémarrage de son ordinateur. Sept minutes plus tard, il se reconnecte et petit à petit retrouve ses étudiants. Il commence à discuter avec Alex, un étudiant qu'il a rencontré lors d'un cours en licence. Mais Alex ne l'entend pas. Ah oui, Mark a omis d'activer son micro, il y a tellement de choses à penser... Ça y est, Alex l'entend, mais pas pour longtemps. D'un coup, Alex disparaît, puis réapparaît peu de temps après. Alex lui explique que le wifi de sa chambre en cité universitaire est capricieux. Quelques autres vignettes s'en vont et reviennent aussi de manière aléatoire. Peu importe, il propose avant tout de faire un essai et là, commet une erreur grave : il ouvre son navigateur Web resté sur le tutoriel YouTube qu'il visionnait lors de sa dernière session. La vidéo du tutoriel redémarre alors, mais dans le même temps, sa connexion avec la visio s'effondre. Il va peut-être devoir se reconnecter encore...

Les compétences des étudiants tout comme celles de Mark sont insuffisantes pour résoudre les différents problèmes auxquels ils se confrontent lors de cette première connexion. S'ajoute à cela un problème d'infrastructure aussi bien du côté de Mark que du côté des étudiants.

S01E02 : l'appel

Après avoir finalement décidé de rejoindre son bureau avec une connexion filaire RJ45, Mark décide de faire l'appel de ses étudiants. À chacun il demande de répondre « présent ». Certains le font, d'autres ne le peuvent pas pour un problème de micro et saluent de la main le professeur à travers leur vidéo. Enfin, d'autres ne répondent pas, bien que leur nom apparaisse dans la vignette utilisateur. Enfin, Mark s'aperçoit que tous les étudiants en formation continue sont absents. Il apprend alors par Marie, étudiante en FI et amie d'un FC, que ceux-ci, n'ayant pas encore leurs cartes d'étudiants, ne peuvent se connecter. Furieux, il appelle le service de la scolarité qui lui explique les raisons de ce retard et le renvoie vers le service informatique. Compréhensif, le service informatique lui indique que dès la fin de la semaine, il y aura un accès temporaire anonyme pour les étudiants sans carte. Semaine suivante, heureux, il se connecte et se retrouve face à 15 étudiants de FC nommés « John Doe » !

Les problèmes de puissance de connexion sont résolus du côté de Mark. Des ruptures dans les flux d'information et une synergie insuffisante entre les technologies de *front* et de *back office* n'ont pas permis l'inscription rapide des étudiants de FC. La solution provisoire apportée par le service informatique illustre également les ruptures de flux d'information.

S01E03 : calme plat

Enfin, Mark va pouvoir commencer son cours et transmettre et partager une de ses passions : les systèmes d'information. Il a préparé un PowerPoint avec de nombreuses captures d'écran décrivant notamment les fantastiques câbles sous-marins de fibres optiques dont certains possèdent un débit de plus de 160 To/s sur 6 000 kilomètres. Il demande alors si les étudiants ont des questions : calme plat. Il vérifie que son micro fonctionne, il réitère sa requête auprès d'un des étudiants pris au hasard. Celui-ci lui répond poliment : « non pas de question ». Quatre-vingt minutes de monologue plus tard, il décide de passer une courte vidéo montrant le fonctionnement d'un réseau *peer-to-peer*. Enfin, un étudiant s'exprime : « monsieur, on n'a pas le son ». Dépité, il leur annonce que ce n'est pas grave, ils verront le protocole la semaine prochaine et peuvent se déconnecter. Là, seul face à son écran, toujours silencieux, il coupe aussi sa connexion. Le bip de déconnexion le fait un peu sursauter...

Ici, on se rend compte que générer de l'interaction avec des étudiants à distance constitue une compétence qu'il convient d'apprendre et d'affiner.

S01E04 : la mauvaise réputation

Nouvelle séance, centrée cette fois sur les modèles de base de données. Mark explique longuement les différences entre modèles relationnels, multidimensionnels et finalement modèles non structurés. Les étudiants semblent suivre. Tout se déroule bien. Heureux, il exprime sa satisfaction aux étudiants par un long sourire de contentement. Après quelques secondes de sourire, certes un peu forcé, mais profondément sincère, il propose aux étudiants de faire un quart d'heure de pause. Immédiatement, toutes les caméras s'éteignent et Mark, lui, se met à fignoler des éléments de son cours pour l'heure qui suit. Après la pause, le cours reprend et il remarque le regard enjoué de certains étudiants, mais n'y prend pas garde. Le cours se termine et il s'accorde un petit moment de détente pour regarder le fil d'actualité de Twitter. Dans sa page d'accueil de Twitter, il remarque que le hashtag #Humour apparaît. Faisant défiler les tweets, il tombe sur une photo de lui, prise en capture d'écran pendant son cours et le montrant avec un sourire plus que niais et deux hashtags : #Mark2Triomphe #Etvoustrouvezcadrole. Le tweet initial posté par un compte anonyme appelé @Master_Rigolo a eu un franc succès avec 350 « j'aime » et 190 retweets. Mark, lui, ne rit pas et hésite à aller à l'université le lendemain pour une réunion pédagogique.

Comment gérer son image à l'heure des réseaux sociaux ? Comment l'Université peut-elle « protéger » ses personnels ?

S01E05final : mise en examen

Ça y est, tous les cours sont finis. Mark va maintenant faire passer l'examen, lui aussi en ligne, sa région venant de passer au rouge super-cramoisi. Il a choisi de réaliser cet examen selon deux modalités : d'une part un QCM à partir de l'ENT et du logiciel FineSurvey ; d'autre part, une petite présentation orale par groupe d'étudiants d'un projet préparé au préalable.

Il diffuse alors sur le tchat le lien vers le questionnaire. Très vite, deux, puis cinq, puis sept étudiants lui indiquent que quand ils valident une réponse, rien ne se passe. Il ne comprend pas, il les interroge sur les systèmes d'exploitation qu'ils utilisent. Après un long silence, il modifie sa question : quel ordinateur avez-vous et il entend : « un Chromebook, un smartphone, l'ordinateur de mon père... ». Le temps de comprendre le problème, les 30 minutes du QCM sont écoulées et l'application stoppe la possibilité de répondre. Il indique qu'il réglera cela ultérieurement et passe aux présentations. Là, clin d'œil à l'épisode 1, les problèmes de connexion refont surface et se multiplient : impossible de partager son écran pour les uns, son haché pour les autres, vidéo instable pour d'autres groupes encore... Las, Mark demande aux étudiants de lui envoyer leur PowerPoint de présentation par mail et leur indique qu'ils auront leurs notes bientôt. Un rattrapage est prévu dans deux mois, dans une salle. Il termine la visioconférence et n'ose pas consulter son fil Twitter.

On retrouve ici des problèmes d'hétérogénéité technique et de compétences des étudiants dans leur capacité à résoudre des problèmes de connexion et applicatifs.

Les approches théoriques

La série humoristique décrite précédemment met en lumière au moins quatre grands types de problèmes posés par l'utilisation de technologies de distanciel : la communication, l'utilisation de l'outil et la performance de l'enseignant faisant son cours, la motivation d'un groupe et enfin le détournement de l'image. Dans ce cadre, quatre approches théoriques peuvent être mobilisées pour répondre à ces enjeux.

La théorie de la richesse des médias

Ce cadre reconnu s'avère particulièrement utile face aux problèmes de communication. Dans cette approche théorique, Daft, Lengel et Weick (1986 ; 1984) mettent en évidence deux critères majeurs pour la compréhension d'une situation à partir d'information : l'équivocité et l'incertitude. La théorie de la richesse des médias montre comment chaque média influe sur ces caractéristiques et donc permet ou limite la compréhension et l'apprentissage (Lengel & Daft, 1988). Cette approche permettrait d'affiner la relation entre le type de communication (cours, séminaire, réunion, etc.) avec le canal utilisé (type d'application et présentiel). On peut trouver un exemple d'utilisation dans le cadre de la coordination d'équipe de développement logiciels (Zaitsev, Gal & Tan, 2020).

Le modèle de l'adéquation entre la tâche et l'outil (TTF : task technology fit*)*

Le concept de *fit* est particulièrement bien adapté pour faire face au problème de la performance. Ce modèle constitue un judicieux moyen de contourner l'épineuse question de l'évaluation de la performance (Goodhue, 1995 ; Zigurs & Buckland, 1998). En effet, il consiste à mesurer l'adéquation entre une tâche à réaliser et l'outil mis à disposition. En fonction du degré d'adéquation, la performance sera plus ou moins grande. Cette approche est alors intéressante, puisqu'elle propose de se concentrer sur les caractéristiques de la tâche et de voir si l'outil utilisé dans le cadre de la réalisation de cette tâche est adapté. La prise en compte de l'utilisateur et de ses propres caractéristiques contribue à affiner cette recherche d'adéquation. Ce modèle a été appliqué dans de nombreux domaines dont l'aviation (Lebraty & Godé, 2015) ou la recherche d'information (Haegemans, Snoeck & Lemahieu, 2019).

Motivations de la foule et crowdsourcing *: un modèle exploitable*

Pour faire face aux problèmes de motivation d'un nombre de personnes, dont certaines sont connues, mais d'autres anonymes, des concepts hérités du *crowdsourcing* peuvent être mis en œuvre. Le *crowdsourcing* consiste à externaliser, *via* une application, une activité auprès d'un grand nombre d'individus pour la plupart anonymes (Howe, 2006). Un enseignant faisant un cours en ligne face à plusieurs centaines d'étudiants de première année se trouve face à une telle foule. Un modèle a alors été présenté pour permettre de comprendre les motivations de la foule pour participer à l'opération de *crowdsourcing* (Lebraty & Lobre, 2015). Ce modèle peut être utilisé pour définir des incitations originales, contribuant à augmenter la motivation des étudiants à participer activement au cours.

Cognition et réputation

Concernant les attaques en réputation et la désinformation, il est nécessaire de s'inspirer des approches cognitives. Certaines, s'inspirant des travaux de D. Kahneman (Kahneman, 2011), montrent, par exemple, comment les messages peuvent toucher soit le système 1, soit le système 2 (Moravec, Kim & Dennis, 2020). La question globale de la désinformation et du concept récent de *fake news* doit être prise en compte dans le cadre de relations à distance entre un universitaire et ses étudiants (Langin, 2018 ; Moravec, Minas & Dennis, 2019).

Conclusion

Dans ce chapitre, l'utilisation du numérique à des fins pédagogiques a délibérément été présentée sous un jour peu flatteur. Cela ravivera certainement le souvenir de nombreux collègues déployant des trésors d'énergie pour assurer leurs cours lors du confinement entre mars et mai 2020. Profitons-en donc pour souligner l'investissement, le courage et les performances de nombre d'entre eux qui sont parvenus, dans des conditions très dégradées, à maintenir la continuité pédagogique et à boucler honorablement cette année universitaire. Si l'humour autorise la critique, celle-ci se revendique ici constructive à travers les cadres théoriques proposés. Ils permettent de mieux comprendre les limites et risques de l'emploi du numérique.

Enfin, nous tenons à ajouter que la conscience des risques n'a pas pour objet de limiter l'utilisation des technologies numériques. Nous estimons d'ailleurs que l'actuelle crise liée à la Covid-19 constitue une opportunité inédite pour les universités pour réussir la transformation numérique si souvent souhaitée.

Bibliographie

Daft, R.L. & Lengel, R.M. (1986). Organiration information requirements, media richness and structural design. *Management Science, 32*(5), 554-571.

Daft, R.L. & Weick, K.E. (1984). Toward a model of organizations as interpretation systems. *Academy of Management Review, 9*(2), 284-295.

Goodhue, D.L. (1995). Understanding user evaluations of information systems. *Management Science, 41*(12), 1827-1844.

Haegemans, T., Snoeck, M. & Lemahieu, W. (2019). A theoretical framework to improve the quality of manually acquired data. *Information & Management, 56*(1), 1-14.

Howe, J. (2006). The rise of crowdsourcing. *Wired, 14*(6), 134-145.

Kahneman, D. (2011). *Thinking, fast and slow.* New York, Farrar, Straus and Giroux.

Langin, K. (2018). Fake news spreads faster than true news on Twitter – thanks to people, not bots. *Science* : http://www.sciencemag.org/news/2018/03/fake-news-spreads-faster-true-news-twitter-thanks-people-not-bots.

Lebraty, J.-F. & Godé, C. (2015). Assessing the performance of decision support systems in military environment : the 3C method. Dans *Human behavior, psychology, and social interaction in the digital era.* Lyon, Université Lumière Lyon 2.

Lebraty, J.-F. & Lobre, K. (2015). *Crowdsourcing, porté par la foule.* Londres, Iste Éditions.

Lengel, R.H. & Daft, R.L. (1988). The selection of communication media as an executive skill. *Academy of Management Perspectives, 2*(3), 225-232.

Moravec, P.L., Kim, A. & Dennis, A.R. (2020). Appealing to sense and sensibility : system 1 and system 2 interventions for fake news on social media. *Information Systems Research, 31*(3), 987-1006.

Moravec, P.L., Minas, R.K. & Dennis, A.R. (2019). Fake news on social media : people believe what they want to believe when it makes no sense at all. *MIS Quarterly, 43*(4), 1343-1360.

Zaitsev, A., Gal, U. & Tan, B. (2020). Coordination artifacts in agile software development. *Information and Organization, 30*(2), 100-288.

Zigurs, I. & Buckland, B.K. (1998). A theory of task/technology fit and group support systems effectiveness. *MIS Quarterly, 22*(3), 313-334.

Chapitre 16

La recherche en sciences de gestion : sortir des classements de revues pour retrouver une voix et un public ?

Par Jean-Philippe Denis & Aurélien Rouquet

En septembre 2017, le triple chef étoilé Sébastien Bras, qui dirige l'établissement Le Suquet à Laguiole, crée l'événement : il demande à sortir du classement du prochain guide Michelin. C'est la première fois qu'un chef demande à l'avance de sortir du guide, sans que cette volonté soit associée à une cessation d'activité ou à un changement de concept. « Je vais pouvoir me sentir libre, sans me demander si mes créations vont plaire ou non aux inspecteurs du Michelin[1] » indique Sébastien Bras. Celui-ci avoue également qu'il a dans « un coin de la tête », comme « tout le monde, restaurateurs et guides », le souvenir du suicide du chef trois étoiles Bernard Loiseau (2003), qui pourrait être lié à la possible perte de sa troisième étoile.

D'autres étoiles, justement, ont pris dans le paysage de l'enseignement des sciences de gestion un rôle prépondérant au cours des dernières années. Celles que l'on associe aux travaux des enseignants-chercheurs en gestion, lorsqu'ils font paraître leurs articles dans des revues académiques classées au sein de « listes ». Ces listes sont promues par des entités qui sont, en France, le Centre national de la recherche scientifique (CNRS) et la Fondation nationale pour l'enseignement et la gestion des entreprises (Fnege) et, à l'international, le *Financial Times* (FT), l'Association of Business School (ABS) ou The University of Texas (UT). Dans leurs listes, le

1. Au mois de décembre 2020, soit quelques semaines après l'écriture de ce chapitre, la section 37 du CNRS a été encore plus loin et a ainsi annoncé la fin pure et simple du classement, afin de respecter les politiques publiques de la science ouverte : https://www.francetvinfo.fr/culture/cuisine-et-gastronomie/le-chef-sebastien-bras-renonce-a-ses-trois-etoiles-michelin_2381373.html.

CNRS, la Fnege et ABS classent ainsi les revues en quatre rangs, des plus prestigieuses (revues dites 4 étoiles ou de rang 1), uniquement internationales, aux moins reconnues (revues dites 1 étoile ou de rang 4). Pour ce qui est du FT et d'UT Dallas, celles-ci se contentent d'identifier les revues de référence (24 pour l'UT Dallas, 50 pour le FT).

Par définition, ce système des étoiles et des listes a rendu possible une évaluation quantitative simple sur le plan individuel de la production scientifique d'un enseignant-chercheur en gestion et sur le plan collectif d'un centre de recherche universitaire ou d'une école de commerce. Au fil du temps, comme dans le monde de la cuisine, une pression de plus en plus importante a été mise sur tous les acteurs de l'enseignement et de la recherche francophone en gestion pour augmenter leur nombre de publications dans les revues bien classées. Cela s'est fait à un double prix. Sur le plan scientifique, cela a conduit à une standardisation de la recherche francophone en gestion, néfaste sur le plan de l'innovation. Le système de listes, sous son objectivité de façade, cache en effet l'imposition à la France et aux autres pays d'un modèle de recherche en sciences de gestion de type anglo-saxon. Sur le plan pédagogique, cela a conduit à un découplage toujours plus fort de la recherche et de l'enseignement en gestion. Les enseignants-chercheurs tendent ainsi à être préoccupés par la seule production d'articles, au détriment de la transmission de leurs travaux auprès de leurs étudiants, des entreprises ou du grand public. Un enjeu clé, si l'on veut que la recherche en sciences de gestion francophone reparle d'une voix qui lui est propre et retrouve un public pour l'écouter, semble ainsi de rechercher collectivement de nouvelles pistes pour sortir de la tyrannie des listes.

Visant à déconstruire la pseudo-objectivité des classements et à démontrer combien ils sont au fond des instruments de domination au service, notamment, des puissants, ce chapitre est structuré en trois parties. Dans la première, nous revenons sur l'émergence des classements et voyons comment leur essor a remis en cause les principes historiques de l'évaluation en gestion et, notamment, celui de l'évaluation par les pairs. La seconde partie met en évidence les multiples effets pervers qu'ont eu les classements sur l'enseignement et la recherche en gestion, avec notamment l'imposition d'un modèle anglo-saxon à la recherche francophone, un découplage toujours plus fort entre production et diffusion des connaissances et une forme d'économisation du monde académique peuplé désormais d'*ego-academicus*. Enfin, dans la troisième partie du chapitre, nous esquissons des pistes afin d'espérer sortir de la cage de fer des classements et restaurer une identité propre à la recherche francophone en sciences de gestion, qui lui permette de retrouver un public pour l'écouter.

1. De l'évaluation par les pairs aux classements des revues CNRS

Comme on le sait, l'enseignement de la gestion va d'abord se développer en France dans les écoles de commerce, qui y naissent au début du XIXe siècle. Historiquement, la recherche en sciences de gestion ne va toutefois prendre son essor en France que dans la seconde moitié du XXe siècle, au sein des universités et de quelques écoles d'ingénieurs, avant que les écoles de commerce ne leur emboîtent le pas.

Naissance de la recherche en sciences de gestion à l'Université et en écoles d'ingénieurs

Sans faire ici l'histoire de l'essor de la recherche en gestion à l'Université, deux jalons méritent d'être précisés. 1955, d'abord, date à laquelle sont créées les IAE, qui font exister l'enseignement de la gestion à l'Université. 1968 ensuite, date de fondation de la Fnege, institution qui va jouer un rôle clé en vue de coupler l'enseignement dispensé en gestion à l'Université avec la recherche. Parmi d'autres mesures, la Fnege va notamment, dans les années soixante-dix, envoyer aux États-Unis de jeunes enseignants français pour qu'ils se forment à la recherche en gestion et, qu'une fois revenus, les enseignements dispensés à l'Université se fassent en lien avec la recherche. Dans ce cadre, des centres de recherche en gestion vont se développer un peu partout dans les universités qui sont alors, de manière incontestable, les institutions les plus en pointe en matière de recherche en gestion.

Au sein des écoles de commerce, l'enseignement reste alors l'apanage de praticiens et est très largement découplé des avancées de la recherche en sciences de gestion. Pour prendre la mesure du retard des écoles sur les universités, il suffit de souligner qu'HEC, qui va être un pionnier parmi les écoles de commerce, ne va créer son propre centre de recherche en gestion, le GREGHEC, qu'en 2004, devenu depuis unité mixte de recherche CNRS. Notons toutefois que dans les années soixante-dix, la recherche en sciences de gestion va cependant se développer, hors de l'Université, au sein de nos deux plus grandes écoles d'ingénieurs, les Mines et Polytechnique. Le Centre de gestion scientifique est ainsi créé en 1967 à l'École des mines, tandis que le Centre de recherche en gestion de l'École polytechnique voit le jour en 1972. Les deux centres, étant donné leur localisation au sein d'écoles d'ingénieurs, occupent une place à part. Partant initialement d'une tradition qui est celle de la recherche opérationnelle et la modélisation, ils constatent que les modélisations qu'ils génèrent se heurtent à des difficultés de mise en œuvre. Cela va les conduire à adopter un modèle particulier de recherche, valorisant l'interaction avec les organisations et se focalisant notamment au départ sur la question des outils de gestion.

Si la contribution scientifique de ces deux centres est fondamentale, sur le plan quantitatif, le modèle dominant qui se structure est celui d'une recherche en gestion menée principalement au sein des universités, au plus près des enseignements qui y sont dispensés. Alors que le corps d'enseignants connaît une forte croissance, plusieurs institutions vont être créées qui vont conduire la gestion à adopter un modèle de gouvernance similaire à celui que l'on trouve dans d'autres disciplines et, notamment, en économie et en droit : création en 1968 de l'université Paris-Dauphine, d'une section du CNU spécifiquement dédiée à la gestion et en 1976 d'un concours d'agrégation sur le modèle de celui qui existe en droit ou en économie. C'est dans ce contexte générale de conquête de légitimité pour les sciences de gestion que naît la *Revue française de gestion* (Barraux, 2016).

À travers le CNU et l'agrégation du supérieur, s'impose dans les années quatre-vingt et quatre-vingt-dix un modèle de pilotage des carrières des enseignants-chercheurs, relativement classique à l'Université, qui se base sur le principe d'évaluation par les pairs. Le CNU détermine qui peut être qualifié à concourir aux fonctions de maître de conférences, ainsi que qui est éligible aux promotions et avancements. Les jurys biannuels nationaux du concours national d'agrégation organisent le recrutement de professeurs des universités (et de fait deviendront largement des concours de promotions « internes » sélectionnant qui parmi les maîtres de conférences peut prétendre passer professeur). Dans le cadre du processus d'évaluation, la priorité sur le plan scientifique est donnée à la lecture des travaux, sans *a priori* sur la nature de la publication. Par ailleurs, comme c'est le cas au sein des disciplines proches que sont le droit et l'économie, la thèse tient une place centrale. Non seulement elle est décisive pour la qualification et l'entrée dans la carrière, mais elle continue par la suite de jouer un rôle marquant. Enfin, même si elles tendent à être moins valorisées, les activités d'enseignement sont évaluées dans le cadre de ces instances, au même titre que les activités de recherche.

Essor de la recherche en écoles de commerce, internationalisation et début des classements

À partir du début des années deux mille, ce modèle universitaire historique va être remis en cause. Sous l'effet de la compétition internationale et du développement des logiques d'accréditation, les écoles de commerce, qui traditionnellement ne faisaient pas de recherche, vont se mettre peu à peu à la développer. Suivant les pas d'HEC, qui la première s'est mise à recruter des professeurs possédant des thèses de doctorat en gestion ou des PhD, la plupart des écoles de commerce vont ainsi profondément bouleverser le recrutement de leurs corps professoraux pour avoir de plus en plus de docteurs. Des années après les universités, l'idée est alors de mieux adosser les enseignements dans les *business schools* à la recherche en sciences de gestion, à l'instar de ce qui se fait aux États-Unis depuis les années cinquante, suite à la parution du fameux rapport Carnegie.

Un problème qui se pose alors dans les écoles françaises est cependant l'absence d'institution légitime afin d'évaluer la recherche menée par ces enseignants. Les enseignants des écoles de commerce n'ont évidemment pas leur CNU et, dans chacune d'entre elles, il est alors difficile de mettre en place des comités d'évaluation par les pairs, au vu du faible nombre d'enseignants qui pratiquent la recherche. Comment dès lors le management de ces écoles peut-il s'en sortir pour piloter et évaluer cette nouvelle activité qui leur est historiquement étrangère ? La réponse va lui être donnée par des outils qui se développent à cette époque et qui sont les classements de revues établies par des institutions externes et indépendantes.

Dans le contexte francophone, le principal classement qui va alors être utilisé au sein des écoles de commerce au début des années deux mille est le classement réalisé par la section 37 « économie-gestion » du CNRS. Pontille et Torny (2010) soulignent que « l'objectif initial est alors de produire un classement à usage interne, pour l'évaluation des candidats aux concours et des unités de recherche, prenant donc la forme d'un outil d'aide à la décision plus que celle d'un outil absolu de classement qui donne des résultats aberrants et ôte tout besoin d'une instance d'évaluation et de jugement scientifique ». Ce classement, dont l'idée naît à la fin des années quatre-vingt-dix, paraît pour la première fois en 2003. Par rapport aux autres classements disponibles dans les années deux mille, notamment le classement américain de l'UT Dallas et celui du FT (qui émerge à la même époque) qui ne classent que quelques dizaines de revues de référence anglo-saxonnes dans lesquelles peu d'enseignants-chercheurs dans les écoles publient, le classement CNRS présente plusieurs avantages. D'une part, il inclut plusieurs centaines de revues et est donc bien plus ouvert que les autres classements où le score de la plupart des écoles serait alors proche de zéro. D'autre part, même si elles sont moins bien classées que les revues internationales, de fait essentiellement américaines, il donne une place à des revues francophones, ce qui est indispensable pour qu'il soit accepté par une population d'enseignants au sein des écoles de commerce, qui est alors très majoritairement française.

Peu à peu, les directions des écoles de commerce, qui n'ont pas à leur disposition d'autres outils, vont alors inciter leurs enseignants à publier des articles dans des revues classées par le CNRS. Une telle liste a en effet tous les atours de l'outil légitime pour évaluer : il valorise l'évaluation par les pairs, puisqu'il ne porte que sur des articles de journaux qui, eux-mêmes, ont été sélectionnés à partir d'une évaluation par des pairs ; il a été créé en dehors des écoles, par une institution, le CNRS, qui compte dans le paysage scientifique ; il a été construit à partir d'indicateurs quantitatifs et chiffrés (nombre de soumissions, *impact factor*, etc.) qui sont censés limiter la subjectivité. L'incitation à publier dans la liste va rapidement être d'autant plus forte que la publication annuelle des classements des écoles de commerce constitue un véritable marronnier pour les médias grand public... et que ceux-ci vont eux-aussi commencer à utiliser la liste pour évaluer la recherche des écoles ! Les parents d'enfants inscrits en classes préparatoires, inquiets de l'avenir de leur progéniture et grands consommateurs de ces classements, trouvent ainsi la réponse à leurs angoisses dans des classements qui se fondent eux-mêmes sur la liste de classement des revues pour évaluer cette nouvelle activité qu'est la recherche dans les écoles. La boucle infernale de rétroaction est ainsi lancée, la « piste aux étoiles » prend son essor et est immédiatement discutée et contestée comme l'est chaque nouvelle parution du guide Michelin (Charreaux & Gervais, 2007) !

Pour bien figurer dans les classements, les écoles mettent toujours plus de pression sur leur corps professoral pour publier dans la liste CNRS. Au fur et à mesure que les performances des écoles montent, les journaux renforcent toujours plus leurs critères, ce qui conduit les écoles à renforcer la pression sur leurs enseignants-chercheurs, etc. Par exemple, le journal *L'Étudiant*, qui initialement comptait le nombre d'articles CNRS, va se mettre ensuite à compter le nombre d'étoiles (un article de rang 1 = 4 étoiles, un article de rang 4 = 1 étoile), pour désormais pondérer les articles dans un indicateur « puissance de recherche » qui donne encore plus de poids aux articles 4 étoiles qu'aux autres. Corrélativement, le montant des primes à la publication explose et atteint des plafonds en cas d'un article publié dans une revue de rang 1, désormais le Graal pour tout enseignant-chercheur dans une école.

Dans le même temps, un tel outil va percuter de plein fouet le système d'évaluation par les pairs mis en place au sein des universités. Les universitaires vont eux aussi peu à peu utiliser ce système de classement, qui présente l'avantage d'éviter d'avoir à lire les travaux. Par exemple, dans son rapport sur le concours d'agrégation, le jury de 2012-2013 signale que pour passer la première épreuve dite de présentation des travaux, il a considéré qu'il fallait nécessairement avoir publié un article dans une revue classée 2 par le CNRS. Fallait-il donc mobiliser pendant un an un jury et des dizaines de candidats s'il suffisait d'appliquer un tel critère ? Pourquoi donc, si c'est le cas, garder une épreuve de présentation des travaux, voire un concours d'agrégation dans ces conditions, on se le demande bien... Et c'est d'ailleurs la question qui reste encore aujourd'hui largement posée, même si des réponses distinctes émergent en économie et en gestion en raison des effets pervers, aussi, des classements.

2. Les effets pervers des classements sur la recherche, la pédagogie et l'intégrité scientifique

Comme le montre cet exemple, l'émergence des systèmes de classement des revues, comme celui du CNRS qui va dominer le champ au début des années deux mille, va générer un certain nombre d'effets pervers qui, pour la plupart, commencent à être bien documentés. D'abord, ils conduisent globalement à une uniformisation et à une standardisation de la recherche en sciences de gestion francophone, qui perd en innovation et en singularité. Ensuite, il conduit la communauté à un enfermement sur elle-même et à un découplage de la recherche en sciences de gestion avec les étudiants, les entreprises et la société. Enfin, ils font exploser les solidarités existantes entre les enseignants, qui tous deviennent des *ego-academicus*.

Des classements conduisant à une hiérarchie des productions d'un enseignant-chercheur

Cela tient tout d'abord au fait qu'avec l'essor des classements, s'est introduit, au fond sans jamais qu'elle soit discutée, une hiérarchie entre tous les contenus que doivent produire les enseignants-chercheurs en gestion. Historiquement, ceux-ci avaient vocation à s'exprimer à travers des publications qui pouvaient être des articles, mais aussi des communications à des colloques, des ouvrages, des chapitres d'ouvrages collectifs, des rapports de recherche, leur thèse de doctorat, des interventions dans la presse, etc. Ils avaient également vocation à s'exprimer à travers des contenus pédagogiques, que ce soient les cours dont ils avaient la charge, des programmes innovants qu'ils pouvaient mettre en place, des partenariats avec des entreprises qu'ils pouvaient développer pour faciliter l'insertion de leurs étudiants, des activités de conseil, etc.

Mais si seuls comptent désormais lors de leur évaluation et de leur promotion les articles qu'ils ont publiés dans les revues figurant sur les listes, alors tout le reste n'a plus d'importance pour les enseignants-chercheurs et il n'y a plus lieu d'investir son temps dans ces activités ! Dans ce cadre, les autres formes de publication scientifique ne sont désormais plus pensées que par rapport à la forme de l'article. En amont, les colloques, tout comme la thèse, qui est devenu de plus en plus au fil des ans une thèse par articles, ne sont plus vus que comme des travaux préparatoires aux articles ou des synthèses d'articles déjà publiés (thèses sur travaux). En aval, les interventions publiques n'ont plus pour objectif que de valoriser les articles qui ont été publiés, sans pour autant avoir été beaucoup lus. Par ailleurs, l'objectif pour les enseignants-chercheurs tend aujourd'hui à être dispenser des activités d'enseignement, qui sont vues comme une « charge », pour pouvoir se consacrer à la recherche, qui représente la seule activité noble et rémunératrice. Cela conduit ainsi au fait que si toujours plus d'articles sont produits par la communauté, les étudiants sont loin d'en profiter puisque ceux qui publient sont ceux qui dispensent le moins de cours, gèrent le moins de programmes, etc.[2]

Des classements conduisant à une uniformisation des productions

Ayant conduit tous les acteurs à donner une priorité absolue à la production d'articles de type académique, les systèmes de classement ont évidemment conduit à une inflation du nombre de publications. De manière générale, cette inflation a été de pair avec l'adoption d'une forme unique et standard pour la rédaction d'un article de recherche. Au sein des revues, un modèle s'est ainsi imposé, qui représente près de 90 % des articles publiés dans les meilleures revues internationales. L'article doit faire 10 000 mots et être structuré selon un plan éternel : introduction/revue de littérature/méthodologie/résultats/discussion/conclusion. Un tel plan véhicule implicitement l'idée que la recherche en sciences de gestion doit suivre un raisonnement hypothético-déductif, quand bien même il ne s'agit que d'un raisonnement logique parmi d'autres. Il valorise un unique objectif qui est celui d'être en situation de faire une contribution théorique, quand bien même une bonne description de la réalité est aussi quelque chose qui présente de la valeur en sciences de gestion. Il donne une place modeste aux implications managériales qui ne sont, au mieux, qu'un paragraphe en fin d'article.

Le succès de cette forme tient sans doute à ce qu'elle a permis deux choses. D'une part, une taylorisation de la production d'articles entre les enseignants-chercheurs. Chacun peut ainsi se focaliser aisément sur une partie du travail de recherche (Rouquet, 2017) : le professeur expérimenté ne fait ainsi plus de terrain, laissant à d'autres le soin de réaliser cette tâche ingrate et consommatrice de ressources, et se contente de mettre en forme le travail de recherche des autres dans des articles (« l'articleur ») ; pour fonctionner, il a cependant besoin qu'on le nourrisse de données, ce qui est le nouveau rôle dévolu aux doctorants, qui n'ont plus le droit que de s'inscrire dans les pas de leurs directeurs et de se taire (le « taisard ») ; pour être efficaces, tous deux font enfin appel à un spécialiste de la méthode qui ne connaît rien au sujet, mais fait tourner les données et s'assure que l'article répond aux normes méthodologiques toujours plus drastiques (le « méthodologiste »). Grâce à une telle division, chacun peut publier toujours plus et espérer être recruté, faire avancer sa carrière, gagner plus d'argent... D'autre part, elle permet à tout le monde d'éviter au fond de lire les articles. Il n'y a qu'à lire le résumé et l'introduction, qui

2. Durand, T. (2014). Écoles de commerce : la recherche aux étoiles. *Xerfi Canal TV* : http://www.xerfi-precepta-strategiques-tv.com/emission/Thomas-Durand_Ecoles-de-commerce-la-recherche-aux-etoiles_1429.html.

donnent toutes les informations et surtout les deux ou trois idées clés de l'article, voire si l'on a un peu de temps, la contribution et c'est tout... Au vu de la production faramineuse d'articles et du manque du temps qui caractérise nos sociétés modernes, c'est ainsi bien agréable[3] !

Comme on le comprend bien, le problème principal d'une telle forme standard est qu'elle s'adresse exclusivement aux autres enseignants-chercheurs et scientifiques de la gestion et vise à leur permettre de produire eux-mêmes facilement et rapidement leurs articles. Dans ce cadre, selon une logique autoréférentielle, les articles tendent ainsi à être de moins en moins lisibles pour les étudiants, les professionnels ou bien le grand public. Ils contiennent des sections méthodologiques toujours plus longues qui semblent démesurées par rapport aux objectifs des articles. Ils mobilisent des modèles mathématiques et statistiques qui sont de plus en plus raffinés, mais de moins en moins connectés avec la réalité des pratiques des entreprises, les données étant majoritairement récoltées par questionnaire. Ils sont écrits selon un style anonyme, dans un jargon inutile, qui interdit toute forme d'originalité dans la mise en récit des travaux de recherche. Quant à la fameuse revue de littérature, elle doit renvoyer à tout propos à de « grands auteurs » pour « mobiliser » des théories et utiliser des arguments d'autorité... ce qui n'est pas vraiment la preuve d'une démarche scientifique. Le résultat est que les articles sont jugés incompréhensibles par la plupart des acteurs extérieurs à la recherche. Alors que les enseignants-chercheurs ne font, comme évoqué plus haut, que les parcourir rapidement pour pouvoir les citer et les ajouter dans leur bibliographie à la demande des *reviewers*, les articles ne sont donc plus lus par personne !

Des classements qui ont asservi les enseignants-chercheurs en sciences de gestion

Mais le pire effet pervers pour les enseignants-chercheurs francophones en sciences de gestion c'est qu'en acceptant le système des classements et de la liste CNRS, ils ont au fond accepté un double asservissement. Asservissement d'abord à la langue. Sans parler des classements anglo-saxons au sein desquels les revues francophones ne sont tout simplement pas mentionnées, le classement du CNRS et plus tard celui de la Fnege ne donnent le rang 1 qu'à des revues anglophones et surclassent systématiquement ces revues. La raison est que l'*impact factor* de ces revues est bien supérieur à celui des revues francophones : par définition, le nombre de chercheurs travaillant en anglais est plus important et ils se citent plus

3. Voir l'interview de Rouquet, A. (2018). Recherche en gestion, course aux étoiles : un appel à la révolte. *IQSOG – Xerfi Canal* : https://www.xerficanal.com/iqsog/emission/Aurelien-Rouquet-Recherche-en-gestion-course-aux-etoiles-un-appel-a-la-revolte_3745507.html.

entre eux ! Pour espérer monter dans les classements, cela a alors conduit les écoles de commerce à recruter de très nombreux professeurs internationaux capables de publier dans ces revues. En conséquence, les professeurs francophones dans les écoles de commerce sont devenus au fil des ans de moins en moins nombreux et ont perdu de leur influence. De plus, s'ils veulent espérer être à la hauteur de leurs collègues internationaux, ils ont été obligés de publier en anglais, souvent au prix d'un appauvrissement du contenu. Il est en effet difficile de rendre compte des nuances de la pensée et de la complexité du réel avec le vocabulaire simpliste du *globish*. Cela leur demande un surtravail considérable et surtout oblige à utiliser une langue qui a ses codes et conduit à les intérioriser comme « supérieurs ». Produire en français est devenu ainsi une forme de production ringarde et dévalorisée, le système obligeant toute la communauté francophone à jouer le jeu de la publication anglo-saxonne.

Asservissement ensuite à l'économie car, si la liste CNRS classe les revues en économie et en gestion, elle classe en effet bien mieux les revues en économie : celles-ci sont beaucoup plus nombreuses à avoir un rang 1 que les revues en gestion ! La liste constitue ainsi un outil qui permet aux économistes d'affirmer une supériorité symbolique sur les gestionnaires et pire, de véhiculer implicitement l'idée que la gestion aurait partie liée avec l'économie. Pourtant, les sciences de gestion possèdent une histoire qui leur est propre et, contrairement à une idée encore largement répandue aujourd'hui, ne sont nullement issues des sciences économiques puisque la question de la gestion s'est posée dès l'Antiquité romaine. Sous leur forme moderne, les sciences de gestion ont été promues par des pères fondateurs comme Frederick Taylor ou Henri Fayol, qui n'étaient en rien économistes : Taylor a fait une école de mécanique, Fayol une école d'ingénieur, puis tous deux ont exercé des fonctions au sein d'entreprises. Il n'est ainsi de fait pas plus légitime d'associer gestion et économie qu'il ne le serait d'associer, par exemple, gestion et sociologie ou encore, économie et sociologie. On peut même aller plus loin : s'il fallait rechercher un dialogue généalogique fructueux, c'est sans doute plutôt vers le droit qu'il conviendrait de chercher les racines de la gestion, discipline qui refuse d'ailleurs toute logique de classement, pour laquelle l'absence de prise en compte des singularités nationales serait un non-sens absolu et qui est la première à avoir développé… des concours nationaux de recrutement par diverses voies d'agrégation[4]. Faute de prendre le temps d'une telle interrogation, c'est donc par le développement effréné d'une logique économique de marché et de concurrence et, par la même, par l'alignement de la mise au pas de l'ensemble du monde académique français, que la gestion procédera à sa propre « grande transformation ».

4. Trois concours d'agrégation existent aujourd'hui dans les disciplines juridiques : droit privé et sciences criminelles, histoire du droit, droit public.

Logique de marché et mise au pas du modèle académique français

Dès lors que se développe une logique d'incitation/sanction s'appuyant sur un critère unique, c'est un fait établi depuis longtemps par la recherche en gestion que l'agent évalué cherchera à maximiser par tous les moyens ledit critère (Berry, 1983). En dépit des éternelles précautions d'usage des classements que n'écoutent que ceux qui les écrivent... sans même d'ailleurs qu'on soit assurés qu'ils pensent un instant que leurs préconisations pourraient être réellement suivies d'effets, il est ainsi inévitable que se développe un *ego-academicus* qui ne pense qu'à publier, et si possible, plus que son voisin... ou son beau-frère pour reprendre une formule chère... aux économistes. Mécaniquement, il s'ensuit la fin des logiques collectives de recherche dans les institutions ; ou plus exactement, la fin de collectifs gouvernés par une autre forme relationnelle que la maximisation d'un intérêt réciproque bien compris.

Conséquence tout aussi logique : les *ego-academicus* s'en trouvent asservis aux politiques de gestion des ressources humaines de leurs institutions, lesquelles n'ont finalement plus besoin de spécialistes du monde académique pour les piloter. Un *mercato* des dirigeants d'institutions peut ainsi se créer sur fond de ce que l'on peut désormais appeler une véritable financiarisation de l'industrie : asservissement aux *managers* locaux, prise de pouvoir par des *deans* jugés aux résultats, raccourcissement de la durée des mandats au poste, *turnover*. Au point, stade ultime, de recruter d'anciens dirigeants d'industrie pour piloter désormais des écoles puisqu'on sait que les « principes universels de la finance », finalement, peuvent s'adapter partout dès lors que tout peut être piloté par des tableurs Excel.

Point trop souvent négligé, cette logique d'un « capitalisme académique », désormais débridé, n'est pas incompatible avec le développement d'approches dites « critiques » dans le domaine de la production scientifique, voire même avec un mouvement très en vogue, comme celui du libre accès à la connaissance (*open access*), dont certaines revues font désormais leur principal fonds de commerce scientifique. En effet, d'un côté, quelle meilleure parade à la critique que de laisser se développer des approches critiques, surtout si elles rapportent en plus des étoiles ? D'un autre côté, le libre accès est source d'impact supérieur pour les travaux rendus plus aisément accessibles, permettant d'espérer des scores d'impact plus élevés. Et c'est ainsi que l'enfer des frais de scolarité des étudiants se nourrit des bonnes intentions de façade des plus ardents défenseurs du libre accès à la connaissance ou de l'obstination des approches critiques à faire classer le plus haut possible leurs propres supports de publication.

Du côté des universités, la situation apparaît contrastée. Après un puissant mouvement pour aligner et uniformiser les pratiques sur le modèle anglo-saxon avec la création de l'AERES, de l'ANR[5], la mise en place de primes d'excellence scientifique (PES) fondées sur le seul critère de publications d'articles « étoilés » ou encore la quasi-disparition du concours national d'agrégation[6], la prise de conscience des effets potentiellement délétères, pour les universités, d'une telle logique d'incitation et d'évaluation fondée sur la seule publication semble en voie de rééquilibrage. Il ne faut pas nécessairement voire ici le signe d'une « résistance » active, mais plutôt le constat qu'en dépit de tous les efforts qui ont pu être entrepris, l'emploi reste d'abord public à l'Université. À ce titre, salaires et primes offertes ne peuvent rivaliser avec ceux des *business schools*. Par ailleurs, la logique de service public, empêchant largement la maîtrise des flux d'étudiants, l'activité administrative et pédagogique, reste indispensable au fonctionnement des institutions, interdisant dès lors les pratiques en vigueur dans des établissements qui peuvent, eux, choisir de dispenser intégralement de toutes charges d'enseignement des chercheurs qui seraient par ailleurs souvent bien en peine de les assurer.

Cette situation spécifique des universités s'incarne largement dans les débats actuels autour de la place du CNU dans le paysage : d'un côté, nombreux sont ceux qui y voient un vestige du passé qui n'a plus de sens dans un contexte d'autonomie des universités, lesquelles devraient avoir la haute main sur l'ensemble des aspects relatifs à la carrière de leurs enseignants-chercheurs ; de l'autre, persistent des tenants d'un CNU attaché aux prérogatives d'une évaluation nationale par les pairs de la discipline, à ce titre non dépendantes des contingences locales, quand ce n'est pas de considérations extraprofessionnelles. Mais le paysage des effets pervers des classements ne serait pas complet si l'on n'évoquait pas l'un des plus grands tabous de toute communauté scientifique : le conflit d'intérêts, puisque les classements n'en sont pas préservés.

Une guerre de tous contre tous... sur fond de conflits d'intérêts à tous les étages

Pour des chercheurs en gestion, il serait injuste, et surtout faux, de faire peser sur les seules épaules des « classements » la responsabilité des dérives évoquées et la place que ceux-ci ont pris dans le paysage. En effet, derrière ceux-ci, il faut aller chercher ceux qui classent et les conditions d'octroi de cette place privilégiée de « classeurs ». Dans le cas de la liste CNRS, l'écrasante domination des collègues économistes au sein de la section a conduit à faire reposer l'essentiel du travail de classement des revues en gestion sur les associations académiques reconnues, dans

5. Agence Nationale de la Recherche.
6. Seulement quatre postes de professeurs offerts au concours en 2018-2019 contre une vingtaine au temps du « contingentement », jusqu'en 2014-2015.

un premier temps, selon le principe que l'association restait le lieu de régulation privilégié dans chaque discipline. C'est ainsi que, d'après une logique largement connue et critiquée, chaque « grande » association a pu faire classer sa propre revue à un niveau raisonnable (typiquement, rang 2 dans la liste CNRS), tandis que les revues qui ne disposaient pas d'associations supports se sont trouvées mécaniquement être reléguées en troisième, voire quatrième division d'honneur[7].

Loin d'être objectives, les listes reflètent ainsi la réalité des rapports de force qui existent au sein des sciences de gestion et constituent aussi un outil pour les disciplines établies pour dominer les disciplines moins puissantes ou émergentes. Par exemple, aussi bien dans les listes internationales (FT, UT Dallas, ABS) que françaises (CNRS, Fnege), on ne trouvera pas classées en rang 1 de revues en logistique et *supply chain management*. Dieu sait pourtant que la discipline dispose de revues anciennes et qui ont un fort *impact factor* ! L'*International Journal of Physical Distribution and Logistics Management*, plus vieille revue disciplinaire créée au début des années soixante-dix, possédait en 2019 un *impact factor* de 4,744. Le *Journal of Supply Chain Management*, qui est dans sa 55e année de publication, faisait encore mieux avec un *impact factor* en 2019 de 6,842 qui le plaçait au 34e rang des revues en management. Mais, alors qu'aucune raison ne justifie ce sous-classement, à qui profite le crime ? Aux chercheurs en marketing, en stratégie, etc. qui pourront fanfaronner car ils publient dans des revues classées 1, qui pourront arguer qu'il ne faudra pas recruter ce profil en logistique et *supply chain* parce qu'il n'a pas de rang 1 (oui, forcément, il n'y a pas de revues de rang 1 dans cette discipline !), mais plutôt un collègue de leur discipline qui lui a publié dans des revues de rang 1, qui bénéficieront de primes plus avantageuses et de décharge de cours parce que leurs résultats en termes de publication seront forcément meilleurs, etc.

Sur le plan institutionnel, l'importance stratégique prise par les classements a alors conduit à la création de la liste du collège scientifique de la Fnege, la volonté étant implicitement pour les gestionnaires de reprendre la main par rapport aux économistes et à la liste CNRS. La liste reposant sur un collège regroupant les associations, cela a rendu particulièrement critique la capacité à peser sur les décisions de ces dernières. C'est ainsi que celles-ci sont devenues non plus seulement des usines à attraction et à production de papiers préformatés, mais aussi des lieux où il fallait être pour espérer peser sur les classements... qui, en bout de chaîne, serviraient ou non les reconnaissances institutionnelles, notamment *via* les classements publiés par les médias. Il n'est pas besoin d'être grand clerc pour imaginer les dérives

7. Voir l'interview de Burlaud, A. & Gibert, P. (2019). Classement des revues scientifiques 2019 de gestion : droit de réponse de la revue *Politiques et Management Public. IQSOG – Xerfi Canal* : https://www.xerficanal.com/iqsog/emission/Alain-Burlaud-Patrick-Gibert-Classement-des-revues-scientifiques-2019-de-gestion-droit-de-reponse-de-la-revue-Politiques-et-Management-Public_3747755.html.

potentielles d'un système où il devient, de fait, plus important pour des chercheurs, mais aussi pour des institutions, de siéger dans un conseil scientifique ou d'administration d'une association afin de faciliter ensuite l'accès à la revue de l'association (sans être officiellement membre du comité de rédaction) et, pourquoi pas, de percevoir des primes dont le montant aura été arrêté en conformité avec le classement que les chercheurs ou les institutions auront contribué à façonner. C'est alors la question de l'intégrité scientifique qui est posée. Puisqu'une telle logique de compétition pour la publication conduit presque mécaniquement à flirter avec le conflit d'intérêt, au risque de franchir parfois la ligne jaune.

Dès lors que de tels classements trouvent leur origine dans les pouvoirs de négociation, voire de *lobbyisme* d'associations disciplinaires, il n'est que pure logique que ceci conduise à une fragmentation, pour ne pas dire à une atomisation, du champ. L'obsession de reconnaissance, d'abord disciplinaire, peut alors être rapprochée d'un phénomène bien connu dans les entreprises : le recentrage sur un *core business* avec la volonté d'exister d'abord au niveau mondial plutôt que de mettre en place ces stratégies conglomérales et diversifiées si critiquées par les analystes... financiers. Il ne paraît pas exagéré, dès lors, d'affirmer que le monde académique s'est rendu *de facto* complice de reproduire ce qu'il se plaisait si souvent à dénoncer concernant les entreprises : en acceptant que l'*ethos* académique et l'*affectio societatis* s'efface pour céder la place au *publish or perish*, il s'est ainsi largement rendu victime et coupable d'une véritable dynamique de financiarisation de l'enseignement supérieur (Gomez, 2012). C'est sans doute alors en réinterrogeant la raison d'être du « métier » de professeur de l'enseignement supérieur, en écoles comme à l'Université, que l'on peut imaginer des voies de sortie et de régénération.

3. Comment sortir du piège des classements et de la financiarisation de l'enseignement supérieur ?

Instruire le problème des classements comme l'un des symptômes les plus significatifs d'une financiarisation généralisée de l'enseignement supérieur mérite quelques arguments. On pourrait aussi juger que la financiarisation n'est pas un mal en soi, certes, sauf si le système est plus qu'à bout de souffle, voire en faillite, ce qui, à l'évidence, est désormais le cas[8]. Face à une dynamique qui procède du suicide collectif, des voies de sortie s'imposent, qu'un retour sur le sens même du métier permet de concevoir.

8. Voir l'interview de Ramanantsoa, B. (2017). Les écoles de commerce sont au bord du gouffre. *Xerfi Canal TV* : https://www.xerficanal.com/strategie-management/emission/Bernard-Ramanantsoa-Les-ecoles-de-management-sont-au-bord-du-gouffre-_3745002.html.

Les classements, véhicules et symptômes de la financiarisation de l'enseignement supérieur

L'étude Fnege 2017, consacrée aux ressources des établissements d'enseignement supérieur, a permis de démontrer que l'excellence en recherche n'était d'abord qu'un moyen au service des stratégies des institutions dans une industrie de l'enseignement supérieur désormais globalisée (Grenier & Denis, 2017). Ceci s'est traduit par un isomorphisme généralisé : normatif, coercitif et mimétique pour reprendre la grille bien connue de DiMaggio et Powell (1986), toutes les institutions suivant finalement la même stratégie et les publications des chercheurs se révélant dans ce cadre l'un des plus puissants vecteurs d'uniformisation (Laroche, 2016).

Un symptôme marquant de la période qui a coïncidé avec la montée en puissance des classements est la fusion d'établissements (Kalika & Ben Letaifa, 2012) selon un principe que l'on pourrait affirmer par la formule provocatrice : « Fusionnez ! Fusionnez ! Il en restera forcément quelque chose... au moment d'additionner les étoiles et les mutualisations de coûts[9]. » Il est vrai que procéder par fusions d'établissements, réunis sous des « marques » globales (et surtout non attachés à un contexte national ou un territoire), est plus rapide que la recherche d'une sédimentation patiente de compétences fondamentales et distinctives...

Cette étude a permis de tordre définitivement le cou à quelques mythes tenaces. Le cercle vertueux recherche étoilée, réputation de la marque, programmes d'excellence *executive* ne tient pas et ceci pour une raison simple : la formation continue est un domaine d'activités spécifique qui, pour la plupart des institutions, représente *in fine* un centre de coûts qui est, au mieux à l'équilibre, très rarement rentable.

De même, le mythe d'un cercle vertueux qui réunirait chercheurs stars, internationalisation et financements privés ne fonctionne pas. D'abord, parce que le financement de la recherche par le privé est un leurre dans un pays comme la France où l'essentiel du financement de la recherche a toujours été le fait de financements publics. Ensuite, parce que les chercheurs, s'ils se vivent comme des stars, ne le sont d'abord que d'un petit carré académique : ils travaillent et produisent des résultats sur des questions rarement enseignables et d'une très faible utilité en pratique (*relevance crisis*). Enfin, parce que toutes les formes institutionnelles de type fondation ou fonds de dotation ont révélé leurs limites, seuls les intérêts du capital étant disponibles et, dès lors, incapables de se substituer à des financements publics récurrents.

9. Création de SKEMA en 2009 (regroupant les écoles de Lille [ESC Lille] et de Nice [Ceram]), de NEOMA en 2012 (regroupant les ESC de Rouen et de Reims), de KEDGE BS en 2013 (regroupant les écoles de Marseille et de Bordeaux)... sans même évoquer l'accident industriel France Business School (FBS).

Un dernier mythe tenace a la vie dure et a alimenté le paradigme dit de l'excellence à l'international. Il existerait un cercle vertueux : synergies opérationnelles, investissements numériques, baisse du coût des formations en conséquence. En effet, si le numérique permet d'espérer développer des formations à coût marginal faible, voire nul, c'est cependant occulter un point essentiel : dans le numérique, comme plus généralement dans les industries culturelles, l'essentiel de l'investissement est engagé en amont, comme on le sait des économies dites à « coût fixe » (Volle, 2008 ; Benghozi & Chantepie, 2017[10]). Tous les besoins d'investissement sont en conséquence allés croissants pour les institutions, tandis qu'explosaient les coûts de production des articles scientifiques *high-ranked* et que baissaient les soutiens publics. Un redoutable effet de ciseau stratégico-financier dans un contexte où prédomine désormais l'effet dit *red queen* (Lampel & Shamsie, 2005 ; Mangematin & Belkhouja, 2015), qui conduit tout le monde, telle l'Alice du roman de Lewis Carroll, à courir deux fois plus vite... tout en restant à la même place.

Les classements : *exit*, *voice* or *loyalty* ?

Le cadre d'Albert Hirschman, récemment mobilisé par Martinet et Menger (2019) pour repenser l'avenir de la recherche en management et stratégie, fournit un repère utile pour imaginer les scénarii susceptibles de se faire jour au regard de la question des classements et au vu de leurs effets pervers désormais parfaitement documentés.

La tentation de la *loyalty* par apathie. Les mythes ayant la vie dure et les dépendances de sentier étant fortes, on ne peut exclure que rien ne remette en cause le schéma dominant qui a placé au cœur de l'activité scientifique l'évaluation des chercheurs et des institutions par les articles et les étoiles. Cette « loyauté » au sens d'Hirschman confine à l'« apathie » (Bajoit, 1988) pour un motif que la théorie de l'engagement permet de comprendre aisément : on préfère le déni et persister dans l'erreur plutôt que d'assumer les investissements échoués (Denis, 2015).

On peut aussi raisonnablement penser que tout le monde n'a pas intérêt à une modification des règles du jeu institutionnel pour une raison qu'à nouveau l'étude Fnege 2017 permettait d'éclairer en s'appuyant sur les travaux de Pierre-Michel Menger (Menger & Marchika, 2014 ; Menger, 2015[11]). La dispersion des talents en termes de recrutement d'étudiants suit une courbe de Gauss, alors que le

10. Denis, J.-P. (2018). Hip-hop, mangas, jeux vidéo : le futur de la culture, c'est maintenant ! Conversation avec Pierre-Jean Benghozi. *The Conversation France*, 11 mars : https://theconversation.com/hip-hop-mangas-jeux-video-le-futur-de-la-culture-cest-maintenant-conversation-avec-pierre-jean-benghozi-93145.

11. Voir l'interview de Menger, P.M. (2015). Les stratégies de sélection des écoles de commerce. *Xerfi Canal TV* : http://www.xerfi-precepta-strategiques-tv.com/emission/Pierre-Michel-Menger-Les-strategies-de-selection-des-ecoles-de-commerce_2574.html.

repérage des talents en termes de recherche (qu'il soit apprécié sous la forme du nombre d'articles publiés dans les supports les mieux classés ou par les indices de citation) suit une loi de Pareto[12]. De fait, on comprend mieux pourquoi il est beaucoup plus simple lorsqu'il s'agit d'évaluer des professeurs ou des institutions de prendre en compte la seule recherche (articles publiés, facteurs d'impact...) plutôt que la pédagogie ou des ouvrages...

Ce recours aux travaux de Menger et Marchika (2014) présente un second intérêt majeur : la mise en évidence des phénomènes de *customer-input technology* (la qualité du service rendu dépend des étudiants auxquels il est rendu) et de *peer-effect* (les meilleurs veulent évoluer avec les meilleurs). Ces deux facteurs explicatifs permettent de comprendre l'organisation d'une concurrence au sein d'un oligopole stable où les trois premières places sont toujours trustées, en France, par les mêmes institutions et toujours classées dans le même ordre (HEC Paris, ESSEC, ESCP Business School). Dans ces conditions, le top 3 donne la tendance qui s'impose ensuite à l'ensemble des institutions, lesquelles n'ont d'autres choix que de suivre, au risque sinon d'être victimes d'un déclassement symbolique. On peut alors faire le pari stratégique que toute évolution ne peut venir que d'une « prise de parole » (*voice*, au sens d'Hirschman) de l'une des trois premières institutions... ou idéalement d'une démarche collective des trois premières. À défaut, on voit mal ce qui pourrait remettre en cause la « course aux étoiles », même si celle-ci doit finir, pour certaines des institutions, par un ravin, y compris pour celles figurant dans le top 3.

Restent deux options dont la première serait l'EXIT décrété par les établissements. Cette option pourrait logiquement emprunter deux chemins à partir d'un même constat : désormais, les classements sont devenus contre-productifs[13]. D'abord, les écoles et universités peuvent juger que les classements des revues intègrent insuffisamment la nouvelle règle du jeu, connue de tous : ce qui compte, ce n'est plus de publier, mais d'être cité, donc l'impact. La conséquence serait des recrutements et des politiques de gestion des ressources humaines toujours plus individualisées, des enseignants-chercheurs appelés, de fait, à ne plus être que chercheurs pour les meilleurs, et simples enseignants pour ceux qui ne parviendront pas à émerger de la courbe de Pareto. Cela ne modifierait donc aucunement les dynamiques à l'œuvre et leurs effets pervers et il est fort probable que cette option les renforcerait au contraire. On en pressent pourtant les prémices avec l'appel de plus en plus fort en

12. Voir l'interview de Menger, P.M. (2018). L'enseignement supérieur de management : agilité et rigidités. *IQSOG – Xerfi Canal* : https://www.xerficanal.com/iqsog/emission/Pierre-Michel-Menger-L-enseignement-superieur-de-management-agilite-et-rigidites_3746048.html.

13. Constat dont semblent avoir conscience eux-mêmes les producteurs de classements. À la fin de l'année 2020, soit quelques semaines après l'écriture de ce chapitre, le *Financial Times* a ainsi lancé une grande enquête auprès des institutions et des enseignants-chercheurs en management du monde entier en vue, à terme, de modifier sa liste, voire éventuellement de remettre en cause le principe de classer les revues.

faveur d'une distinction définitivement actée entre *research schools* et *teaching schools* (Allaz, Dussauge & Ramanantsoa, 2015 ; Ramanantsoa, 2015).

La deuxième option serait celle d'un EXIT individuel ou collectif visant à amoindrir la place symbolique de la recherche dans l'évaluation de la qualité d'un établissement d'enseignement supérieur. On pourrait ainsi, à l'extrême, imaginer une sorte de grève des classements par les professeurs, les institutions et pourquoi pas les médias. Cette option paraît cependant bien illusoire, pour ne pas dire utopique. En effet, outre qu'elle présupposerait un accord de toutes les parties pour jouer une partition commune, ce serait s'exposer à un procès en illégitimité : de quel droit donc des responsables d'établissements français s'extrairaient-ils des tables de la loi qui continueront quoiqu'il arrive de prévaloir au niveau international, ceci dans un contexte d'hyper-compétition ?

On le mesure, en dépit d'effets pervers largement avérés et documentés, la logique des classements continue à apparaître (comme la démocratie selon Churchill) comme « la pire des options exceptées toutes les autres », surtout si l'on en juge par la probabilité par définition très faible d'exister durablement dans un monde où le modèle anglo-saxon reste la référence et l'anglais la langue des affaires. Ainsi, au moins, des classements tels que ceux réalisés par la section « économie-gestion » du CNRS ou par le collège scientifique de la Fnege présentent-ils l'intérêt de continuer à donner un minimum de droit de cité à des supports et donc des travaux authentiquement francophones...

Repenser la valeur de la recherche à partir des exemples des industries culturelles

À la lecture des points précédents, la cause semble donc entendue. C'est finalement à feu doux que les institutions cautionnent elles-mêmes que la recherche en management s'est radicalement transformée en 20 ans. Dans ce contexte, en dépit des effets pervers et des pétitions de principe, on voit mal comment l'avenir pourrait différer du passé. Est-ce à dire que si la cause est entendue, alors le déterminisme l'est également ?

La réponse est ici négative et présuppose une véritable révolution symbolique et institutionnelle : considérer que la recherche en management ne procède pas de la démarche scientifique la plus traditionnelle et telle qu'on l'entend largement dans les sciences économiques orthodoxes, mais bien davantage d'une logique d'industries culturelles qui ont été confrontées précisément aux mêmes problèmes que ceux qu'affrontent aujourd'hui la recherche en management, dans les universités comme dans les grandes écoles. Et que ce qui est en jeu, c'est aussi une dynamique de *soft power*.

Si l'on opère un tel décadrage, les exemples susceptibles de nourrir les réflexions abondent :

- le Festival de Cannes n'a-t-il pas été conçu dans les sombres années trente contre une Mostra de Venise sous le joug du fascisme et n'a-t-il pas permis ensuite de maintenir vivace la reconnaissance d'un cinéma différent et pourtant respecté à Hollywood (Benghozi, 2016) ? Une telle « innovation stratégique » ne pourrait-elle être imaginée dans le domaine du management, permettant aussi d'imaginer une négociation collective des droits d'utilisation des œuvres produites par les établissements et leurs professeurs[14] ? ;
- les quotas de diffusion de musique francophone ont permis de régénérer les productions indépendantes face à la domination du monde anglo-saxon[15]. Il serait ainsi parfaitement possible, par exemple, d'imaginer que tout prétendant à un poste ou à une promotion dans une institution française se voit contraint de publier un nombre minimal d'articles en langue française... permettant au passage d'attester de sa capacité à enseigner à un public qui reste, dans l'immense majorité des cas, d'abord francophone[16] et à avoir un impact local sur son territoire ;
- la loi sur le prix unique du livre a permis de les maintenir stratégiquement vivaces en rendant viables économiquement des réseaux de production et de diffusion indépendants. Alors que sur fond de domination des sciences dites « dures » ou « exactes », toute la politique de recherche impulsée par le ministère de l'Enseignement supérieur se déploie en faveur de l'*open access* (c'est le fameux « plan S »[17]), il y aurait urgence à soutenir le combat actuel des sciences sociales en faveur d'une pensée stratégique plus complexe, au service non seulement des articles, mais aussi des ouvrages dès lors qu'ils sont publiés en langue française[18].

14. Voir l'interview de Denis, J.-P. (2019b). Valoriser la recherche française plutôt que singer le modèle américain. *IQSOG – Xerfi Canal* : https://www.xerficanal.com/iqsog/emission/Jean-Philippe-Denis-Valoriser-la-recherche-francaise-plutot-que-singer-le-modele-americain_3747744.html.
15. Voir l'interview de Bouneau, L. (2020). Le rap : musique préférée des français. *IQSOG – Xerfi Canal* : https://www.xerficanal.com/iqsog/emission/Laurent-Bouneau-Le-rap-la-musique-preferee-des-Francais_3748915.html.
16. Voir l'interview de Denis, J.-P. (2019a). Plaidoyer (désespéré) pour la recherche francophone en sciences de gestion. *IQSOG – Xerfi Canal* : https://www.xerficanal.com/iqsog/emission/Jean-Philippe-Denis-Plaidoyer-(desespere)-pour-la-recherche-francophone-en-gestion_3747743.html.
17. « Après le 1er janvier 2021, les publications scientifiques sur les résultats de la recherche financée sur fonds publics accordés par des agences de recherche ou des organismes de financement nationaux ou européens, doivent être publiées dans des revues ou sur des plateformes en accès libre. » : https://scienceouverte.couperin.org/plan-s.
18. Réactions au plan S. *Cairn.info* : http://actualites.cairn.info/reaction-au-plan-s.

De telles options sont susceptibles d'impulser une véritable régénération stratégique. Elles ne sont pas non plus nécessairement incompatibles avec des logiques de classement des supports, dès lors que ceux-ci ne postuleraient pas, *a priori*, la supériorité des supports anglo-saxons en interdisant de fait, par principe, les reconnaissances les plus élevées aux supports dont l'identité francophone est affirmée (Albouy, Charreaux, Colasse, Fabbe-Costes, Hatchuel, Martinet & Pérez, 2019). Un point d'autant plus important qu'entre la révolution numérique d'une part, la question démographique d'autre part, le contexte est propice à une réflexion stratégique menée à nouveaux frais.

Retrouver le sens et l'esprit du métier ?

Bien après que l'industrie musicale ait été littéralement dévastée par la dématérialisation des contenus et le téléchargement, alors que voir un film au cinéma expose à un avertissement interdisant l'usage du *smartphone* ou encore qu'une entreprise comme Google se soit mis en tête de numériser et rendre disponible tous les livres, les professeurs et leurs institutions sont prévenus : la révolution numérique, si elle est porteuse d'opportunités, est d'abord à l'origine de profondes menaces pour tous. Et de ce point de vue, l'entrée des GAFAM (Google, Apple, Facebook, Amazon, Microsoft) dans l'industrie de l'éducation n'est plus un risque, mais bien un mouvement déjà effectif et les ripostes envisageables paraissent bien dérisoires.

En matière d'éducation, et la crise sanitaire intensifie et accélère assurément les innovations, les contenus, cours et autres conférences, se dématérialisent et se réalisent à distance. Les murs de la salle de classe, qui vacillaient déjà très largement sous le poids de plateformes, telles Wikipédia, utilisées par d'innombrables « petites poucettes », semblent déjà de l'histoire ancienne. Quant au cours ouvert, massif, *on line* (MOOC), bien maline encore l'institution qui parviendra à en trouver le modèle économique viable...

De manière surprenante, les acteurs qui sont précisément au centre de ces (r-)évolutions et qui les vivent au quotidien, qui devraient donc être au cœur de toutes les réflexions paraissent être les grands « oubliés ». Pourtant, depuis les classes primaires dotées de tableaux numériques interactifs aux projets gouvernementaux de voir chaque collégien, lycéen, étudiant doté d'une tablette, le changement ne pouvait qu'être radical pour la profession. Et s'il est un des enseignements que l'on peut tirer de la crise sanitaire, c'est que l'impréparation et l'absence d'anticipation n'aura pas concerné que les hôpitaux, les masques et les lits de réanimation.

La pensée du grand sociologue allemand Max Weber en matière de sources de légitimité de l'exercice du pourvoir est pourtant d'une grande utilité pour penser les transformations connues par le métier de « professeur » et celles qui les attendent[19]. Puisque, à quelque niveau d'enseignement que ce soit, un professeur étant, toujours, d'abord une figure d'autorité, se pose la question de l'origine de sa légitimité à exercer ce pouvoir.

La tradition constitue la première source de légitimité à l'exercice du pouvoir. On sait cependant que « l'idéal-type » du professeur respecté au nom des traditions, dont il est le dépositaire, n'a pas survécu à la mise en cause de toutes les formes de traditions depuis les années soixante-dix. Le « prof », de référence, est ainsi devenu une sorte de *coach*, son pouvoir lui étant conféré par le modèle dit « rationnel-légal ». Ainsi, l'éducation est devenue de moins en moins un devoir et de plus en plus un droit : celui à être préparé à un emploi futur, donc à affronter en toute liberté et rationalité l'efficience des marchés en général et celle du marché du travail en particulier. Le savoir, lui, est devenu marchandise ; le diplôme, un passeport pour un salaire de sortie ; et progressivement, l'identité du professeur dans l'enseignement supérieur est devenue, soit celle d'un chercheur produisant du savoir légitime dans les meilleurs supports, soit celle d'un enseignant chargé de transmettre un savoir conçu par d'autres.

Alors que le mouvement vers l'horizontalité paraît irréversible, que les étudiants sont souvent mieux armés que leurs enseignants dans la maîtrise des outils techniques, alors que les nouveaux entrants (les « plateformes ») sont dotés d'une puissance de frappe qui n'est plus « contestable », la voie de salut du « professeur » pourrait passer par une reconception du sens du métier. En effet, un professeur est un créateur, puisqu'il est toujours *a minima* l'interprète d'une partition. Pour peu qu'il en ait l'appétit ou que cela fasse partie intégrante de sa mission, comme dans l'enseignement supérieur, il est également auteur, voire même auteur-compositeur et donc... producteur de contenus. Et si ceux-ci étaient prioritairement dédiés à la petite salle de concert (la salle de classe), la démocratisation massive des moyens de production et de communication *via* les *smartphones* et réseaux sociaux montre que celle-ci peut très vite être peuplée de plusieurs milliers, voire dizaine de milliers de personnes.

Paradoxe ultime, donc : celles et ceux qui ont été les premières victimes des mises en cause des modèles « traditionnel » et « rationnel-légal » de légitimité du pouvoir font aujourd'hui un spectaculaire retour sur le devant de la scène. Plus que jamais, la surabondance informationnelle appelle des grilles de lecture pour distinguer l'essentiel de l'accessoire, créer du sens, remettre en perspective. Et d'innombrables

19. La suite de cette section s'inspire librement et prolonge la chronique de Denis, J.-P. (2014). Le prof face au numérique : le tournant du spectacle. *Xerfi Canal TV* : https://www.xerficanal.com/strategie-management/emission/Jean-Philippe-Denis-Le-prof-face-au-numerique-le-tournant-du-spectacle_2104.html.

véhicules d'interactions s'offrent aux professeurs (blogues, médias sociaux, chroniques et émissions TV, etc.) et offrent des possibilités d'expression aux professeurs-artistes illimitées, de temps en temps au service du grand nombre et de temps en temps pour quelques heureux élus, dans le cadre de concerts privés.

Méditer (vraiment) les transformations à l'œuvre

Si l'on accepte qu'une telle lecture pourrait avoir sa pertinence, alors c'est l'avenir même du métier qui est à la croisée des chemins puisqu'après tout, ce sont toutes les identités professionnelles que l'on pensait établies qui vacillent : ainsi, qu'est-ce qui distingue aujourd'hui, par exemple, la création de contenus pour les médias par un professeur ou un journaliste, par-delà les barrières à l'exercice du métier que ces deux catégories ont su élaborer ? Le développement très rapide d'un site comme *The Conversation France* en atteste.

L'industrie musicale, déjà évoquée, fournit à nouveau un excellent exemple à méditer : les *majors*, qui restaient sur le modèle financiarisé du centrage sur le cœur de métier avec l'espoir d'étendre les produits au niveau mondial en visant les places de numéro 1 ou 2, ont été dévastées. À l'époque, les artistes sortaient un album tous les deux ans environ, avec une chaîne de valeur qui allait de l'enregistrement en studio jusqu'à la sortie de l'album (vinyle puis CD), la valorisation morceaux par morceaux (45 tours, ventes à l'unité), puis les concerts... Appliqué aux revues scientifiques, nous ne sommes pas si éloignés du modèle stratégique d'une revue de rang 1 puisque le faible nombre de productions se justifierait par la sélectivité et que la qualité des productions est réputée alimenter ensuite les inscriptions d'étudiants.

Toutefois, la dématérialisation d'abord, puis le *streaming* depuis 2015 ont totalement modifié les règles : multiplication de projets d'artistes toujours plus indépendants qui ont compris très vite que les intérêts de l'industrie et des maisons n'étaient plus cohérents avec la nécessaire réactivité qu'imposaient les nouveaux supports et modes de communication avec le public, et donc avec les conditions de création d'impact. Résultat : les artistes sont progressivement devenus des producteurs, gérant le *business* de A à Z, jusqu'à l'organisation de leurs propres *showcases* et concerts... Aujourd'hui, un artiste expérimente en sortant quatre, voire six, et même jusqu'à dix projets/an. En fonction de la réception, un album est éventuellement mis en ligne sur les plateformes de distribution... voire plusieurs. Si l'on fait jouer cette analogie et qu'on l'applique aux revues scientifiques dans un contexte où l'impact est dans tous les esprits, publier beaucoup, de manière réactive, dans des supports aussi variés que possible, peu importe leurs *rankings*, deviendrait alors non un désavantage, mais bien au contraire la première des forces. Il est intéressant de noter que les *majors* historiques sont, elles, progressivement devenues des « machines » paralysées, gérant un portefeuille de droits et des catalogues historiques. Tandis que les artistes ont compris, eux, que s'ils voulaient un avenir, celui-ci devait désormais s'écrire éventuellement avec elles, pourquoi pas sans elles, voire éventuellement contre elles.

Par maints égards, les établissements et institutions d'enseignement supérieur donnent ce sentiment quelque peu effrayant : obsédées par le marché américain, fonctionnant en circuit autoréférentiel et mimétique, elles subissent comme ont subi les maisons de disques. Elles se révèlent dès lors incapables de penser stratégiquement à nouveaux frais et de se projeter. La preuve ? On attend encore des réflexions sérieuses quant au fait que l'Afrique nous précède désormais largement ou encore que 750 millions de locuteurs francophones à horizon de 30 ans (2050) liront et se formeront potentiellement *via* leurs *smartphones* (ou tout autre type d'appareil impossible à imaginer à l'heure où sont écrites ces lignes !). Ce n'est pourtant pas tout à fait anodin au plan de l'impact et des stratégies qui mériteraient d'être envisagées... Dans la lignée d'autres contributions actuelles, puisse ce court chapitre contribuer à les y inciter (Ramanantsoa, Delpech & Diagne, 2016 ; Albouy, 2017 ; Nioche, 2017 ; Paché, 2018).

Concluons ce trop bref examen par un de ces curieux clins d'œil dont l'histoire est friande. Ainsi, alors que l'élaboration du décret de 2009 régissant le statut des enseignants-chercheurs dans le contexte de la loi sur l'autonomie des universités (LRU[20]) donnait lieu à de vifs débats, le professeur Olivier Beaud[21] rappelait cet extrait : « Il y a quelques années, en Angleterre, un brillant fringuant jeune ministre de l'Éducation était venu visiter une grande et ancienne université ; il prononça un discours adressé à l'ensemble du corps professoral pour leur exposer de nouvelles mesures gouvernementales en matière d'éducation et commença par ces mots : "*Messieurs, comme vous êtes tous ici des employés de l'Université*", mais un universitaire l'interrompit aussitôt : "*Excusez-moi, Monsieur le Ministre, nous ne sommes pas les employés de l'Université, nous sommes l'Université*"[22]. »

C'est peut-être le message essentiel finalement que nous apporte le temps long : par-delà les publications et les étoiles, au-delà des stratégies des établissements, ce sont les professeurs qui toujours *in fine* créent et décident la musique.

20. Décret n° 2009-460 du 23 avril 2009 modifiant le décret n° 84-431 du 6 juin 1984 fixant les dispositions statutaires communes applicables aux enseignants-chercheurs et portant statut particulier du corps des professeurs des universités et du corps des maîtres de conférences et portant diverses dispositions relatives aux enseignants-chercheurs : https://www.legifrance.gouv.fr/affichTexte.do?cidTexte=JORFTEXT000020552216&dateTexte=&categorieLien=id.
21. Voir le texte élaboré par Olivier Beaud. Note sur le projet de décret (octobre 2008) modifiant le décret du 6 juin 1984 fixant les dispositions statutaires communes applicables aux enseignants-chercheurs et portant statut particulier du corps des professeurs des universités et du corps des maîtres de conférences. *Qualité de la Science Française*, *5* : http://www.qsf.fr/wp-content/uploads/2011/11/QSF_Note_Beaud_statut.pdf.
22. Leys, S. (2006). L'idée d'université. *Commentaire*, *29*(114), 471.

Bibliographie

Albouy, M. (2017). Alerte sur l'enseignement supérieur de gestion français. *Revue française de gestion, 268*(7), 149-156.

Albouy, M., Charreaux, G., Colasse, B., Fabbe-Costes, N., Hatchuel, A., Martinet, A.C., Pérez, R. (2019). Le « management » n'est pas une science anglo-saxonne. *Revue française de gestion, 278*(1), 11-13.

Allaz, B., Dussauge, P. & Ramanantsoa, B. (2015). Pourquoi HEC doit être l'un des leaders mondiaux de la recherche en management. *Hommes & Commerce*, (363).

Bajoit, G. (1988). *Exit, voice, loyalty... and apathy.* Les réactions individuelles au mécontentement. *Revue française de sociologie, 29*(2), 325-345.

Barraux, J. (2016). Comment est née la Revue française de gestion. *Revue française de gestion*, (1), 11-15.

Benghozi, P.J. (2016). Associer l'art aux affaires, la recette du succès cannois. *The Conversation France*, 11 mai : https://theconversation.com/associer-lart-aux-affaires-la-recette-du-succes-cannois-58525.

Benghozi, P.J. & Chantepie, P. (2017). *Jeux vidéo : l'industrie culturelle du XXIe siècle ?* Paris, Ministère de la Culture.

Berry, M. (1983). Une technologie invisible : l'impact des instruments de gestion sur l'évolution des systèmes humains. Paris, Centre de recherche en gestion de l'École polytechnique.

Charreaux, G. & Gervais, M. (2007). Éditorial : la piste aux étoiles – Un commentaire sur le dernier classement des revues élaboré par la section 37 du CNRS. *Finance Contrôle Stratégie, 10*(4), 5-16.

Denis, J.-P. (2015). La recherche française en management pèse-t-elle – enfin ! – dans l'« *academic game* » ? *The Conversation France*, 5 octobre : https://theconversation.com/la-recherche-francaise-en-management-pese-t-elle-enfin-dans-l-academic-game-48392.

Denis, J.-P. (2018). Hip-hop, mangas, jeux vidéo : le futur de la culture, c'est maintenant ! Conversation avec Pierre-Jean Benghozi. *The Conversation France*, 11 mars : https://theconversation.com/hip-hop-mangas-jeux-video-le-futur-de-la-culture-cest-maintenant-conversation-avec-pierre-jean-benghozi-93145.

Dimaggio, P. & Powell, W.W. (1986). The iron cage revisited: collective rationality and institutional isomorphism in organizational fields. *American Sociological Review, 48*(2), 147-160.

Gomez, P.-Y. (2012). La financiarisation de l'enseignement supérieur et sa responsabilité dans la crise. *Le Monde*, 21 février : https://www.lemonde.fr/idees/article/2012/02/21/la-financiarisation-de-l-enseignement-superieur-et-sa-responsabilite-dans-la-crise_1644854_3232.html.

Grenier, C. & Denis, J.-P. (2017). *Les ressources des écoles de management : la nouvelle donne !* Paris, Fnege.

Hirschman, A.O. (1970). *Exit, voice, and loyalty: responses to decline in firms, organizations, and states.* Cambridge, Harvard University Press.

Kalika, M. & Ben Letaifa, S. (2012). Les fusions, réponses à la crise des *business schools* ? Application du modèle de l'écosystème d'affaires en France. Dans *États généraux du management.* Strasbourg, Fnege.

Lampel, J. & Shamsie, J. (2005). *Escalating investments and declining returns: red queen competition in the motion picture industry* (EBK working paper).

Laroche, H. (2016). La zlatanisation de la recherche scientifique. *The Conversation France*, 13 juin : https://theconversation.com/la-zlatanisation-de-la-recherche-scientifique-60743.

Mangematin, V. & Belkhouja, M. (2015). A note on the evolution of the french management scholarship, 1994-2014. *M@n@gement*, *18*(3), 194-204.

Martinet, A.C. & Menger, P.M. (2019). La recherche en stratégie et management : *exit*, *voice* or *loyalty* ? *Revue française de gestion*, *285*(8), 13-28.

Menger, P.M. & Marchika, C. (2014). La technologie de sélection des étudiants dans les grandes écoles de commerce françaises. *Revue française d'économie*, *29*(2), 5-42.

Menger, P.M., Marchika, C. & Hanet, D. (2015). La concurrence positionnelle dans l'enseignement supérieur : les grandes écoles de commerce françaises et leur académisation. *Revue économique*, *66*(1), 237-288.

Nioche, J. (2017). Pour une conférence des directeurs d'école et formations de management. *Revue française de gestion*, *268*(7), 133-147.

Paché, G. (2018). Les ligues de sport professionnel : un modèle pour l'enseignement supérieur de gestion. *Revue française de gestion*, *271*(2), 131-142.

Pontille, D. & Torny, D. (2010). Revues qui comptent, revues qu'on compte : produire des classements en économie et gestion. *Revue de la régulation*, *8*, deuxième semestre : http://journals.openedition.org/regulation/8881.

Ramanantsoa, B. (2015). Il faudra piloter subtilement l'augmentation des frais de scolarité. *Les Échos*, 29 juin : https://www.lesechos.fr/2015/06/bernard-ramanantsoa-hec-paris-il-faudra-piloter-subtilement-laugmentation-des-frais-de-scolarite-267132.

Ramanantsoa, B., Delpech, Q. & Diagne, M. (2016). L'enseignement supérieur français par-delà les frontières : l'urgence d'une stratégie. *France Stratégie*, 16 septembre : https://www.strategie.gouv.fr/publications/lenseignement-superieur-francais-dela-frontieres-lurgence-dune-strategie.

Rouquet, A. (2017). Face à la tyrannie des étoiles : révoltons-nous ! *Revue française de gestion*, *267*(6), 133-147.

Volle, M. (2008). *Prédation et prédateurs*. Paris, Economica.

Autres sources et interviews citées

Bouneau, L. (2020). Le rap : musique préférée des français. *IQSOG – Xerfi Canal* : https://www.xerficanal.com/iqsog/emission/Laurent-Bouneau-Le-rap-la-musique-preferee-des-Francais_3748915.html.

Burlaud, A. & Gibert, P. (2019). Classement des revues scientifiques 2019 de gestion : droit de réponse de la revue *Politiques et Management Public*. *IQSOG – Xerfi Canal* : https://www.xerficanal.com/iqsog/emission/Alain-Burlaud-Patrick-Gibert-Classement-des-revues-scientifiques-2019-de-gestion-droit-de-reponse-de-la-revue-Politiques-et-Management-Public_3747755.html.

Denis, J.-P. (2014). Le prof face au numérique : le tournant du spectacle. *Xerfi Canal TV* : https://www.xerficanal.com/strategie-management/emission/Jean-Philippe-Denis-Le-prof-face-au-numerique-le-tournant-du-spectacle_2104.html.

Denis, J.-P. (2019a). Plaidoyer (désespéré) pour la recherche francophone en sciences de gestion. *IQSOG – Xerfi Canal* : https://www.xerficanal.com/iqsog/emission/Jean-Philippe-Denis-Plaidoyer-(desespere)-pour-la-recherche-francophone-en-gestion_3747743.html.

Denis, J.-P. (2019b). Valoriser la recherche française plutôt que singer le modèle américain. *IQSOG – Xerfi Canal* : https://www.xerficanal.com/iqsog/emission/Jean-Philippe-Denis-Valoriser-la-recherche-francaise-plutot-que-singer-le-modele-americain_3747744.html.

Durand, T. (2014). Écoles de commerce : la recherche aux étoiles. *Xerfi Canal TV* : http://www.xerfi-precepta-strategiques-tv.com/emission/Thomas-Durand_Ecoles-de-commerce-la-recherche-aux-etoiles_1429.html.

Menger, P.-M. (2015). Les stratégies de sélection des écoles de commerce. *Xerfi Canal TV* : https://www.xerficanal.com/strategie-management/emission/Pierre-Michel-Menger-Les-strategies-de-selection-des-ecoles-de-commerce_2574.html.

Menger, P.-M. (2018). L'enseignement supérieur de management : agilité et rigidités. *IQSOG – Xerfi Canal* : https://www.xerficanal.com/iqsog/emission/Pierre-Michel-Menger-L-enseignement-superieur-de-management-agilite-et-rigidites_3746048.html.

Ramanantsoa, B. (2017). Les écoles de commerce sont au bord du gouffre. *Xerfi Canal TV* : https://www.xerficanal.com/strategie-management/emission/Bernard-Ramanantsoa-Les-ecoles-de-management-sont-au-bord-du-gouffre-_3745002.html.

Rouquet, A. (2018). Recherche en gestion, course aux étoiles : un appel à la révolte. *IQSOG – Xerfi Canal* : https://www.xerficanal.com/iqsog/emission/Aurelien-Rouquet-Recherche-en-gestion-course-aux-etoiles-un-appel-a-la-revolte_3745507.html.

Chapitre 17

L'autonomie des universités et le développement de leurs ressources propres

Par Marie-Pierre Mairesse

1. Introduction

Depuis les années soixante, de nombreuses réformes du système de l'enseignement supérieur des universités se sont succédées. La loi Faure de 1968 a réformé la structure des universités et renforcé l'autonomie en associant, à la gestion des établissements, l'ensemble des personnels et les étudiants, ainsi que facilité la pluridisciplinarité. En 1984[1], le ministre Savary a poursuivi l'évolution de l'enseignement supérieur en créant notamment les établissements publics à caractère scientifique, culturel et professionnel, les EPSCP.

Le système universitaire et la question de son financement, au cœur des questionnements universitaires, ont fait l'objet de plusieurs lois en ciblant, d'une part, la recherche[2] et les moyens de son développement et, d'autre part, en associant le développement des moyens et la restructuration des établissements[3].

1. Loi n° 84-52 du 26 janvier 1984.
2. Loi n° 82-610 du 15 juillet 1982 de programmation des moyens de la recherche, loi de 1999 dite loi Allègre relative à la recherche et à l'innovation, loi n° 2006-450 du 18 avril 2006 de programme pour la recherche relative à la programmation des moyens consacrés par l'État à la recherche, loi de programmation du financement de la recherche et loi de programmation pluriannuelle de la recherche en 2020.
3. Notamment à partir de la loi du 10 août 2007 dite loi relative aux libertés et responsabilités des universités (LRU).

L'arrivée massive d'étudiants dans l'enseignement supérieur, l'harmonisation européenne de l'enseignement et de la recherche[4], la concurrence internationale dans le cadre de la mondialisation ont, d'une part, fait évoluer le modèle de financement public de l'enseignement supérieur et, d'autre part, ont contraint les établissements à construire un modèle économique adapté à leurs choix stratégiques.

Si le financement public reste le principal financement des universités, l'État a d'abord associé le financement à la notion d'activité (le modèle San Remo) pour introduire ensuite la notion de performance (le modèle SYMPA). De même, le financement extrabudgétaire de l'État a modifié profondément le comportement des établissements avec les financements des programmes d'investissement d'avenir (PIA).

Les difficultés financières rencontrées par de nombreuses universités dans les années deux mille dix les ont contraintes à initier une véritable réflexion sur leur structure budgétaire en se préoccupant en priorité de leur masse salariale. Le gel d'un grand nombre d'emplois a permis sans aucun doute de rétablir l'équilibre budgétaire, mais ne constitue pas une réponse structurelle aux besoins des établissements dont la structure financière n'est pas adaptée aux défis actuels de l'enseignement supérieur. Aujourd'hui, la question des ressources propres devient incontournable.

Le financement des universités est public à hauteur de 80 à 90 % de leur budget consolidé. Ce financement prend en compte bien entendu l'activité formation et l'activité recherche mais, depuis une dizaine d'années, les appels à projets se sont multipliés et ont pris une place importante. Quelle évolution dans les modèles de financement mis en place ? Quelles conséquences cela induit-il pour les universités ? Le financement par activités est-il remplacé par un financement par projets ?

Aujourd'hui, les universités cherchent des moyens de financement supplémentaires afin de financer les projets qu'elles souhaitent développer. Quelle est la part des ressources propres dans les budgets des établissements ? Quelle est l'évolution possible pour les universités ?

2. Le système de financement public des universités : financement par activités contre financement par projets

Si le système de financement de l'enseignement supérieur a évolué constamment depuis les années quatre-vingt-dix, en corrigeant tout d'abord la valeur des variables

4. Stratégie de Lisbonne définie par le Conseil européen en mars 2000.

intervenant dans la répartition des moyens des établissements, la part des crédits extrabudgétaires, notamment avec les programmes d'investissement d'avenir (PIA), a modifié le comportement de la gouvernance des universités.

Un système de financement public qui a évolué

Le financement des universités reste très majoritairement un financement public. C'est ainsi qu'en 2019 la subvention pour charges de service public représentait près des trois-quarts des ressources des universités (direction générale de l'Enseignement supérieur et de l'Insertion professionnelle, statistiques 2019) et l'ensemble des financements publics près de 90 % du budget des établissements. Initialement, le financement de l'État se répartissait entre les établissements en fonction de plusieurs critères liés à l'activité (système San Remo) pour évoluer vers un système finançant l'activité et la performance (modèle SYMPA).

Le système San Remo

Le système San Remo (Système ANalytique de RÉpartition des MOyens) qui a remplacé, en 1991, 1992, le dispositif Garacès qui allouait des moyens sur des normes très détaillées, avait pour objectif d'améliorer l'équité de la répartition des moyens entre les établissements et de globaliser les enveloppes. Le modèle San Remo se fondait sur plusieurs critères : le nombre d'étudiants (en distinguant les étudiants de licence et les étudiants de master, les étudiants dans les formations professionnalisées et les étudiants des autres formations), le nombre de personnels administratifs et techniques et le nombre de m^2. Cependant, seul le nombre d'étudiants était pris en compte dans le modèle grâce à la remontée d'informations annuelle (remontée SISE), les autres indicateurs étant déterminés de façon forfaitaire. Le principe de financement était fondé sur une dotation de fonctionnement basée sur des critères standards et un financement complémentaire contractualisé. Ce contrat quadriennal représentait un montant non négligeable qui permettait aux établissements de financer principalement des projets de formation et de vie étudiante. Il constituait un moment important dans la vie des établissements qui, tous les quatre ans, associaient les personnels et les équipes gouvernantes dans le choix des projets à développer.

Accusé de financer la quantité plus que la qualité et d'être un dispositif d'incitation à l'augmentation des effectifs d'étudiants sans se préoccuper de leur devenir, d'accentuer les inégalités entre les universités « sous-dotées » et les universités « surdotées », notamment par la CPU (Conférence des présidents d'université), le modèle fut abandonné en 2009 au profit du modèle SYMPA.

Le modèle SYMPA

Le modèle d'allocation des moyens des universités SYMPA (SYstème de répartition des Moyens à la Performance et à l'Activité) répartit un ensemble de moyens disponibles proportionnellement à l'activité et à la performance des établissements.

Les deux éléments nouveaux du modèle, tous deux nés de la loi du 10 août 2007 dite loi LRU (loi relative aux libertés et responsabilités des universités), concernent la prise en compte des emplois d'enseignants-chercheurs et de personnels administratifs dans le calcul de l'attribution des moyens et la prise en compte de critères de performance. Les crédits sont répartis entre la formation et la recherche[5], une partie, la plus importante, concerne l'activité (à hauteur de 80 %) et l'autre partie, la performance (à hauteur de 20 %). Pour prendre en compte l'activité, ont été choisi le critère du nombre d'étudiants présents aux examens et le critère du nombre d'enseignants-chercheurs produisant pour la recherche. Cela a conduit les établissements à privilégier la production scientifique des enseignants-chercheurs au détriment parfois de la formation. De plus, les disciplines ayant la pratique de la publication ont été favorisées alors que d'autres, telles les sciences humaines, ont été confrontées à la difficulté de mesure de leur production scientifique.

Le modèle avait pour objectif de rééquilibrer les différences entre les universités mais, les établissements surdotés ayant conservé leur dotation, la redistribution a été faible. Au cours de la période 2014-2017, des emplois supplémentaires ont été attribués[6] au titre de la politique de site et ont donné une bouffée d'oxygène aux établissements. L'attribution de la masse salariale aux établissements dans le cadre des RCE[7] a introduit cependant de nouvelles contraintes en termes de pilotage et de gestion des moyens humains qui n'avaient pas été anticipées. Cela a engendré une forte dégradation budgétaire, qui a été suivie par une politique de gel des postes qui s'est mise en place dans les universités afin de répondre à l'urgence, reportant à plus tard les réformes internes à mener.

En 2015, un nouveau modèle d'allocation des moyens, le modèle MODAL (MOdèle D'ALlocation), a été mis en place. Il soumet 30 % de sa base à la performance. Ce modèle ne s'applique qu'aux écoles d'ingénieurs, la Conférence des présidents d'université l'ayant rejeté en raison notamment de la prise en compte de la masse salariale dans le modèle et de l'absence d'accord sur les coefficients à appliquer aux différentes disciplines et aux indicateurs de l'activité recherche. Dans un contexte d'universités fragiles financièrement, MODAL est un système qui, par ses variations, peut conduire des universités à des déficits budgétaires.

5. La formation est prise en compte à hauteur de 65 % et la recherche à hauteur de 35 %.
6. Mille emplois en 2014 et cinq mille emplois pour la période dans le cadre de la politique de site.
7. Responsabilités et compétences élargies.

Aujourd'hui, le ministère souhaite exercer un pilotage plus fin des opérateurs prenant en compte notamment la stratégie des établissements, les territoires et les priorités nationales. L'allocation des moyens aux établissements repose sur une procédure de dialogue stratégique pluriannuelle avec les recteurs d'académie. L'objectif est double : d'une part, établir une trajectoire financière sur la durée du contrat d'établissement et, d'autre part, renouveler le dialogue stratégique en finançant les choix stratégiques de l'établissement en cohérence avec les priorités nationales. Dans ce dialogue, l'évolution des ressources propres est un des éléments pris en compte[8].

Si les moyens de la recherche sont ciblés sur des appels à projets depuis de nombreuses années, au cours de cette dernière décennie, les programmes d'investissement d'avenir ont contraint les établissements à se remettre en cause. Ils constituent des marges financières conséquentes qu'il faut savoir gérer.

Le passage d'un financement par activités à un financement par projets

Si la recherche était habituée à répondre à des appels à projets, depuis les années deux mille, les financements extrabudgétaires de l'État pour les universités se sont développés. Le plan Campus en 2008 avait pour objectif de créer 10 pôles universitaires d'excellence dotés d'un financement de 5 milliards d'euros. Ce plan avait pour objectif, défini dans le cahier des charges, de prendre en compte « l'ambition pédagogique et scientifique, l'urgence de la situation immobilière, le développement d'une vie de campus, et le caractère structurant et innovant du projet pour le territoire ». Il ne s'agissait plus de financer des activités, mais une structuration de l'enseignement supérieur.

Les programmes d'investissement d'avenir, initiés en 2010, ont pour objectif de « répondre aux défis du futur » et ont financé des pôles d'excellence (laboratoires d'excellence, instituts hospitalo-universitaires (IHU), initiatives d'excellence entre autres) ainsi que des projets thématiques d'excellence en matière de recherche. Doté en 2010 de 21,9 milliards d'euros, pratiquement toutes les universités se sont lancées dans la bataille afin de bénéficier de ces financements. Ces derniers présentaient néanmoins une caractéristique importante : ils étaient en grande partie non consommables et les établissements disposaient en réalité en trésorerie uniquement des intérêts.

8. Le rapport général du Sénat relatif au projet de loi de finances pour 2020 n° 140 déposé le 21 novembre 2019, précise « qu'à périmètre constant, les emplois sous plafond sont donc stables, [...] les emplois rémunérés par les opérateurs sur leurs ressources propres (hors plafond), sont en augmentation de 2 253 ETPT par rapport à la LFI 2019 ».

Dans le cadre du troisième programme d'investissement d'avenir en 2017, deux appels à projets ont été lancés. Le projet « Nouveaux cursus à l'Université » doté de 250 M€ qui a pour objectif de financer des actions pédagogiques dans le premier cycle universitaire et le second qui concerne le développement d'universités de rang mondial. Doté de 700 M€, il a pour objectif de favoriser « les tremplins » entre les universités, les centres de recherche et le monde économique[9]. La différentiation entre les universités est désormais actée. Cependant, la gestion des appels à projets se heurte à des difficultés :

- tout d'abord, le savoir-faire des établissements pour répondre aux appels à projets n'existait pas. Aussi ont-elles dû avoir recours à des cabinets spécialisés très coûteux, avec des succès très relatifs ;
- la réussite à des appels à projets suppose la mise en place d'une gestion de projets rigoureuse avec un suivi des dépenses et la mise en place d'une comptabilité analytique. Les établissements ont vu parfois dans ces financements un moyen de résorber leur déficit en réorientant les crédits obtenus, mais cela n'a pu apporter une solution à leurs difficultés structurelles ;
- les nouvelles équipes de gouvernance des établissements, engagées dans une dynamique, souhaitaient répondre à tous (ou au maximum) d'appels à projets présentés par le ministère. Soumises à des pressions internes et à un rythme soutenu d'appels à projets, les équipes ont dû acquérir de nouvelles compétences dans l'urgence.

L'intégration de la masse salariale État dans les budgets des universités a profondément modifié les équilibres au sein de la section « fonctionnement du budget » de ces dernières. En 2010, les dépenses de personnel représentaient entre 65 % et 80 % des charges d'exploitation et 84 % des produits d'exploitation, allant même jusqu'à 90 % pour les universités les plus en difficulté[10]. Le gel de postes en grand nombre a permis aux établissements de rétablir l'équilibre budgétaire, mais les marges de manœuvre financières se sont retrouvées quasiment inexistantes. Les universités se sont tournées vers les appels à projets pour trouver des ressources supplémentaires, mais qui sont eux-mêmes générateurs de dépenses ; aussi les établissements se tournent-ils aujourd'hui vers les sources de financement non encore exploitées, à savoir les ressources propres.

9. Rapport du Sénat.
10. Rapport n° 2012-041 d'avril 2012 de l'IGAENR : *Étude des mécanismes internes d'allocation des moyens en crédits et en emplois dans les universités.*

3. Les ressources propres : une nouvelle marge de manœuvre financière pour les universités ?

Les ressources propres accessibles aux universités sont présentes dans les budgets depuis de très nombreuses années. Ces ressources sont publiques ou privées, associées à un projet d'établissement ou de recherche ou même libres de toute affectation dans le cadre de dons. Elles supposent une démarche dynamique de l'établissement, mais entraîne également de l'instabilité.

Dans le rapport du Sénat du 24 avril 2013[11], les ressources propres comprennent les droits d'inscription, les redevances sur prestations intellectuelles, les contrats de recherche hors ANR, les prestations de formation continue, la taxe d'apprentissage et les autres prestations et ressources donnant lieu à encaissement. Elles représentaient, en 2011, 9 % des moyens des universités.

Tableau 1. Les principaux moyens des universités : une synthèse indicative (en millions d'euros et en %)

	2008	2009	2010	2011	2011
I. PRINCIPAUX FINANCEMENTS DE L'ÉTAT	10 624,30	11 396,90	11 536,10	11 617,00	87 %
Dont la masse salariale transférée (T3)	0	2 086,50	5 801,20	7 648,30	58 %
....					
II. MINISTÈRES AUTRES QUE LE MESR	60,00	44,40	46,20	45,60	0 %
III. COLLECTIVITÉS TERRITORIALES	283,00	302,40	348,60	342,10	3 %
IV. UNION EUROPÉENNE	119,80	104,40	121,00	138,10	1 %
V. RESSOURCES PROPRES	1 059,90	1 072,10	1 104,20	1 144,30	9 %
VI. RESSOURCES TOTALES (I + II + III + IV + V)	12 146,90	12 920,20	13 156,10	13 287,10	

Source : rapport d'information du Sénat du 24 avril 2013 sur le financement des universités : L'équité au service de la réussite de tous, n° 547.

11. Rapport d'information du Sénat du 24 avril 2013 sur le financement des universités : *L'équité au service de la réussite de tous*, n° 547.

Dans certaines analyses des ressources budgétaires des universités, l'ensemble des financements publics nationaux ou européens peut être inclus dans les ressources propres ou non. La prise en compte plus restrictive des ressources propres « privées » traduit une situation plus autonome des universités qui ont la possibilité d'aller chercher tous moyens financiers nécessaires à la réalisation de leurs projets au-delà de la subvention (qui n'est plus une dotation) pour charge de service public.

Tableau 2. Décomposition des ressources des universités en 2019 (en euros et en %)

Subvention pour charges de service public	10 937 681 471	74,15 %
Subventions d'exploitation et financement des actifs – Région / UE / Autres	1 370 932 016	9,29 %
Total subventions	12 308 613 487	83,44 %
Droits d'inscription	302 016 005	2,05 %
Contrats et prestations de recherche hors ANR	88 179 747	0,60 %
Formation continue, diplômes propres et VAE	403 798 366	2,74 %
Taxe d'apprentissage	108 496 670	0,74 %
Autres ressources (ANR, hors ANR, Fondation, valorisation, autres recettes)	1 539 937 889	10,44 %
Total ressources propres	2 442 428 677	16,56 %
Total ressources	14 751 042 164	100,00 %

Source : Calviac, S. (2019). Le financement des universités : évolutions et enjeux. *Revue française d'administration publique*, 1(169), 51-68.

Néanmoins ces ressources peuvent être d'accès conditionné (réussite à un projet), contraintes par un arrêté ministériel (les droits d'inscription) ou libres (dons ou mécénat). Elles sont devenues un point d'attention pour les équipes de gouvernance des établissements confrontées à des difficultés financières.

Les ressources propres : une réponse à la structure financière fragile des universités

L'intégration de la masse salariale dans le budget des établissements a fait émerger un déséquilibre notable entre les ressources et les dépenses qui a mis un grand nombre d'universités en situation de double déficit de 2011 à 2013. En 2010, les dépenses de personnels représentaient entre 65 % et 80 % des charges d'exploitation alors qu'elles n'atteignaient, en moyenne, que 28 % et 36 % auparavant.

Le passage aux responsabilités et compétences élargies (RCE) a modifié l'utilisation du fonds de roulement par les établissements. Il constituait un levier pour les politiques d'établissement et très souvent constituaient « les réserves » des composantes. C'était effectivement le moyen pour les présidents de contraindre les composantes à limiter leurs dépenses : leur permettre d'utiliser l'année suivante les crédits qui leur avaient été octroyés et qu'ils n'avaient pu utiliser. De même, la réserve prudentielle mise en place à cette époque d'un mois de fonctionnement d'un budget consolidé (masse salariale incluse) a été une contrainte trop forte pour certains établissements dont le budget consolidé avait été multiplié par cinq et les établissements ont dû rapidement revoir leur politique budgétaire interne. Le budget ne peut plus être uniquement une contrainte comptable, il doit aussi être un outil de gestion au service d'une politique d'établissement.

Le nombre d'établissements en situation de double déficit a diminué depuis 2011, mais les universités restent dépendantes des financements publics. En 2013, 91,3 % des ressources des 75 établissements étudiés par l'Inspection générale de l'administration de l'éducation nationale et de la recherche, dans son rapport sur la situation financière des universités, proviennent des ressources publiques.

Après avoir gelé massivement les emplois pour résorber un déficit ou une situation financière dégradée, l'IGAENR, dans son rapport de 2015, constate « une progression des charges de personnel qui limite de plus en plus leurs marges de manœuvre. La part de personnel passe de 79,5 % en 2011 à 80,9 % en 2013 ce qui conduit mécaniquement à une réduction des efforts de maintenance et d'entretien du patrimoine immobilier ».

Le rapport souligne également deux points :

- l'augmentation des ressources sur cette période provient principalement du financement public extrabudgétaire (PIA, ANR). Les établissements ont proportionnellement peu recours aux fonds européens et aux ressources privées ;
- il y a une grande inégalité entre les établissements à aller chercher les ressources privées et cette inégalité se retrouve également dans la capacité à aller chercher des ressources privées de formation et des ressources privées de recherche.

Les ressources propres de la recherche : de la recherche fondamentale à la valorisation de la recherche

Les financements proviennent essentiellement d'appels à projets auxquels les chercheurs répondent avec aujourd'hui une pratique bien rodée. La recherche fondamentale ne peut généralement se tourner que vers des financements publics, les financeurs privés ayant une vision plutôt à court terme de la rentabilité de leurs investissements.

Au début du XXe siècle, le financement de la recherche a pris la forme d'un mécénat ciblé sur la science. Il complétait les financements de l'État, mais les fonds obtenus devaient servir à des thématiques de recherche bien définies. L'âge d'or de ce financement se situe essentiellement dans la première moitié du XXe siècle.

Graphique 1. Évolution du mécénat (XIXe siècle – XXe siècle)

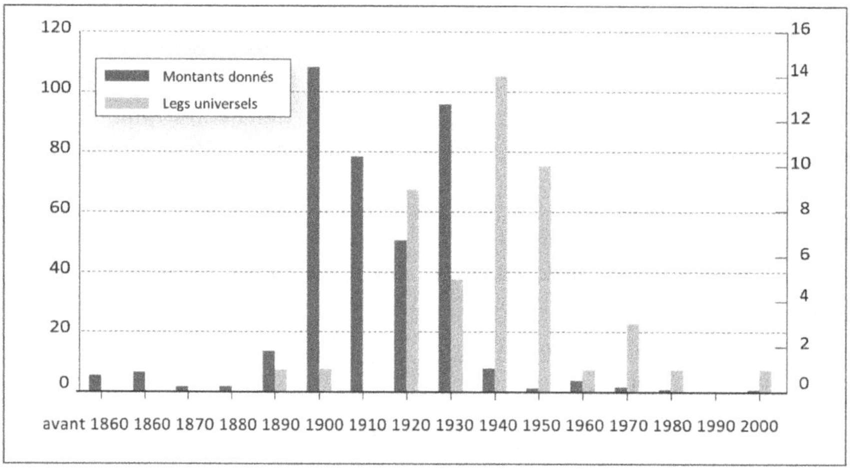

Source : Durand, A. (2016). L'odeur de l'argent. Dons et legs dans le financement de l'université de Paris (1885-1930). *Revue d'histoire moderne & contemporaine*, 3(63-3), 64-87.

Depuis les années quatre-vingt, les lois d'orientation et de programmation de la recherche ont pour objectif, soit d'investir dans des thématiques prioritaires, soit d'aider au développement de la recherche. Dans le premier cas, il s'agit d'appels à projets dont les financements, dès 2006, ont été gérés par l'ANR (Agence nationale de financement de la recherche) ou alloués aux établissements, notamment dans le cadre du contrat d'établissement.

À ces ressources publiques, s'ajoutent les ressources privées obtenues dans le cadre de structures publiques ou privées comme les fondations ou les filiales. Les fondations de coopération scientifique sont des structures de droit privé à but non lucratif et assimilables à des fondations reconnues d'utilité publique. Elles permettent à leurs donataires de bénéficier de l'avantage fiscal tout en privilégiant les travaux de recherche fondamentale qui les intéressent. Elles sont le prolongement du mécénat qui a connu son heure de gloire ainsi qu'on l'a dit dans la première moitié du XXe siècle.

La course aux financements sur projets a fait oublier aux établissements que les ressources obtenues financent des projets de recherche alors que les charges de fonctionnement, de plus en plus mutualisées, restent à la charge de l'établissement. De même, la création des fondations partenariales ou universitaires destinées à créer des *clusters* de financeurs pour des projets d'établissements ont parfois oublié les coûts de structure ou, tout au moins, n'ont pas été capables de les déterminer exactement, ce qui les a privés des ressources nécessaires à l'exercice des autres missions d'enseignement ou de recherche.

Même si dans les appels à projets de recherche, nationaux ou européens, les coûts de structure sont pris en compte, ils le sont le plus souvent sur une base forfaitaire. Le préciput reversé par l'ANR, initialement de 4 % des financements ANR, a été dénoncé pendant de nombreuses années par les universités. En 2018, il a été porté à 11 %. Seules les universités de recherche peuvent calculer les coûts exacts de structure des projets et ont un effet taille suffisant pour les amortir. Aussi les établissements se tournent-ils vers les ressources propres liées à la formation qui sont annoncées comme une source importante de financement.

Les ressources propres de la formation : un potentiel de développement

Malgré tous leurs efforts, la part des ressources propres des universités n'a pas véritablement augmenté au cours de cette dernière décennie. En 2017, l'évolution des ressources propres des opérateurs du programme 150 (formations supérieures et recherche universitaire) montrait même une baisse (Tableau 3) de 0,5 % de la part de ressources propres par rapport aux produits de fonctionnement des universités entre 2014 et 2017.

Tableau 3. Évolution des ressources propres des opérateurs du programme 150[12] *(en millions d'euros)*

Universités	2014	2015	2016	2017	Variation 2014-2017
Ressources propres	2 186	2 230	2 271	2 196	10 M€
Total des produits de fonctionnement	13 284	13 356	13 450	13 704	420 M€
Part ressources propres/produits de fonctionnement	16,5 %	16,7 %	16,9 %	16 %	0,5 %

Source : rapport à l'Assemblée nationale par le député Joël Giraud sur le projet de loi de finances pour 2019.

Si la part des ressources propres par rapport aux produits d'exploitation a baissé au cours de cette période, il est intéressant d'analyser parmi ces ressources propres le poids des ressources publiques et le poids des ressources privées. Le tableau 4 permet d'obtenir un total de 6,1 % des ressources, comprenant les droits d'inscription, la formation continue, la VAE, la taxe d'apprentissage, les fondations et les contrats et projets de recherche hors ANR, une grande partie des dites ressources propres concernant des financements publics sur appels à projets.

Tableau 4. Ressources des universités en 2017 (en euros et en %)

Subvention pour charges de service public	10 788 314 760	80,9 %
Ressources propres	2 540 023 045	19,1 %
Ressources propres privées		**6,1 %**
Droits d'inscription	273 318 143	2,1 %
Formation continue, diplômes propres et VAE	323 129 869	2,4 %
Taxe d'apprentissage	101 000 686	0,8 %
Contrats et prestations de recherche hors ANR	64 890 836	0,5 %
Valorisation	44 438 118	0,3 %

12. Les principaux opérateurs de ce programme sont les établissements publics à caractère scientifique, culturel et professionnel (EPSCP) et certains établissements publics administratifs, autonomes ou rattachés : les établissements universitaires, les écoles d'ingénieurs indépendantes sous tutelle du ministère de l'Éducation nationale, de l'Enseignement supérieur et de la Recherche (MENESR), les IUFM et les IEP, ainsi que les ENS, les écoles françaises à l'étranger, les observatoires de Paris et de Nice et les grands établissements.

Ressources propres publiques sur appels à projets		**13 %**
ANR investissements d'avenir	243 417 464	1,8 %
ANR hors investissements d'avenir	120 972 219	0,9 %
Subventions d'exploitation et financement des actifs - Région	278 441 590	2,1 %
Subventions d'exploitation et financement des actifs - Union européenne	152 439 127	1,1 %
Subventions d'exploitation et financement des actifs - Autres	549 804 784	4,1 %
Fondations - Fonds propres, réserves, dons et legs	17 597 801	0,1 %
Autres recettes	370 572 408	2,8 %
Total	**13 328 337 805**	

Source : Calviac, S. (2019). Opérateurs de l'État, les universités sont majoritairement financées à travers une subvention pour charge de service public. *Revue française d'administration publique*, 1(169), 51-68.

Droits d'inscription, formation continue, formation par alternance, taxe d'apprentissage... les leviers pour accroître les ressources propres semblent nombreux et efficaces ; l'Université n'a cependant que des moyens d'action limités.

Les droits d'inscription

Les droits d'inscription sont fixés chaque année par arrêté ministériel conjoint du ministère de l'Enseignement supérieur et de l'Insertion professionnelle et du ministère du Budget. Ils ont évolué de façon modérée et si la question de leur augmentation revient régulièrement, elle est tout aussi régulièrement écartée. Le rapport d'information du Sénat sur la prise en compte de la performance dans le financement des universités en 2019 a fixé son montant à 302 millions d'euros, soit 2 % des ressources des universités. Si la question de leur augmentation est posée chaque année, elle ne saurait résoudre la question du financement, notamment pour les universités ayant un nombre élevé d'étudiants boursiers qui seraient pénalisés. Même si aujourd'hui les droits d'inscription pour les diplômes nationaux des étudiants étrangers hors Union européenne ont été fortement augmentés, les universités se sont heurtées à la remise en cause de cette mesure par le Conseil constitutionnel et par leurs conseils d'administration, ce qui a conduit à mettre en place des exonérations[13].

13. Arrêté du 19 avril 2019 qui permet d'exonérer de frais d'inscription différenciés 10 % au maximum du total des étudiants inscrits hors boursiers. De même, les doctorants sont exonérés de droits différenciés.

Le développement de la formation continue et de l'alternance

Le développement de la formation continue est un potentiel évident de ressources pour les universités, même si le marché est fortement concurrentiel.

Il reste néanmoins le fait de composantes ayant une culture d'entreprise et une capacité à proposer une offre de formation capable de répondre aux demandes des salariés souhaitant une évolution de carrière professionnelle. Dans les universités, ce sont surtout les IUT, les IAE[14] et les écoles d'ingénieurs internes qui se sont véritablement investies dans ce chantier. Ce dernier a évolué dans le temps. Initialement, il s'adressait à des salariés qui avaient, peu ou pas, obtenu de diplôme de l'enseignement supérieur et avaient besoin d'un diplôme national pour progresser dans leur entreprise ou leur carrière professionnelle. Les besoins des entreprises et des salariés ont évolué et l'offre diplômante des établissements doit être revue pour répondre à leur demande.

Aujourd'hui les établissements ont ciblé leurs efforts sur l'alternance, répondant ainsi à deux objectifs : un objectif de développement des ressources propres, bien entendu, mais également afin de répondre à une demande des étudiants qui recherchent à la fois un revenu pour financer leur formation et une expérience professionnelle très valorisée par les entreprises, voire un premier contrat d'embauche. Si les données montrent que l'entreprise de l'alternant n'est pas obligatoirement l'entreprise d'accueil, il n'en reste pas moins qu'il s'agit d'un atout très apprécié des recruteurs.

La réforme de la taxe d'apprentissage et de la formation professionnelle oblige les établissements à s'adapter. La loi « liberté pour choisir son avenir professionnel » du 5 septembre 2018 définit une contribution unique pour les entreprises qui est de 0,55 % pour les employeurs de moins de 11 salariés et de 1 % de la masse salariale brute pour les entreprises de 11 salariés et plus[15]. Cette réforme transforme les relations entre les entreprises et les établissements de formation et introduit un élément nouveau : une logique de marché qui renforce l'adéquation de la formation à la demande des entreprises.

C'est une révolution qui se met en place. Le pilotage de l'alternance est transféré des régions aux branches professionnelles et depuis le 1er janvier 2020, le financement de la formation se fait sur la base d'un coût du contrat défini par la branche professionnelle en accord avec France compétences[16]. Les établissements doivent

14. L'IAE de Paris en est l'exemple puisque l'ensemble de ses formations diplômantes s'adresse à des publics de formation continue. Le Cnam également, avec son institut, l'Intec, a développé une offre très importante.
15. Soit un total de 1,23 % pour les entreprises de moins de 11 salariés et 1,68 % pour les entreprises de 11 salariés et plus.
16. Créée le 1er janvier 2019, France compétences est une institution nationale publique chargée de la régulation et du financement de la formation professionnelle et de l'apprentissage.

évoluer et se professionnaliser. Il s'agit non seulement d'être capable de répondre aux besoins du marché, mais également d'être capable de calculer le « vrai coût » de la formation sous peine, en le sous-estimant, d'aggraver les difficultés des universités qui se lancent sur ce marché.

La modernisation des établissements, qui s'est développée ces 10 dernières années, doit s'accentuer pour faire face à ces nouveaux défis. Si les établissements ont fait preuve d'une très grande agilité pour s'adapter au passage aux « responsabilités et compétences élargies » et aux appels à projets, on ne peut qu'être très optimiste pour l'avenir, tout en veillant aux établissements et aux disciplines les plus fragiles, notamment les sciences humaines, qui n'ont pas encore su développer l'alternance. Si les formations en sciences de gestion tirent leur épingle du jeu, sans aucun doute, la difficulté des établissements sera de les aider à développer leur offre de formation sans les prendre pour des « vaches à lait ». Les universités devront veiller également à ne pas privilégier uniquement les formations les plus rentables à court terme, mais à construire une stratégie d'établissement en matière d'offre de formation. Flexibles, agiles, ce sont de nouveaux établissements à construire tout en sauvegardant leur identité.

De la transmission des savoirs à l'acquisition des compétences

L'évolution du financement de l'État et l'accès à des ressources propres pour les universités les obligent à relever trois défis : une nouvelle construction pédagogique de l'offre de formation basée sur l'acquisition de compétences, une nouvelle organisation de l'établissement afin de répondre aux besoins des étudiants et des entreprises et une gestion accrue des dépenses et des ressources.

La notion de compétence n'est pas une notion nouvelle, mais elle a pris encore plus d'importance avec la formation tout au long de la vie puisqu'elle ne conçoit la formation initiale que comme une étape. L'étudiant acquiert des compétences qui, immanquablement, évoluent et l'obligent à revenir à la formation. L'acquisition au-delà de la transmission suppose en outre une adaptabilité à un emploi. La construction pédagogique d'un enseignement n'est plus une transmission d'un savoir dans le cadre d'un cycle de formation (licence, master, doctorat), mais une compétence qui suppose des prérequis et permet d'acquérir un savoir, un savoir-faire « monnayable ».

C'est un contenu d'enseignement qui doit être repensé et son approche pédagogique complètement transformée. Le public peut être dans la vie professionnelle ou non, en présentiel ou en distanciel, en formation dans un groupe ou non. Cela concerne tout d'abord les innovations pédagogiques numériques (IPN) qui sont un « levier pour repenser et rénover la pédagogie en cohérence avec la transformation de la société et de l'économie » (rapport de l'IGAENR). Il suppose de repenser les contenus en adéquation avec l'étudiant et la transmission des savoirs. L'acquisition des compétences se traduit également par un nouveau jeu d'acteurs entre le monde de l'enseignement et le monde de l'entreprise dans le cadre d'un partenariat et d'un enrichissement réciproque.

Si initialement la diffusion des IPN s'est traduite par une série d'expérimentations dans des établissements volontaires, la période de confinement au cours du premier semestre 2020 a largement diffusé ces pratiques, démontrant la capacité des équipes d'enseignants à s'approprier les outils. C'est également un levier important pour accroître l'activité de l'Université à l'international et développer son rayonnement. Il faut maintenant en tirer un bilan afin que les acquis soient progressivement généralisables. Il ne s'agit pas uniquement d'une question de choix pédagogique, mais également d'organisation de l'établissement et de politique de ressources humaines.

L'organisation de l'établissement et des équipes doit également être repensée. Les temps de travail et de formation des étudiants sont divers, flexibles et l'Université a des contraintes en termes d'utilisation des locaux, en termes de temps de travail des personnels. Il faut repenser la taille des locaux et l'utilisation de ces locaux avec des étudiants qui sont la moitié de l'année en entreprise. Certains ont mis en avant l'opportunité de valoriser des locaux désormais vides une partie de l'année, mais cette ressource n'est possible que si les locaux pour la formation des étudiants répondent également aux besoins des entreprises pour des séminaires ou des réunions de travail. Deux conditions pour entrer sur ce marché : des locaux modernes, en bon état et dotés des nouvelles technologies et l'opportunité pour les entreprises d'utiliser des lieux prestigieux en lien avec la renommée de l'Université, le caractère historique des locaux ou encore que l'utilisation de ces locaux permette de rencontrer des étudiants ou des chercheurs. De même, cela suppose des politiques de rémunération du personnel différentiées. Cette nouvelle organisation doit être pensée de façon globale dans le cadre du modèle économique de l'établissement.

Construire un modèle économique ne consiste pas uniquement à présenter un budget dépenses-recettes mais bien à le concevoir dans le cadre d'une stratégie d'établissement, voire d'un projet. Les ressources doivent être réfléchies dans le cadre des ressources disponibles et des conditions nécessaires pour les acquérir. Quant aux dépenses, elles doivent faire l'objet d'un suivi et d'une adaptation si nécessaire. Un projet non viable doit pouvoir être arrêté avant terme si la situation devient fortement compromise. Le modèle économique doit être construit conjointement par la gouvernance et l'encadrement administratif de l'établissement.

4. Conclusion

Les ressources propres questionnent tous les modèles : le modèle économique et stratégique des universités, des opérateurs de l'enseignement supérieur et de la recherche.

Aujourd'hui, dans un grand nombre d'établissements, la construction budgétaire repose encore sur l'agrégation de dépenses que l'on couvre avec des ressources. Elle privilégie le respect des règles de la comptabilité publique et se construit ex post, mettant les équipes face à des situations financières difficiles. Il faut repenser la construction budgétaire pour en faire un outil de pilotage et de suivi de la situation financière. L'Université doit être agile, adaptable et adaptée à un environnement en forte évolution.

Les universités sont aujourd'hui, quel que soit leur taille, dans l'obligation de définir de quelle manière elles souhaitent répondre à leurs missions, voire de dire dans quelles missions elles souhaitent plus particulièrement s'investir. Le budget n'est plus une contrainte qui s'impose à une activité, mais des choix d'activités qui doivent être articulés avec les capacités financières d'un établissement, capacités subies ou capacités à développer.

Une nouvelle étape s'ouvre pour les universités qui est une phase de maturité dans l'autonomie.

Bibliographie

Adnot, P. (2015). *Rapport d'information fait au nom de la commission des finances suite à l'enquête de la Cour des comptes sur le bilan de l'autonomie financière des universités.* Paris, Sénat.

Adnot, P. & Gillot, D. (2013). *L'équité au service de la réussite de tous* (rapport d'information fait au nom de la commission culture, éducation et communication et de la commission des finances sur le financement des universités, n° 547). Paris, Sénat.

Aghion, P. (2015). *Croissance et organisation de l'éducation supérieure* : https://www.college-de-france.fr/site/philippeaghion/course-2015-10-20-15h00.htm.

Aghion, P. & Roulet, A. (2011). *Repenser l'État.* Paris, Seuil/La République des Idées.

Aimé, P., Boutet-Waiss, F., Collet-Sassere, J., Dizambourg, B., Douchin, H., Froment, B., Mosnier, M. & Pimmel, É. (2012). *Étude des mécanismes internes d'allocation des moyens en crédits et en emplois dans les universités* (rapport de l'IGAENR, [41], avril).

Aimé, P., Colas, F., D'Harcourt, J., Hautier, A., Kretchner, A., Pimmel, É. & Saguet, M. (2015). *La Situation financière des universités* (rapport conjoint de l'IGF et de l'IGAENR, [12], mars).

Calviac, S. (2019). Le financement des universités : évolutions et enjeux. *Revue française d'administration publique, 1*(169), 51-68.

Carpentier, V. (2006). *Le financement de l'enseignement supérieur et la croissance économique en France et au Royaume-Uni de 1921 à 2003* (p. 9 à 33). Paris, Éditions de l'OCDE.

Cour des comptes (2015). L'Autonomie financière des universités : une réforme à poursuivre. *Communication à la commission des finances du Sénat.* Paris, Cour des comptes.

Cour des comptes (2018). *Les Droits d'inscription dans l'enseignement supérieur public.* Paris, La Documentation française.

Cytermann, J.-R. (2014). Le financement du système éducatif français et l'enjeu de la performance. *Revue internationale d'éducation*, (65), 121-131.

D'Autume, A., Le Merrer, P. & Pisani-Ferry, J. (2006). Financement et enseignement supérieur : vers un nouveau modèle. *Revue d'économie politique, 116*(6), 743-744.

Dahan, A. (2015). Autonomie des universitaires, autonomie des universités. Retour et réflexions sur un concept réifié dans les travaux sur l'enseignement supérieur. *Les Cahiers de recherche du Girsef*, (102).

Desvignes, A. (2019). L'autonomie des universités et le financement de la recherche au lendemain du vote de la loi Faure (1968-1976). *Carrefours de l'éducation*, (48), 25-37.

Dulbecco, P., Beer, M.-C., Delpech de Saint-Guilhem, J., Dubourg-Lavroff, S. & Pimmel, É. (2018). *Les innovations pédagogiques numériques et la transformation des établissements enseignement supérieur* (rapport de l'Inspection générale de l'administration de l'éducation générale et de la recherche, [49], juin).

Durand, A. (2016). L'odeur de l'argent. Dons et legs dans le financement de l'université de Paris (1885-1930). *Revue d'histoire moderne & contemporaine, 3*(63-3), 64-87.

Endrizzi, L. (2018). 1968-2018 : 50 ans de réforme à l'université. *Édubref*, (3).

Forest, F. & Piozin, É. (2015). Les évolutions du financement public des établissements d'enseignement supérieur : leviers de transformation et de renforcement de leur autonomie. *Gestion & Finances publiques*, (11-12), 42-48.

Giraud, J. (2019). *Rapport no 1255 fait au nom de la commission des finances sur le projet de loi de finances pour 2019.* Paris, Assemblée nationale.

Lichtenberger, Y. (2017). L'enseignement supérieur à la recherche d'un modèle universitaire. Leçons de Paris-Est. *Esprit*, 49-60.

Machado, C. & Maria, L. (2014). Enjeux présents et futurs du financement de l'enseignement supérieur. Un aperçu des tendances mondiales. *Revue internationale d'éducation*, (65), 45-56.

Ministère de l'Enseignement supérieur, de la Recherche et de l'Innovation (2018). *L'État de l'enseignement supérieur et de la recherche en France*, (11).

Moulin, L. (2014). Frais d'inscription dans l'enseignement supérieur : enjeux, limites et perspectives (thèse de doctorat en sciences économiques). Paris, Université Paris XIII.

Musselin, C. (2017). *La Grande Course des universités.* Paris, Presses de la Fondation nationale des sciences politiques.

Chapitre 18

Les ressorts de la logique budgétaire dans les ESG et les enjeux pour demain

Par Edgar Gnanou

Ce que l'on écrivait il y a une vingtaine d'années sur l'hôpital pourrait se dire aussi des grandes écoles de gestion… et reste d'actualité.

Le numéro de la *Revue française de gestion* de 2003 n° 5 comportait un dossier intitulé « La santé ingérable ? ». Jean-Pierre Claveranne y traitait de l'évolution du système de gestion des hôpitaux en France et évoquait les différentes étapes de la rationalisation de la gestion du système de santé. L'histoire du PMSI, le « projet de médicalisation des systèmes d'information », débute en France en 1982. Son objectif est de définir l'activité des établissements et de calculer l'allocation budgétaire qui en découle. Il est mis en place par Jean de Kervasdoué[1], responsable de la Direction des hôpitaux. En 1996, dans le cadre du plan sur la sécurité sociale d'Alain Juppé, une ordonnance renforce le PMSI. L'arrêté du 20 septembre 1994 et la circulaire du 10 mai 1995 fixent l'obligation faite aux établissements hospitaliers, sous compétence tarifaire de l'État (établissements publics, assimilés et privés à but non lucratif), de transmettre leurs données sous la forme de résumés de sortie anonymes (RSA) aux directions régionales des affaires sanitaires et sociales. Cette obligation est étendue en 1997 aux établissements de santé privés à but lucratif qui doivent transmettre cette information à la Caisse nationale d'assurance maladie. Le modèle du PMSI a été importé de Boston et repose sur des modèles de DRG (*diagnosis related groups*) : il s'agit d'une construction empirique des coûts d'hospitalisation en fonction de plusieurs millions de séjours hospitaliers. En France, depuis 2005, le PMSI

1. Économiste de la santé, il fut titulaire de la chaire d'économie et de gestion des services de santé du Cnam.

est utilisé pour la mise en œuvre de la tarification à l'acte (T2A), nouveau système de rémunération des hôpitaux, basé sur leur activité. Ces systèmes d'informations de gestion américains, mis au point en 1982, arrivent à maturité dans les hôpitaux en France, sans que les autorités de gestion des hôpitaux ne s'en préoccupent. Chacun comprend que les DRG constituent des valeurs de référence pour construire les budgets, mais leur pertinence n'est pas évaluée.

C'était l'époque où on parlait d'hôpital-entreprise, de résultat de gestion, d'excédent d'exploitation, de marge nette, de seuil de rentabilité depuis près d'une dizaine d'années déjà. L'article de la RFG d'octobre 2003 s'intitulait : « L'hôpital en chantier, du ménagement au management ». Une évolution similaire de la vision du modèle économique est présente dans le monde de l'enseignement supérieur. Cette vision occulte les risques majeurs inhérents à un marché globalisé. Lorsque surviennent les crises financières ou sanitaires, celles-ci révèlent les points critiques des institutions. Dans ces situations tendues, les dispositifs de pilotage ne remplissent pas leur rôle. L'assèchement progressif des ressources oblige d'abord à une recomposition de l'actionnariat et de l'offre puis, à une stratégie de transition vers l'autonomie financière s'impose face au tarissement des sources de financement provenant des entreprises. Ces changements s'accompagnent d'une mutation de la proposition de valeur des écoles d'enseignement supérieur de gestion. Les enjeux futurs se ressemblent dans les secteurs de la santé et de l'enseignement supérieur. Les institutions sont complexes, mais stables ; elles sont désormais confrontées à des environnements très incertains. Nous allons montrer ici comment les deux secteurs ont connu des évolutions parallèles tant par leurs options stratégiques que par leurs démarches de développement.

1. Une évolution parallèle de l'enseignement supérieur et des hôpitaux

Première ressemblance des hôpitaux avec les écoles de gestion, la période entre 2003 et 2005 qui a été vécue de la même façon dans le monde des grandes écoles de commerce que la période entre 1992 et 2000 dans les hôpitaux. On y parlait aussi, et avec le dogmatisme qui caractérise les écoles de pensée en sciences de gestion, de résultat de gestion, d'excédent d'exploitation, de marge et de seuil de rentabilité. On lisait également, dès 1987, des notes internes sur les « entreprises éducatives » à la direction générale de l'enseignement, de la recherche et de la formation de la chambre de commerce et d'industrie de Paris, deuxième opérateur d'enseignement supérieur et technique après l'Éducation nationale.

Le second parallélisme des formes réside dans les modèles à l'œuvre pour appréhender la stratégie de développement, l'évaluation des risques, ainsi que le management qui en découle. Rien dans les dispositifs de contrôle du risque à l'hôpital ou dans ceux de la grande école ne permet d'appréhender les bouleversements externes majeurs susceptibles de survenir et de s'y préparer par une stratégie adaptée. Il s'agit ici de bouleversements majeurs au sens que leur donne Romain Laufer[2]. Ces bouleversements externes exigent l'intervention massive de politiques publiques. Bien évidemment, à l'heure où nous écrivons ces lignes, chacun pense inéluctablement à la pandémie du syndrome respiratoire aigu – la Covid-19 – qui affecte le quotidien et la vie de près de quatre milliards d'êtres humains sur sept, sans distinction de territoire ou de niveau de vie.

Cependant, des bouleversements plus lents et non moins destructifs sont également occultés par les dispositifs de contrôle en place : on citera pêle-mêle le transfert à l'étranger progressif de la fabrication des molécules et la dépendance vis-à-vis d'une chaîne de valeur du médicament qu'on ne pilote plus, la prégnance de critères et protocoles de recherche imposés par les centres de recherche anglo-saxons au reste du monde, la prégnance des modèles quantitatifs en sciences humaines, l'émergence de standards de performance et de certification, aboutissant à l'émergence de « *cluster* d'excellence », etc. Toutes ces évolutions lentes semblent préserver les intérêts de quelques acteurs « industriels » et associations scientifiques... Toutes ces évolutions auxquelles les institutions se sont conformées entre 1985 et 2005 portent en germe certaines des difficultés que connaissent à présent les établissements.

Cela a touché de façon similaire le monde médical et le monde de l'enseignement supérieur de gestion.

Les dispositifs de contrôle n'appréhendent pas les risques de dépendance à un marché spécifique de la production intellectuelle, ni les risques de dérapages financiers qui en découlent. Le contrôle budgétaire corrige les écarts mis en évidence, mais leurs sources sont ignorées par le management. Lorsque des scientifiques praticiens, professeurs-chefs de service dans un hôpital ou enseignants-chercheurs et directeurs académiques dans une école alertent sur ces risques, ils ne sont pas pris en compte non plus, car leur occurrence paraît trop faible aux tenants de la gestion budgétaire, influents dans le dispositif. Les risques majeurs, telle une impasse financière comme celle survenue en Grande-Bretagne dans les *business schools* à la suite de la crise des marchés financiers en 2008, ne sont pas prévus. Seul l'horizon budgétaire sert de feuille de route. Nous relevons ici une évolution « computationnelle »

2. Laufer, R. (2008). Où est passé le management public ? Incertitude, institutions et risques majeurs. *Politique et Management Public*, *26*(3), 25-48.

de la gestion, normée par les systèmes d'information budgétaires. Les contrôleurs budgétaires se sont affirmés au détriment de l'ajustement mutuel entre les experts des pôles de compétences et de l'innovation qui savent résoudre des problèmes inédits. À cela s'ajoute la course à la visibilité nationale et internationale, prometteuse de ressources nouvelles, qui occulte ces risques. Les évaluations budgétaires et comptables et les cartographies des risques élaborées par les organes de contrôle sont inopérantes pour identifier ces bouleversements.

Lorsque la crise sanitaire et la crise financière surviennent, elles fonctionnent comme des révélateurs des forces et faiblesses des institutions hospitalières ou éducatives.

2. Les points critiques des institutions révélés par les crises

Deux légitimités cohabitent, non sans heurts, à l'intérieur de ces institutions, le monde des scientifiques et le monde de l'administration. Lorsque ces deux mondes se percutent, cela crée de l'entropie et un invité invisible est là autour de la table ; il mange, quelques-uns en parlent, mais on ne le voit pas.

Ces organisations sont confrontées à la vitesse des mutations des savoirs et techniques, à la vitesse des réformes, mais aussi à la lenteur organisationnelle et administrative.

L'hôpital comme la grande école sont des « bureaucraties professionnelles » gagnées par la vitesse : vitesse de diffusion des savoirs et techniques qui permettent, d'un côté, de réaliser ces prouesses qui allongent la durée de vie ou, de l'autre, de former des diplômés dont l'employabilité[3] a cru significativement sur les 30 dernières années. Vitesse des réformes aussi, depuis 1975, avec les PMSI, les contrats d'objectifs et de moyens, la T2A[4] et

3. Enseignements spécialisés, langues, stages obligatoires, immersion à l'étranger obligatoire, partenariats avec les institutions à l'étranger, doubles diplômes, etc.

4. En 2004, la réforme de l'assurance maladie a modifié le mode de financement de l'hôpital, jusqu'alors assuré par une dotation globale forfaitaire versée à chaque établissement. La grande majorité des ressources hospitalières dépend désormais du nombre et de la nature des actes et des séjours réalisés. Certaines d'entre elles – comme les missions d'intérêt général, les activités d'urgence – continuent de bénéficier d'un financement forfaitaire. Les coûts sont détaillés, afin d'identifier les différentes activités de l'hôpital. Ce mode de financement des hôpitaux s'appelle la « tarification à l'activité » (T2A), car il s'appuie sur l'activité réalisée. Entre 2005 et 2006, Jean Castex, directeur de l'hospitalisation et de l'organisation des soins est l'un des ardents défenseurs de la T2A. La notion de budget est remplacée par l'état prévisionnel des recettes et des dépenses, car ce sont les produits de l'activité qui déterminent les ressources de l'hôpital. Les établissements (hôpital ou maison de retraite) sont autonomes dans leur gestion, mais soumis aux contrôles exercés par les pouvoirs publics (agences régionales de santé, chambres régionales des comptes...).

la loi HPST[5] en ce qui concerne la santé, la loi LRU[6] qui met en concurrence les établissements d'enseignement supérieur, la création de la CEFDG en 2001[7], les « campus d'excellence », les programmes d'investissement en 2008 avec 10 projets retenus par un jury international, le décret sur le statut des enseignants-chercheurs d'avril 2009, les grands emprunts avec l'apparition des LABEX[8], les changements de règles comptables au 1er janvier 1993 dans les grandes écoles de commerce et dans les universités en 2011 avec le RCE[9], la loi Fioraso qui exhorte les universités à se regrouper sur leur territoire (fusion, association ou ComUE[10]), la loi de décembre 2014 portant statut des écoles d'enseignement supérieur consulaire, etc.

C'est une véritable accumulation de textes qui encadrent l'hôpital comme l'enseignement supérieur.

Pendant ces 25 années, les durées de soins ont été réduites de moitié, les services de longs séjours ont laissé la place aux soins à domicile puis à la naissance des EHPAD. Dans les écoles, la démographie et la hausse moyenne des niveaux de vie aidant, le nombre d'étudiants intégrant les grandes écoles de commerce a augmenté de 41 %[11] entre 2007 et 2011. Dans le même temps, l'offre de formation de ce secteur a explosé. Il existe près de 200 établissements, dont 84 sont reconnus et habilités à délivrer un diplôme et 40 à délivrer un diplôme bac+5[12]. La presse spécialisée (*L'Étudiant*, *Le Monde Universités*, etc.), jusqu'alors limitée, voit apparaître de nouveaux suppléments comme *Les Échos*, *Le Figaro*, le *Financial Times*. Tous se font l'écho de cette offre variée de formation. Ils élaborent des classements. Notons que ceux des hôpitaux ont précédé ceux des grandes écoles.

Ces organisations sont aussi gagnées par la lenteur (lenteur des circuits de décision administrative due à l'existence de baronnies, lenteur due à l'effet taille – on est persuadé qu'un grand hôpital ou une grande université ou école est une institution performante – confirmée par l'adoption d'appellations telles que « groupe », mot issu

5. La loi HPST (Hôpital, Patient, Santé, Territoire) définit une nouvelle organisation sanitaire et médico-sociale qui vise à mettre en place une offre de soins graduée de qualité, accessible à tous et satisfaisant à l'ensemble des besoins de santé. Elle a été promulguée le 21 juillet 2009.
6. La loi relative aux libertés et responsabilités des universités (LRU), promulguée le 10 août 2007, au tout début du quinquennat de Nicolas Sarkozy, visait à donner aux universités des « responsabilités et compétences élargies », avec une gouvernance resserrée autour du président et un « budget global » incluant désormais la masse salariale de tous les personnels, y compris des fonctionnaires.
7. La Commission d'évaluation des formations et diplômes de gestion (CEFDG) a été créée par le décret n° 2001-295 du 4 avril 2001.
8. LABEX : laboratoires d'excellence, composés d'universités et grandes écoles.
9. RCE : responsabilités et compétences élargies des présidences d'université.
10. Communauté d'universités et d'établissements.
11. Source : rapport de la Cour des comptes (2013) : *Les écoles de commerce et de gestion : une évolution à réguler.*
12. Chiffres au 1er septembre 2019.

du monde de l'entreprise d'alors). Il y a dans les années quatre-vingt-dix, par exemple, le groupe HEC ou le groupe ESCP.

Le facteur qui accentue cette lenteur, c'est le poids du régulateur. Cette autorité de tutelle est parfois très présente, parfois plus discrète et accumule les réformes. Et lorsque les deux mondes, scientifique et administratif-légal, se percutent, l'institution s'arrête.

3. Les dispositifs de pilotage ne remplissent pas leur rôle

Les réorganisations internes, les dispositifs de pilotage budgétaire, financier, social, ne remplissent plus leurs fonctions de mise en cohérence et d'harmonisation des objectifs de l'organisation. Cette mise en cohérence est soumise à deux logiques, l'une orientée vers une performance mesurée par des indicateurs de résultats (légitimité de gestion ou « actionnariale ») et l'autre orientée vers l'atteinte d'une performance équivalente par l'adhésion à des valeurs communes (légitimité scientifique et académique, recherche, excellence de la formation).

Lorsqu'il y a déséquilibre entre ces deux logiques au profit de l'une d'entre elles, l'institution évolue. Si elles viennent à s'annuler parfaitement avec réduction drastique de moyens et affaiblissement de la raison d'être de l'activité (*turnover*, baisse du niveau), l'institution est paralysée.

Dans son article de 2003, Jean-Pierre Claveranne[13] montre que le régulateur vise d'abord à améliorer la qualité des offres de prestations de soins. Il doit aussi réduire les dépenses de santé, développer l'autonomie des établissements et responsabiliser les acteurs de la santé.

Les démarches de régulation dans le monde des universités et écoles de gestion ont poursuivi les mêmes objectifs : améliorer la qualité de l'offre en instaurant des certifications, réduire les subventions et redonner une autonomie budgétaire en réformant la gouvernance.

Depuis plus de 40 ans, les écoles de commerce font, pour une grande partie d'entre elles, partie du secteur subventionné. Sur les 40 habilitées à délivrer un diplôme bac+5, 27 sont subventionnées[14] par un établissement public. Les autres sont privées et appartiennent à des groupements indépendants. Les établissements publics qui versent une dotation sont, pour l'essentiel, les chambres de commerce et

13. Claveranne, J.-P. (2003). La santé ingérable, l'hôpital en chantier : du ménagement au management. *Revue française de gestion*, octobre.
14. Ministère de l'Enseignement supérieur, de la Recherche et de l'Innovation (2020). Système d'information et études statistiques. *Note d'information*, (20.11), juillet.

d'industrie. Ces dernières ont elles-mêmes fait l'objet, depuis 2015, de réformes et d'une restructuration de leur portefeuille d'activités par l'État régulateur.

Les différentes réformes déployées ont contribué à mettre en place des outils de pilotage similaires dans les écoles : le budget global (budget pluriannuel), la comptabilité analytique, les systèmes d'informations intégrés similaires à ceux utilisés par les entreprises (SAP, etc.), les schémas d'orientations stratégiques par filière de formation, les projets d'établissement, la contractualisation, l'accréditation, etc.

Notre observation de ces restructurations en tant qu'acteur de terrain en 30 années de responsabilité (gestion et direction) nous amène à considérer avec retenue ces évolutions de l'administration générale des institutions.

Dans un contexte plus administré que réellement géré, les dispositifs de gestion évoluent entre « l'usine à gaz » et la perte de sens. La comptabilité analytique, lorsqu'elle existe, sert plus à la gestion des écarts budgétaires qu'à être mise en perspective avec l'analyse stratégique. L'absolue nécessité d'expliquer les écarts budgétaires au regard des budgets autorisés par la tutelle ou l'actionnaire public exerce une pression forte. Elle fait passer au second rang les réflexions et mouvements stratégiques à envisager pour structurer une offre de formation pertinente. Ces propositions d'action ne sont considérées que lorsqu'elles sont autofinancées. Mais, dans ce domaine d'activité stratégique, l'autofinancement ne peut être que de court ou de moyen terme dans le meilleur des cas. Nous citerons ici le cas des programmes de mastères spécialisés qui furent lancés avec succès grâce à l'appui d'entreprises privées dont les professionnels apportaient une expertise « à la page » que l'école ne pouvait offrir. Ces programmes permettaient aux institutions de dégager une marge sur coût opérationnel positive. Mais il était difficile d'envisager leur extension et leur transformation en une offre pérenne, compte tenu de l'étroitesse des débouchés pour les diplômés.

Les autres outils, tels que les budgets pluriannuels ou les projets d'établissements, sont ressentis comme des obligations administratives. Ils renferment pourtant des intentions stratégiques intéressantes et parfois déterminantes. Mais l'arbitrage qui est fait sur ces orientations est fortement contraint financièrement par l'actionnaire public sur fond de repositionnement des acteurs publics et privés.

4. Les stratégies de recomposition de l'offre et de l'actionnariat

Le dernier mouvement stratégique récent est le regroupement des grandes écoles et son corollaire de changement de statut juridique et actionnarial.

Dans l'évolution des écoles supérieures techniques ou de gestion françaises, les mouvements de rapprochement, de fusion, de partenariats et autres alliances occupèrent bien des débats autour des idées très classiques sur la taille critique pour une visibilité internationale, sur les difficultés de financement ou d'alliances. Mais ce qui fut plus structurant a été la modification de l'environnement juridique, pour la trentaine d'écoles du haut du tableau, toutes subventionnées. Cette modification, recommandée par la Cour des comptes dans son rapport sur les ESCG en février 2013, avait pour but d'adapter leur statut à leur mode de fonctionnement et de financement. Le texte voté en juin 2014 sur la simplification de la vie des entreprises permettait au Gouvernement de prendre une ordonnance pour créer un régime juridique applicable aux établissements d'enseignement supérieur. La chambre de commerce et d'industrie de Paris, propriétaire des deux premières écoles, HEC et ESCP, déjà engagée dans une réflexion pour autonomiser HEC lors du contrôle de la Cour des comptes, proposa un projet qui déboucha sur un amendement déposé au moment de la discussion du projet de loi au Sénat. Il en résulta un texte de loi (loi Mandon du 20 décembre 2014) qui permit aux écoles de gestion, pour une grande partie financées par les subventions des chambres de commerce et d'industrie, de se départir de cette affiliation et de se doter d'un statut juridique autonome d'établissement d'enseignement supérieur consulaire (EESC).

La soif d'autonomie des écoles de commerce et de management provient des stratégies qu'elles partagent dans leur grande majorité : développer la recherche, internationaliser les enseignements et obtenir l'accréditation par les organismes européens ou américains tels que l'EFMD, AASCB ou encore AMBA. Or, ces mêmes organismes notaient dans leurs évaluations que la particularité française d'un financement par des institutions consulaires impliquait un manque d'autonomie de gestion des établissements.

Voici qu'un nouveau régime juridique, mi-société anonyme, mi-inspiré de celui des clubs professionnels de sport, va permettre aux établissements consulaires de bénéficier et de disposer de leurs actifs meubles et immeubles.

Notons que ce nouveau régime permet aux chambres de commerce et d'industrie d'ouvrir la possibilité à des acteurs externes (Fonds d'investissement) de disposer jusqu'à un tiers des parts des établissements d'enseignement et de concrétiser ainsi le souhait d'autonomie des écoles. Les nouveaux entrants au tour de table savent bien qu'ils n'auront aucun profit financier direct à prendre part à l'opération (le statut juridique nouveau interdisant le versement de dividendes). Ils disposeront, toutefois, d'une part du pouvoir de décision ou d'influence, surtout s'ils sont grands verseurs de taxe d'apprentissage ou contributeurs à la fondation de l'école. Chacun est convaincu, notamment les dirigeants des écoles, que ce dispositif juridique apportera plus de souplesse dans la gestion quotidienne et dans la mise en œuvre des choix de gestion. Un régime juridique dont le fond reste de droit public et l'habillage de droit privé et le poids de l'actionnaire public, qui demeure prépondérant, permettront-ils l'agilité souhaitée ?

« La réponse est dans l'ordonnance d'application. Elle prévoit une transmission universelle du patrimoine avec une transmission de plein droit et sans formalités des créances cédées comme des sûretés réelles et personnelles les garantissant. Ce transfert pose deux questions : lorsque les actifs publics sont transférés à une entité poursuivant des fins d'intérêts privés, à un prix inférieur à leur valeur mentionnée dans une convention, quels droits réels conserve l'entité publique ? Sont-ils plus restreints que la propriété ? Si oui, en cas d'emprunt, l'EESC offrira des garanties évidemment réduites. La seconde question porte sur le transfert des conventions et contrats en cours d'exécution ; les créanciers sont-ils d'accord pour voir les contrats signés transférés d'une institution publique connue et solvable à une nouvelle entité débitrice, encore dépendante des avances en compte courant faites par la CCI[15] ? » Nous manquons encore de recul sur ces questions, mais nous savons que cette acquisition de personnalité juridique nouvelle a été réalisée sans gain réel de productivité ou de stimulation de l'offre de formation. Nommé à la tête d'un ensemble d'établissements bac+5, propriétés d'une chambre de commerce et d'industrie territoriale, nous en avons conduit la fusion en une seule entité de statut privé. Nous avons constaté comment l'institution publique pouvait obtenir le transfert d'une partie très significative de son fonds de roulement (fonds publics) pour abonder les fonds propres du nouvel établissement, après que celui-ci ait pu adopter le statut de SARL, sans promesse de gain de compétitivité notable.

5. La stratégie de croissance interne et la transition vers l'autonomie financière

Une nouvelle période s'est ouverte cependant depuis la rentrée 2017. Des regroupements sont observés. Parmi ces mouvements, il faut noter l'adossement aux grandes écoles des programmes de prémaster. À côté des écoles de commerce et de gestion dites bac+5 qui intègrent les cohortes de bacheliers, les grandes écoles qui recrutent après les classes préparatoires, sur concours, ajoutent à leur offre un programme « bachelor » que le bachelier peut intégrer après une épreuve de sélection.

15. Serna, J.-C. (2016). L'EESC : liberté en trompe-l'œil pour les écoles supérieures consulaires ? Réflexions sur l'article 43 de la loi du 20 décembre 2014. Dans *La Comptabilité en action. Mélanges en l'honneur du professeur Geneviève Causse*. Paris, L'Harmattan.

Ainsi, après s'être dotées dès le début des années quatre-vingt-dix de programmes de mastères spécialisés accessibles aux ingénieurs, aux gestionnaires ou aux juristes, puis au début de l'année 2015 de programmes bachelor, les écoles tentent de couvrir un spectre plus large de formations. Ce complément d'offre est toutefois réalisé à périmètre budgétaire constant. Il s'agit d'une croissance interne par intégration horizontale de formations qui existaient et qui se voient absorbées dans un ensemble plus large.

Au sein d'un même ensemble comme une chambre de commerce et d'industrie, ce mouvement est possible dans le cadre d'une stratégie de restructuration par filière. Les formations intermédiaires (bac+2 ou +3) sont mises sous « l'ombrelle » d'une institution, dont la marque et les promesses d'emplois sont plus attractives. Bien évidemment, on tente alors d'optimiser les infrastructures et les équipes existantes. Là encore, les gains de productivité tardent à être directement constatés. Le périmètre des infrastructures et des équipes, s'il a été modifié à la marge, reste sensiblement le même.

C'est dans ce contexte qu'émergent des interrogations sur la viabilité de ces nouvelles filières obtenues par croissance interne. Le nouveau régime des EESC, permettant à des bailleurs de fonds divers de prendre une part dans leur capital, va-t-il favoriser leur insertion dans le secteur de l'enseignement supérieur consulaire, en attendant l'opportunité politique de faire évoluer la loi (qui impose aujourd'hui une part majoritaire à la CCI) vers une privatisation plus accentuée, entraînant, par exemple, une révision des protections accordées au personnel transféré. Cette part majoritaire des CCI dans le conseil d'administration des EESC permet de penser que les grandes décisions, notamment la cession d'actifs, continueront à être prises par l'actionnaire public, contrairement à l'objectif de libéralisation souhaitée par le législateur.

Des différents potentiels entre l'actionnaire majoritaire et les EESC pourraient naître de multiples limitations à l'autonomie qui sont prévues dans les textes. Par exemple, les EESC ne peuvent disposer librement de leurs immeubles (cessions, acquisitions) car la cession doit respecter des procédures spécifiques de cession d'actifs publics. Autre exemple, une EESC détenue par une CCI, ou plusieurs entités publiques ou privées (société d'économie mixte, fonds d'investissement) pourra-t-elle vraiment s'exonérer de la réglementation qui s'impose aux établissements « publics » d'enseignement supérieur ou aux organes de contrôle tels que la Cour des comptes ? En fait, l'établissement d'enseignement supérieur consulaire n'aura pas la maîtrise complète de sa stratégie.

On peut s'interroger sur cette crise d'autonomie. Les ambitions de dimensionnement et de positionnement des établissements ont peut-être débouché sur une

« financiarisation » de l'activité d'enseignement supérieur qui peut inquiéter quelques analystes. Notons qu'une cellule de « sécurisation de l'enseignement supérieur, de la recherche et de l'innovation » est née depuis 2017 au sein du ministère de l'Enseignement supérieur et de la Recherche.

6. Le tarissement des sources de financement provenant des entreprises

Au fond, tout se passe comme si les écoles d'enseignement supérieur consulaires, associatives ou en SA cherchaient à adopter des formes adéquates pour poursuivre une transition qui devrait leur attribuer l'autonomie financière, promouvoir l'excellence des équipes et des étudiants, garantir l'indépendance de la recherche, favoriser l'excellence de l'offre de formation et leur permettre d'obtenir la reconnaissance de leurs clients finaux, les entreprises. Dans le même temps, la pression budgétaire s'est accentuée avec la réforme de la taxe d'apprentissage de 2014-2015. Les entreprises qui consacrent 0,68 % de leur masse salariale à cette taxe en verseront désormais 87 % à l'un des 11 opérateurs de compétence (branche de métier) et 13 % directement aux établissements de leur choix. Cette taxe d'apprentissage est divisée en deux parties appelées quota et barème. La réforme attribue le quota aux niveaux de formation BP et bac+2 et +3 et le barème aux niveaux bac+4 et +5. Le part de taxe d'apprentissage affectée à l'enseignement supérieur s'en trouve globalement diminuée.

Ce tarissement des sources de financement d'origine fiscale ouvre la voie aux fonds d'investissement déjà actifs depuis près de 10 ans dans ce secteur. Qu'il s'agisse du britannique Duke Street, des américains Career Education Corporation (côté au Nasdaq N.Y.) ou Laureate Universities implanté dans 28 pays (dont la France), du hollandais Bregal installé en Suisse, d'APEX Partners ou du dernier venu chez l'EM Lyon, le français Qualium, entité de la Caisse des dépôts et consignation, tous s'engageant et annonçant des investissements plus ou moins élevés dans l'infrastructure des établissements.

Mais la vocation de ces fonds n'est pas l'investissement de long terme, nécessaire au développement d'une excellence pédagogique. Leur souhait est de rentabiliser leur mise de fonds sur un horizon de cinq à sept ans, à la sortie du fonds.

Cette période verra les directeurs généraux des établissements se muer en *fundraisers* faisant évoluer profondément leur fonction. Le directeur général sera celui qui devra assurer une capacité d'autofinancement de l'ensemble de ses programmes et piloter la mutation de la proposition de valeur de ceux-ci.

7. La mutation de la proposition de valeur des écoles d'enseignement supérieur de gestion

La proposition de valeur des institutions à leurs parties prenantes est évaluée en interne par les organismes d'accréditation et en externe par le classement des *masters in management* du *Financial Times*. La notoriété d'une institution se mesure à sa capacité à devenir et à rester une référence académique au niveau national et international et pas seulement à sa rentabilité.

Alors que l'économie du modèle repose sur le programme dit « programme grande école » (PGE) dans la plupart des établissements, le MIT et Harvard mettent gratuitement en ligne leurs cours fondamentaux sur Internet. Cela oblige les *business schools* à répondre à la question de ce qu'elles font payer dans les frais de scolarité : l'accès aux ressources, les infrastructures, l'expertise des professeurs, la rareté d'une spécialisation recherchée… ? L'évolution de la proposition de valeur va progressivement reposer non seulement sur la qualité des corps professoraux, artisans du positionnement académique, mais aussi sur la capacité de ceux-ci à s'éloigner de la production académique pour des revues scientifiques prestigieuses et à s'engager dans une production de recherches directement au profit des entreprises.

Il est attendu de cette activité institutionnelle nouvelle une source de financement qui modifiera la proposition de valeur apportée par l'établissement à son environnement[16]. Les critères des organismes internationaux d'accréditation EQUIS et AACSB cherchent déjà à évaluer l'impact des établissements sur l'économie. Il faudra aussi en mesurer l'apport économique pour l'école. Sans doute, la recherche en gestion gagnera-t-elle en audience si elle se tourne, pour partie, vers les besoins immédiats de la société. Le soutien des fondations, créées par les écoles, serait alors étendu à ce nouvel apport.

Des logiques nouvelles, issues des réflexes de survie adoptés pendant la crise sanitaire, pourraient donner naissance à des alliances inédites entre les établissements d'enseignement supérieur et les autres acteurs de l'économie, qu'il s'agisse d'institutions publiques ou d'entreprises privées, voire des GAFAM.

Les industries de l'*EdTech*, les opérateurs de télécoms, la grande distribution, les services financiers, le secteur de la santé ou du transport sont autant de parties prenantes des écoles qui pourraient adopter une nouvelle grille de lecture de la relation qu'elles ont avec les établissements, les enseignants-chercheurs et les étudiants.

16. « J'ai pu constater lors d'un récent audit d'une université colombienne de 17 000 étudiants, que 22 % des ressources de l'établissement provenaient de la recherche que les enseignants facturent aux entreprises. » Peyron, D. (2015). Les *business schools* ne peuvent plus accepter les mauvais coups. Dans le blogue *Le Monde* d'Olivier Rollot.

Cela aura une influence sur les accréditations, les classements et le recrutement. La collaboration et les interactions de mises en situation de crise peuvent être poursuivies et déboucher sur de nouveaux champs d'expertise. Dès à présent, le partage, dans un même environnement numérique, des ressources pédagogiques mises à disposition de toutes les parties prenantes serait une piste à explorer avec, à la clé, une démultiplication de l'audience et la génération de revenus.

Ces collaborations pourraient entraîner des évolutions dans le contenu des disciplines enseignées avec une tendance au croisement des domaines : *healthcare* et management, *supply chain* et *risk management*, finance et *sustainable growth*, etc.

Pour anticiper les évolutions qui résultent des mutations en cours, accentuées par une crise sanitaire et économique sans précédent, nous proposons d'énoncer brièvement les cinq tendances qui vont marquer le secteur de l'enseignement supérieur à court terme.

La difficile renaissance du diplôme « *made in France* »

La philosophie des dirigeants européens, notamment français, dès le début de l'année 1995, a été d'accompagner le mouvement de sous-traitance, d'achat de productions délocalisées et de conserver les activités de R&D en Europe. La récente pénurie des moyens matériels de soin médical a mis en évidence la fragilité des chaînes de valeur globalisées et la dépendance de l'Europe vis-à-vis des pays « ateliers du monde ». Elle conduit les mêmes dirigeants à s'intéresser aux possibilités de relocalisation, alors que dans le même temps, les coûts sociaux des pays d'implantation et les préoccupations environnementales les incitent à arbitrer entre relocalisation en Europe et coopération plus directe avec les entités locales étrangères.

De la même manière, la politique de développement des dirigeants des universités et *business schools* européennes, notamment françaises des années deux mille, a été de promouvoir le mouvement d'internationalisation de la production pédagogique et scientifique et d'attirer en Europe les étudiants et les professeurs des autres pays. La France, elle-même, n'a-t-elle pas ouvertement invité les chercheurs internationaux à rejoindre la recherche française, par ailleurs, souvent exsangue en termes de moyens ? La crise a révélé la nécessité de généraliser la digitalisation de la production pédagogique et la numérisation de beaucoup de services périphériques à l'enseignement. Cela a rendu vaine, pour un temps, l'immersion des étudiants dans des contextes internationaux. Les programmes d'échanges sont désormais assujettis à des règles d'accès aux pays, très différentes et souvent instables. Le mouvement de développement de l'internationalisation des enseignements, grands consommateurs de ressources, est freiné. La remise en cause est profonde. L'environnement numérique serait-il l'espace de substitution pour poursuivre l'internationalisation de l'enseignement ?

Les stratégies de développement mimétiques des grands établissements d'enseignement pendant une décennie ont conduit à une faible différenciation. Seuls quelques incubateurs, accélérateurs ou *fab labs* servent d'arguments de différenciation. L'augmentation des frais d'étude et l'ouverture du secteur aux investisseurs va peu à peu renforcer à court terme la bulle financière déjà existante pour protéger les emplois et éviter une remise en cause radicale des modèles d'affaires.

Le retour vers un renforcement de valeur aux niveaux national et international de l'enseignement supérieur français sera long ; surtout si les diplômes de cet enseignement trouvent de moins en moins de débouchés, quand les marchés nationaux de l'emploi se contractent. Le risque d'une fragilisation du cadre national des diplômes est à éviter.

Soigner l'employabilité à court et long terme

La gestion des établissements d'enseignement supérieur est valorisée par les critères d'accréditation nationaux et internationaux. Ceux-ci mêlent la performance pédagogique et scientifique à celle de la performance économique, gage de pérennité et de gouvernance stable sur le long terme.

Les établissements qui sauront implanter leurs enseignants et leurs étudiants dans des entreprises, à travers des programmes où professeurs et étudiants deviennent pourvoyeurs de force de travail et d'expertise, permettront de sauvegarder l'employabilité à court terme de leurs diplômés. Ils renforceront la validité des recherches des enseignants, en prise avec les réalités de l'entreprise.

Cela existe déjà au niveau du certificat fédéral professionnel ou au niveau de la maturité professionnelle donnant accès au master 2, dans le système d'enseignement supérieur suisse. Les budgets et les financements de ces programmes, au standard académique élevé, sont construits dans une logique de contrepartie bien comprise entre le monde de l'entreprise et celui de l'enseignement.

S'inspirer de ces systèmes d'enseignement pourrait ouvrir des champs de réflexion innovants pour remodeler le modèle d'affaires des établissements d'enseignement supérieur français et européens. La nouvelle proposition de valeur serait alors centrée à la fois sur l'employabilité des diplômés et les apports opérationnels de la recherche pour l'entreprise.

Pour « un Descartes[17] de l'ESR » ?

La ressemblance des politiques publiques pour l'enseignement supérieur et pour la santé révèle les similitudes dans les effets observés : en particulier le manque de moyens d'un système en souffrance depuis longtemps, une forte hétérogénéité des situations et des sources de financement qui sont dispersées et se tarissent.

La nécessité d'une remise à plat de l'ESR est antérieure à la crise sanitaire. Mais celle-ci a révélé les fragilités du système en pleine recomposition (loi LRU et loi Fiaraso) et dont le potentiel de croissance suscite l'intérêt d'investisseurs institutionnels.

« Investir dans l'éducation, l'enseignement supérieur et mettre en place des politiques incitatives dans le domaine de la recherche pour donner une chance à la France de rester compétitive demeure la mission la plus fondamentale de ces prochaines années. De nouveaux dirigeants conscients des réalités économiques actuelles doivent être formés pour prendre la direction de notre pays et en assurer une gestion performante et responsable. Dans cette optique, les écoles de *business* et plus globalement l'enseignement supérieur doivent être le premier bataillon français dans la bagarre pour notre compétitivité[18]. »

Dans ce contexte, l'objectif d'un « Descartes de l'ESR », qui pourrait être lancé par l'État, serait une remise à plat des stratégies développées. Il convient ici de s'atteler à l'amélioration de l'articulation des financements entre les différents acteurs publics et privés pour identifier et coordonner les investissements en infrastructure, en matériels pédagogiques, en recherche ainsi que les partenariats avec les opérateurs du numérique.

La question du financement des études et des coûts d'exploitation d'un établissement d'enseignement supérieur étouffe les ambitions stratégiques. Le bouclage des budgets s'accompagne d'un assèchement des contributions publiques ou d'origine fiscale (taxe d'apprentissage). Cela est devenu une source d'inquiétude forte et la paralysie gagne les institutions.

Il est encore temps d'introduire dans l'économie des programmes la caution de l'État pour le financement des études supérieures. Tant que la première rémunération perçue par le titulaire d'un master et l'aide matérielle de sa famille permettent de rembourser un prêt d'études, le risque d'une bulle financière à l'américaine reste mesuré en Europe.

---

17. Du nom de la rue où se trouve le ministère de l'Enseignement supérieur et de la Recherche, 1 rue Descartes, Paris 5e.
18. Ramanantsoa, B. (2016). *Apprendre et oser*. Paris, Albin Michel.

Cela est d'autant plus vrai si les frais de scolarité restent cohérents avec le montant des salaires annuels perçus par les jeunes diplômés. La caution de l'État aux prêts d'études est un dispositif qu'il serait économiquement utile de généraliser à l'ensemble d'une génération qui s'engage dans un cursus long. Ce dispositif pourrait aussi servir de garde-fou pour éviter un décalage important entre droit de scolarité et capacité de remboursement.

Autre dispositif envisageable, l'avance de fonds remboursable[19] pour les parcours diplômants : la Caisse des dépôts et consignation avancerait de 50 à 100 % des coûts de scolarité sur cinq ans et se rembourserait en prélevant à la source, par le Trésor public, 15 % de la rémunération nette du diplômé jusqu'à extinction de la dette, lorsque celui-ci a une rémunération mensuelle au moins égale au revenu national médian[20]. Les périodes de chômage ou d'activité partielle seraient prises en compte. Les établissements d'enseignement s'engageraient en contrepartie à ne pas augmenter leur frais de scolarité de plus de 30 % sur cinq ans.

Vers une généralisation du télétravail et ...

Toutes les entreprises vont introduire plus de télétravail, surtout si cela peut leur permettre d'être plus performantes en cas de canicule, de grève des transports ou encore de nouvelle vague épidémique. Les établissements d'enseignement supérieur devraient-ils éviter cette tendance ? Au nom d'une présence qui se veut pédagogiquement essentielle à la formation des étudiants ? Alors que ces derniers acquièrent rapidement les nouveaux modes de travail ?

Le « décrochage étudiant » observé dans des proportions bien plus élevées qu'elles ne sont énoncées dans les discours des responsables est un sujet pédagogique. Apprendre à l'école la discipline d'une présence virtuelle active et régulière au travail est une compétence d'autonomie à ajouter et à évaluer dans les programmes. Les diplômés, futurs salariés, devront l'avoir expérimentée pendant leur formation initiale.

Chacun observe que les modalités du télétravail vont évoluer. Il évolue désormais vers un système « à la carte » mixant temps de travail présentiel et télétravail. Chacun s'interroge sur les modalités nouvelles de la productivité et du management. De fait, la formation des futurs *managers* devra intégrer les besoins spécifiques de formation des *managers* à distance.

19. Trannoy, A. (2016). *Le Financement des études en écoles de commerce : livre blanc.* Nantes, Conférence des grandes écoles/Audencia.

20. 1 904,16 €/mois, source : Insee-DGFiP-Cnaf-Cnav-CCMSA, enquête Revenus fiscaux et sociaux 2016.

... une nouvelle culture du service aux parties prenantes

Si les lois et les règlements pour encadrer la protection des données sont souvent considérés par les entreprises européennes comme un frein pour leurs modèles commerciaux numériques, elles sont, pour les établissements européens d'enseignement supérieur, une garantie de succès des applications et environnements numériques dont ils peuvent se doter.

L'autre caractéristique essentielle à la fiabilité d'une application est la transparence. Toutes les parties prenantes de l'établissement doivent pouvoir avoir accès au code source et soumettre des suggestions d'amélioration.

Dans la perspective d'une digitalisation de plus en plus grande des services aux parties prenantes, l'établissement d'enseignement devra fournir une gestion et une diffusion de l'information en veillant à sa qualité au regard de chaque destinataire : calendrier des programmes, inscription, droits de scolarité, accès aux crédits d'études, informations sur les examens, résultats d'admission, portes ouvertes virtuelles, vidéoconférences, communication promotionnelle, activités associatives, accès personnalisés aux enseignements en ligne, forum d'échanges thématiques, offres de stages ou d'emplois, relations avec les entreprises, accès aux *alumni*, etc. De nombreux domaines des services sont concernés.

La conduite d'une mutation progressive des services et leur modularité requièrent un accompagnement des compétences présentes et l'acquisition d'une nouvelle culture du service. Toutes les données ainsi collectées et présentes dans les outils et systèmes d'information devront respecter la RGPD européenne. Leur valorisation, source de revenus potentiels, devra faire l'objet de contrepartie réciproque entre les parties prenantes (service d'accompagnement, remise sur frais, accès gratuit à des services nouveaux...).

Assurer une protection des données de chaque partie prenante et une transparence des algorithmes est une ambition stratégique et une tendance à laquelle les établissements doivent se préparer. Il faut pour cela lever des fonds de financements spécifiques auprès des partenaires de l'industrie du numérique.

8. Conclusion : les enseignements et enjeux

La croissance de l'enseignement supérieur implique des besoins de financement importants et les États rencontrent des difficultés pour dégager un financement public suffisant. Dans certains pays, y compris en France, ces difficultés sont d'autant plus aigües que ce besoin est confronté à l'investissement nécessaire pour l'enseignement secondaire. La tendance est alors de se tourner vers le financement privé pour satisfaire une partie des besoins de l'enseignement supérieur.

Les nouvelles politiques publiques de l'enseignement supérieur trouvent une illustration dans les transformations qui se sont produites au Japon[21] : abandon partiel du cadre national des diplômes, accroissement de l'autonomie des établissements, introduction dans les institutions d'enseignement supérieur de méthodes managériales transposées des entreprises industrielles avec renforcement du pouvoir du président, en particulier dans le domaine de la maîtrise budgétaire, évaluation externe et mécanisme d'accréditation renforcés.

Les États voient leur rôle se transformer. Financeurs importants, mais pas uniques, administrant moins directement les processus, les pouvoirs publics doivent définir des objectifs clairs et mettre en place les dispositifs de contrôle et d'évaluation de la performance au regard du niveau de compétitivité dont le pays doit se doter et doter ses futurs dirigeants.

La régulation des politiques publiques va désormais combiner fréquemment la compétition entre établissements, les mécanismes de marché dans lesquels les financements privés voient leur influence s'accroître et les interventions plus volontaires de l'État dans la conduite des politiques universitaires.

Les évolutions des systèmes et des gouvernances auront des conséquences multiples. Sans prétendre en énoncer les tenants et les aboutissants, nous voudrions ici évoquer trois d'entre elles : une forme de spécialisation de l'activité, le rapport entre formation et recherche et l'évolution des carrières dans une organisation en réseau.

La diversité croissante des productions assurées par les institutions en formation, en recherche, en valorisation et en intervention dans les processus d'innovation ou de professionnalisation ne va pas laisser le secteur inchangé.

Les évolutions en cours appellent sans aucun doute des formes de spécialisation (parfois déjà en cours) entre institutions universitaires et partant entre universitaires eux-mêmes (enseignants ou chercheurs). Cette stratification des institutions et au sein de celles-ci, celle des équipes, va induire une répartition budgétaire aux enjeux stratégiques.

Cela questionne la relation entre formation et recherche. La mise en relation et la complémentarité entre les pôles de l'enseignement supérieur peuvent prendre des formes différentes : produire des connaissances à la limite extrême d'une discipline n'est pas du même ordre que de travailler à l'articulation entre deux champs de

21. Dizambourg, B. (2007). L'Enseignement supérieur, une compétition mondiale ? *France Éducation International*, (47).

connaissance. Ainsi, le rapport entre recherche et formation n'est pas le même en licence ou master que dans une formation doctorale, au sein d'une même discipline.

Troisième point, le métier d'enseignant-chercheur, par la complexité et la diversité de ses contributions aux différents rôles de son institution dans la société, suppose de mieux structurer la fonction de gestion des ressources humaines, souvent plus qu'embryonnaire aujourd'hui dans sa dimension collective. Il ne s'agit plus d'affirmer le principe « que l'universitaire se forme et renouvelle ses connaissances par la recherche », il faut une réflexion sur les différentes façons d'exercer le métier et donc de recruter, de former et de faire évoluer les personnes dans les services centraux, les directions de filières et les équipes de recherche.

Les institutions d'enseignement supérieur, comme les hôpitaux, sont des « bureaucraties professionnelles » au sens de Mintzberg (1982). Ce sont des professionnels, médecins ou enseignants-chercheurs, qui appliquent des principes hiérarchiques fondés sur des standards de qualification. Cela explique la faible formalisation de la transmission de l'information entre les départements d'enseignement ou les services. L'organisation est complexe, mais stable, c'est une de ses caractéristiques. Or, nous observons une instabilité croissante de l'environnement social, politique, économique et scientifique de ces institutions. Ces turbulences rendent vaine la recherche d'une analyse pérenne de l'environnement pour établir des stratégies de long terme.

Nous observons aussi, qu'à l'occasion d'une crise majeure au sens de Romain Laufer, ces organisations n'ont pas montré une « sous-performance » propre aux dérives des organisations bureaucratiques[22]. Les équipes ont montré, au prix d'un effort considérable, une capacité à se défaire des routines, des procédures et à organiser une réponse à la situation. Nous avons observé un déplacement des buts, des détenteurs d'expertise de gestion et de pilotage vers une mobilisation de ceux qui exercent une expertise technique, scientifique ou pédagogique. Un fonctionnement en réseau des équipes et des institutions a pris rapidement le pas sur les procédures habituelles. Les ressources externes de professeurs ou de scientifiques furent intégrées pour compléter les ressources internes.

Le secteur de l'enseignement supérieur ou celui des hôpitaux relève plus de la catégorie des organisations en réseau que d'une organisation classique. Les chercheurs et le management cultivent des liens et travaillent sur des thèmes connexes. Les constituants du réseau dépassent souvent la frontière de l'institution. Cette souplesse permit l'agilité des équipes pour faire face aux situations inédites. Cette « transgression » des procédures et de la frontière de l'organisation, limite le pouvoir de direction de ses dirigeants. Tirant partie des pratiques issues d'une situation de

22. Contandriopoulos, A.-P. & Souteyrand, Y. (1996). L'hôpital en mutation : d'un modèle à l'autre. Dans *L'Hôpital stratège* (p. 3-18). Paris, Éditions John Libbey.

crise, un management efficace, des ressources budgétaires notamment, devra s'appuyer sur des formes spécifiques de participation qui associent les acteurs internes et externes.

En ce domaine, les expériences innovantes du domaine de la santé peuvent inspirer les sciences de gestion. Le SimUSanté à Amiens, labellisé « initiative d'excellence en formations innovantes » (IDEFI) de santé, est le plus grand centre européen polyvalent de simulation en santé. Au total, plus de 8 000 personnes (médecins, infirmières, techniciens de laboratoire, aides à domicile, aides familiaux, patients et associations de patients) sont attendues chaque année en formation initiale ou en perfectionnement. Doté de plus de 51 salles de simulation, de mannequins, de simulateurs, de plateformes de *e-learning* et de nombreuses ressources numériques, ce centre préfigure la coopération des parties prenantes du secteur de la santé pour l'enseignement, la formation et la recherche. Il est le fruit d'un financement commun de la région et de programmes européens pour le développement. La pédagogie active par la simulation irrigue la totalité des programmes qui y sont proposés. Les formateurs et les chercheurs sont issus des centres hospitaliers régionaux ou universitaires, mais aussi de centres de recherche et développement de l'industrie de la santé. Christine Ammirati, pionnière française de la recherche en pédagogie active, *via* la simulation, en fut la coordinatrice pédagogique et scientifique. Docteur en sciences de l'éducation, praticien hospitalier en médecine d'urgence au CHU d'Amiens-Picardie, elle vient de rejoindre le ministère de l'Enseignement supérieur, de la Recherche et de l'Innovation, comme conseillère en charge de la santé et de la formation au cabinet du ministre, Frédérique Vidal.

Cet exemple d'innovation structurante pour la formation et la recherche dans le domaine de la santé est caractérisé par une logique de reconfiguration de l'offre de formation. Elle procède d'une démarche d'identification des voies d'amélioration possibles pour l'enseignement et la recherche en partant des problèmes à résoudre. Elle évite les stratégies mimétiques qui suivent les tendances dominantes et amoindrissent, *in fine*, les marges de manœuvre financière des établissements. C'est une approche *bottom-up* qui répond à la nécessité d'engager une dynamique innovante propre à sécuriser les recettes d'exploitation de la formation et de la recherche. L'évolution récente des logiques budgétaires dans l'enseignement supérieur de gestion montre que nombre d'établissements n'ont plus les marges d'exploitation suffisantes. Une intervention similaire à celle de l'action des pouvoirs publics qui a permis de contrer l'assèchement des crédits offerts aux hôpitaux, à la suite de la crise financière de 2007 et 2008, serait à prévoir pour l'enseignement supérieur de gestion. Elle doit s'accompagner, à court terme, d'une stratégie d'évitement de la dette, imposée et évaluée. Les exigences d'une reconfiguration structurante de l'offre de formation et d'une dynamique de recherche innovante doivent conditionner l'appui des fonds publics consacrés, à côté des autres fonds.

Bibliographie

Claveranne, J.-P. (2003). *La santé ingérable, l'hôpital en chantier : du ménagement au management. Revue française de gestion*, octobre.

Contandriopoulos, A.-P. & Souteyrand, Y. (1996). L'hôpital en mutation : d'un modèle à l'autre. Dans *L'Hôpital stratège* (p. 3-18). Paris, Éditions John Libbey.

Dizambourg, B. (2007). L'Enseignement supérieur, une compétition mondiale ? *France Éducation International*, (47).

Laufer, R. (2008). Où est passé le management public ? Incertitude, institutions et risques majeurs. *Politique et Management Public, 26*(3), 25-48.

Peyron, D. (2015). Les *business schools* ne peuvent plus accepter les mauvais coups. Dans le blogue *Le Monde* d'Olivier Rollot.

Ramanantsoa, B. (2016). *Apprendre et oser.* Paris, Albin Michel.

Serna, J.-C. (2016). L'EESC : liberté en trompe-l'œil pour les écoles supérieures consulaires ? Réflexions sur l'article 43 de la loi du 20 décembre 2014. Dans *La Comptabilité en action. Mélanges en l'honneur du professeur Geneviève Causse* (p. 93-115). Paris, L'Harmattan.

Trannoy, A. (2016). *Le Financement des études en écoles de commerce : livre blanc.* Nantes, Conférence des grandes écoles/Audencia.

Chapitre 19

L'endettement des étudiants en sciences de gestion : investissement pour l'avenir ou avenir à crédit ?

Par Catherine Desjacques

Passée relativement inaperçue, la portée de la décision de juillet 2020 du Conseil d'État en faveur de la légalité des frais de scolarité différenciés pour les étrangers dans les universités va pourtant bien au-delà de la question du financement des études par les étudiants internationaux en France. Ainsi, cette décision est-elle la porte ouverte, comme l'avancent certains, à une hausse généralisée des frais d'inscription et par là, à la montée en puissance de l'endettement étudiant en France ? La question posée en ces termes semble quelque peu simplificatrice, mais attire néanmoins l'attention sur un phénomène à ce jour encore peu étudié, si ce n'est par les chercheurs et le monde de l'enseignement, et qui pourrait bien prochainement toucher le grand public.

Aujourd'hui, essentiellement lié aux frais de vie (logement, nourriture, etc.), l'endettement concernerait entre 10 % et 12,5 % de la population étudiante en France. Sera-t-il bientôt de plus en plus lié aux frais de scolarité ?

Pour ce qui est des étudiants en sciences de gestion, la hausse des frais de scolarité observée depuis plus de 10 ans dans les grandes écoles de commerce pousse nécessairement au recours aux prêts et à l'endettement des étudiants les plus défavorisés. Encore mal cerné, y compris au sein de ces établissements, ce phénomène pourrait s'étendre à d'autres catégories d'étudiants en gestion, car ces matières sont réputées porteuses : s'endetter pour étudier serait donc de peu de conséquences, le rendement futur attendu de ces études – un emploi sûr et bien rémunéré – permettant de rembourser aisément les prêts contractés et donc de compenser largement le fait de recourir à l'endettement. C'est du moins l'approche défendue par les tenants du capital humain (Becker, 1964) et, par-là, très souvent du financement des études par les bénéficiaires directs que sont les étudiants, promis à des postes générateurs de revenus conséquents. Dans ce cas, les frais de scolarité pourraient augmenter dans d'autres structures, ainsi dans les « grands établissements », comme Paris-Dauphine, qui, déjà, ont été autorisés à pratiquer des tarifs plus élevés que les universités, voire, dans un avenir proche, au sein même de ces universités précisément.

La bataille au sujet du financement des études fait rage dans tous les pays de l'OCDE qui apportent des réponses différenciées à cette question, mais qui tous ou presque ont pour objectif de trouver une solution aux problèmes du financement de l'enseignement supérieur. Car c'est bien cette question qui est posée à travers l'augmentation des frais de scolarité : cette hausse serait une des solutions au manque de ressources de l'enseignement supérieur. En même temps, ce problème fait aussi écho à celui de la répartition « idéale » du financement des établissements d'enseignement supérieur entre le secteur public et le secteur privé et à la question de l'égalité des chances : comment concilier financement de notre système éducatif supérieur et égalité des chances dans l'enseignement supérieur ?

Après avoir tenté de dresser un état des lieux de l'endettement des étudiants (notamment en sciences de gestion) en France, un endettement encore modéré qui pourrait augmenter en raison de la hausse des frais de scolarité, comme cela est le cas en Angleterre, nous retracerons les controverses relatives au financement des études et ce que celles-ci nous disent sur les véritables enjeux : la « juste » répartition entre financement public et financement privé, l'égalité des chances et l'efficience de notre enseignement supérieur. Enfin, une présentation des retours d'expérience hors de nos frontières contribuera à éclairer la possible mise en œuvre dans notre pays des prêts à remboursement différé, dont les « prêts à remboursement contingent » (PARC)[1] qui semblent avoir les faveurs des tenants de l'endettement étudiant. Nous essaierons de conclure sur la nécessité de poursuivre ce débat et de ne refuser aucune piste de réflexion pour concilier pérennité de notre enseignement supérieur et égalité des chances.

1. Avec un PARC, l'étudiant emprunte et rembourse seulement quand et s'il perçoit des revenus suffisants. A la différence d'un prêt bancaire standard, ses annuités de remboursement ne sont pas définies à l'avance, mais en fonction du revenu courant qu'il perçoit une fois entré dans la vie active.

1. Un endettement encore modéré qui pourrait augmenter

L'endettement des étudiants en France

Le financement des frais de vie

Simples crédits à la consommation, soumis aux mêmes dispositions légales qu'un crédit classique, les prêts bancaires contractés par les étudiants sont encore peu documentés, notamment de la part des banques relativement discrètes sur le sujet. Il nous faut donc nous référer à différents types d'études, provenant souvent d'initiatives privées ou de syndicats étudiants pour en savoir plus sur la situation de l'endettement étudiant. Seul organisme officiel à notre connaissance à couvrir le sujet, l'Observatoire de la vie étudiante (OVE) signalait en 2006 qu'environ 6 % des étudiants avaient eu recours à un crédit. Une étude de ce même observatoire ainsi qu'une enquête du syndicat étudiant UNEF (Union nationale des étudiants français) en 2019 estiment qu'entre 10 % et 12,5 % des étudiants français, soit 300 000 étudiants, seraient aujourd'hui endettés. Loin d'être la norme, l'endettement étudiant touche donc, malgré tout, une proportion croissante et non négligeable de jeunes Français. Selon une étude réalisée par Unly[2] en juillet 2019, un étudiant sur quatre, et plus d'un sur trois (35 %) pour les CSP les plus modestes, rencontre des difficultés à financer ses études.

La raison de cet endettement est à ce jour encore principalement liée au coût de la vie. Toujours selon l'UNEF, le coût de la vie étudiante a augmenté de plus de 2,8 % entre 2018 et 2019, soit une progression deux fois plus rapide que celle de l'inflation. Le premier responsable de cette hausse est le montant des loyers qui représente 69 % du budget étudiant, mais tous les autres postes du budget étudiant ont aussi évolué : transports en commun, frais de Sécurité sociale, restauration universitaire, gaz et électricité... (Enquête sur le coût de la vie étudiante, UNEF, 2019).

Davantage d'emprunteurs, pour des montants plus élevés. Si elles communiquent peu sur leurs prêts, les banques soulignent cependant le recours croissant aux prêts par les étudiants pour boucler leur budget, ainsi que la croissance du montant moyen. Ainsi, sur un de ses sites Web, une grande banque française signale que chez elle, le montant moyen emprunté par les étudiants a augmenté de 30 % en cinq ans, pour atteindre 15 000 €. Et que la durée d'emprunt – six ans en moyenne – s'est aussi allongée (de 10 %).

2. Unly est une entreprise reconnue d'utilité sociale (ESUS) « qui agit en faveur de l'égalité des chances en développant des solutions technologiques qui facilitent le financement étudiant ».

Une première inégalité : l'accès aux prêts bancaires

L'étude d'Unly (2019) rappelle que si 13 % des étudiants auraient fait appel à un prêt bancaire, 90 % de ceux qui l'ont obtenu ont dû se prévaloir d'un ou deux garants. Faute de caution, le financement par la dette bancaire n'est pas accessible à tous. Pour Unly, « les banques analysent la capacité de remboursement à partir de la situation actuelle de l'étudiant (et donc, la situation de ses parents et/ou sa famille) plutôt qu'à partir de sa situation après l'obtention du diplôme ». Dans cette même enquête, des étudiants témoignent de refus de prêts, même à l'entrée dans une école de commerce pourtant jugée porteuse en termes d'avenir.

À l'opposé, les banques tendent à présenter leur accord comme dépendant largement du cursus choisi par l'étudiant emprunteur. Des cursus en sciences de gestion paraissant plus « sûrs » pour l'avenir professionnel, les prêts seraient donc moins difficiles à obtenir. Mais nul doute qu'une hiérarchie s'établit entre les écoles de commerce, des plus prestigieuses aux moins cotées, les grands établissements et les universités. Dépendent aussi des cursus choisis les taux d'intérêt accordés, même si les crédits pour les étudiants présentent globalement des taux d'intérêt plus attractifs que les autres crédits à la consommation.

Et dans les écoles de commerce ? L'admission dans les établissements comme les grandes écoles de commerce, même si elle n'est pas la garantie d'un accès aux prêts, joue incontestablement en faveur d'un accord. Tout d'abord, parce que la majorité de ces écoles ont pu nouer des partenariats avec des banques : prêts en l'absence de caution ou caution partagée entre l'école et la banque permettant des intérêts d'emprunt nuls par exemple. Globalement, les prêts bancaires dits « partenaires » présentent les spécificités suivantes : taux préférentiels, différés de remboursement, franchises... Mais comme le souligne le livre blanc consacré par la Conférence des grandes écoles au financement des études en écoles de commerce (2016), « toutes les écoles ne parviennent pas à négocier les mêmes taux ou avantages ».

Un endettement qui pourrait augmenter avec la hausse des frais de scolarité

D'après l'Observatoire de la vie étudiante, repris par lemonde.fr (2018), 11 % des élèves en école de commerce ont contracté un prêt pour financer leurs études, contre seulement 6 % en école d'ingénieurs et 4,5 % à l'Université.

Mais la question de l'endettement des étudiants en gestion, qui se pose aujourd'hui pour ceux d'entre eux qui ont choisi de faire une école de commerce, pourrait à moyen terme concerner d'autres catégories d'étudiants de cette discipline, voire d'autres cursus.

Une forte augmentation des frais de scolarité dans les écoles de commerce...

Depuis environ 10 ans, on assiste à une forte augmentation des frais de scolarité dans les écoles de commerce, phénomène dont la presse se fait fréquemment l'écho, mais sans en présenter nécessairement toutes les raisons. Rappelons les faits et avançons les explications. Entre 2009 et 2020, les frais de scolarité en école de commerce ont augmenté de 76,82 %, passant de 21 700 à 38 700 € pour trois années d'études. Dans les écoles les plus convoitées et les mieux classées, ils ont même doublé, passant de 25 000 à plus de 50 000 € sur trois ans. À l'origine de cette évolution défavorable pour les jeunes et leurs familles, l'on trouve, pour les écoles gérées par les CCI, le désengagement de l'État dans son soutien financier de ces organismes consulaires conduisant ceux-ci à baisser à leur tour leurs subventions à leurs établissements d'enseignement. Pour compenser la disparition de ces recettes « nettes » (c'est-à-dire ne nécessitant pas de dépenses) qui représentaient pour certaines plus du quart de leur budget, et comme l'explique le professeur Fréry dans un article paru le 15 septembre 2020 sur le site *The Conversation*, les écoles ont dû augmenter fortement leurs sources de chiffres d'affaires, soit tout à la fois le nombre de leurs élèves et les frais de scolarité. Ce mouvement a été accentué encore par la compétition internationale. L'éducation est devenue un marché international, extrêmement ouvert et compétitif, sur lequel les écoles françaises, qu'elles soient consulaires ou privées, doivent consentir forces dépenses et investissements pour recruter les meilleurs professeurs, faire de la recherche, attirer les étudiants de tous les pays, avoir des locaux aux standards internationaux... afin de continuer à se distinguer ou espérer progresser dans les fameux *rankings* (classements) internationaux qui font la loi en la matière.

... et dans les grands établissements

Les écoles de commerce ne sont pas les seules à avoir entamé une augmentation de leur frais. Il en est de même des « grands établissements » qui disposent d'un statut dérogatoire et ont la liberté de sélectionner leurs étudiants. En 2004, c'est l'Institut d'études politiques de Paris qui ouvre la voie avec une première hausse, mouvement suivi en 2010 par l'université Paris-Dauphine. Pour les promoteurs de ces réformes, il s'agit de diversifier les sources de financement afin de tenir son rang au sein de la compétition internationale. Mais déjà un autre argument est avancé, sur lequel nous reviendrons plus longuement, qui figurait déjà dans un rapport du CERC (Conseil de l'emploi, des revenus et de la cohésion sociale) de 2003 : lutter contre les inégalités dans le système universitaire, corriger le caractère non redistributif des dépenses publiques d'enseignement supérieur (Garcia, 2007). Aujourd'hui, les droits de scolarité de Sciences Po Paris, progressifs en fonction du revenu des parents, atteignent leur maximum (soit 10 700 € par an pour un bachelor et 14 700 € par an pour un master) avec un revenu fiscal de 66 584 €. À Paris-Dauphine, le même principe de tarifs modulés s'applique sur de nombreux masters, dont ceux de gestion : le tarif « plein » est passé de 4 000€ (contre 400 € pour tous) en 2010 à 6 630 € en 2020[3]. Aujourd'hui, un foyer fiscal disposant de 60 000 à 70 000 € de revenus doit acquitter un montant annuel de 3 420 €. Le montant le plus élevé (6 630 €) est acquitté pour un revenu supérieur à 120 000 €, ainsi que par tous les étudiants provenant d'un pays non-membre de l'Union européenne.

Et bientôt à l'Université ?

Comme le constate Garcia (2007), ces réformes « creusent les écarts de financement entre les différents établissements d'enseignement supérieur et renforcent les inégalités liées au sous-financement des universités par l'État », notion sur laquelle nous reviendrons.

Les universités vont-elles suivre la tendance et elles aussi (devoir) procéder à l'augmentation des frais de scolarité ? Pour les opposants à ce mouvement, celui-ci est bel et bien en marche, alors que les frais d'inscription en France sont à ce jour parmi les plus bas de l'OCDE (170 € pour une année de licence et 243 € pour une année de master).

En 2014, Léonard Moulin, professeur d'économie à l'université Sorbonne-Paris-Nord, affirme qu'« une hausse massive des frais d'inscription dans les universités françaises semble désormais inéluctable [...]. L'introduction de quasi-prix pour les formations s'inscrit dans la transformation des modèles éducatifs ». Dans notre introduction, nous signalions la décision du Conseil d'État de juillet 2020, appelé à statuer sur la légalité d'une récente « grande première » dans l'enseignement supérieur public en France, soit l'établissement de frais de scolarité différenciés pour les étudiants extracommunautaires. Les établissements supérieurs publics peuvent donc demander à leurs étudiants étrangers de payer des frais d'inscription de 2 770 € en licence et de 3 770 € en master. Selon le Conseil d'État, ces frais différenciés ne vont pas à l'encontre de « l'exigence de gratuité » qui s'applique aux établissements supérieurs publics, d'une part, car les sommes sont jugées « modiques » et, d'autre part, car les dispositifs d'exonération et de bourses permettent de « garantir l'égal accès à l'instruction ». Selon le Conseil d'État, ces sommes sont réputées modiques car ne couvrant qu'une partie du coût réel de la formation[4]. Les associations étudiantes

3. Il s'agit de diplômes délivrés par ce seul établissement, les diplômes de Grand établissement (DGE), et non des diplômes nationaux de master, qui eux ne peuvent faire l'objet que d'une augmentation décidée par la loi.
4. En France, les frais de scolarité n'ont jamais été proportionnels au coût réel de la scolarité d'un étudiant, c'est-à-dire à ce que celle-ci coûte réellement à la collectivité ou à l'établissement, qu'il soit public ou privé.

dénoncent quant à elles le risque d'une possible généralisation de la hausse des frais acquittés par les étudiants européens et français.

Prise dans le cadre de la stratégie « Bienvenue en France » définie par le gouvernement Philippe, cette mesure procède de la logique défendue par l'OCDE depuis plusieurs années. Dans plus de la moitié environ des pays de l'OCDE dont les données sont disponibles, les frais de scolarité en licence ont augmenté d'au moins 15 % dans les établissements publics durant les 10 dernières années, entre l'année académique 2007-2008 et l'année académique 2016-2017. Au Canada, en Espagne, aux États-Unis et en Italie, ils ont connu une hausse comprise entre 25 % et 46 % et c'est au Royaume-Uni qu'ils ont le plus augmenté, puisqu'ils ont triplé durant cette période.

Pour mieux comprendre, regardons ce qui se passe, précisément, au Royaume-Uni.

Le Royaume-Uni et l'endettement des étudiants

Pour mieux comprendre le phénomène de l'endettement, nous ne nous référons pas à la situation des États-Unis, pays dans lequel la dette colossale pesant sur les étudiants fait figure de véritable bulle et inquiète observateurs et chercheurs, dont certains voient en elle la possibilité d'une crise comparable dans son ampleur et ses effets à celle des *subprimes*. Nous nous proposons de nous pencher sur un pays plus proche de nous dans tous les sens du terme, l'Angleterre, qui a volontairement infléchi sa politique en matière de financement : ce pays est passé en quelques années d'un système comparable au nôtre – dans lequel l'enseignement supérieur public reste essentiellement financé par l'État, donc par l'impôt, à hauteur de près de 80 %, – à un système reposant sur une logique radicalement différente, faisant de plus en plus peser des contraintes financières sur les usagers des formations. Nous avons désormais assez de recul pour disposer d'analyses sur les conséquences d'une modification radicale déclenchée il y a plus de 30 ans et progressivement mise en œuvre.

Un développement continu des frais d'inscription et des prêts en Angleterre...

Le *student finance*, le système de financement des études supérieures anglais, est fondé depuis les années quatre-vingt sur le développement continu des frais d'inscription, des bourses et des prêts. « Les politiques du *student finance* ont consisté en un développement conjoint des frais d'inscription, des bourses pour les plus défavorisés et surtout des prêts qui ont été généralisés à une échelle inédite. » (Casta, 2018) Les objectifs poursuivis sont tout à la fois une hausse des effectifs et l'élargissement de l'accès à l'enseignement supérieur aux étudiants dits « non traditionnels », comme les jeunes issus des classes les moins favorisés.

À partir des années quatre-vingt-dix, quatre réformes successives entrainent la suppression de la gratuité des études et des bourses et, parallèlement, l'augmentation des frais d'inscription – ils passent de 429 € en 1992-1993 à 2 614 € en 2004-2005 (Source SIES, repris par Casta, 2010) – et le développement des prêts étudiants, qui doivent être remboursés une fois les études terminées et en fonction des revenus.

Les hausses des frais s'effectuent dans un premier temps librement dans les établissements, sont modulées selon les cursus et les publics accueillis et dans un contexte de stabilisation des dépenses publiques. Puis, dès la fin des années quatre-vingt-dix, le Gouvernement instaure des frais d'inscription de 1 000 £ (1 569 €), modulé par tiers (seul le tiers des étudiants les plus favorisés payait la totalité de cette somme). À partir de 2006, les universités ont à nouveau la possibilité d'augmenter les frais, qui peuvent aller jusqu'à 3 000 £ (3 750 €). La quasi-totalité des universités appliquent alors ces nouveaux barèmes et s'engagent à proposer des bourses aux étudiants les plus défavorisés. À cette date, deux types de prêts deviennent accessibles à tous : une nouveauté, le prêt pour frais d'inscription (3 000 £, soit 3 750 €) et un prêt pour entretien, limité à 719 £ en 1990, pouvant aller jusqu'à 6 170 £ (7 500 €). Ces prêts sont accordés par la SLC, la Student Loan Company, une institution non lucrative, placée sous la tutelle du ministère chargé de l'Enseignement supérieur. Ils représentent un poids croissant pour l'État : selon Casta (2010), les dépenses publiques consacrées à ces prêts ont été multipliées par cinq de 1996 à 2007.

... et une réduction des dépenses publiques

La dernière réforme conduite en 2010 a consisté à rehausser les frais d'inscription entre 7 600 et 11 400 €, avec des prêts pour frais de scolarité d'un montant correspondant (Casta, 2018). Les prêts pour entretien ou frais de vie ont été maintenus dans des montants situés entre 5 000 et 8 820 €. Quant aux bourses pour les plus défavorisés, après avoir été maintenues, elles ont été supprimées en 2015. Cette récente évolution s'est faite dans un contexte de réduction des dépenses publiques accordées aux établissements d'enseignement supérieur concomitamment à une augmentation de l'endettement des étudiants. Les prêts contractés pèsent doublement sur les dépenses publiques : tout d'abord, en raison du faible taux de remboursement effectif par les diplômés des prêts liés à leurs revenus ; ensuite, à cause du différentiel entre les taux d'intérêt garantis aux étudiants (3 %), plus faibles que ceux auxquels l'État se refinance.

La politique de financement de l'enseignement supérieur en Angleterre que nous venons de présenter obéit à des principes prônés, depuis les années quatre-vingt-dix et deux mille, par l'OCDE, visant à la fois à développer l'accès à l'enseignement supérieur et à proposer des pistes de solution pour financer celui-ci, dans un contexte de réduction des dépenses publiques : « En procédant simultanément à un relèvement des droits de scolarité et à un élargissement des dispositifs de prêts aux étudiants, on pourrait contribuer à la réalisation des objectifs d'équité sans compromettre l'efficience. Un plus large accès aux prêts étudiants, même sans subvention, pourrait être particulièrement important pour les jeunes issus de milieux défavorisés. » (OCDE, note AEF 29/11/2001, repris par Vinokur, 2007)

2. Les controverses sur le financement de l'enseignement supérieur : de l'endettement des étudiants comme instrument de politique de l'enseignement supérieur ?

Prêts, équité, efficience, les mots sont lâchés. La quasi-totalité des gouvernements des pays de l'OCDE affichent leur volonté de faciliter l'accès à l'enseignement supérieur et de faire en sorte que cet atout majeur pour la compétitivité d'un pays dispose de plus de ressources. Parallèlement, et de façon tout aussi affirmée, ils rappellent aussi leur égale volonté de maîtriser les finances publiques.

Dans de nombreux pays autres que l'Angleterre, la politique défendue par l'OCDE a été mise en œuvre avec pour corollaire principal le développement de l'endettement des étudiants, le plus souvent sous forme de prêts à remboursement contingent au revenu (PARC), soit des prêts remboursables après les études et en fonction du revenu.

En France, des *think tank*, comme Terra Nova et l'institut Montaigne, bien qu'idéologiquement éloignés, se sont depuis plusieurs années déjà prononcés en faveur d'un relèvement des droits d'inscription ; il n'existe pas de consensus parmi les chercheurs – sociologues, économistes – qui débattent du sujet.

À ce stade, les controverses sur le relèvement des droits d'inscription et l'endettement étudiant font rage sans que le grand public y soit réellement associé. Pourtant, il est aisé de mesurer à quel point une évolution en ce sens bouleverserait la vie des Français.

Si débat il existe, un double constat est en revanche largement partagé : l'enseignement supérieur en France reste inégalitaire et il souffre d'un sous-investissement chronique.

C'est le thème de la seconde partie de ce chapitre consacré aux controverses autour du financement des études, de l'endettement des étudiants et ce que celles-ci nous disent des véritables enjeux liés à la « juste » répartition financement public/financement privé, à l'égalité des chances et à l'efficience de notre enseignement supérieur.

Enseignement supérieur : qui finance et qui doit financer ?

Une controverse : l'éducation, bien collectif ou investissement individuel

La question du financement de l'enseignement supérieur est âprement débattue, qui, schématiquement, oppose les tenants de la théorie du capital humain (Becker, 1964) aux partisans de l'éducation vue sous l'angle du bien collectif et des externalités positives qu'elle procure.

Il est indéniable que la massification de l'accès à l'enseignement supérieur entraîne des gains pour la société dans son ensemble, et l'économie en particulier, même si « empiriquement, il est difficile d'établir une mesure précise du gain collectif tiré de l'investissement en années supplémentaires d'études » (Grégoir, 2008). Selon Engelbrecht (2003), cité par Grégoir (2008), un plus grand nombre de personnes qualifiées permet une meilleure utilisation du capital, stimule les activités de R&D, l'innovation et sa diffusion : « l'activité économique et l'utilité que tirent les agents de biens performants sont plus élevées » (Grégoir, 2008).

La théorie du capital humain insiste elle sur les gains individuels liés à l'enseignement supérieur, soit, selon l'OCDE et en France (*Regards sur l'éducation 2019 : les indicateurs de l'OCDE*, 2019) : des taux d'emploi supérieurs (85 % des diplômés du supérieur travaillent, contre seulement 75 % pour le deuxième cycle du secondaire), des revenus plus élevés (de 38 % chez les 25-34 ans) et une plus grande résilience au chômage de longue durée (les diplômés du supérieur ne représentant « que » 29 % de cette catégorie de chômeurs).

Le développement de l'enseignement supérieur, en Europe et ailleurs

En 2000, dans le cadre de l'Europe de la connaissance, politique arrêtée à Bologne, l'Union européenne a décidé de rattraper son retard sur les États-Unis en termes d'investissement dans l'enseignement tertiaire. Au début des années deux mille, la dépense réalisée par étudiant du supérieur en pourcentage du PIB par tête s'élevait à 61 % aux États-Unis, soit un niveau bien supérieur à ceux constatés en Allemagne (41 %), au Royaume-Uni (39 %) et *a fortiori* en France (33 %) (Grégoir, 2008).

Dans son dernier rapport sur l'éducation cité plus haut, l'OCDE souligne qu'au cours des dernières décennies, les pays qui la composent ont enregistré une augmentation notable du nombre de diplômés de l'enseignement supérieur, soutenue par l'accroissement du financement. Ainsi, entre 2005 et 2016, les effectifs de l'enseignement supérieur de l'OCDE ont augmenté de 12 %, tandis que les financements croissaient de 28 %, soit plus du double du taux de croissance desdits effectifs. Budget total et effectifs augmentent toutefois à un rythme moins soutenu depuis 2010. Le pourcentage de diplômés de l'enseignement supérieur a également connu une hausse dans tous les pays membres et partenaires : 45 % des personnes âgées de 25 à 64 ans (47 % en France) sont désormais diplômées de l'enseignement supérieur dans les pays membres de l'Union européenne.

Ce faisant, les frais de scolarité ont augmenté en moyenne de 20 % entre 2007 et 2017 dans la moitié des pays concernés de l'OCDE. Car ce qui est aussi mis en avant depuis les années deux mille, c'est l'incapacité des États à continuer à assumer le développement de cette charge et la volonté d'établir une meilleure répartition entre le financement public et le financement privé.

La théorie du capital humain au service d'une « juste » répartition du financement public-privé

Rechercher une meilleure répartition entre le financement public et le financement privé signifie, en d'autres termes, recourir à un accroissement des dépenses privées, c'est-à-dire provenant pour l'essentiel des familles (étudiants et parents) à travers une augmentation des frais d'inscription. « L'austérité budgétaire conduit de nombreux systèmes d'éducation à mettre davantage le secteur privé à contribution, en particulier pour financer l'enseignement tertiaire. » (OCDE, 2019) L'argument du capital humain, avancé par nombre d'économistes, justifie de faire participer les bénéficiaires directs au financement d'un bien dont ils sont les premiers à profiter.

De fait, si l'on regarde la situation des étudiants en sciences de gestion, les frais d'inscription apparaissent comme un investissement pour le futur plus certain en termes de perspectives de carrière que bien d'autres. En choisissant des études dans ces disciplines, l'étudiant fait certainement un bon « calcul » s'il met frais d'inscription, frais de vie et coûts d'opportunités à renoncer à une source de revenus immédiate en balance avec les gains futurs auxquels il pourra prétendre avec son diplôme. Il va de soi que cela est particulièrement le cas pour les étudiants des écoles de commerce qui, s'ils acquittent des frais de scolarité plus élevés, comme nous l'avons vu, ont des perspectives d'emploi et salariales extrêmement prometteuses sur lesquelles les écoles communiquent largement. Dès lors, on voit mal ce qui pourrait s'opposer à l'acquittement des frais de scolarité élevés (voir plus haut) perçus comme un investissement à moyen terme, fut-ce au prix d'un endettement supérieur aux autres catégories d'étudiants (11 % des étudiants en école de commerce seraient endettés). « Le rendement élevé de l'enseignement tertiaire conduit un certain nombre de pays à attendre que le secteur privé participe davantage au financement de ce niveau d'enseignement. » (OCDE, 2019)

Quelle répartition public/privé aujourd'hui ?

Dans de nombreux pays, la répartition entre le financement d'origine publique et le financement d'origine privée a donc évolué vers une participation grandissante de ce dernier. En moyenne, la part publique du financement des établissements d'enseignement tertiaire est passée de 74 % en 1995 à 66 % en 2018 (OCDE, 2019). Cette tendance s'observe surtout dans les pays non européens où les frais de scolarité sont en général plus élevés et où les entreprises contribuent davantage, principalement sous la forme de bourses, au financement des établissements d'enseignement tertiaire. Dans l'Union européenne, 73 % des financements sont toujours d'origine publique. En France, ce pourcentage demeure élevé et s'établit à 77 %, les ménages contribuant à hauteur de 13 %, 10 % du financement relevant de structures privées. *A contrario*, plus de 60 % des dépenses totales au titre des établissements d'enseignement supérieur sont financés par des sources privées aux États-Unis, mais aussi au Chili, au Japon, en Corée et tout près de nous, en Angleterre qui, nous l'avons vu, a changé de paradigme.

Les situations sont donc aujourd'hui extrêmement contrastées d'un pays à l'autre, selon les logiques suivies. Plus les frais d'inscription sont élevés et plus la part des fonds privés (ménages + autres dépenses privées, comme les prêts d'études) l'est également (OCDE, 2019). Dans certains pays, des mécanismes de soutien financier ont été mis en œuvre pour soutenir les étudiants, mais ce n'est pas systématiquement le cas. La hausse des frais d'inscription se traduit souvent par une croissance, pas nécessairement à due concurrence, des prêts d'études et des bourses, qualifiés de « versements privés subventionnés ». Depuis 2007, 15 des 28 pays de l'OCDE ont entrepris de réformer les frais de scolarité dans l'enseignement supérieur ; dans 12 d'entre eux, cette évolution est allée de pair avec une modification du niveau des aides publiques aux étudiants.

Frais d'inscription et aides aux étudiants : en Europe, tous les cas de figure sont observés

Quatre grandes catégories de pays peuvent ainsi être distinguées (OCDE, 2019) en fonction de la politique nationale de financement : les pays comme la Norvège, la Suède, la Finlande ou le Danemark où les frais de scolarité sont quasi nuls et les aides généreuses (55 % des étudiants bénéficient d'allocations, de bourses ou de prêts) ; les pays présentant à la fois des frais de scolarité très élevés (plus de 4 400 USD) (États-Unis, Royaume-Uni, Canada, Australie) et l'existence d'aides (85 % des étudiants bénéficient d'aides au Royaume-Uni) ; les pays où les frais de scolarité sont élevés (plus de 4 800 USD) et les aides peu développées, comme le Chili, le Japon et la Corée. Mais nous verrons ultérieurement que ces pays sont en train d'infléchir leur politique, ce qui est intéressant à plus d'un titre ; et la dernière catégorie, dont fait partie la France comme l'Espagne, l'Italie ou bien encore l'Autriche et la Suisse, qui ont la particularité d'avoir des frais peu élevés et un système d'aides très peu développé.

On le voit, la croissance des frais d'inscription s'accompagne le plus souvent d'une nouvelle « offre » d'aides pour les étudiants : bourses et autres allocations et/ou prêts garantis par l'État et prêts bancaires. L'endettement n'est cependant pas qu'une conséquence de la hausse des frais d'inscription. En France comme dans d'autres pays, le projet « partage des coûts + endettement » (Vinokur, 2009) est aussi envisagé comme un outil visant tout à la fois plusieurs objectifs : un objectif de redistribution, « la décision d'augmenter les droits s'appuyant sur le constat de liens faibles entre démocratisation et gratuité de l'enseignement supérieur » (Courtioux, 2015) ; un souhait d'efficience, les établissements financés par les étudiants devant être poussés vers plus de qualité ; une contribution au financement des universités.

L'endettement étudiant pourrait-il rendre l'enseignement supérieur plus équitable ?

Un constat partagé : l'enseignement supérieur français reste largement inégalitaire

Dans le cadre d'une croissance générale des effectifs de l'enseignement supérieur, le nombre total d'étudiants en France est passé de 1,2 million en 1981 à un peu plus de 2 millions au milieu des années quatre-vingt-dix. À la rentrée 2018, on comptait 2 678 700 inscriptions d'étudiants en France (dont 20 % pour l'enseignement privé), soit une hausse pour la dixième année consécutive (de 2,1 % par rapport à 2017).

Les enfants de milieux moins favorisés ont certes bénéficié d'un accès plus important à la poursuite d'études après le bac, mais s'il est un fait sur lequel tous – économistes, sociologues, gouvernance de l'enseignement supérieur – s'accordent, c'est bien sur le fait que l'enseignement supérieur en France est demeuré largement inégalitaire.

Les inégalités sont flagrantes, tant dans l'accès à l'enseignement supérieur que dans la réussite dans l'enseignement supérieur. Il est aussi largement admis que beaucoup de ces inégalités trouvent leur origine bien en amont, dès l'enseignement primaire. Quand on regarde l'origine socioéconomique des étudiants en France, l'on voit que les enfants des classes favorisées y sont surreprésentés. Cela revient à dire que ce sont les jeunes les plus aisés qui bénéficient le plus de l'enseignement supérieur « quasi gratuit » en France. « Le lien entre les revenus de la famille et l'accès à l'enseignement supérieur semble passer par les effets de l'environnement familial, social et financier sur les aptitudes acquises par l'enfant » précise Grégoir (2008).

L'inégalité des chances dans l'enseignement supérieur est importante

L'origine sociale des étudiants de nationalité française évolue très peu d'une année sur l'autre. En 2018-2019, 34 % des étudiants ont des parents cadres ou exerçant une profession intellectuelle supérieure, 12 % des parents ouvriers et 17 % des parents employés. Les enfants de cadres représentent plus de la moitié des étudiants en classes préparatoires aux grandes écoles (CPGE), dans les formations d'ingénieurs, les écoles de commerce et les écoles normales supérieures (ENS). Les enfants d'ouvriers sont sous-représentés dans la plupart des filières, sauf en sections de techniciens supérieurs (STS) (24 %).

Le nombre d'étudiants en sciences de gestion à l'Université, qui s'élève à 238 000, est en hausse régulière et soutenue (+ 9 % entre 2017 et 2018). Parmi eux, 30 % sont des enfants de cadres ou de profession intellectuelle.

La hausse du nombre d'étudiants est également régulière et très forte (+ 7,7 %) dans les écoles de commerce, gestion et vente (hors STS, DCG et DSCG). Ces écoles voient leurs effectifs augmenter constamment depuis 2008. Ils sont ainsi passés de 152 000 (2016-2017) à 187 400 (2018-2019), deux ans plus tard ! Au sein de ces établissements, plus de la moitié (51 %) sont des enfants de cadres.

« Dans ce contexte, la faiblesse des droits d'inscription apparaît antiredistributive » et ce, d'autant plus que nous l'avons vu plus haut, « les rendements privés (individuels) de l'éducation sont élevés » (Flacher, Harari-Kermadec & Moulin, 2012). La dépense par étudiant est très différente selon le niveau de la formation. Les enfants des classes plus privilégiées sont surreprésentés dans certaines formations ou cursus, qui précisément concentrent le plus la dépense publique. « La surreprésentation des étudiants issus d'une origine sociale supérieure (au sens de l'Insee) croît avec le niveau du diplôme et de la dépense publique » (Flacher, Harari-Kermadec & Moulin, 2012). Le coût moyen par étudiant est de 10 330 € annuels à l'Université, mais il est de plus de 20 000 € dans les CGPE, sans parler des écoles de commerce (DEPP, 2019).

Cette inégalité est d'autant plus remarquable qu'elle se poursuit au-delà de l'admission dans l'enseignement supérieur. « Les taux de réussite dans l'éducation sont aussi révélateurs de l'efficience des systèmes d'enseignement tertiaire. » (OCDE, 2019) Or, force est de constater que ces taux augmentent également avec le niveau de formation des parents (OCDE, 2017) : ainsi, dans un programme de licence, ils passent de 33 % avec un des parents dont le niveau de formation le plus élevé est inférieur au second cycle du secondaire à 45 % avec un parent diplômé de l'enseignement supérieur (OCDE, 2017).

Les politiques d'égalité des chances en France

Nous n'évoquerons ici bien entendu que des initiatives financières, qu'elles relèvent de l'État, des établissements d'enseignement ou bien encore d'initiatives privées.

Bourses et prêts : les aides étatiques sont insuffisantes

En lien avec le développement ci-dessus, il convient de noter que l'inégalité dans l'enseignement supérieur est d'autant plus forte que, comme le soulignent Flacher, Harari-Kermadec et Moulin (2012), « le système fiscal est faiblement progressif et que les aides (bourses et allègements fiscaux) restent limitées et peu redistributives ».

Regardons les montants des aides étatiques. Que l'on parle de prêts ou de bourses, ils sont clairement insuffisants pour « compenser » le manque de ressources.

En ce qui concerne les bourses, elles sont d'un montant peu élevé et ne bénéficient qu'à un nombre limité d'étudiants. En 2017-2018, 730 500 étudiants ont reçu au moins une aide financière, soit 39 % des étudiants inscrits dans une formation ouvrant droit à une bourse. Les bourses sur critères sociaux, avec 697 000 étudiants bénéficiaires, représentaient 95 % des aides financières directes.

Les boursiers de niveaux 5 à 7 (les deux niveaux recevant les bourses les plus élevées), qui perçoivent une aide annuelle comprise entre 4 610 et 5 679 €, ne représentent que 31,5 % du total des bénéficiaires.

D'un très faible montant, concernant peu d'étudiants, les bourses ne contribuent pas à réduire les inégalités. Il en est de même des prêts étatiques, dont bénéficient seulement 1 % des étudiants. Les « prêts BPI » créés en 2008 sont d'un montant unitaire modeste (maximum 15 000 € sur deux ans) et, surtout, leur dotation globale est si basse qu'elle est consommée en quelques semaines à peine : 3 000 étudiants seulement ont pu y recourir en 2019. « La majoration de la dotation annuelle de 4 M€ à 20 M€ permettrait d'augmenter sensiblement le montant des prêts mis en place par les banques partenaires, de 135 M€ en 2020 (11 500 bénéficiaires potentiels) à 675 M€ en 2021 (67 500 bénéficiaires potentiels) » soulignait récemment la Fédération des établissements d'enseignement supérieur d'intérêt collectif (FESIC) dans une tribune alertant sur les conséquences de la crise sanitaire pour les étudiants (Dépêche AEF, septembre 2020).

Dans les universités, au sein de la filière économie gestion, on compte seulement 36,6 % de boursiers (dont moins de 14 % des niveaux 5 à 7), soit une des deux plus faibles proportions constatées sur l'ensemble des filières (DEPP, 2019).

Alors que les classes préparatoires aux grandes écoles (de commerce) accueillent 29 % de cette catégorie, un pourcentage en augmentation constante depuis 2005, la proportion de boursiers reste remarquablement faible et ne décolle pas au sein des grandes écoles de commerce : elle est de l'ordre de 13,5 % (DEPP, 2019). Encore convient-il de souligner le fait que cette moyenne cache de très fortes disparités, certaines écoles étant à moins de 10 %.

Les écoles œuvrent pour accompagner et favoriser la diversité sociale en leur sein. En témoignent tous les dispositifs qui se multiplient depuis une vingtaine d'années et qui visent notamment à accompagner la croissance des frais d'inscription : collecte de fonds (à travers divers véhicules juridiques) auprès des entreprises et des anciens élèves, dont une large partie est destinée aux aides financières, exonération des droits de scolarité pour les boursiers, fonds de solidarité étudiants, etc. Le dernier baromètre *Ouverture sociale dans les grandes écoles*, publié par la Conférence des grandes écoles en décembre 2019, fait ainsi état des progrès en ce sens. Le budget moyen alloué aux programmes dédiés à l'ouverture sociale est de 300 k€ hors masse salariale ; près de 70 % des écoles de management ont mis en place une structure dédiée. Y est également souligné le développement remarquable de l'apprentissage, un choix intéressant pour les étudiants moins favorisés car cette modalité de formation permet de cumuler exemption des droits de scolarité et activité rémunérée. Rappelons toutefois qu'elle n'est le plus souvent accessible qu'à partir de la deuxième année d'études et que la loi du 5 septembre 2018 « pour la liberté de choisir son avenir professionnel », en limitant la possibilité des grandes écoles de collecter la taxe d'apprentissage, risque de porter un coup d'arrêt à son développement.

Face à l'endettement, des étudiants pénalisés avant, pendant et après leurs études

Des entretiens avec des élèves ou des responsables de l'égalité des chances dans les grandes écoles témoignent des grandes difficultés dans lesquelles se trouvent des étudiants qui doivent s'endetter pour étudier.

Selon sa situation financière, un étudiant ne pourra pas s'engager librement dans telle ou telle voie. L'idée même de l'endettement aura d'inévitables répercussions sur son choix d'études supérieures. Les décisions des étudiants en fonction de leurs origines sociales ont été théorisées par Boudon (1974) dans le cadre de la théorie de l'aversion relative au risque (ARR) qui sous-tend une crainte, a minima, voire une aversion face à l'endettement. Il pourra donc renoncer à des études, même potentiellement « lucratives » à terme, par crainte « d'un déclassement social qui serait supérieur au désir d'ascension sociale » (Flacher, Harari-Kermadec & Moulin, 2018). La perspective de devoir s'endetter peut donc conduire à une « distorsion de choix de parcours » (Field, 2009, repris par Flacher, Harari-Kermadec & Moulin, 2018).

L'origine sociale a une autre conséquence connue sur les études, susceptible de renforcer encore la première mise en lumière. Nul ne saurait évaluer de façon objective ses capacités cognitives et des études montrent que les jeunes de milieu plus modeste tendent à sous-estimer les leurs. Ce phénomène d'autocensure est désormais bien connu et a fait l'objet de plusieurs initiatives dans l'enseignement supérieur dont, par exemple, les Cordées de la réussite.

Par ailleurs, un étudiant d'origine modeste qui s'endette ne peut généralement pas vivre seulement grâce aux prêts contractés. Il n'est pas rare qu'il cumule emprunts et travail (en apprentissage ou non, petits boulots). En temps ordinaire, le fait de devoir cumuler travail et études n'est pas nécessairement favorable à la réussite académique. Au-delà, la récente crise sanitaire a mis en lumière la détresse des jeunes qui, pendant la période de confinement, ne pouvaient plus travailler. Des fonds ont été débloqués, notamment dans les grandes écoles : à HEC, 200 k€ d'aides ont été déboursés d'urgence lors du confinement de mars 2020.

Des entretiens réalisés auprès d'étudiants montrent également que, sous la pression de l'endettement et de la nécessité de rembourser au plus vite, les jeunes débiteurs peuvent être tentés d'accepter plus rapidement une première offre à la sortie de leurs études, offre qui ne sera pas nécessairement la plus intéressante. Selon le témoignage d'une grande école, ils seraient aussi potentiellement moins enclins à changer d'employeur au bout d'un an, un an et demi, afin de sécuriser leurs remboursements.

L'exemple des étudiants anglais est édifiant

Quels ont été les effets sur la population étudiante de la politique présentée plus haut, combinant hausse des frais d'inscription et des prêts étudiants ? Casta (2010) note que si celle-ci a bien accompagné « l'expansion de l'enseignement supérieur, avec le doublement des effectifs », elle a aussi généré « un mouvement d'endettement et de mise en emploi des étudiants » : pour poursuivre leurs études, les étudiants dans leur ensemble se sont à la fois endettés et mis à travailler en parallèle, notamment les étudiants à temps plein. Dans les classes les moins favorisées, le montant emprunté est de 60 % supérieur à celui constaté dans les classes supérieures. En 2004, le montant moyen de la dette des étudiants moins favorisés était de 6 000 €, de moitié plus élevé que dans le groupe supérieur, et le recours aux prêts commerciaux (hors État) plus important. De même, ces étudiants semblent avoir trouvé des emplois moins rémunérateurs et plus exigeants quant au nombre d'heures travaillées. Et Casta (2010) de conclure que « la massification (de l'enseignement supérieur) renouvelle les inégalités de classes, l'emploi et l'endettement des étudiants à temps plein s'avérant particulièrement propice au développement de ces inégalités ». Pour Courtioux (2015), cette massification ne s'est pas, par ailleurs, formellement accompagnée d'un plus grand accès des classes défavorisées à l'enseignement supérieur et n'a pas véritablement démocratisé l'accès à l'enseignement supérieur en Angleterre. Orr, Wespel et Usher (2014, repris par Courtioux, 2015) notent que la très forte augmentation des droits de scolarité s'est même traduite par un arrêt de la phase d'expansion de l'enseignement supérieur. Selon un rapport du Sutton Trust[5] (avril 2016, repris par l'AEF) consacré au niveau d'endettement des étudiants dans huit pays anglophones, la dette moyenne d'un étudiant britannique s'élevait en 2016 à plus de 44 000 £ (55 777 €), une fois ses études terminées, contre 29 000 £ (36 766 €) pour un étudiant inscrit dans une université américaine à but lucratif. Ainsi, les étudiants britanniques auraient-ils des frais de scolarité et des dettes moyennes « parmi les plus élevés dans le monde ».

L'endettement étudiant pourrait-il rendre l'enseignement supérieur plus efficient ?

La question du sous-financement de l'enseignement supérieur

Depuis plusieurs années, le dualisme déjà très marqué du financement de l'enseignement supérieur en France, nous l'avons vu, s'est renforcé avec l'accroissement des frais d'inscription dans les grandes écoles et les grands établissements et la quasi-gratuité, même si les frais d'inscription se sont quelque peu élevés, dans les universités. Les universités doivent-elles et pourront-elles bientôt augmenter leurs frais d'inscription ? Pour certains économistes, cette augmentation (et donc un de ses corollaires possibles, le développement des dettes étudiantes) serait aussi une des solutions au sous-investissement dont souffre l'Université française.

5. Sutton Trust : organisation caritative britannique visant à promouvoir la mobilité sociale à travers l'éducation (Définition AEF, 2016).

En 2006, Trannoy rappelait que « l'Université française est sous-financée par rapport à ses concurrents français et étrangers ». Selon l'OCDE, la France consacrait en 2014 1,5 % (dont 1,2 % de dépenses publiques) du PIB à son enseignement supérieur, contre 2,7 % (dont 1,3 % des dépenses publiques) aux États-Unis. De 2010 à 2016, les dépenses dans l'enseignement supérieur des pays de l'OCDE ont augmenté à un rythme nettement plus soutenu que les niveaux primaire et secondaire (+ 8 % en moyenne), mais cette hausse ne saurait masquer le fait qu'en France comme en Allemagne, on a en fait « enregistré une baisse des dépenses unitaires au titre de l'enseignement supérieur, liée en partie à l'augmentation rapide des effectifs dans le tertiaire ». (OCDE, 2019).

Aujourd'hui, le montant moyen par étudiant en France est de 16 173 USD soit 1,4 % du PIB (la moyenne de l'OCDE se situant à 15 556 USD, soit 1,5 % du PIB et celle de l'Union européenne à 15 863 USD, soit 1,2 % du PIB). Mais la moyenne de l'OCDE est biaisée par les montants très élevés dans certains pays (comme aux États-Unis, au Luxembourg, au Canada, au Royaume-Uni et en Suède). Et même si les dépenses en France sont proches du niveau moyen constaté dans les autres pays de l'OCDE, ce fait ne doit cependant pas occulter les importantes disparités de financement selon les filières et les établissements (Flacher, Harari-Kermadec & Moulin, 2018) que nous avons déjà soulignées. Ces données traduisent en tout cas « le relatif échec » (Flacher, Harari-Kermadec & Moulin, 2018) de la stratégie de Lisbonne mentionnée ultérieurement, qui visait à atteindre 2 % du PIB.

Une hausse de frais d'inscription et de l'endettement peut-elle permettre de mieux financer les universités ? Cela présuppose que les dépenses publiques ne diminuent pas à due concurrence des dépenses des ménages (phénomène qui s'est produit dans l'exemple anglais à partir de 2010) ou que les mécanismes d'aides et les bourses étatiques ne soient pas développés au point qu'ils en deviennent insupportables pour l'État, risquant finalement de coûter plus cher (Moulin, 2015).

Le quasi-prix pour un quasi-marché ?

En lien avec le développement précédent, une hausse des frais d'inscription est aussi présentée comme un moyen de contribuer à l'amélioration de la qualité de l'enseignement supérieur dans son ensemble et à l'établissement d'une saine concurrence entre les universités.

Certains auteurs redoutent cependant que cette concurrence ne se traduise en fait par une utilisation d'une partie de ces nouvelles recettes en frais liés au marketing ou au recrutement de professeurs renommés (Flacher, Harari-Kermadec & Moulin, 2012). La possibilité donnée aux universités anglaises d'augmenter leurs frais d'inscription jusqu'à un certain seuil n'a pas eu l'effet vertueux attendu car elles ont majoritairement utilisé ce droit. Les gouvernements escomptaient une compétition par les prix, notamment pour les établissements les plus prestigieux. Mais la quasi-totalité des universités anglaises ont eu tendance à fixer les frais au plafond autorisé, afin de sécuriser leurs ressources à court terme (Courtioux, 2015). Enfin, la mise en œuvre de quasi-prix telle qu'on peut l'observer avec le développement, par exemple, de diplômes « maison » échappant à la limitation étatique suppose que le marché de l'éducation fonctionne justement comme un « vrai » marché. Là encore, des auteurs ont montré que cela n'était pas le cas. Nous avons vu que les étudiants avaient une aversion au risque d'autant plus élevée qu'ils étaient issus de milieux défavorisés et que cela entraînait des distorsions dans les choix d'études. Mangan, Hughes et Slack (2010) ont également montré qu'au-delà de la dette qu'ils savaient devoir contracter, la somme des informations que les étudiants (anglais) doivent maîtriser (le coût des études variant selon les combinaisons de l'université choisie, du revenu familial, du lieu de résidence, de la filière et des résultats aux examens) a rendu les processus de choix de ces étudiants d'autant plus complexes. Ils soulignent qu'en conséquence, nombre d'entre eux n'ont pas pris conscience du *package* d'aides (bourses ou prêts) auquel ils pouvaient avoir droit quand ils décidaient de l'opportunité de candidater pour telle ou telle université.

3. Les pistes pour l'avenir : la tentation du prêt à remboursement contingent et les retours d'expérience des autres pays

Qu'est-ce que le prêt à remboursement contingent ?

Le principe du prêt à remboursement contingent (PARC) a été inventé dans les années cinquante par Friedman (1955). L'idée, séduisante, est de permettre à un étudiant de financer ses études en empruntant et de ne rembourser qu'après avoir obtenu son diplôme, le montant des annuités dépendant de son revenu.

Défini comme « un système de paiement différé avec partage des risques avec le contribuable », Charles (2012) nous précise les principales modalités de fonctionnement de ce dispositif, « le plus commun au niveau international » : « Les PARC sont des prêts souscrits par les étudiants (et non par leurs parents) dont la particularité principale réside dans leurs conditions de remboursement. L'emprunt est remboursé de manière différée une fois que les revenus de l'emprunteur ont atteint un seuil donné. » Une des différences essentielles avec un prêt étudiant standard réside dans le fait que le montant des annuités remboursées dépend du revenu courant du diplômé et non directement de la somme empruntée. Si ce revenu n'atteint pas un certain seuil, la dette continue de courir.

Les modalités de déploiement des PARC sont extrêmement diverses : les prêts peuvent être accessibles à tous les étudiants ou réservés aux catégories qui en ont le plus besoin pour poursuivre leurs études. L'emprunt peut être fait auprès d'une banque commerciale, d'une agence publique ou directement auprès des services de l'État. De même, le recouvrement peut être confié à l'organisme prêteur ou à l'administration fiscale. Quant aux taux d'intérêt, ils sont souvent bonifiés par l'État, plus faible que celui d'un prêt bancaire privé, au taux nominal nul (aucun intérêt), au taux indexé sur l'inflation, etc. Ces modalités peuvent ou non tenir compte des « accidents de la vie ». Dans certaines situations, comme le chômage ou la maladie, il est possible que le remboursement de l'emprunt soit reporté et, dans certaines conditions, à partir d'un âge donné par exemple, la dette peut être effacée. Seuil de déclenchement et pourcentage du revenu consacré au remboursement varient ainsi d'un pays à l'autre (Courtioux, 2015). L'étudiant peut aussi emprunter pour un nombre fixe d'années ou pour une période de formation (Charles, 2012).

Courtioux (2015) souligne qu'en France, la référence au PARC pour accompagner la hausse des frais d'inscription n'est apparue que tardivement. Les travaux qui y sont consacrés pour le cas de la France sont encore peu nombreux, menés non seulement par des économistes, mais aussi par des instances politiques ou universitaires.

Dans un premier temps, les économistes ont examiné les expériences australienne, anglaise et néo-zélandaise en matière de PARC (Trannoy, [2006] ; CERC, [2003] ; Maguain, [2005] et Maurin, [2007], cités par Courtioux, [2015] ; Grégoir, [2008]). Puis des travaux ont été consacrés à l'évaluation d'une telle politique et à la potentielle réussite de celle-ci en France, travaux réalisés notamment par Courtioux (2013) ou Allègre et Timbeau (2016).

Retours d'expérience et pistes pour l'avenir

Parce qu'il permet d'augmenter les frais d'inscription, de partager le coût des études supérieures entre l'État et les individus et de transférer une partie de ce coût des contribuables aux bénéficiaires, on comprend que le PARC soit le plus souvent présenté comme une solution avantageuse aux problèmes de financement des universités.

Depuis le début des années quatre-vingt-dix, ce type de prêt a été introduit dans de nombreux pays et notamment en Angleterre, Australie, États-Unis, Nouvelle-Zélande, Afrique du Sud, Suède, Thaïlande et Chili. Ce dispositif, qui ne sert pas toujours à financer des droits d'inscription, mais aussi les frais de vie des étudiants (ainsi en Suède), a connu dans ces pays des fortunes diverses, au point d'être soit révisé à plusieurs reprises, soit abandonné dans certains (Suède, Thaïlande). Dans chacun d'entre eux, il constitue bien une réponse à des « problèmes spécifiques rencontrés quant au mode de financement de l'enseignement supérieur » (Courtioux, 2015) et doit être évalué à l'aune de ces raisons et dans le cadre des particularités sociologiques et économiques du pays concerné.

C'est essentiellement sur les leçons à tirer de « l'expérience australienne », une des plus longues car en cours depuis 1989 et concomitante à une augmentation des frais d'inscription, que s'appuie Courtoux (2015) pour envisager une utilisation des PARC dans l'enseignement supérieur en France. Selon cet auteur, l'expérience est un échec aux États-Unis ou en Thaïlande, mais bel et bien un succès en Australie.

Un « succès » cependant tout relatif, tout d'abord du point de vue de l'égalité des chances du système d'enseignement supérieur dans ce pays puisque Courtioux constate une neutralité du dispositif, soulignant que « les PARC n'ont pas modifié les différences d'accès qui existaient déjà selon l'origine sociale », à la différence de ce qui s'est passé en Angleterre, l'augmentation très importante des droits d'inscription ayant entraîné une baisse de la demande d'éducation supérieure (Orr, Wespel & Usher, 2014).

Il recommande également de ne pas utiliser le PARC dans un objectif de régulation de la concurrence entre les universités, l'exemple anglais étant là aussi un contre-exemple comme nous l'avons vu plus haut.

Finalement, Courtioux tire un certain nombre de conditions nécessaires à la réussite d'une politique de PARC en France et son « avantage comparatif » sous l'angle de la « juste » contribution entre financement public et financement privé.

Tout d'abord, l'existence d'une administration fiscale organisée sur laquelle repose le recouvrement des dettes, car seule une instance de ce type est en mesure de disposer de toutes les informations nécessaires sur la situation fiscale des diplômés. Puis, et c'est certainement là la plus importante des contributions, l'utilisation du PARC comme un outil de politique fiscale reposant sur le prix différencié d'un service d'éducation, non seulement en fonction des capacités contributives du diplômé, mais aussi du coût réel de ce service. Dans la mesure où notre système d'éducation supérieure est caractérisé par une forte dualité – le coût réel de la formation est plus élevé par exemple dans les CPGE ou bien encore pour un diplôme de même niveau, en fonction des disciplines étudiées –, Courtioux recommande de fixer « des droits d'inscription couverts par les PARC en ligne avec le montant des dépenses publiques dont les étudiants bénéficient tout au long de leurs études ». C'est en partant du même constat de ce dualisme qu'à l'opposé, Flacher, Harari-Kermadec et Moulin (2018), refusant toute idée d'endettement et de frais d'inscription, plaident pour un régime par répartition plus équitable dans l'enseignement supérieur, soit « un système de prélèvements obligatoires progressif portant sur l'ensemble des actifs (pour les cotisations sociales finançant une allocation d'autonomie pour les étudiants) et sur les citoyens (pour les impôts finançant les dotations aux universités).

4. Conclusion

Frais d'inscription, prêts et bourses sont des thématiques nécessairement débattues ensemble, les États essayant d'ajuster la répartition des coûts de l'enseignement supérieur entre le secteur public et le secteur privé. Les réformes qui les concernent font l'objet dans tous les pays de débats houleux. En France, c'est principalement sur les ménages et les jeunes que repose une éventuelle modification de cette répartition, les entreprises participant encore peu à l'effort collectif de formation initiale.

Si l'on admet que « la gratuité des études supérieures n'est pas, à la différence des études jusqu'au secondaire, consubstantielle à l'idée même de République » (Courtioux, 2015), on peut raisonnablement opter pour « une version hybride » entre une éducation par répartition et une éducation par capitalisation (Flacher, Harari-Kermadec & Moulin, 2012), tenant compte de ses rendements individuels et collectifs.

Il est toutefois nécessaire de garder en tête des éléments d'importance. Tout d'abord, les inégalités à l'entrée dans l'enseignement supérieur proviennent en partie, non seulement d'une aversion au risque chez les jeunes des milieux moins favorisés et d'une possible sous-estimation de leurs réelles capacités, mais aussi d'une méconnaissance des possibilités qui leur sont offertes. Aussi, une partie des difficultés qu'ils rencontrent trouve leur origine dans un système d'orientation déficient qui ne parvient pas à rassembler l'ensemble des données dont ils ont besoin pour décider de leur futur et il est à craindre qu'une hausse des frais, sans action pour améliorer l'orientation, ne puisse qu'aggraver la situation. Puis, sur le montant des frais d'inscription : des frais excessivement élevés ont des effets extrêmement dommageables, dont personne en France ne peut raisonnablement souhaiter l'apparition, parmi lesquels un niveau d'endettement insupportable pour les étudiants et diplômés, endettement dont la seule perspective peut dissuader un plus grand nombre de jeunes, parmi les moins favorisés, d'entamer ou de poursuivre des études supérieures. Enfin, une augmentation des contributions financières des étudiants, même raisonnée, ne saurait porter ses fruits et limiter l'endettement en l'absence d'une refonte des bourses, qui sont notoirement insuffisantes. Il ne saurait y avoir d'évolution favorable si l'État ne reste pas engagé dans le financement de l'enseignement supérieur, que ce soit dans son soutien financier aux étudiants qui en ont besoin ou dans sa dotation aux universités.

Parmi les évolutions récentes à l'international, on note un certain « retour en arrière » dans certains pays dans lesquels les frais d'inscription sont très élevés et le système d'aides peu développé. En 2018, la Nouvelle-Zélande a supprimé les frais d'inscription pour les ressortissants nationaux qui s'inscrivent pour la première fois dans l'enseignement supérieur. Le Chili a rendu l'accès à l'enseignement supérieur entièrement gratuit pour les jeunes de condition modeste et a augmenté le montant alloué aux bourses. L'exemple des autres pays nous conduit à envisager l'avenir avec une grande prudence et à insister sur la nécessité de poursuivre en dehors de toute polémique les travaux déjà réalisés ex ante relatifs à des simulations sur l'évolution possible du financement entre sources publiques et sources privées et l'ensemble de ses conséquences.

Bibliographie

Allègre, G. & Timbeau, X. (2016). Les prêts à remboursement contingent dans le supérieur : plus redistributifs que l'impôt ? *Revue économique*, *67*(4), 797-820.

Becker, G. (2015). Capital humain : analyse théorique et empirique. Encyclopaedia Universalis.

Boudon, R. (1974). *Education, opportunity, and social inequality.* New York, Wiley.

Casta, A. (2010). Frais d'inscription et prêts étudiants en Angleterre : discours, origines et effets. *L'Homme & la Société*, (4), 51-74.

Casta, A. (2010). La nouvelle condition des étudiants anglais : entre endettement et emploi. Formation emploi. *Revue française de sciences sociales*, (110), 19-34.

Casta, A. (2018). Les études supérieures, un actif de valeur ? La hausse des frais d'inscription et des prêts étudiants en Angleterre. *Revue française de socio-économie*, *20*(1), 143-165.

Charles, N. (2012). Les prêts à remboursement contingent au revenu : un système de financement des études importables en France ? *Revue française de sociologie*, *53*(2), 293-333.

Conférence des grandes écoles (2016). *Livre blanc sur le financement des études.*

Conférence des grandes écoles (2019). *Baromètre de la diversité sociale.*

Courtioux, P. (2013). *Équité fiscale et financement de l'enseignement supérieur : le prêt à remboursement conditionnel au revenu comme instrument fiscal.* Nice, EDHEC.

Courtioux, P. (2015). Les prêts à remboursement contingent au revenu peuvent-ils réduire les inégalités dans l'enseignement supérieur ? *Regards croisés sur l'économie*, *16*(1), 191-202.

Engelbrecht, H. J. (2003). Human capital and economic growth: Cross-section evidence for OECD countries. *Economic Record*, *79*(Special Issue), S40-S51. https://onlinelibrary.wiley.com/doi/abs/10.1111/1475-4932.00090

Field, E. (2009). Fardeau de la dette d'études et choix de carrière : preuve d'une expérience d'aide financière à la NYU Law School. *American Economic Journal: Applied Economics*, *1*(1), 1-21.

Flacher, D., Harari-Kermadec, H. & Moulin, L. (2012). Faut-il (vraiment) augmenter les frais d'inscription à l'Université ? *Revue française d'économie*, *27*(3), 145-183.

Flacher, D., Harari-Kermadec, H. & Moulin, L. (2018). Régime par répartition dans l'enseignement supérieur : fondements théoriques et estimations empiriques. *Économie et institutions*, (27).

Friedman, M., cité par Courtioux en 2015 (1955). *The role of government in education*. New Brunswick, Rutgers University Press.

Garcia, S. (2007). L'Europe du savoir contre l'Europe des banques ? *Actes de la recherche en sciences sociales*, (1), 80-93.

Grégoir, S. (2008). *Les Prêts étudiants peuvent-ils être un outil de progrès social*. Nice, EDHEC.

Maguain, D. (2005). Les prêts contingents aux étudiants dans les pays de l'OCDE. *Revue française d'économie*, *20*(2), 51-71.

Mangan, J., Hughes, A. & Slack, K. (2010). Finance étudiante, information et prise de décision. *Enseignement supérieur*, *60*(5), 459-472.

Maurin, E. (2007). *Université : un autre financement est possible. La vie des idées* : www.laviedesidees.fr.

Moulin, L. (2014). Une hausse des frais d'inscription en France est-elle inéluctable ou même simplement souhaitable ? *Savoir/Agir*, (3), 43-50.

Moulin, L. (2015). Frais d'inscription dans l'enseignement supérieur et régimes d'État-providence : une analyse comparative. *Éducation et sociétés*, (2), 119-141.

OCDE (2019). *Regards sur l'éducation 2019 : les indicateurs de l'OCDE*. Paris, Éditions de l'OCDE.

Orr, D., Wespel, J. & Usher, A. (2014). *Les changements dans le partage des coûts ont-ils un impact sur le comportement des étudiants et des établissements d'enseignement supérieur ?* (neuf études de cas, volume I : apport comparatif). Luxembourg, Office des publications de l'Union européenne.

OVE (2019). *Enquête nationale sur les conditions de vie des étudiant.e.s*. Vanves, Observatoire de la vie étudiante.

Rosenwald, F. & Traore, B. (2019). *Repères et références statistiques sur les enseignements, la formation et la recherche*. Paris, Direction de l'Évaluation, de la Prospective et de la Performance.

Trannoy, A. (2006). Financement des universités, financement des études. *Revue d'économie politique*, *116*(6), 745-782.

Vinokur, A. (2007). *Study now, pay later. Endettement étudiant et restructuration de l'enseignement supérieur. Pouvoirs et financement en éducation. Qui paye décide ?* (p. 209-234). Paris, L'Harmattan.

Vinokur, A. (2009). La querelle des droits d'inscription. *Revue du MAUSS*, (1), 441-453.

PARTIE 3.

RETOUR SUR L'INSTITUTIONNALISATION, LES DÉFIS ET LES ENJEUX DE L'ENSEIGNEMENT DE LA GESTION

Cette troisième et dernière partie est un retour sur les réflexions développées dans les deux premières parties et un résumé. Il s'agit de montrer le lien entre les apports des différents auteurs, de montrer ce qu'apporte une vision managériale de l'enseignement et de la recherche en sciences de gestion. Pour cela, nous allons garder le découpage précédent en distinguant une partie historique qui, ensuite, nourrira une problématisation des grands débats contemporains.

Chapitre 20

D'où venons-nous ? Quels chemins ont été parcourus ?

Par Alain Burlaud & Frank Bournois

Jusque dans les années cinquante, l'enseignement supérieur de gestion en formation initiale, le Cnam étant plus orienté vers la formation continue, existait en tant que tel essentiellement dans les écoles de commerce et, pour une part, aussi dans les facultés de droit. Il avait un contenu technique et pratique, en dehors de quelques disciplines d'ouverture, et était assuré quasi exclusivement par des praticiens. L'Université, dans les facultés de droit, proposait des enseignements de droit des affaires et de comptabilité privée assurés par des professeurs d'université.

Après la Seconde Guerre mondiale, soucieux de relancer l'industrie française et de combler son retard en partie expliqué par un *management gap*, les pouvoirs publics ont pris un certain nombre de dispositions pour former aux « méthodes modernes de gestion » l'encadrement dont les entreprises avaient besoin. Ce fut la création en 1955 des IAE sur le modèle des *masters of business administration* (MBA), des IUT en 1966, de la Fnege en 1968, de l'université expérimentale de Dauphine également en 1968. Il avait fallu, à cette époque, créer un corps professoral tant pour l'Université que pour les écoles, ouvrir la formation de ce corps professoral aux pratiques universitaires américaines, ce qui fut une des grandes missions de la Fnege. Mais les réformes ne se sont pas arrêtées là : création d'une section « gestion des entreprises » du Comité consultatif des universités (devenu ensuite section « science de gestion » du Conseil national des universités), instance qui gère les carrières des universitaires, création des maîtrises de sciences de gestion (MSG) en 1971 et de la maîtrise de sciences et techniques comptables et financières (MSTCF) en 1974, d'un doctorat ès sciences de gestion en 1975, d'un concours d'agrégation en sciences de gestion en 1976. Tout est alors en place pour que notre discipline ait un statut et une légitimité académique. Nous voyons là un État stratège qui investit massivement pour faire émerger dans l'enseignement supérieur une discipline nouvelle et la protéger des possibles réactions de rejet grâce à des structures *ad hoc* relativement autonomes. Du côté des écoles de commerce, les changements sont également profonds avec l'abandon progressif de la règle des trois « unités » : unité de recrutement avec un concours unique à l'issue des classes préparatoires aux grandes écoles, unité de sexe et unité de programme.

Cette première période, d'une vingtaine d'années, riche en événements, était marquée par une ambition claire : professionnaliser l'enseignement universitaire et « académiser » l'enseignement professionnel des écoles afin de servir les besoins du pays. Le pari était risqué. Les deux mondes, écoles et Université, étaient très éloignés l'un de l'autre et entretenaient une méfiance (si ce n'est un mépris !) réciproque. En dehors des facultés de droit et de médecine dont les premières, à Paris et Montpellier, datent du XIIe siècle, les autres disciplines étaient bien éloignées du monde professionnel. Les marchands ne devaient pas entrer dans le temple ! Inversement, pendant le Révolution puis le Premier Empire, la France avait sanctuarisé l'enseignement professionnel dans les grandes écoles, tant elle se méfiait de l'Université. Le projet des années 1955 à 1976 était précisément de rapprocher, de prendre le meilleur dans chacun des deux systèmes, d'offrir des formations capables d'associer les techniques de gestion et les sciences humaines et sociales, les mathématiques appliquées, l'informatique, etc., de rapprocher enseignement et recherche car un cadre doit avoir du recul par rapport aux techniques qui font son quotidien.

La seconde période, couvrant les années quatre-vingt et quatre-vingt-dix, est celle de la maturité. Dans les universités, les enseignements de gestion se développent et attirent un nombre croissant d'étudiants. Les formes d'enseignement et les publics se diversifient avec la formation continue qui s'organise ainsi que l'apprentissage. Les écoles de commerce recrutent un corps enseignant permanent, souvent titulaire d'un doctorat, avec des obligations de recherche, et multiplient les échanges internationaux avec une partie de leurs élèves de dernière année obtenant un MBA à l'étranger. Des accords de coopération sont signés entre écoles et universités, comme entre l'ESSEC et l'université d'Aix-Marseille, pour monter un programme commun de doctorat. Les différentes disciplines constitutives de la gestion s'institutionnalisent avec la création de sociétés savantes dans lesquelles se retrouvent enseignants et chercheurs de tous les établissements, quel que soit leur statut. La première association académique créée fut l'Association française de finance (AFFI) en 1978, suivie de l'Association française de comptabilité (AFC) en 1979, suivie à son tour dans les années quatre-vingt par d'autres associations en marketing, stratégie, GRH et systèmes d'information, qui toutes se retrouveront dans les différentes activités de la Fnege et lanceront leurs revues scientifiques. Cette seconde période se caractérise par un dynamisme « autoentretenu », c'est-à-dire en dehors de toute intervention de l'État, selon un modèle commun à la plupart des pays occidentaux.

La troisième période fut celle de tous les dangers. L'onde de choc vint de l'extérieur. Plusieurs éléments se sont conjugués : l'ouverture internationale montrant le caractère illisible de la dualité Université/écoles et la singularité de nos diplômes. Que peuvent signifier à l'étranger des sigles aussi étranges que : DEUG, DESS, DEA, MSG, MSTCF, MIAGE ou diplôme grande école ? Les deux événements marquants furent la signature de la convention de Bologne en 1999, qui conduisit à la réorganisation de nos cursus selon le schéma LMD dans le cadre de l'Espace européen de l'enseignement supérieur qui regroupe aujourd'hui 49 pays, et la publication en 2003 de la première édition de l'*Academic Ranking of World Universities* (ARWU) dit classement de Shanghai. Selon ce classement, les plus prestigieux des établissements français, que le monde entier était censé admirer, étaient très largement distancés par les universités américaines et britanniques notamment. Ces événements ne concernaient pas spécifiquement la gestion, mais ils allaient être lourds de conséquences. L'ampleur du problème était telle qu'il ne pouvait être résolu de façon décentralisée et l'État stratège reprit les commandes. En 2003, toutes les formations universitaires devaient être progressivement réorganisées selon le schéma LMD et abandonner leurs anciens diplômes, les DEUG, maîtrises, DESS et DEA, sous l'autorité et le contrôle du ministère de l'Enseignement supérieur et de la Recherche et notamment deux des directeurs de l'Enseignement supérieur : Francine Demichel puis Jean-Marc Monteil. Les écoles ont également pu adopter cette architecture grâce à la création des « grades » licence et master. Il fallut aussi, et ce fut le rôle de l'État régulateur, améliorer et évaluer la qualité des formations. Ainsi fut créée en 2001 la Commission d'évaluation des formations et diplômes de gestion (CEFDG), familièrement appelée « commission Helfer », du nom de son premier président, compétente pour les écoles de commerce[1]. En 2006, ce fut la création d'une autorité administrative indépendante, l'Agence d'évaluation de la recherche et de l'enseignement supérieur (AERES[2]), compétente pour les universités. En 2007, l'État créa les pôles de recherche et d'enseignement supérieur (PRES), regroupant des établissements de statuts différents (écoles et universités), afin de promouvoir une logique de site, d'organiser la coordination et la coopération entre établissements voisins pour renforcer leur efficacité, attractivité et visibilité au-delà de nos frontières. Parallèlement, le ministère de l'Enseignement supérieur incitait les universités d'une même ville à fusionner car la taille était un moyen efficace de remonter dans les classements

1. La CEFDG a été ensuite présidée par Frank Bournois (2009-2013), Véronique Chanut (2013-2017), Carole Drucker-Godard (2017-2020) et par Mathilde Gollety (depuis 2020).
2. L'AERES est devenue ultérieurement Haut Conseil de l'évaluation de la recherche et de l'enseignement supérieur.

internationaux. Accessoirement, les perspectives d'économie d'échelle furent présentées comme un avantage supplémentaire... alors que les gestionnaires savent que les fusions coûtent avec certitude avant de rapporter peut-être !

La quatrième période qui s'ouvrit ces dernières années, d'inspiration néolibérale et du *New Public Management*, montre qu'ayant impulsé avec autorité un grand projet ambitieux, l'État aujourd'hui se désengage et prône l'autonomie des établissements avec la loi relative aux libertés et responsabilités des universités (LRU) votée en 2007 et la création du cadre juridique d'une nouvelle personne morale de droit privé, l'établissement d'enseignement supérieur consulaire (EESC) en 2014. Ce cadre doit notamment permettre aux écoles de commerce d'ouvrir leur capital à des investisseurs privés. Ces changements très profonds, rendus plus difficiles par l'actuelle pandémie mondiale, sont autant de sujets d'inquiétude que de nouvelles opportunités.

Bien sûr, les historiens le savent, toute périodisation est contestable : elle est réductrice, les périodes peuvent plus ou moins se chevaucher, mais elle est utile tout comme la droite d'ajustement est plus parlante que le nuage de points. Elle donne du sens à la chronologie des événements. Dans notre cas, celui de la France, elle montre un mouvement de balancier avec l'intervention puis le retrait de l'État et le rôle des politiques publiques. Cela est sans doute un des traits caractéristiques de notre pays.

Chapitre 21

Les enjeux et les défis : quels futurs ?

Par Alain Burlaud & Frank Bournois

La seconde partie de l'ouvrage montre que l'histoire contemporaine de l'enseignement et de la recherche en gestion et les évolutions récentes de la société et des technologies ne sont pas sans conséquences sur l'avenir de notre discipline. Lequel ?

S'il fallait qualifier les changements majeurs qui s'opèrent sous nos yeux, nous dirions que la fluidité s'accroît dans tous les domaines. Cela est manifeste et spectaculaire dans le cas des échanges d'informations. Passer un ordre en bourse est l'affaire de quelques fractions de seconde et encore moins s'il est « décidé » par un algorithme. L'envoi d'une facture, la passation d'une écriture ou un virement bancaire se font de façon instantanée. Les réseaux sociaux permettent une information en temps réel sur à peu près tous les sujets. Mais derrière la technologie ou en symbiose avec la technologie, la « fluidité » gagne tous les esprits et tous les domaines de l'action humaine. L'inverse de la fluidité, la viscosité, avait pour corollaire la fidélité puisque le mouvement avait un coût élevé. Aujourd'hui, la fidélité du client ne résiste pas aux comparateurs de prix ou de rapports qualité/prix avec l'extension des notes et des classements. La fidélité dans la relation employé-employeur ne résiste pas à l'ubérisation du monde du travail. La fidélité de l'investisseur, l'*affectio societatis*, ne résiste pas à la course aux rendements et aux techniques de gestion de portefeuille. La circulation des hommes et des marchandises est plus fluide que jamais avec la révolution des transports et les accords de libre-échange. Si tout cela n'est pas totalement nouveau, l'accélération très brutale du phénomène est unique dans l'histoire de l'humanité. La fluidité bouscule nos vies et nos comportements et, en ce qui nous concerne ici, le paysage de l'enseignement et de la recherche en sciences de gestion.

Nous allons examiner quelques-uns de ces bouleversements : la concurrence entre établissements, la régulation du marché de l'enseignement supérieur, l'isolationnisme de la recherche, les effets de la révolution numérique, l'autonomie choisie et forcée des établissements et enfin, les contraintes budgétaires des établissements et la question de l'endettement des étudiants.

1. Comment s'organise la concurrence entre établissements ?

Les établissements, écoles ou universités, ont perdu leur position de monopole au sein d'une région. Rappelons que la plupart des noms des écoles de commerce ont commencé par s'identifier à la ville où elles étaient installées, financées ou soutenues par la chambre de commerce locale. Au-delà de la concurrence, qui n'est pas nouvelle, entre l'école de commerce et l'université d'une même ville, les étudiants sont devenus plus mobiles, choisissent l'établissement dans lequel ils souhaitent faire leurs études en fonction de son prestige, de sa notoriété, de la qualité supposée des formations qu'il offre, des possibilités d'emploi après l'obtention du diplôme, quitte à devoir changer de région ou même s'expatrier. Du fait de l'asymétrie d'information entre le « client » (l'étudiant) qui ne peut évaluer directement le « produit » (l'enseignement) de son « fournisseur » (l'établissement d'enseignement), la confiance en un tiers supposé indépendant permet de faire un choix : ce sont les organismes d'accréditation qui garantissent un niveau de qualité et les organismes de classement qui dictent la hiérarchie. Le recours à ces intermédiaires est encore plus important pour les étudiants étrangers qui ne reçoivent pas les messages informels, les rumeurs, relatifs aux différents établissements.

Bien sûr, ces accréditations et classements ont leurs défauts. Ne pouvant expertiser la véritable qualité d'un enseignement, ils évaluent des procédures, des résultats statistiques, procèdent à des enquêtes sans en indiquer les limites ou les biais. Par exemple, comparer le salaire moyen de sortie des diplômés de tel master de l'université Paris-Dauphine avec celui d'un master équivalent de l'université Paris-Nord située dans le département le plus pauvre de France, la Seine-Saint-Denis, n'a évidemment aucun sens. Les diplômés de cette dernière n'ont, en moyenne, pas le même capital relationnel et cela n'a rien à voir avec la « performance » de l'établissement, bien que l'indicateur soit performatif, comme nous allons le voir. Mais la quantophrénie ambiante fait vite oublier ces réserves ; un chiffre est une vérité, même s'il n'est pas pertinent ! La demande du marché est d'ailleurs de réduire la complexité du service rendu à un seul chiffre. Ainsi, mieux vaut choisir le cinquième établissement dans un classement que le sixième puisque le cinquième est forcément meilleur. Meilleur en quoi ? Meilleur en tout ? C'est la question que l'on ne se pose pas. En effet, s'il existe des systèmes complexes d'inspection et des corps d'inspecteurs dans l'enseignement primaire et secondaire, on ne trouve rien de tel dans les universités ou les écoles.

Si tous les outils de mesure ont leurs défauts, d'ailleurs ni plus ni moins que la notation des étudiants par leurs professeurs, ils n'en sont pas moins extraordinairement puissants du fait de leur performativité. Être bien classé permet d'attirer les meilleurs étudiants, ce qui justifie d'être bien classé et permet même de progresser dans le classement. Mais le chemin en sens inverse est tout autant possible... Ces outils ont aussi des effets pervers, comme tous les systèmes de mesure de performance. Les établissements apprennent vite à connaître et à utiliser, voire manipuler les variables prises en compte pour accréditer ou classer. Ainsi, par exemple, les diplômes des membres du corps enseignant, et notamment la détention d'un doctorat, deviennent plus importants que leurs qualités pédagogiques qui, elles, ne se mesurent pas.

Nous venons de voir qu'il y a concurrence entre établissements sur le marché étudiant pour la captation des meilleurs d'entre eux et que la qualité de la prestation de service, l'enseignement, est une coconstruction : les meilleurs professeurs ne peuvent exprimer leur talent que si les étudiants sont en mesure de comprendre le message et, inversement, les étudiants ne peuvent donner le meilleur d'eux-mêmes que si leurs professeurs sont à la hauteur de leurs attentes. Il est donc important d'observer aussi le marché amont : la compétition pour attirer les meilleurs professeurs. Cet objectif pose évidemment la question de la mesure du talent pédagogique du professeur. Le résultat d'un enseignement étant une coconstruction, que ce soit une connaissance ou une compétence, il est difficile de connaître la part du succès ou de l'échec imputable au professeur ou à l'élève. Les évaluations des élèves par les professeurs, le contrôle des connaissances, ou des professeurs par les élèves, souffrent de la même ambigüité à laquelle il faut ajouter le fait que l'évaluation des professeurs se fait sur des critères assez flous : la rigueur du cours, l'empathie ou le niveau d'exigence ?

Face à cette difficulté et au besoin de critères supposés objectifs pour mesurer la compétence des professeurs, la pratique a retenu un certain nombre d'indices de qualité : le niveau du diplôme obtenu ou du concours passé, le classement (nombre d'étoiles) des revues dans lesquelles le professeur a publié et les indices bibliométriques. Ainsi, sur le marché du travail des enseignants, les établissements consulaires ou privés cherchent à recruter ceux qui sont titulaires d'un doctorat et publient dans les grandes revues. Dans l'ensemble des établissements, publics ou privés, le nombre de publications, le nombre d'étoiles correspondant et de citations recueillies sont des indicateurs de qualité. Ils sont agrégeables et permettent aux établissements de communiquer sur les scores obtenus. Ce mécanisme repose sur une hypothèse simple : plus le professeur est titré et « étoilé », meilleur il est. On voit tout de suite les limites de ce modèle de chasse aux talents. Les effets souvent pervers du classement des revues sont tels qu'on peut se poser la question de l'abolition du recours à ces classements dans les procédures d'évaluation pour revenir à un authentique jugement sur le contenu par les pairs.

2. La régulation du marché de l'enseignement supérieur par l'État

Un marché, et le marché de l'enseignement supérieur ne fait pas exception, ne peut fonctionner sans mécanismes régulateurs relevant du pouvoir régalien de l'État ou d'un organisme indépendant chargé *de facto* d'une mission de service public.

Nous avons vu que notre tradition privilégiait une régulation par l'État mais, que du fait de l'internationalisation de l'enseignement et de la recherche en sciences de gestion, des organismes privés indépendants, européen ou mondiaux, c'est-à-dire en réalité américains et chinois, interviennent également. La situation est cependant différente pour les universités et les écoles de commerce.

À l'Université

Commençons par les universités. L'intervention de l'État est parfaitement légitime dans la mesure où il assure l'essentiel de leur financement et où, du fait des externalités positives importantes, l'enseignement universitaire s'inscrit dans une politique publique de diffusion de la culture scientifique et technique, de soutien à la recherche, de soutien indirect aux entreprises bénéficiant d'une main-d'œuvre formée, d'aménagement du territoire et de redistribution du fait de la quasi-gratuité des droits d'inscription pour les étudiants[1]. En conséquence, les personnels sont, dans leur majorité, des fonctionnaires de l'État. L'offre de formation est essentiellement centrée sur les trois diplômes nationaux (licence, master, doctorat) qui ne peuvent être délivrés au nom de l'État que par les universités, à quelques exceptions près, après avoir été habilitées et aujourd'hui accréditées par le ministère. La tutelle est donc extrêmement présente et tient les cordons de la bourse. Elle va jusqu'à fixer un montant des droits d'inscription, identique sur tout le territoire. L'État donne aux universités l'ordre d'être autonomes ! La loi du 22 juillet 2013 relative à l'enseigne-

1. Notons que les effets redistributifs de la quasi-gratuité des études universitaires, dont le coût annuel pour le contribuable varie de 10 000 à 15 000 € par an et par étudiant, selon le niveau d'étude et la discipline, ne profitent pas nécessairement aux familles les moins argentées car leurs enfants sont sous-représentés dans l'enseignement supérieur.

ment supérieur et à la recherche est éloquente[2]. Nous sommes dans un système administré tel qu'il n'y a pas de marché : la licence ou le master X a strictement la même valeur quel que soit le lieu d'obtention. Mais, en tout cas pour la gestion, ce postulat relève plus d'un l'idéal que d'une réalité et ne permet pas de répondre à la question que théoriquement on ne devrait pas se poser : « Où ai-je intérêt à faire mes études ? » Deux mécanismes de régulation vont contredire ce postulat. Le premier a été instauré par la tutelle elle-même. Ce sont les évaluations que l'Hcéres rend publiques et qui montrent que s'il y a égalité, « certains sont plus égaux que d'autres » selon la belle formule de Georges Orwell. C'est le principe du *name and shame*. Le second mécanisme de régulation échappe à la tutelle : ce sont les accréditations (*rating*) par des organismes privés externes (EQUIS/EFMD, AACSB, etc.) et les classements (*ranking*) (*Financial Times*, ARWU, Le *Figaro*, *L'Étudiant*, etc.). L'ouverture internationale des enseignements et de la recherche en sciences de gestion rend cette régulation extraétatique nécessaire. En effet, elle est accessible et connue dans le monde entier. Inversement, que valent les avis du Hcéres, pourtant publiés en français sur le Net, quelle que soit leur qualité, dont les mots sont pesés au trébuchet puisque quasiment personne à l'étranger n'en a connaissance ? On voit ici à l'œuvre une dynamique pouvant modifier l'équilibre régulation publique/régulation privée. Cela signifie-t-il que le rôle de l'État irait en s'amenuisant ? Peut-être, mais pas nécessairement. On observe le contraire dans toutes les périodes de crise majeure, comme récemment en 2008 quand les États ont sauvé les banques qui, elles aussi, ont une mission d'intérêt général ou, aujourd'hui, avec la pandémie et les États qui bloquent les faillites en chaîne avec leurs conséquences sociales dramatiques. Si une grave crise devait mettre en cause l'équilibre de notre système d'enseignement supérieur et de recherche, l'État régulateur prendrait la main. On voit que la régulation par le marché fonctionne, mais uniquement par « petit temps » et pas quand souffle la tempête.

Des tempêtes, il y en a eu et l'État régulateur a su aussi se faire stratège en impulsant des changements radicaux. Il l'a été quand il a réorganisé l'architecture des diplômes nationaux selon le schéma du LMD. Il est difficile de dire quelle sera la prochaine tempête, mais il y a des menaces : la paupérisation de nombreux étudiants

2. Article 37 : « L'accréditation, par son contenu et ses modalités, prend en compte le lien entre enseignement et recherche au sein de l'établissement, la qualité pédagogique, la carte territoriale des formations, les objectifs d'insertion professionnelle… »
Article L. 718-2 : « Sur un territoire donné… sur la base d'un projet partagé, les établissements… coordonnent leur offre de formation et leur stratégie de recherche… »
Article L. 718-3 : « La coordination territoriale est organisée par un seul établissement d'enseignement supérieur pour un territoire donné. »
La loi, complétée par l'arrêté du 22 janvier 2014 fixant le cadre national des formations conduisant à la délivrance des diplômes nationaux, précise, dans son article 3 : « L'intitulé des diplômes… est défini par un nom de domaine et de mention. Les nomenclatures de mention des diplômes nationaux sont fixées par arrêté. »

alors que les études coûtent de plus en plus cher, la crise de l'endettement des étudiants, l'obsolescence plus rapide des connaissances acquises pendant la formation initiale, la crise des finances publiques suite à la pandémie, etc.

Dans les écoles de commerce

En ce qui concerne les grandes et moins grandes écoles, les mécanismes fondamentaux sont les mêmes, mais avec des nuances. Elles délivrent des diplômes nationaux. Elles ont un recrutement national puis international depuis fort longtemps avec un mécanisme de désistements des étudiants qui, selon leur rang au concours d'admission, choisissent l'école dans laquelle ils feront leurs études. Elles ont été mises en concurrence dès le XIXe siècle avec la compétition ESCP/HEC. Elles se sont plus internationalisées que les universités avec la multiplication des campus à l'étranger sur le modèle de l'École des affaires de Paris (EAP) repris par ESCP puis d'autres écoles. L'équilibre entre régulation étatique/régulation privée se situe donc plus du côté de cette dernière puisqu'elles sont plus exposées à la concurrence internationale. Mais là encore, dans les moments les plus difficiles, l'État est intervenu comme, par exemple, pendant la Première Guerre mondiale lorsque les écoles ont voulu que leurs élèves puissent avoir des sursis d'incorporation. Elles ont alors dû accepter que l'État prenne le contrôle de leurs programmes et des jurys. Plus récemment, l'évaluation de leurs formations par la Commission d'évaluation des formations et diplômes de gestion (CEFDG), émanation du ministère de l'Enseignement supérieur et du ministère en charge de l'Économie, fut la contrepartie de l'obtention du grade master pour leur diplôme de grande école, totalement « exotique » à l'étranger.

Entre les universités et les écoles de commerce, des points communs

Certaines dispositions sont communes aux grandes écoles et à l'Université. L'État, par gros temps, sait prendre l'initiative et impulser une vision sociétale de l'enseignement supérieur, allant au-delà d'un équilibre client/fournisseur plus ou moins naturel. Ainsi, la création de la validation des acquis de l'expérience (VAE) n'est pas une initiative née du marché de l'enseignement supérieur, mais le fruit d'une volonté politique inscrite dans la loi de modernisation sociale du 17 juillet 2002. Le second exemple est celui de l'apprentissage. L'idée est certes ancienne puisque la première loi sur l'apprentissage date de 1851, mais il faut attendre la loi du 23 juillet 1987 inspirée par Philippe Seguin pour que l'apprentissage soit ouvert à tous les diplômes. L'université Paris-Val de Marne (devenue université Paris-Est Créteil) et l'ESSEC furent des pionniers pour développer un enseignement supérieur de la gestion par la voie de l'apprentissage avec les innovations pédagogiques que cela supposait. Ces nouveaux « produits » n'ont pas et ne pouvaient pas être le fruit d'initiatives locales.

L'État a-t-il toujours été un stratège avisé ? Chacun peut avoir sa réponse à la question. De notre point de vue, il y eut, à côté des succès mentionnés ci-dessus, au moins un échec : la faiblesse de la diplomatie scientifique et culturelle de la France, qui est pourtant aussi un des leviers de notre diplomatie économique. Si de nombreux établissements français coopèrent avec des établissements étrangers, c'est souvent en ordre dispersé, voire en concurrence les uns avec les autres. Les actions perdent en visibilité et les ressources ne sont pas mutualisées. La coopération internationale se tourne beaucoup vers nos voisins européens et bénéficie alors d'un soutien important avec des programmes de type Erasmus. C'est heureux. Elle se tourne aussi beaucoup vers l'Amérique du Nord, considérée comme une sorte de « ville sainte » du management et c'est sans doute utile, mais elle est trop peu présente et souvent maladroite dans les nombreux pays francophones de la planète. Les droits d'inscription élevés des grandes écoles, du fait qu'elles bénéficient peu de financements publics, sont un obstacle à la venue de nombreux étudiants étrangers des pays francophones. Les universités les accueillent en grand nombre du fait de la quasi-gratuité des études, mais pas des frais de séjour en France. Où sont les campus français ou les projets communs dans le monde francophone, au-delà de la délocalisation trop souvent mal maîtrisée de certains diplômes ? Bien sûr, ESCP a eu des campus associés en Algérie, au Liban et au Vietnam. D'autres écoles, l'université Paris-Dauphine ou le Cnam, ont aussi des implantations à l'étranger. Mais globalement, l'enseignement supérieur français en gestion est insuffisamment présent et là où il est présent, c'est dans le désordre. Quant à des projets de recherche communs, ils sont quasi inexistants alors que nous aurions, par exemple, autant à apprendre du mode de fonctionnement des entreprises africaines[3] que de celles de la Silicon Valley. L'État n'a pas non plus été à la hauteur en matière d'hébergement des étudiants étrangers, sans compter une administration parfois kafkaïenne, notamment pour ce qui est des démarches administratives pour l'obtention des visas.

En ce qui concerne la défense de la langue française, l'objectif est loin d'être atteint, même si l'on peut comprendre le souhait de rendre la production scientifique française plus accessible grâce au recours systématique à l'anglais. Pourtant, des dispositions légales existent. Ainsi, la loi n° 94-665 du 4 août 1994 relative à l'emploi de la langue française[4], article 6, dispose : « Tout participant à une manifestation, un colloque ou un congrès organisé en France par des personnes physiques ou morales

3. Il y a bien sûr des exceptions, mais elles sont, par définition, rares. Cf. par exemple : Biwolé-Fouda J., Causse G. & Ngantchou A. (sous la direction de) (2018), *Théorie des organisations africaines*. Paris, L'Harmattan.

4. Mais parfois, cette loi se retourne contre les objectifs qu'elle s'est donnés. Ainsi, par exemple, l'emploi strict de la langue française a conduit l'Administration à ignorer ou à reconnaître tout diplôme français dont le titre serait exprimé en anglais. Officiellement, en 2021, le bachelor de ESCP est enregistré par le ministère sous-diplôme d'études supérieures en commerce et entrepreneuriat (bac+3). La lisibilité pour des étudiants non francophones est limitée... Le parchemin, certes électronique, des élèves diplômés, porte cette mention en français.

de nationalité française a le droit de s'exprimer en français. Les documents distribués aux participants avant et pendant la réunion pour en présenter le programme doivent être rédigés en français et peuvent comporter des traductions en une ou plusieurs langues étrangères. » Mais tant les revues académiques que les organisateurs de manifestations scientifiques ne respectent pas ces dispositions. Cela a une incidence importante, notamment dans les sciences humaines et sociales, sur la production scientifique :

- les revues des pays francophones qui publient des articles en anglais sans exiger une version en français deviennent des supports de second choix car un article en anglais est généralement proposé en priorité à une revue anglo-saxonne, surtout si elle est mieux classée, puis proposé aux revues nationales en cas de rejet ;
- les travaux contextualisés et enracinés dans une culture locale résistent parfois difficilement à une traduction ou s'expriment difficilement avec rigueur, mais aussi subtilité et nuances, dans une langue qui n'est pas la langue maternelle de l'auteur[5] ;
- contrairement à une idée répandue, tous les enseignants-chercheurs et tous les praticiens potentiellement intéressés par nos travaux ne maîtrisent pas l'anglais… ou parfois juste le *globish*. Le monde comptait 285 millions de locuteurs s'exprimant en français en 2018[6], nombre d'entre eux étant bilingues, parlant le français et une autre langue, généralement locale, qui n'est pas l'anglais.

La communauté scientifique française porte en bonne partie la responsabilité de cette dérive qui promeut « une novlangue que les *Précieuses ridicules* ne désavoueraient pas[7] » et qui affaiblit la *soft power* (*sic*) de la France. Mais elle n'est pas seule. L'Agence universitaire de la francophonie (AUF) n'a pas été non plus à la hauteur des enjeux. La commission des finances, de l'économie générale et du contrôle budgétaire de l'Assemblée nationale, dans une mission d'évaluation et de contrôle[8], précise : « L'AUF octroie des bourses à des étudiants en master ou en doctorat dont 1 500 viennent en France chaque année. » C'est évidemment toutes disciplines confondues, ce qui est extrêmement peu. Le rapport d'information n° 91 (2004-2005) de M. Louis Duvernois, fait au nom de la commission des affaires culturelles du Sénat[9], *Pour une nouvelle stratégie de l'action culturelle extérieure de la France :*

5. Colasse, B. (2018). L'anglais comme langue de la recherche comptable est inéluctable, mais il confronte la recherche comptable française à un défi paradoxal. *Le Monde*, 18 décembre : https://www.lemonde.fr/idees/article/2019/12/18/l-anglais-comme-langue-de-la-recherche-comptable-est-ineluctable-mais-il-confronte-la-recherche-comptable-francophone-a-un-defi-paradoxal_6023300_3232.html.
6. *Encyclopedia of language and linguistics.*
7. Lefèbvre, P. (2014). Editorial. *Gérer & Comprendre*, n° 115, mars, 1.
8. Compte rendu du 6 mai 2015 : www.assemblee-nationale.fr/14/cr-mec/14-15/c1415015.asp.
9. www.senat.fr/rap/r04-091/r04-091.html.

de l'exception à l'influence, pose des questions. « La francophonie a-t-elle encore un sens pour la France ? » ou, plus loin, « Un navire sans pilote ? », s'agissant de la francophonie. Poser ces questions, c'est y répondre.

Enfin, la multiplication des cours ou même de cursus entiers en anglais, dans le but louable d'attirer en France des étudiants étrangers non francophones pose néanmoins des problèmes de fond. Sur le marché de l'enseignement supérieur de la gestion et vis-à-vis des employeurs, n'est-on pas en train de déprécier l'image de notre langue, surtout quand le diplôme français est délivré à des étudiants qui parfois n'ont pas appris un mot de français pendant leur séjour en France ? Les meilleurs ou les plus fortunés des étudiants français ne seront-ils pas alors tentés d'aller chercher l'original plutôt que la copie en s'inscrivant directement dans une université américaine, anglaise ou aujourd'hui asiatique ? L'enseignement en anglais ouvre la concurrence sur le marché du travail des professeurs à des candidats « internationaux », ce qui conduit à enseigner un management « hors sol ». Si cela peut à la rigueur avoir un sens pour les cadres des multinationales, il n'est pas démontré que ce soit vrai dans les autres organisations publiques ou privées qui constituent l'essentiel du tissu économique et social du pays.

3. L'autonomisation de la recherche en gestion ou le syndrome de la tour d'ivoire

Toutes les réformes récentes dans l'enseignement supérieur, depuis les bourses de la Fnege pour constituer un corps d'enseignants-chercheurs en sciences de gestion formés à la recherche aux États-Unis et au Canada il y a 50 ans, la création d'une section « sciences de gestion » du Conseil national des universités (CNU[10]), d'un doctorat puis d'une agrégation en sciences de gestion dans les années soixante-dix, la réforme LMD, la création de l'Agence d'évaluation de la recherche et de l'enseignement supérieur (AERES) et de la CEFDG au début des années deux mille, toutes impulsées par le ministère de l'Enseignement supérieur, avaient pour objectif de promouvoir un enseignement en lien avec la recherche. Cette dernière doit irriguer l'enseignement et en élever le niveau. Dans une certaine mesure, l'objectif a été

10. Siégeaient dans cette section du Conseil consultatif des universités, familièrement appelé CCU, devenu ultérieurement Conseil national des universités, sauf erreur ou omission : Jane Aubert-Krier (Rennes) et Jean-Guy Mérigot (Bordeaux), nés en 1920, Pierre Lassègue (Paris), né en 1922, Pierre Tabatoni (Aix) né en 1923, André Page (Grenoble) et Marcel Capet (Lille), nés en 1924 et Roger Percerou (Paris), né en 1927.
Le CCU/CNU disposait, pour la gestion des carrières, d'un annuaire, dénommé familièrement *Cocotier*, classant tous les professeurs et maîtres de conférences par grade et ancienneté décroissante : en haut, les professeurs de classe exceptionnelle, puis ceux de première classe, ceux de deuxième classe, les MCF hors classe, etc. Ce *Cocotier* fait référence aux pratiques de certains peuples qui faisaient monter les plus anciens au cocotier et qui le secouaient pour s'assurer de leur force physique...

atteint tant dans les universités que dans les écoles. Le nombre d'enseignants-chercheurs n'a cessé de croître. Partant quasiment de zéro dans les années soixante, les écoles ont recruté un grand nombre de professeurs permanents et dans les universités, le nombre de maîtres de conférences en sciences de gestion atteint 1 750 en 2020 et le nombre de professeurs 550. On est loin de la poignée de pionniers issus des facultés de droit qui, dans les années cinquante, ont notamment créé les IAE : Robert Goetz-Girey à Paris, Jane Aubert-Krier à Rennes, Jean-Guy Mérigot à Bordeaux, André Page à Grenoble, Pierre Tabatoni à Aix-en-Provence et quelques autres, mais guère plus d'une dizaine. Par ailleurs, la recherche s'est organisée, institutionnalisée, avec la création de sociétés savantes sous forme d'associations d'enseignants-chercheurs dès 1978, comme nous l'avons déjà vu, sur le modèle des associations étrangères, européennes ou internationales. Vingt-cinq d'entre elles sont aujourd'hui réunies dans le collège scientifique de la Fnege. Avec leurs congrès et autres manifestations, leurs différentes revues académiques, elles ont permis au corps enseignant et aux doctorants de développer une production scientifique considérable. L'enseignement, qui était essentiellement technique et centré sur les outils, a été intégré dans une démarche scientifique, relié aux différentes théories, ouvert aux courants de pensée du monde occidental et notamment d'Amérique du Nord. S'étant internationalisé, l'enseignement de la gestion en France s'est ouvert à un public étranger important et varié. Toutefois, la médaille a son revers.

D'une pratique artisanale et individuelle de la recherche en sciences de gestion jusque dans les années soixante-dix, nous sommes passés à un mode plus « industriel ». L'augmentation du volume de la production académique et son internationalisation ont conduit à une forme de standardisation, de « macdonaldisation » de la recherche, diront les esprits chagrins. Pourquoi ?

Tout d'abord, la production scientifique, dans notre discipline, essentiellement la publication d'articles dans des revues académiques, est devenue le mode d'évaluation privilégié de la « performance » des enseignants-chercheurs. Deux choses comptent alors pour gérer sa carrière : le nombre d'étoiles (ou le classement) de la revue dans laquelle le « publiant » publie et les mesures bibliométriques (h et g-index) même si être souvent cité ne signifie pas nécessairement être beaucoup lu ! C'est la tyrannie du *publish or perish.* Mais les contrôleurs de gestion le savent bien : tout indicateur produit des effets pervers. L'indicateur devient l'objectif. On a enfin rendu la recherche mesurable et permis une gestion « objective » des carrières. Pour maximiser le ou les indicateurs, il faut publier en anglais car les revues du haut du classement, qu'il s'agisse du classement du CNRS ou de celui de la Fnege, sont anglo-saxonnes. De ce fait, on atteint le lectorat le plus large et donc les meilleurs scores bibliométriques. Pourtant, l'abandon de la langue nationale a une incidence sur le contenu de la production. Les méthodes quantitatives sont plus facilement mobilisables alors que les travaux contextualisés, enracinés dans une culture locale avec sa richesse et sa complexité, sont largement pénalisés. Une prise de conscience des effets pervers du classement des revues et de leur pertinence discutable se fait jour. Ainsi, en décembre 2020, la section 37 « économie et gestion » du CNRS a décidé d'abandonner la publication de toute forme de classement des revues afin de revenir à une évaluation qui se concentre sur « l'apport de connaissance[11] ».

Pour publier toujours plus, pour accroître sa « productivité », le chercheur doit se spécialiser. Devenir le spécialiste incontournable sur un sujet est d'autant plus facile que le sujet est étroit, quitte à perdre beaucoup de hauteur de vue. Mais la spécialisation va plus loin. Le nombre croissant d'articles collectifs[12] permet aux auteurs de se répartir la tâche entre le spécialiste de la revue de littérature (la même revue peut servir plusieurs fois pour traiter des sujets voisins), le spécialiste du traitement des données (les mêmes méthodes statistiques ou logiciels peuvent être utilisés pour traiter les données recueillies dans le cadre de différentes recherches) et le spécialiste du « terrain » qui a une bonne connaissance d'une fonction au sein d'une organisation (commerciale, production, financière, etc.) ou d'un secteur d'activité (distribution, hôpitaux, industrie du luxe, etc.). Quand la première version de l'article est achevée, il est confié à un sous-traitant qui effectue le *copy editing* (vérification de la grammaire, du style, y compris de la clarté de l'expression et, le cas échéant, de l'exactitude de la traduction quand l'article a été initialement écrit en français puis confié à un traducteur pour obtenir la version anglaise) avant soumission à une revue et le *proofreading* (mot-à-mot, correction des épreuves, c'est-à-dire indication de marques typographiques sans intervention sur le fond ou l'expression) avant l'édition. Cette chaîne de production, la nécessité pour les réviseurs de la revue de répondre rapidement, incitent à une standardisation de la forme sous peine de rejet de l'article.

Une des conséquences de cette industrialisation de la recherche est son autonomisation. Elle ne nourrit pas l'enseignement puisque l'objectif de certains enseignants-chercheurs, qui est de multiplier le nombre de publications, ne peut être atteint qu'en réduisant le plus possible le temps consacré à l'enseignement, à l'encadrement des étudiants et aux responsabilités collectives. Ces dernières, le décanat, la direction de labos, le développement de programmes de formation continue, etc. sont de moins en moins recherchées, ouvrant ainsi la voie à un renforcement du pouvoir des fonctions administratives des établissements.

11. Selon Claude Diebolt, président de la section 37. Le dernier classement, publié en 2020, portait sur 800 revues : https://www.aefinfo.fr/depeche/643713.
12. À titre d'exemple, une étude des articles publiés dans la revue *Politiques et Management Public*, menée par Christophe Benavent, montre que le nombre moyen d'auteurs par article, qui était d'environ 1,2 sur la période 1983-2002, a cru régulièrement de 2002 à 2019 pour atteindre 2 auteurs par article.

Enfin, les publications destinées à un plus large public, la diffusion de la culture scientifique et technique, les publications dans les revues des praticiens, sont négligées, ce qui, à plus ou moins long terme, décrédibilise le travail des chercheurs eux-mêmes. La publication d'ouvrages scientifiques est peu valorisée, ce qui a conduit la Fnege à créer en 2013 un label des ouvrages de recherche en management pour y remédier. Quant aux ouvrages pédagogiques, pourtant essentiels pour établir le lien souhaité entre enseignement et recherche, ils sont généralement ignorés des critères d'évaluation. On s'interroge sur l'utilité sociale de ces travaux dont le coût est élevé, parfois plus de 100 000 € pour un article. Bien sûr, ces dérives sont connues et préoccupent bon nombre de membres de notre communauté. Aux États-Unis, dès 2008, l'AACSB, un des grands organismes d'accréditation des *business schools* du monde entier, se préoccupe de l'impact (*outcome*) insuffisant de la recherche en sciences de gestion. En France, en 2012, la Fnege teste la démarche « *Business School Impact Servey* » qui sera reprise en 2013 par l'European Foundation for Management Development (EFMD) avec le « *Business School Impact System* ». Le concept « d'impact managérial » est aujourd'hui promu, à savoir les conséquences d'une publication (ou d'un enseignement) sur les pratiques de gestion. Si ces dispositifs d'évaluation ne se limitent pas aux activités de recherche et traitent aussi de l'enseignement, ils incluent la recherche et peuvent devenir un levier important d'évolution des pratiques de l'enseignement supérieur, un remède à un risque de bureaucratisation de la recherche.

4. Pédagogie, recherche et révolution numérique

Depuis des décennies, on entend parler de la révolution numérique, épouvantail, mirage ou miracle de la transformation de la pédagogie. Toute la connaissance du monde à la portée de tous et tout cela gratuitement. Déjà dans les années soixante-dix, tant par exemple ESCP[13] que l'Institut national des techniques économiques et comptables (Intec) avaient développé des cours de comptabilité *via* le Minitel, l'ancêtre d'Internet. Les motivations des pionniers étaient multiples. Au-delà de la recherche d'une touche de modernité, il fallait anticiper ou accompagner une évolution du comportement des étudiants, désireux d'avoir une plus grande liberté d'organisation de leur temps, parfois pour avoir des activités extra-universitaires sportives, culturelles, associatives, etc., mais aussi, de plus en plus, des emplois salariés, les fameux « petits boulots » à horaires variables. Dans les facultés de droit, économie

13. Deux collègues, de ESCP en particulier, avaient investi beaucoup de temps pour développer ces cours d'un genre nouveau : Jean-Pierre Grappin et Daniel Boussard.

et gestion parisiennes, cela était déjà rendu possible depuis longtemps avec la vente de cours polycopiés pour les cours magistraux[14].

La révolution numérique ne commença véritablement à transformer la pédagogie que dans les années quatre-vingt-dix, sous ses formes les plus simples avec l'enregistrement du cours d'amphi avec une caméra puis, sous des formats plus professionnels avec l'intégration de diaporama et de vidéos ou avec l'hybridation des tests d'autoévaluation interactifs, etc. Au cours des mêmes années apparurent aussi des jeux d'entreprise avec des applications informatiques. Nombre de ces innovations ont été testées et commercialisées dans le cadre de la formation continue (*executive education*). Des développements plus récents faisant appel à la réalité virtuelle permettent des expériences pédagogiques jusqu'alors inconnues. L'étudiant, « l'apprenant » dans la novlangue pédagogique, qu'il soit en formation initiale ou continue, retrouve une grande liberté d'organisation de son temps, mais aussi la possibilité de trouver des formations très pointues sur des sujets d'une infinie variété, autorisant ainsi des parcours de plus en plus personnalisés. De plus, cette offre est souvent gratuite, mais se limite alors parfois à un produit d'appel.

Cette offre d'enseignement constitue-t-elle un progrès ? La pandémie de 2020 en a montré l'utilité, mais aussi les limites. Le partage d'émotions, une sorte de sixième sens, ne fonctionne qu'en mode dégradé. L'authenticité des liens sociaux qui permettent l'entraide, qui créent une émulation, qui font que dans la classe il y ait une dynamique de groupe, est en panne. Le charisme du professeur ou, plus exactement, des meilleurs d'entre eux, charisme qui motive et éveille, a du mal à s'exprimer. Regarder un concert sur son écran n'est pas aller au concert ! La solitude face à l'écran exige une motivation accrue et renforce le risque d'un apprentissage déstructuré, marqué par la tentation du *zapping* au détriment d'une formation au raisonnement, nécessairement plus lente. Il ne suffit pas de mémoriser des faits, mais de structurer la pensée. Le *fact checking* fait obstacle à la recherche du sens.

La révolution digitale modifie profondément le modèle économique, l'équilibre financier des établissements d'enseignement supérieur. Elle ouvre la menace d'une concurrence. Il n'est plus nécessaire d'aller vivre à Boston pour suivre les cours d'Harvard ! Par ailleurs, la structure des coûts a changé. Ils étaient essentiellement liés au *front office* (le salaire de l'enseignant plus des charges de structure relativement faibles dans des disciplines comme le droit, l'économie ou la gestion) et pèsent aujourd'hui plus lourd dans le *back office* (avec, notamment, le plateau technique et

14. Une sténographe assistait au cours d'amphi, le transcrivait à la machine et le donnait à relire au professeur. La semaine suivante, le fascicule était tiré et mis en vente. L'éditeur parisien de référence était « Les Cours de Droit », rue Saint-Jacques. Cette pratique a pris fin dans les années quatre-vingt ou quatre-vingt-dix. Dans d'autres disciplines, l'édition des polys était assurée par la corpo, une association d'étudiants qui en tirait quelques ressources.

les systèmes d'information) pour suivre, par exemple, l'activité (la traçabilité en novlangue) des étudiants sur le site de chaque cours. Quant à l'idée que les cours en ligne permettraient de réduire les coûts, puisqu'on peut rediffuser le même cours sans charges supplémentaires, elle n'a généralement pas été vérifiée avec l'envol des coûts informatiques et la nécessité de mettre en place des tutorats, chose qui pouvait se faire largement de façon informelle, gratuite et conviviale avec le professeur à la pause, après le cours ou autour de la machine à café. Nous allons certainement entrer dans une phase caractérisée par la multiplication d'alliances nouvelles où les établissements, universités comme écoles, seront amenés à produire des modules numériques à rayonnement national, voire mondial. La notoriété internationale d'un établissement risque de passer par sa capacité à produire des « capsules » numériques et à les vendre et diffuser auprès de publics à l'échelle planétaire. Les alliances se feront entre établissements de continents différents, entre universités et écoles, avec des consortiums d'entreprises ou très certainement aussi avec de grands cabinets d'audit et de conseil qui placent la formation au cœur du développement professionnel de leurs personnels au service de leurs clients mondiaux.

La révolution numérique modifie non seulement l'enseignement, mais aussi la recherche en gestion, en ayant facilité l'accès aux données, permis de développer de nouveaux outils de traitement des données, facilité la diffusion des résultats des recherches et accru la productivité des chercheurs grâce à la bureautique et à la révolution des communications. La plupart des revues académiques ont numérisé tous leurs anciens numéros. Certaines n'ont même plus de version papier. Enfin, l'*open access*, c'est-à-dire l'accès immédiat et gratuit en ligne de tous les articles, y compris les plus récents, s'il accélère la diffusion des connaissances, menace de ruiner les éditeurs de revues. Même l'édition numérique a un coût : révision des propositions d'articles, travail éditorial sur les manuscrits, infographie et gestion du site, administration, etc. À défaut du produit de la vente au numéro ou des abonnements, certaines revues font payer les auteurs ou leur laboratoire d'appartenance. Pratiquement, il faut payer pour soumettre un manuscrit, ce prix étant fonction de l'indice bibliométrique (donc du classement) de la revue. Ce modèle pousse à la concentration des éditeurs de revues scientifiques, notamment anglophones, car la publication devient alors un véritable *business*. D'autres revues vivent de subventions d'organismes divers, d'entreprises, d'associations académiques, au risque de perdre également leur indépendance.

Si la révolution numérique fluidifie la diffusion des connaissances et bouscule le modèle économique des activités liées à la recherche, elle induit aussi une évolution de fond sur les méthodes et le contenu de la recherche en gestion. Les chercheurs peuvent plus facilement mobiliser des réseaux internationaux. Elle met à disposition des outils qui ont permis le développement de traitements statistiques autrefois impossibles à pratiquer. Ainsi, le quantitatif a parfois pris le pas sur le qualitatif. Cela a apporté de la rigueur dans la construction d'une représentation du réel, dans la mise à nu d'éléments probants. Le traitement des données, y compris les analyses de contenu, a l'ambition d'extraire le sens des phénomènes sociaux. Mais ces méthodes ont leur revers : elles ignorent trop souvent les phénomènes ou les variables non mesurables. Sous leur forme la plus simpliste, elles confondent corrélation et causalité. Elles produisent des constats, mais ne permettent pas nécessairement des explications, une compréhension. Les algorithmes peuvent enfermer le chercheur dans une bulle lui donnant l'illusion d'observer la réalité, alors qu'il n'observe qu'un modèle. Le remède est dans le recours à une variété de méthodes d'observation, dans la diversité des raisonnements.

La révolution numérique a de lourdes conséquences sur les carrières des chercheurs, comme nous l'avons vu avec des évaluations fondées sur des indicateurs bibliométriques qui ne mesurent pas la qualité des publications et confondent notoriété et qualité.

Enfin, la révolution numérique a largement transformé les méthodologies et, par conséquent, le contenu de la recherche en gestion. L'accès à des bases de données, l'analyse de données textuelles, les outils statistiques ont souvent promu les approches quantitatives au détriment des recherches qualitatives. Le recours à la « gestionométrie » est devenu une preuve de scientificité...

5. L'autonomie voulue et subie des établissements : une aporie ?

Les établissements d'enseignement supérieur, qu'il s'agisse des universités ou des écoles, doivent-ils être plus ou moins autonomes ? Où placer le curseur entre une totale subordination à leur tutelle et une autonomie complète ? L'égalité des raisonnements contraires, en faveur de l'une ou l'autre des solutions, conduit à une incertitude, à une difficulté d'ordre rationnel d'où on ne voit pas comment sortir, en particulier en période de crise, à une situation que l'on qualifie d'aporétique[15].

L'histoire de ces 40 dernières années montre une tendance de fond : les tutelles, le ministère de l'Enseignement supérieur ou les chambres de commerce selon le cas, ont souhaité accorder aux établissements une plus grande autonomie. Cela s'apparente à une injonction paradoxale : l'ordre d'être libre ! Ce n'est d'ailleurs pas tout à fait désintéressé. Face à des contraintes budgétaires accrues, autonomiser les établissements c'est aussi leur confier le soin de trouver des ressources propres accrues afin que la tutelle puisse au moins partiellement se désengager financièrement.

15. Aporie : situation sans issue. « Lorsque raisonnant dans les deux sens, toutes les raisons nous paraissent égales de part et d'autre, c'est alors que nous sommes dans l'incertitude sur l'action à entreprendre. » (Foulquié, P. [1982]. *Dictionnaire de la langue philosophique* [p. 40]. Paris, Presses universitaires de France).

Ainsi, dans le cas des universités, le modèle de financement public a évolué. Avec les modèles Garacès dans les années quatre-vingt puis San Remo dans les années quatre-vingt-dix, les moyens, c'est-à-dire les crédits ministériels accordés aux universités, étaient fondés sur des normes combinant les maquettes nationales des diplômes (nombre d'heures d'enseignement dans une année de maîtrise) et le nombre d'étudiants inscrits. Ce dispositif n'est pas sans rappeler la tarification à l'acte, la T2A, applicable dans les hôpitaux. De plus, la masse salariale des fonctionnaires n'apparaissait pas dans le budget des établissements car elle était rattachée directement au budget du ministère. Afin de maximiser leurs ressources, la dotation ministérielle, les universités étaient donc incitées à accroître le nombre d'étudiants inscrits, mais pas nécessairement présents, sans se soucier de leurs débouchés professionnels, et à négocier toujours plus d'emplois de fonctionnaires. Aujourd'hui, le modèle d'allocation des moyens, SYMPA, prévoit 80 % de l'enveloppe totale pour financer l'activité mais en ne prenant en compte que les étudiants présents à l'examen plus le nombre d'enseignants-chercheurs « publiants » avec toutes les difficultés de mesure que nous avons déjà évoquées. Les 20 % restant sont attribués sur la base de la « performance », critère incluant l'insertion professionnelle des étudiants. Par ailleurs, la masse salariale des fonctionnaires a été incorporée dans le budget des universités afin de les inciter à mieux gérer les emplois et parfois à remplacer les titulaires par des contractuels. De plus, il y eut des gels de postes massifs.

L'autonomie des universités avec un recrutement de fonctionnaires dans un cadre national constitue une injonction paradoxale de plus. Pour prendre un exemple emblématique, traditionnellement, le recrutement des professeurs d'université se faisait essentiellement par la voie d'un concours national d'agrégation dans certaines disciplines dont la gestion, le droit, l'économie et les sciences politiques. Cette voie est devenue l'exception depuis 2015 du fait du « décontingentement », c'est-à-dire de l'ouverture des autres voies d'accès au grade de professeur, sans que leur volume soit contingenté par rapport au nombre de postes ouverts au concours d'agrégation[16]. Ainsi, le concours d'agrégation de sciences de gestion, ouvert en 2018, n'offrait que quatre postes pour toute la France auxquels ont concouru 42 candidats. Sachant qu'il n'y a un concours que tous les deux ans, c'est peu ! Aujourd'hui, la voie

16. Cosnard, M. & Dubois, P.-L. (2019). *Évaluation du dispositif expérimental de recrutement des professeurs des universités en sciences de gestion* (rapport à Madame la ministre de l'Enseignement supérieur, de la Recherche et de l'Innovation). Paris, Hcéres.
Selon l'article 53 du décret n° 2014-997 du 2 septembre 2014 modifiant le décret n° 84-431 du 6 juin 1984 fixant les dispositions statutaire communes applicables aux enseignants-chercheurs (EC) et portant statut particulier du corps des professeurs des universités et du corps des maîtres de conférences : « À titre expérimental, les dispositions des deux dernières phrases du deuxième alinéa de l'article 49-2 du décret du 6 juin 1984 susvisé, dans leur rédaction issue du présent décret, ne sont pas applicables aux procédures de recrutement des professeurs des universités par les concours nationaux d'agrégation ouverts dans les sections 5 et 6 du Conseil national des universités dont a proclamation des résultats aura lieu en 2016, 2017, 2018 et 2019. » À l'heure à laquelle ces lignes sont écrites, on ne sait pas comment l'expérience prendra fin.

principale, ouverte tous les ans, est celle ouverte aux maîtres de conférences habilités à diriger des recherches. En 2020, il y eut 125 candidats dont 36 ont été qualifiés par le Conseil national des universités (CNU), c'est-à-dire inscrits sur une liste d'aptitude autorisant à concourir sur des emplois de professeurs ouverts par les établissements, ces derniers faisant ensuite leur choix. Si l'agrégation est un système centralisé ne laissant aux universités aucune possibilité de choix du professeur nommé, la qualification est un système hybride : une instance nationale évalue le niveau scientifique des candidats[17] puis l'Université évalue celui des qualifiés faisant une candidature locale dont le profil correspond aux besoins locaux. Ce système assure un équilibre entre deux logiques opposées. Mais la loi de programmation de la recherche 2021-2030[18] est allée plus loin dans le sens de l'autonomie des établissements. « Par dérogation [...] et à titre expérimental, pour les postes publiés au plus tard le 30 septembre 2024, les établissements publics d'enseignement supérieur peuvent demander, après approbation du conseil d'administration, à être autorisés à déroger [...] à la nécessité d'une qualification des candidats reconnue par l'instance nationale[19]. [...] La dérogation est accordée par décret pour la durée de l'expérimentation[20]. » Ce n'est pas (encore ?) la liberté totale de recrutement accordée aux universités, mais un pas supplémentaire dans cette direction. Les risques du localisme sans véritable responsabilité sont bien connus. De plus, le dispositif n'est pas vraiment cohérent. Les professeurs recrutés localement ont pour mission principale de servir dans le cadre de diplômes nationaux et non de diplômes d'établissement. Ils deviennent des fonctionnaires de l'État et peuvent demander ultérieurement une mutation vers n'importe quel établissement de la République. Pour être cohérent, il faudrait imaginer un corps de fonctionnaires non mutables, ce qui correspond plus ou moins au cas des professeurs exerçant dans les écoles de commerce.

Quant aux écoles consulaires, initialement des services des chambres de commerce, donc sans personnalité morale, elles sont, les unes après les autres, « filialisées », les subventions reçues de leur tutelle ont fondu comme neige au soleil et elles ont même acquis la capacité d'emprunter. La loi Mandon de décembre 2014 a permis l'émergence du statut juridique de EESC (Etablissement d'enseignement supérieur consulaire) utilisé par une vingtaine d'écoles de commerce (Audancia, HEC, BSB, ESCP, GEM, NEOMA, TBS ...) et d'ingénieurs. La diminution des ressources des

17. Notons que la procédure actuelle comporte des curiosités. La section 06 « gestion » du CNU comporte 48 professeurs qui votent sur les demandes de qualification aux fonctions de professeur des universités. Mais seuls les rapporteurs (2 membres sur 48 pour chaque candidat) ont accès aux dossiers des seuls candidats sur lesquels ils rapportent. Les 46 autres membres n'ont connaissance que des deux rapports. C'est comme si les parlementaires devaient voter sur la base des rapports des commissions sans avoir accès aux textes des lois qu'ils votent !
18. Loi no 2020-1674 du 24 décembre 2020 (LPR).
19. C'est-à-dire ici, le Conseil national des universités.
20. Article 6 de la LPR.

chambres de commerce a rendu nécessaire leur désengagement et poussé les écoles à compenser par une hausse des frais de scolarité, l'augmentation des effectifs et la multiplication des diplômes proposés (bachelors et mastères spécialisés, essentiellement). Les fonds d'investissement peuvent entrer dans leur capital, même si c'est sous des conditions particulières garantissant la liberté académique, les rapprochant des écoles privées quant à leur modèle économique.

Bien sûr, transférer aux chefs d'établissement le simple mais énorme souci de gérer l'équilibre de leurs finances n'était pas très vendeur... Mais le discours emprunté au nouveau management public[21], discours et idéologie selon lesquels le management se pratique selon les mêmes règles dans toutes les organisations, qu'elles soient publiques ou privées, a permis de réenchanter les questions comptables ! Les chefs d'établissement allaient trouver plus de liberté et donc de pouvoir. De simples administrateurs des deniers publics, ils allaient devenir des stratèges.

Pour les universités, cela pose néanmoins des problèmes. Un président est élu pour quatre ans, renouvelable immédiatement une fois. C'est peu pour déployer une stratégie ambitieuse, surtout si des changements importants provoquent très rapidement un sentiment d'inquiétude et d'insécurité dans le corps électoral alors que les éventuels bénéfices ne peuvent être perçus qu'à moyen ou long terme. La seconde difficulté est qu'une liberté accrue suppose normalement une responsabilité accrue. L'intitulé de la loi relative aux libertés et responsabilités des universités (LRU) de 2007 souligne bien ce lien, l'existence des deux faces de la médaille. Mais gérer son établissement sans entreprendre trop de changements et avec un peu de démagogie électorale n'est pas une infraction et ne sera jamais sanctionné. Le modèle du nouveau management public n'a pas été déployé en allant jusqu'au bout de sa logique. Rappelons que dans les sociétés commerciales, mais aussi dans certaines universités étrangères, les mandataires sociaux sont révocables *ad nutum*, même en l'absence de toute infraction ou de tout délit, la contrepartie étant, en règle générale, une rémunération bien supérieure à celle d'un président d'université. Dans les universités françaises, la seule sanction en cas de risque de « faillite » est la mise sous tutelle du budget par le recteur de l'académie. Mais l'État-pompier peut aussi devenir État-stratège lorsqu'il impulse, par exemple, des regroupements d'établissements au sein des communautés d'universités et établissements (ComUE) ou la fusion d'universités d'une même ville. Ces décisions n'auraient probablement jamais été prises à l'initiative des chefs d'établissement. L'objectif du ministère est de donner plus de visibilité aux universités françaises, de les rapprocher des écoles et de mutualiser des coûts, comme nous l'avons déjà dit. *Big is beautiful...*

21. Le *New Public Management* a été théorisé notamment par Christopher Hood, professeur à Oxford, dès les années soixante-dix. Cf., par exemple, Hood, C. (1991). A public management for all seasons ? *Public Administration, 69*(1), 3-19.

Tant pour les universités que pour les écoles, derrière cette autonomie supposée être une incitation à l'amélioration de la « performance », ce qu'elle peut effectivement être, se cache un autre risque : la dégradation du service public et la perte de sens du fait d'une allocation des ressources prioritairement au bénéfice des activités apportant des ressources propres : diplômes d'établissement, alternance, formation continue, recherche sous contrat, etc. L'opposition entre logique financière et logique du service public quasi gratuit et égal pour tous constitue les deux termes de l'aporie mentionnée ci-dessus. Un compromis, nécessairement contingent, bousculé par les crises passées et à venir des finances publiques, devra être trouvé.

6. L'équilibre budgétaire des établissements et la capacité de contribution des étudiants

Au cours des dernières décennies, les effectifs étudiants, toutes disciplines de l'enseignement supérieur confondues, ont beaucoup augmenté. Ainsi, en France, nous avions 1,2 million d'étudiants en 1981 et en avons 2,7 millions en 2018. Il va de soi que cet accroissement ne s'explique ni par la courbe démographique, ni par l'afflux des étudiants issus de la bourgeoisie ou de la haute fonction publique puisque 47 % des 25-64 ans sont diplômés de l'enseignement supérieur. Aujourd'hui, on compte 330 écoles de commerce en France, accueillant 187 000 étudiants plus 238 000 étudiants suivant des études de gestion dans les universités, soit un total de 425 000 étudiants en gestion auxquels il faut ajouter ceux qui sont en classes de BTS.

Par ailleurs, les financements publics ne suivent ni la croissance des effectifs, ni le coût des études. En moyenne, au sein de l'OCDE, la part publique du financement des établissements tertiaires est passée de 74 % en 1995 à 66 % en 2018. Pourtant, les établissements doivent financer le recrutement d'enseignants à temps plein et des activités de recherche qui génèrent d'autres charges : participation à des congrès, années sabbatiques, publications, etc., mais surtout une réduction du potentiel d'heures de cours des enseignants. Par exemple, les enseignants-chercheurs universitaires, maîtres de conférences et professeurs, ont un service annuel d'enseignement égal à 50 % de celui d'un professeur agrégé du second degré détaché dans l'enseignement supérieur (PRAG) afin de laisser un mi-temps libre pour les obligations de recherche.

L'impasse budgétaire ne pouvant durablement se creuser, trois solutions s'offrent aux établissements, séparément ou conjointement : réduire les coûts, développer des activités marchandes et/ou augmenter les droits d'inscription.

La réduction des coûts supposerait, dans l'enseignement supérieur de gestion, essentiellement une diminution de la masse salariale. Le remplacement des enseignants-chercheurs titulaires par des vacataires payés à l'heure, ce qui serait un retour à la situation des années soixante, ou l'abandon des activités de recherche pour augmenter le service d'enseignement annuel des professeurs, comme c'est le cas pour les PRAG, n'est pas envisageable du fait des normes d'encadrement imposées par les accréditations et les classements nationaux et internationaux. En plus, en cas de dégradation de leurs conditions, les professeurs de gestion pourraient trouver des emplois plus attractifs dans les universités étrangères ou, en France, dans le conseil ou comme cadres dans des entreprises. En fait de réduction des coûts, les établissements ont subi ou choisi d'accroître certaines dépenses pour tenir leur rang et gagner en attractivité. La concurrence nationale et internationale a nécessité aussi une augmentation des dépenses de communication, de relations publiques, de relations internationales pour promouvoir, et si possible profiter, de la mobilité des étudiants.

Le développement des activités marchandes est déjà largement initié tant dans les écoles que dans les universités, notamment dans les IUT et les IAE, avec l'offre de formation continue, la création de diplômes d'établissement, l'enseignement en alternance, le financement de la recherche sur contrat, la création de « chaires d'entreprise » et de fondations. Si ces solutions ont permis aux plus prestigieux des établissements de trouver des ressources additionnelles importantes, elles sont marginales pour les autres car le marché est étroit.

Reste l'augmentation des droits d'inscription et autres frais de scolarité. Elle est bien réelle dans les écoles de commerce puisque, de 2009 à 2020, ils ont augmenté de 77 %, voire 100 % dans les écoles les plus cotées. Les universités n'ont pas pu augmenter les droits pour les diplômes nationaux puisqu'ils sont fixés par le ministère, mais certaines ont développé des diplômes d'établissement car pour ces derniers, les droits sont fixés librement. Lorsque ces mêmes diplômes sont délivrés par de « grands établissements », statut juridique de Dauphine depuis 2004 et du Cnam depuis 1794, les droits sont libres.

Mais au-delà des questions d'équilibre budgétaire des établissements, l'augmentation du coût des études pose des problèmes politiques, sociaux et macroéconomiques sensibles. Comment ce coût doit-il se répartir ? Qui en bénéficie ?

Les études supérieures bénéficient à trois catégories d'acteurs.

Les étudiants trouvent des emplois plus qualifiés et mieux rémunérés, ce qui pourrait militer pour un relèvement des droits d'inscription sachant que le coût complet moyen d'une année d'études supérieures, payé par la collectivité, varie de 5 000 € pour les premiers cycles universitaires tertiaires à 20 000 € pour les élèves des classes préparatoires aux grandes écoles et peut-être plus pour certaines écoles de commerce. Ces sommes sont à comparer, par exemple, avec les droits d'inscription à l'Université en master qui sont de 335 € par an en 2020-2021, montant fixé par le ministère pour ce diplôme national.

Les employeurs, qu'ils soient publics ou privés, bénéficient d'une main d'œuvre qualifiée sans en financer directement la formation. Notons toutefois que l'État, dans les écoles de fonctionnaires (ENA, École nationale de la magistrature, École des impôts, Écoles normales supérieures, etc.) finance totalement la formation pratique de ses agents et leur verse un salaire pendant ces études. Mais il s'agit d'un enseignement supérieur assuré quasi exclusivement par des praticiens sans lien statutaire avec la recherche académique.

La société, en général, profite du fait que la formation, de l'école primaire à l'Université, est en fait une éducation ; elle n'est pas strictement utilitaire, mais contribue à la cohésion sociale fondée sur une culture commune, elle donne aux citoyens les moyens intellectuels d'une participation plus éclairée à la vie de la cité. Certes, le lien entre quasi-gratuité hors coût de la vie de l'enseignement supérieur universitaire et sa démocratisation reste souvent à démontrer. Mais cette quasi-gratuité est un symbole fort de l'attachement à la possibilité d'une ascension sociale. Enfin, la production scientifique des chercheurs est accessible gratuitement à tous.

Si les extrants (*outcomes*) d'une formation supérieure sont difficilement identifiables avec précision et mesurables, le financement est au moins aussi complexe. Nous sommes en présence d'une question macroéconomique et sociale importante. Qui doit financer le budget annuel de l'enseignement supérieur et de la recherche qui est, en France, de 25,5 milliards d'euros en 2020 ?

Les tenants de la théorie du capital humain diront que l'étudiant doit financer sa formation puisqu'elle lui assure un profit tout au long de sa vie, un retour sur investissement. Certains vont jusqu'à proposer d'indexer les droits d'inscription sur l'accroissement de la valeur actuelle des revenus futurs dû à la qualification professionnelle que procure la formation. C'est implicitement le raisonnement que font les étudiants qui vont étudier dans une école de commerce ou dans une université étrangère plutôt que de suivre un cursus quasi gratuit dans une université française, espérant un meilleur accès au marché du travail. Cela risque évidemment d'accroître les inégalités sociales.

À l'inverse, les tenants du service public ou bien public, au sens commun du terme et non de la théorie des communs de Vincent et Elinor Ostrom, estiment que les externalités de la formation sont telles qu'elle profite à la société et que cela justifie un financement par la collectivité, c'est-à-dire par le contribuable ; ils prônent une lutte contre les inégalités sociales par l'enseignement supérieur. Mais la notion de contribuable recouvre des situations très variées : les entreprises et les différentes catégories de personnes physiques. Rien ne garantit que leur contribution à la dépense publique soit proportionnelle à leur revenu et/ou leur patrimoine[22].

Le curseur se place entre ces deux extrêmes : les étudiants ou leur famille paient une partie de la formation : frais d'inscription et coût d'opportunité des études, c'est-à-dire coût du renoncement à un emploi à temps plein pendant la durée des études, dans la mesure où cette opportunité existe. Si ses ressources sont insuffisantes, l'étudiant doit faire des « petits boulots » ou s'endetter, les bourses étant très généralement insuffisantes. Cela est d'autant plus important que l'accès au marché du travail est tardif. La collectivité paie la part la plus importante.

Aujourd'hui, en France, en 2019, plus de 10 % des étudiants sont endettés, contre 6 % en 2006. Dans une optique néolibérale, on peut s'en réjouir ! L'endettement pousserait à l'efficience de l'enseignement supérieur. En clair, il pousse à faire des études rapidement « rentables », c'est-à-dire facilement monnayables sur le marché du travail et incite les établissements à développer ce type de cursus. Est-ce souhaitable ? Les formations générales et formations à la recherche (longues et débouchant sur des emplois peu payés) ne risquerait-elles pas d'être délaissées, réduisant l'enseignement supérieur à la formation à un emploi d'aujourd'hui ? Former directement aux emplois de demain suppose une capacité prospective dont l'existence n'est pas démontrée. Il est indispensable, à notre avis, de former à la fois dans tous les domaines de la science, incluant toutes les sciences humaines et sociales, sans pour autant abandonner la formation professionnelle. Les deux peuvent se compléter utilement et harmonieusement.

Dans une perspective consistant à privilégier les équilibres sociaux, on se posera la question de savoir si l'endettement est une solution pour lutter contre les inégalités d'accès à l'enseignement supérieur. Rien n'est moins sûr du fait de l'inégalité d'accès aux prêts bancaires puisque le prêteur exige des garanties. Pour surmonter l'obstacle, certains pays ont mis en place des possibilités de prêts à remboursement contingent (PARC) pour aider les plus modestes et améliorer l'autonomie des étudiants. Le mécanisme est le suivant : les étudiants, dont la demande est retenue, peuvent emprunter une somme mensuelle (par exemple, 500 €) pendant la durée de leurs études (durée limitée) à un taux bonifié par l'État. Ce dernier subventionne donc le coût de l'emprunt. Le débiteur ne rembourse que quand il a trouvé un emploi avec un salaire supérieur à un certain seuil (par exemple, 1,5 fois le SMIC), l'administration fiscale prélevant des mensualités de remboursement qui varient en fonction des revenus. Si au bout d'un certain nombre d'années (par exemple, 20 ans) la dette n'est pas tota-

22. Un foyer percevant un petit revenu le dépense normalement en totalité et paie la TVA sur la plupart de ses dépenses (hors loyer) alors qu'un foyer ayant un revenu élevé peut en épargner une proportion importante ou en dépenser une grande partie à l'étranger et de ce fait ne pas payer beaucoup de TVA. Ceci peut conduire à une taxation à un taux moyen total supérieure pour le premier.

lement remboursée, le solde dû est abandonné. L'État subventionne donc le risque d'impayé. Le PARC peut aussi être accordé à des étudiants dont les parents ont des revenus suffisants, afin de ne pas les exclure de l'enseignement supérieur en cas de conflit avec leur famille. La forte valorisation du diplôme initial, tout au long de la vie, le fait qu'il s'agit d'un investissement à long terme, justifient ce mécanisme moins contraignant qu'un prêt ordinaire qui exige une capacité de remboursement rapide et donc un choix de parcours plus immédiatement « rentable ».

CONCLUSION GÉNÉRALE

Par Alain Burlaud & Frank Bournois

Les événements ayant marqué l'évolution de l'enseignement et de la recherche en sciences de gestion, du XIXe siècle en ce début de XXIe siècle, sont si nombreux que l'on perd de vue le sens de l'histoire. Une courbe d'ajustement, comme diraient les statisticiens, permet de faire la différence entre météorologie et climat, c'est-à-dire d'effacer les détails pour montrer l'essentiel. En tant qu'individus, nous sommes plus intéressés par la météorologie car elle nous concerne plus directement. Mais nos vies se déroulent dans une société, autrement dit un climat, qui doit aussi nous préoccuper, même si c'est moins immédiatement, un climat qui ne se comprend qu'en considérant le temps long. C'est ainsi que les mouvements de fond affectant l'enseignement supérieur et la recherche en gestion doivent être compris en symbiose avec les évolutions de la société, celles que nous avons observées et celles que nous pouvons imaginer sans pouvoir les prédire. Cet exercice, qui n'est pas exempt de subjectivité et de simplifications, nous conduit à proposer une nouvelle périodisation et à distinguer trois grandes périodes : un système piloté par l'offre antérieur aux années soixante, un système piloté par une demande qui se libère face à une offre qui s'institutionnalise correspondant aux années soixante à l'an deux mille, et un système piloté par une demande individuelle et fragmentée face à une concurrence généralisée des années deux mille vingt à ...

Le monde d'hier : avant les années soixante

S'il fallait caractériser le monde de l'enseignement supérieur d'avant les années soixante, nous retiendrions qu'il repose sur quatre « unités » et non seulement les trois « unités » traditionnelles, caractéristiques des écoles de commerce antérieurement à 1968 :

- unité de programme. Dans chaque cursus diplômant, le programme était défini souverainement par le corps professoral et comprenait peu de possibilités d'options ou de spécialisations, tant à l'Université que dans les grandes écoles. La scolarité se déroulait année par année et une année non validée était sanctionnée par un redoublement ;
- unité de recrutement. Tous les étudiants étaient issus d'un même parcours, le baccalauréat pour entrer à l'Université ou le concours pour être admis dans une ESC. L'origine sociale des étudiants était également très homogène : essentiellement les enfants de la bourgeoisie des affaires ou de la haute fonction publique ;
- unité de lieu, c'est-à-dire faible mobilité géographique. La plupart des étudiants s'inscrivaient dans l'établissement proche de leur lieu de résidence, de leurs racines. Seules les plus grandes écoles avaient un recrutement national et l'attraction de la capitale ne concernait qu'une petite minorité. De plus, la réputation de certaines universités de province était largement égale à celle des parisiennes. Pour l'essentiel, l'enseignement supérieur était un enseignement de relative proximité ;
- unité de sexe (masculin). Les étudiantes étaient très peu nombreuses dans les universités, sauf dans les premières années de droit ou de lettres, et totalement absentes dans les écoles de commerce. La seule école consulaire qui leur soit accessible était HEC jeunes filles (HECJF).

Le pouvoir incontesté des professeurs, les « mandarins » dans les universités, combiné aux quatre « unités », donnait lieu à un pilotage par l'offre de formation dans un contexte de très faible concurrence, contestation et diversité. L'enseignement supérieur de gestion était généralement un enseignement des pratiques et des techniques professionnelles, sans lien avec une recherche quasi inexistante dans cette discipline à l'exception de la dimension juridique de la gestion, dimension aujourd'hui malheureusement trop négligée, et de la dimension économique avec l'économie industrielle puis la microéconomie.

Le monde d'aujourd'hui : de 1960 à 2020

Le monde d'aujourd'hui se caractérise, par rapport au monde d'hier, par la fin des quatre « unités ».

À l'image de ce qui se faisait déjà aux États-Unis, l'enseignement se modularise, tournant le dos à l'unité de programme, avec la création des unités de valeur ou unités d'enseignement et la « transportabilité » des acquis grâce à une unité de mesure européenne : l'*European Credit Transfer and Accumulation System* (ECTS). De ce fait, les parcours jadis uniformes s'individualisent avec les multiples passerelles, césures et alternances.

Les recrutements se diversifient pour accueillir des étudiants aux profils variés comme le font les IAE dès leur création, les écoles de commerce avec la multiplication des admissions parallèles puis la venue d'étudiants étrangers. La démocratisation de l'enseignement supérieur se traduit aussi par l'arrivée de nombreux jeunes issus des classes moyennes en pleine expansion.

L'unité de lieu cède le pas à la mobilité étudiante, nationale et internationale. Elle est facilitée par l'adoption au sein de l'Espace européen de l'enseignement supérieur (EEES) du modèle américain d'organisation des études supérieures selon l'architecture LMD dans les universités et la création des bachelors dans les ESC. Ce modèle fut initié lors de la déclaration de la Sorbonne de 1998 et adopté par les ministres de l'Enseignement supérieur à Bologne en 1999. Il fut mis en place en France, promu par le ministre de l'Enseignement supérieur Claude Allègre puis opérationnalisé par Jean-Marc Monteil, directeur général de l'Enseignement supérieur dans les universités, mais aussi dans les écoles grâce à une innovation juridique : les « grades » licence et master.

L'unité de sexe, de fait et non de droit à l'Université, disparut avec l'accès d'un nombre croissant de jeunes femmes aux études supérieures et à une carrière professionnelle. Les ESC, qui n'accueillaient que des étudiants, se sont ouvertes au recrutement féminin après 1968.

L'abandon des quatre « unités » s'inscrit dans l'air du temps : montée de la féminisation dans le monde professionnel occidental, ouverture des frontières et mobilité internationale des étudiants et des salariés, contestation des autorités qui s'est manifestée à l'occasion des mouvements de 1968 dans de nombreux pays, idéalisation de l'individualisme et du consumérisme, etc.

L'enseignement supérieur de gestion s'est « universitarisé » selon le modèle mondial : développement d'une recherche académique en sciences de gestion, institutionnalisation de cette recherche avec la création de sociétés savantes, obligation pour les établissements de lier enseignement et recherche afin d'être reconnus. De ce fait, on assiste au rapprochement des universités et des écoles, tant dans les sciences de l'ingénieur que dans les sciences de gestion. Une barrière traditionnelle s'est abaissée. L'université Paris-Dauphine est devenue membre de la Conférence des grandes écoles et ces dernières intègrent les communautés d'universités et d'établissements (ComUE). Le pouvoir des « mandarins » s'est heurté aux forces du marché avec la marchandisation d'une partie de l'offre de formation sous forme de multiples programmes *executive*.

Le marché de l'enseignement supérieur de gestion s'est organisé, comme tous les marchés, surtout là où les enjeux sont importants et où l'asymétrie d'information entre le client (l'étudiant) et le fournisseur (l'établissement d'enseignement) est grande : les diplômes sont accrédités par des autorités indépendantes selon des normes qui se mondialisent, les établissements et les enseignants-chercheurs sont évalués (*rating*), les établissements ou leurs diplômes tels les MBA sont classés par des organismes privés (*ranking*), etc.

Enfin, la généralisation des décloisonnements a conduit la recherche en sciences de gestion à s'ouvrir à des disciplines voisines : recherche opérationnelle en gestion de la production, sociologie des organisations, histoire, économie, psychologie en marketing ou finance comportementale, sciences de l'information et de la communication, statistiques, sciences politiques avec les questions de gouvernance, etc.

Si l'enseignement de la gestion au cours de la première période était relativement rigide, il a évolué vers plus de diversité et de complexité. L'offre s'est en quelque sorte fluidifiée pour s'adapter à toutes les formes de la demande.

Le monde de demain : de 2020 à ...

Nous ne nous risquerons pas à faire des prévisions sur ce que sera le monde de déjà demain ; elles ne se réalisent jamais. Pour autant, nous pensons qu'il est important de réfléchir aux « futuribles » pour reprendre l'expression de Bertrand de Jouvenel, c'est-à-dire aux futurs possibles. Ne confondons pas prospective et prophétie.

C'est une banalité de dire que le monde change. Mais dans quelle direction ?

Nous considérons que la révolution numérique, qui ne date pas de 2020, a connu des développements considérablement accélérés du fait de la pandémie. Elle a accentué l'ubiquité puisque l'accès aux ressources pédagogiques et aux publications d'un établissement peut se faire à distance. Cela induit des contenus et des modes d'apprentissage différents. Les longs textes font place à des séquences courtes dans l'enseignement à distance. Trois heures de cours d'amphithéâtre avec prises de notes sont remplacées par des modules souvent de moins de 30 minutes avec un contrôle des connaissances par QCM. On passe ainsi du contrôle annuel ou semestriel au contrôle continu, voire à une forme de contrôle quasi permanent. Finies les longues dissertations. Les connaissances et les aptitudes développées ne sont pas les mêmes. Dans le domaine de la recherche, les capacités de traitement des données permettent des inductions statistiques plutôt que des raisonnements déductifs. Il ne s'agit pas de dire que « c'était mieux avant », mais de comprendre que ce n'est pas la même chose et de s'interroger sur les mérites que cela peut avoir.

L'individualisation des parcours de formation progresse encore plus, parallèlement à la concurrence entre établissements. Certains d'entre eux peuvent devenir les GAFAM de l'enseignement supérieur puisque la concurrence conduit à la concentration. Mais des GAFAM peuvent aussi devenir des établissements de formation, tout comme IBM le fut dans les années soixante pour l'enseignement de l'informatique. Le cas le plus emblématique est celui de l'Association of Chartered Certified Public Accountants (ACCA), organisation professionnelle britannique reconnue par une charte (*chartered*) royale, qui est le numéro 1 mondial de l'enseignement supérieur en comptabilité. L'ACCA revendique, en 2020, 527 000 étudiants dans 179 pays[1] avec une formule 100 % à distance ou une formule hybride. L'étudiant devient un « apprenant » qui va prendre à droite et à gauche des modules de formation selon les besoins du moment, le temps disponible, les sommes qu'il peut investir. La frontière entre les études et la vie professionnelle, deux étapes bien distinctes de la vie, s'abaisse et laisse place à des temps d'investissement intellectuel et des périodes d'activité professionnelle qui s'entremêlent. Cette possibilité de combiner les offres de formation à l'infini, en empruntant à divers « fournisseurs », rend le marché de l'enseignement supérieur en gestion extrêmement liquide. Par ailleurs, d'autres modes de régulation que les accréditations, évaluations et classements nés à la fin du XXe siècle se développent avec les réseaux sociaux : la régulation par la e-réputation. Sur le principe, il n'y a rien de nouveau, mais il y a un changement d'échelle. Les excès qui peuvent en découler ne nécessiteront-ils pas une régulation des modes de régulation ?

L'autre grande révolution est la mise en avant de l'acquisition de compétences alors que l'enseignement supérieur avait pour vocation la transmission des connaissances. Bien sûr, la compétence suppose des connaissances, mais elle inclut en plus des qualités comportementales (les *soft skills*) et la référence à une situation professionnelle faite d'imprévus, de stress, de conflits, d'enjeux financiers, de craintes, d'enthousiasmes, etc. que le monde de l'enseignement a du mal à reproduire, même avec des études de cas. L'accent mis sur les compétences conduit à une plus grande proximité, à une coopération des enseignants avec les praticiens. De ce fait, les formes d'enseignement se diversifient pour mêler connaissance et action avec l'alternance, incluant l'apprentissage, en licence ou bachelor et en master, en doctorat avec les conventions industrielles de formation par la recherche (Cifre) ou les *doctorate in business administration* (DBA) qui font leur apparition en France. La signi-

1. www.accaglobal.com. L'ACCA est plus ou moins un équivalent de l'ordre des experts-comptables outre-Manche.

fication des diplômes évolue aussi avec l'apparition de la validation des acquis de l'expérience (VAE), qui ne correspond plus à un contrôle strict des connaissances académiques.

La formation et la recherche en gestion seront-elles évaluées à l'aune de leur « impact managérial » ? La recherche sortira-t-elle de sa tour d'ivoire ? Est-ce la fin des « mandarins » ? Verra-t-on apparaître une forme de régulation et d'organisation sociale qui ne sera ni le marché, ni l'État, selon un modèle inspiré de la gestion des biens communs (Vincent & Elinor Ostrom) et de la « société plurielle » prônée par H. Mintzberg ?

Comme toujours, lorsqu'il s'agit d'éducation, beaucoup ont des opinions arrêtées, des solutions définitives qu'il suffirait d'imposer pour régler tous les problèmes. Rien n'est en réalité plus prétentieux et en même temps plus naïf. Les choix qui sont faits et seront faits sont des choix politiques, donc, par définition, des choix intégrant des jugements de valeur implicites ou définis en termes ambigus, réalisés en avenir incertain, débouchant sur des décisions qui seront interprétées et donc déformées par toute une chaîne de commandement. Le hasard aussi jouera un rôle important dans le déroulement des événements. L'évolution de la société, ou plutôt des sociétés, créera un environnement favorable à certaines solutions et défavorable à d'autres[2]. Ayons l'humilité du doute tout en ayant une conviction : une réflexion, si possible collective, est préférable à l'arrogance de l'ignorance pour faire les meilleurs choix. Espérons que cet ouvrage y aura contribué.

2. Toute cette complexité est admirablement décrite dans Tolstoï, L. (1987). *Guerre et Paix* (p. 273). Paris, Gallimard : « Ceux qui pensent ainsi oublient ou ignorent les conditions dans lesquelles s'exerce inévitablement l'activité d'un grand chef. Cette activité n'a rien de commun avec l'image que nous nous en faisons lorsqu'assis paisiblement dans notre cabinet, nous étudions sur la carte une campagne quelconque, connaissant le nombre des troupes de chaque camp et la région, et considérant l'événement comme ayant commencé à tel moment déterminé. Les conditions dans lesquelles est placé le général en chef sont toutes différentes : il ne se trouve pas au commencement mais toujours au milieu d'une série mouvante d'événements, et de telle sorte que jamais, à aucun moment, il n'est en état de saisir toute la signification de ce qui se passe. La signification se dessine progressivement, insensiblement, de façon continue, se précisant de minute en minute ; et à chaque moment de cette progression, le général en chef se trouve au centre d'un jeu complexe d'intrigues, de préoccupations, d'influences, d'autorités diverses, de projets, de conseils, de menaces, de mensonges, et est constamment obligé de répondre aux innombrables questions qu'on lui pose, souvent contradictoires. »

BIBLIOGRAPHIE

Atlan, D., Calan, D., Le Van-Lemesle, L., Nioche, J.-P., Saint-Martin (de), M. & Tabatoni, P. (1997). L'histoire de l'enseignement de la gestion en France. *Entreprises et Histoire, 1*(14/15), 123-135.

Bachelard, P. (1994). *Apprentissage et pratiques d'alternance*. Paris, L'Harmattan.

Berland, N. & Dreveton, B. (2012). Mesurer la performance des chercheurs, au risque de la bureaucratie. Dans *Comptabilité, société, politique. Mélanges en l'honneur du professeur Bernard Colasse* (p. 287-301). Paris, Economica.

Bernioux, P. (1985). *La sociologie des organisations*. Paris, Editions du Seuil.

Bienayme, A. & Roux, D. (2008). Histoire de l'université Paris-Dauphine. *Commentaire*, (122), 575-583.

Blanchard, M. (2015). Les Écoles supérieures de commerce : sociohistoire d'une entreprise éducative en France. Paris, Classiques Garnier.

Bodé, G.A. (2012). La recherche de l'Arlésienne : l'enseignement commercial en France (1800-1940). *Histoire de l'éducation*, (136), 43-89.

Bon, J. *et al.* (2014). Innovation et transformation dans l'enseignement supérieur. Dans *Le Professeur de management à 360°* (p. 171-177). Paris, Éditions Vuibert.

Bon, J. *et al.* (2016). L'exportation des formations à la gestion : de la délocalisation au transfert d'expertise. Dans *La Comptabilité en action. Mélanges en l'honneur du professeur Geneviève Causse* (p. 87-91). Paris, L'Harmattan.

Bon, J. & Caby, J. (2014). L'enseignement du management selon le prisme de l'amélioration continue de la qualité. Dans *Le Professeur de management à 360°* (p. 184-190). Paris, Éditions Vuibert.

Bourdieu, P. (1989). *La Noblesse d'État. Grandes écoles et esprit de corps*. Paris, Éditions de Minuit, 1989.

Burlaud, A. (1992). Réflexions sur la gestion de la formation : l'exemple des formations comptables. Dans *Mélanges en l'honneur de Jean-Guy Mérigot* (p. 25-49). Paris, Economica.

Burlaud, A. (2008). Enseigner la gestion, former les managers. Dans *Le Management. Fondements et renouvellements* (p. 324-328). Auxerre, Éditions Sciences Humaines.

Burlaud, A. (2010). L'évaluation de la recherche universitaire : nécessité et limites d'une mise sous tension. Dans *Les Organisations ont leurs raisons que la raison n'ignore pas. La rationa-*

lité managériale en recherche. Mélanges en l'honneur de Jacques Rojot (p. 207-219). Paris, Eska.

Burlaud, A. (2018). Le Cnam et l'Intec dans la construction de la profession comptable. *Audit Comptabilité Contrôle Recherche Appliquée, 1*, 85-107.

Causse, G. (1998). La formation en alternance : remède, opportunité ou nécessité ? *Economie et sociétés*, série S.G. (8-9), 459-478.

Causse, G., Fiol, M. et Jolivet, P. (1986). La formation-action, ses caractéristiques. Un exemple de mise en œuvre. *Enseignement et gestion*, (36), Hiver, 21-28.

Chanut, V. (2014). Jean-Pierre Helfer évaluateur : évaluer pour servir. Dans *Le Professeur de management à 360°* (p. 135-144). Paris, Éditions Vuibert.

Chessel, M.-E. & Pavis, F. (2001). *Le technocrate, le patron et le professeur : une histoire de l'enseignement supérieur de gestion*. Paris, Belin.

Crawford, M.B. (2010). *Éloge du carburateur. Essai sur le sens et la valeur du travail*. Paris, La Découverte.

Crozier, M. et Friedberg, E. (1977). *L'acteur et le système*. Paris, Editions du Seuil.

Dalle, F. et Bounine, J. (1993). *L'éducation en entreprise, contre le chômage des jeunes*. Paris, Editions Odile Jacob.

Degos, J.-G. (1997). Jean Fourastié : diachronie d'une pensée comptable. *Comptabilité Contrôle Audit, 1*(3), mars, 5-21.

Degos, J.-G. (2011). *Une brève histoire des diplômes d'expertise comptable français (1927-1997)* : https://halshs.archives-ouvertes.fr/halshs-00584460.

Denis, H. (1980). *Histoire de la pensée économique*. Paris, Presses universitaires de France.

Desmazes, J. *et al.* (sous la direction de) (2019). *Entreprendre à l'Université. Mélanges en l'honneur de Michel Kalika*. Cormelles-le-Royal, Éditions EMS.

Dessertine, P. & Lamarque, É. (2014). Le financement de l'enseignement supérieur. Dans *Le Professeur de management à 360°* (p. 164-170). Paris, Éditions Vuibert.

Dubois, P.-L. *et al.* (2019). Regards croisés sur l'impact d'une *business school* sur son environnement : le BSIS EFMD-Fnege. *Entreprendre à l'Université. Mélanges en l'honneur de Michel Kalika* (p. 171-180). Caen, Éditions EMS.

Dubois, P. & Kalika, M. (2014). Du *Business School Impact Survey* (BSIS)... au *professor of Management Impact Survey* (PMIS). Dans *Le Professeur de management à 360 °* (p. 152-159). Paris, Éditions Vuibert.

Filser, M. (2011). Quelle place pour les sciences de gestion dans l'Université française. Dans *Comptabilité, contrôle et société. Mélanges en l'honneur du professeur Alain Burlaud* (p. 351-359). Paris, Éditions Foucher.

Fontanon, C. & Grelon, A. (sous la direction de) (1994). *Les professeurs du Conservatoire national des arts et métiers. Dictionnaire biographique. 1794-1993*. Caen, Institut national de recherche documentaire/Cnam.

Fournas (de), P. (2007a). L'X, modèle des grandes écoles de commerce. *L'Expansion Management Review*, 48-54.

Fournas (de), P. (2007b). *Quelle identité pour les grandes écoles de commerce françaises ?* (thèse de doctorat en sciences de gestion). Paris, École polytechnique.

Fridenson, P. & Paquy, L. (2008). Du haut enseignement commercial à l'enseignement supérieur de gestion (XIX-XXe siècle). Dans P. Lenormand (dir.), *La Chambre de commerce de Paris (1803-2003)* (p. 199-257). Genève, Droz.

Garel, G. & Godelier, É. (sous la direction de) (2004). *Enseigner le management. Méthodes, institutions, mondialisation.* Paris, Hermès/Lavoisier.

Girod de l'Ain, B. (1980). Trois rencontres - Bilan sur l'alternance dans les écoles de gestion, le dedans et le dehors. *Enseignement et gestion*, (14), été, 7-12.

Godelier, É. (2020). From the « science » of practices to management science: milestones for a history of management education in France (1900s-2000s). *Management and Organizational History*, décembre, 1-33.

Gouadain, D. (1998). Les enseignements supérieurs de gestion entre désaffection et engouement. Histoire d'une éclosion tardive. *Gérer & Comprendre*, (53), septembre, 78-82.

Gouadain, D. & Louart, P. (1997). Former des gestionnaires. *Entreprises et Histoire*, *1-2*(14/15).

Helfer, J.-P. (1991). L'enseignement de la gestion à la française est-il exportable ? Dans *Identités de la gestion. Mélanges en l'honneur du professeur Pierre Lassègue* (p. 73-82). Paris, Éditions Vuibert.

Helfer, J.-P. (2011). L'évolution de l'enseignement supérieur de gestion en France. Dans *Comptabilité, contrôle et société. Mélanges en l'honneur du professeur Alain Burlaud* (p. 329-337). Paris, Éditions Foucher.

Igalens, J. (2014). Fusions et acquisitions dans les écoles de commerce françaises : quelle logique et quels risques. Dans *Le Professeur de management à 360°* (p. 178-183). Paris, Éditions Vuibert.

Igalens, J. & Peretti, J.-M. (2019). La collaboration entre chercheurs et praticiens dans le cadre d'associations académiques : le cas de l'IAS (Institut international de l'audit social). Dans *Entrepreneur à l'Université. Mélanges en l'honneur de Michel Kalika* (p. 45-54). Caen, Éditions EMS.

Jovanovic, F. et Numa, G. (2021). The Development of Financial Economics in France between the Mid-1970s and the Early 1980s. *History of Political Economy*, janvier, 279-311.

Kalika, M. *et al.* (sous la direction de) (2014). *Le Professeur de management à 360°.* Paris, Éditions Vuibert.

Kaplan, A. (2014). European management and European business schools : insight from the history of business schools. *European Management Journal*, *32*(4), 529-534.

Lamarque, É. (2014). Les défis posés aux instances nationales d'évaluation. Dans *Le Professeur de management à 360°* (p. 159-163). Paris, Éditions Vuibert.

Lamarque, É. (2019). Est-il possible d'innover à l'Université. Dans *Entrepreneur à l'Université. Mélanges en l'honneur de Michel Kalika* (p. 267-274). Caen, Éditions EMS.

Lasségue, P. (1981). Qu'est-ce que la gestion ? Tout. Qu'a-t-elle été jusqu'à présent ? Rien. Que veut-elle devenir ? Quelque chose. Dans *Mélanges offerts à Pierre Vigreux* (p. 493-507). Toulouse, IAE de Toulouse.

Le Duff, R. (1980). L'entreprise : quelle formation ? *Enseignement et gestion*, (16), hiver, 35-44.

Léautey, E. (1886). *L'Enseignement commercial et les écoles de commerce en France et dans le monde entier.* Paris, Librairie comptable et administrative Guillaumin.

Le Moël, M. & Saint-Paul, R. (sous la direction de) (1994). *1794-1994. Le Conservatoire national des arts et métiers au cœur de Paris.* Paris, Ville de Paris.

Le Pen, C. *et al.* (1995). *Paris-Dauphine, vingt-cinq ans de sciences d'organisation.* Paris, Masson.

Maffre, P. (1984). *Les Origines de l'enseignement commercial en France au XIXe siècle* (thèse doctorale en histoire, A.N F12 521/522). Paris, Université Paris 1-Panthéon-Sorbonne.

Maffre, P. (1985). La comptabilité dans les écoles supérieures de commerce au XIXe siècle. *Revue historique*, (559), juillet-septembre, 133-156.

Marco, L., Sponem, S. & Touchelay, B. (2011). *La fabrique des experts-comptables. Une histoire de l'Intec. 1931-2011.* Paris, L'Harmattan.

Matyjasik N. & Guénoun M. (sous la direction de) (2019). *En finir avec le New Public Management.* Paris, IGPDE.

Merle, M.-A. (1996). Formation en alternance et lutte contre l'exclusion, une utopie en quête de traductions. *Annales des Mines*, juin, 34-43.

Meuleau, M. (1992). *Les diplômés de l'École des hautes études commerciales et l'évolution du management en France 1881 – années 1980* (thèse d'histoire). Paris, Université de Paris X-Nanterre.

Morgana, L. & Zimnovitch, H. (2016). Les professeurs du Cnam et la comptabilité : des économistes aux gestionnaires. *Cahiers d'histoire du Cnam*, *6*(2), 7-82.

Nicolas, Y. (1996). Les colporteurs du management. Les missions de productivité aux États-Unis entre 1949 et 1953. *Le Monde alpin et rhodanien*, (2/4), 273-286.

Passant, A. (2016). Issues in European business education in the mid-nineteenth century: a comparative perspective. *Business History*, 58(7), 1118-1145.

Passant, A. (2020). *À l'origine des écoles de commerce. ESCP Business School, la passion d'entreprendre.* Paris, L'Harmattan.

Passant, A. & Arreola, F. (2019). Depuis quand apprend-on l'entreprneuriat ? Une étude de cas historique dédiée à ESCP. *Entreprendre & Innover*, *3*(42-43), 146-158.

Pavis, F. (2003). *Sociologie d'une discipline hétéronome. Le monde des formations en gestion entre universités et entreprises en France. Années 1960-1990* (thèse de sociologie). Paris, Université Paris 1-Panthéon-Sorbonne, 2003.

Pavis, F. (2010). Une discipline « utile » dans l'enseignement supérieur : promotion et appropriation de la gestion (1965-1975). *Le Mouvement social*, *4*(233), 127-142.

Pérez, R. (2007). Pierre Tabatoni et le management. *Revue française de gestion*, (180), novembre, 15-24.

Pérez, R. (2014). La figure de l'enseignant-chercheur en sciences de gestion : entre acteurs privés et pouvoirs publics. Dans *Le Professeur de management à 360°* (p. 145-151). Paris, Éditions Vuibert.

Piquet, J. (2001). Nouvelles des archives. Les archives de la Fondation nationale pour l'enseignement de la gestion des entreprises. *Entreprises et Histoire*, *1*(27), 122-124.

Renouard, A. (1920). *Histoire de l'école supérieure de commerce de Paris (1820-1920).* Paris, Association des anciens élèves de l'école.

Roux, V. (1800). *De l'influence du gouvernement sur la prospérité du commerce.* Paris, Fayolle.

Sauder, M. (2005). *Status judges: the effects of formal ranking on educational status system* (thèse). Evanston, Northwestern University.

Savall, H. (1979). *Reconstruire l'entreprise. Analyse socio-économique des conditions de travail,* Paris, Editions Dunod.

Schmidt, G. (sous la direction de) (2008). *Le Management. Fondements et renouvellements.* Auxerre, Éditions Sciences Humaines.

Serna, J.-C. (2016). L'EESC : liberté en trompe-l'œil pour les écoles supérieures consulaires ? Réflexions sur l'article 43 de la loi du 20 décembre 2014. Dans *La Comptabilité en action. Mélanges en l'honneur du professeur Geneviève Causse* (p. 93-115). Paris, L'Harmattan.

Servan-Schreiber, S. (1994). *Les Épices de la République. Itinéraire d'une grande école, 1819-1994.* Paris, Éditions CPL.

Sirinelli, J.-F. (sous la direction de) (2006). *Dictionnaire de l'histoire de France.* Paris, Larousse.

Thomas, J.-P. (1982). Formation pratique et insertion professionnelle. *Enseignement et Gestion,* (26), été, 25-30.

Tricornot (de), A. (2017). ESCP Europe, l'entreprise faite école. *Le Monde,* 2 août.

V., A. (1997). Former des gestionnaires. *Entreprises et Histoire,* juin, 14-15.

V., A. (2009). *Dauphine : de l'expérimentation à l'innovation.* Paris, Université Paris-Dauphine.

V., A. (1968-2019). *50 ans de recherche à Dauphine : hier, aujourd'hui et demain.* Paris, Université Paris-Dauphine.

Rapports

Burlaud A. (sous la direction de) (2007). *Propositions pour une meilleure formation universitaire en sciences de gestion* (compte rendu du groupe de travail sur les sciences de gestion, dactylographié, 43 p). DGES

Cosnard, M. & Dubois, P.-L. (2019). *Évaluation du dispositif expérimental de recrutement des professeurs des universités en sciences de gestion* (rapport à Madame la ministre de l'Enseignement supérieur, de la Recherche et de l'Innovation). Paris, Hcéres.

Percerou R. (sous la direction de) (1982). Eléments de réflexion et propositions d'une politique générale en matière de formation et de recherche dans le domaine de la gestion des organisations (rapport du groupe de réflexion sur les enseignements supérieurs et la recherche dans le domaine « Gestion des organisations », dactylographié, 116 p.). DGES.

Pérez R. (sous la direction de) (1998). *Rapport de synthèse. Mission sur les disciplines de gestion* (dactylographié, 20 p.). DES

Mélanges

Bournois, F. & Chanut, V. (sous la direction de) (2010). *Les Organisations ont leurs raisons que la raison n'ignore pas. La rationalité managériale en recherche. Mélanges en l'honneur de Jacques Rojot* (p. 207-219). Paris, Eska.

Burlaud, A. (sous la direction de) (2014). *Comptabilité, finance et politique. De la théorie à la pratique : l'art de la conceptualisation. Mélanges en l'honneur du professeur Christian Hoarau.* Paris, Ordre des experts-comptables.

Burlaud, A., Helfer, J.-P. & Marchesnay, M. (sous la direction de) (1991). *Identités de la gestion. Mélanges en l'honneur du professeur Pierre Lassègue.* Paris, Éditions Vuibert.

Burlaud, A. & Thauvron, A. (sous la direction de) (2016). *La Comptabilité en action. Mélanges en l'honneur du professeur Geneviève Causse.* Paris, L'Harmattan.

Desmazes, J., Helfer, J.-P., Lebraty, J.-F. & Orsoni, J. (sous la direction de) (2019). *Entrepreneur à l'Université. Mélanges en l'honneur de Michel Kalika.* Caen, Éditions EMS.

Ducrocq, C. & Levant, Y. (sous la direction de) (2012). *Contrôle de gestion, comptabilité, stratégie. Mélanges en l'honneur du professeur Michel Gervais.* Paris, Economica.

Floquet, M., Labardin, P. & Levant, Y. (sous la direction de) (2017). *L'Histoire comme méthode pour comprendre le management.* Paris, L'Harmattan.

Fourcade, C., Pache, G. & Pérez, R. (sous la direction de) (2006). *La Stratégie dans tous ses états. Mélanges en l'honneur du professeur Michel Marchesnay.* Cormelles-le-Royal, Éditions EMS.

Hoarau, C., Malo, J.-L. & Simon, C. (sous la direction de) (2011). *Comptabilité, contrôle et société. Mélanges en l'honneur du professeur Alain Burlaud.* Paris, Éditions Foucher.

Kalika, M., Michel, G. & Orsoni, J. (sous la direction de) (2014). *Le Professeur de management à 360 °. Mélanges en l'honneur du professeur Jean-Pierre Helfer.* Paris, Éditions Vuibert.

Le Roy, F. & Marchesnay, M. (sous la direction de) (2005). *La Responsabilité sociale de l'entreprise. Mélanges en l'honneur du professeur Roland Pérez.* Cormelles-le-Royal, Éditions EMS.

Levant, Y., Sandu, R. & Zimnovitch, H. (sous la direction de) (2013). *Mélanges en l'honneur de Yannick Lemarchand.* Paris, L'Harmattan.

Levant, Y. & Trébucq, S. (sous la direction de) (2018). *Théorie comptable et sciences économiques du XVe au XXIe siècle. Mélanges en l'honneur du professeur Jean-Guy Degos.* Paris, L'Harmattan.

Nikitin, M. & Richard, C. (sous la direction de) (2012). *Comptabilité, société, politique. Mélanges en l'honneur du professeur Bernard Colasse.* Paris, Economica.

BIOGRAPHIES DES AUTEURS ET MEMBRES DU CONSEIL SCIENTIFIQUE

Marianne BLANCHARD

Marianne Blanchard, ENS, agrégée de sciences économiques et sociales, docteur en sociologie, est maître de conférences. Elle enseigne à l'INSPE/université Jean-Jaurès et effectue ses recherches au sein du laboratoire CERTOP (Centre d'étude et recherche travail organisation pouvoir). Elle a notamment publié *Les Écoles supérieures de commerce. Sociohistoire d'une entreprise éducative en France* et plusieurs articles consacrés à ces établissements.

Frank BOURNOIS

Agrégé des facultés, docteur et HDR en sciences de gestion, diplômé d'un MBA (Aston University-GB) et de l'EM Lyon, Frank Bournois est directeur général de ESCP et président de la CEFDG (Commission d'évaluation des formations et diplômes de gestion) entre 2009 et 2013. Professeur des universités à Assas (Paris II) en management général et management interculturel/européen, il a été *visiting scholar* à l'université de Princeton. En 1996, il prend la direction du CIFFOP (Centre en ressources humaines). Il a dirigé plus de 60 thèses de doctorat et HDR en sciences de gestion et est l'auteur d'un grand nombre de publications dans des revues scientifiques françaises et internationales, ainsi que d'ouvrages de référence dans le domaine du management. Il préside la Commission formation de la Conférence des Grandes Ecoles depuis 2017.

Alain BURLAUD

Alain Burlaud, diplômé de ESCP, est professeur émérite du Conservatoire national des arts et métiers (Cnam) où il a dirigé l'Intec pendant 10 ans. Il a publié de nombreux articles et ouvrages, tout en assurant parallèlement des missions d'expertise comptable et de commissariat aux comptes. Il a présidé l'Association française de comptabilité (AFC) de 1997 à 1999 et le jury du diplôme d'expertise comptable de 1986 à 1996. En tant que conseiller au ministère de l'Enseignement supérieur et de la Recherche, il a piloté la réforme des diplômes comptables supérieurs de 2004 à 2012. Par ailleurs, président de l'International Federation of Scholarly Associations of Management (IFSAM) et vice-président de l'International Association for Accounting Education and Research (IAAER), il a pu développer de nombreux projets internationaux. Il dirige la collection « Expertise comptable » aux éditions Foucher.

Geneviève CAUSSE

Geneviève Causse a commencé sa carrière professionnelle dans l'administration du Trésor public. Titulaire d'une maîtrise en droit, agrégée en économie-gestion, diplômée expert-comptable, docteur d'État en sciences de gestion, agrégée des facultés, elle est actuellement professeur émérite de l'université Paris-Est Créteil et de ESCP Europe. Parallèlement à son activité d'enseignante, en tant que consultante, elle a participé à la mise en œuvre et à l'évaluation de projets d'ingénierie pédagogique dans de nombreux pays d'Afrique et de l'Europe de l'Est. Elle est l'un des membres fondateurs de l'AFC (Association francophone de comptabilité). Ses publications mettent un accent particulier sur la nécessité de l'adéquation des méthodes et outils de gestion au regard des contextes économiques, sociaux et culturels des pays dans lesquels ils sont implantés.

Hervé COLAS

Hervé Colas est professeur associé en théorie des organisations au Cnam. Expert-comptable, il a repris récemment la présidence de CHD, groupe d'expertise comptable et de services aux entreprises d'environ 700 personnes. Son parcours professionnel est marqué par des allers-retours entre la pratique de divers « terrains organisationnels » et des temps plus académiques qu'il ponctue de périodes de réflexivité le transformant en « témoin organisationnel ». Auditeur au Canada, contrôleur de gestion industriel en Allemagne, consultant en finances locales, il a rejoint ensuite l'enseignement supérieur pour remplir diverses fonctions d'enseignant-chercheur et de direction de grandes écoles de management. Il est diplômé du PGE d'HEC, d'un master d'économie mathématique et d'un doctorat en management. Ses recherches portent sur le statut textuel de l'action et du personnage managérial, les rites organisationnels, l'autoethnographie et les entreprises familiales.

Bernard COLASSE

Bernard Colasse est professeur émérite en sciences de gestion à l'université Paris-Dauphine/PSL et membre de Dauphine recherches en management (DRM)-UMR CNRS. Il a participé à la création de Dauphine, dont il a été vice-président chargé de la recherche et au développement de la recherche comptable en France. Il a créé à Dauphine, sous la forme d'un DEA, la première préparation française à la recherche doctorale en comptabilité et en contrôle de gestion. Il a été président de l'Association française (devenue francophone) de comptabilité et a lancé la revue de celle-ci, *Comptabilité Contrôle Audit*. Ses principaux travaux de recherche, de nature sociohistorique, traitent des aspects économiques, sociaux et politiques de la normalisation comptable.

Jean-Philippe DENIS

Docteur en sciences de gestion de l'université Lyon 3 (2000), agrégé des facultés de droit, de sciences économiques et de gestion (2005), Jean-Philippe Denis est professeur à l'université Paris-Saclay. Membre du centre de recherche RITM (réseaux, innovation, territoires, mondialisation), il est depuis 2013 rédacteur en chef de la *Revue française de gestion*. Il a coordonné en collaboration une *Encyclopédie de la stratégie* aux éditions Vuibert (prix Fnege 2014 du meilleur ouvrage de recherche collectif) et il est l'auteur d'*Introduction au hip-hop management* aux éditions EMS (prix Syntec 2014 du meilleur ouvrage de recherche appliquée). Depuis 2014, il a initié un partenariat de valorisation scientifique en collaboration avec Xerfi Canal Productions, « IQSOG – L'innovation par la valorisation » qui a donné lieu à la diffusion de plus de 700 interviews de recherche. Membre du jury du concours national d'agrégation de l'enseignement supérieur pour le recrutement de professeurs des universités en sciences de gestion (concours Fabbe-Costes, 2016-2017), il a été nommé en 2019 membre de la section « sciences de gestion » du Conseil national des universités pour la mandature 2020-2024. Il dirige actuellement la mention de master management stratégique de l'université Paris-Saclay composée de huit parcours de M1-M2. Au sein de cette mention de master, il dirige plus particulièrement le M2 *master in management* (*research*)/master recherche en management, formation partenariale portée par l'université Paris-Saclay (faculté Jean-Monnet droit-économie-gestion et École normale supérieure Paris-Saclay), PSL Paris université (Mines ParisTech) et ESCP Business School. Ce parcours recherche est également réalisé avec le concours du centre i3-CRG de l'École polytechnique (UMR CNRS 9217).

Aude DEVILLE

Professeur des universités à l'université Côte d'Azur – IAE de Nice, agrégée du supérieur (premier concours), elle est actuellement présidente du Conseil national des universités pour la section « sciences de gestion et du management » et directrice du master contrôle de gestion et audit organisationnel. Elle a été corédactrice en chef de la revue *Comptabilité Contrôle Audit* (2016-2019) et de deux dossiers spéciaux de la *Revue française de gestion* (2017 et 2019). Actuellement, elle est directrice de collection chez EMS. Elle a créé et dirigé le laboratoire GRM – groupe de recherche en management (de janvier 2012 à septembre). Elle a également assuré la fonction de déléguée scientifique AERES puis Hcéres (de septembre 2012 à septembre 2015). Elle a publié des papiers dans des revues dédiées à la recherche en contrôle de gestion, *Comptabilité Contrôle Audit*, *Management Accounting Research*, Journal of Applied Accoutning *Research*, mais également *Finance Contrôle Stratégie* et la *Revue française de gestion*. Elle a organisé de nombreux événements académiques, Congrès de l'Association française de comptabilité, symposium de l'association Mananagement Accounting Control ou encore contribué à la création du *workshop* EIASM « Accounting Scandals » en 2019.

Véronique DES GARETS

Véronique des Garets, ENS Cachan, est professeur agrégée des universités à l'université de Tours. Elle a dirigé l'IAE de Tours (1999-2002) et créé et dirigé le laboratoire VALLOREM (2012-2019). Elle a présidé la section 06 du Conseil national des universités de 2015 à 2019. Elle dirige le master recherche et conseil en management de l'université de Tours. Membre du laboratoire VALLOREM (EA6296), elle est l'auteur d'articles et ouvrages dans le domaine du marketing et de la distribution. Ses recherches portent sur les relations d'échange au sein du canal de distribution, tant de produits que de services.

Catherine DESJACQUES

Catherine Desjacques est diplômée de Sciences Po Paris et docteur en sciences de gestion. Elle accomplit sa carrière au sein de plusieurs écoles, dont ESCP Business School, en tant que directrice des relations entreprises, puis des programmes *executive* (interentreprises) avant d'intégrer la direction de l'enseignement de la CCI Paris Île-de-France où elle exerce les fonctions de directrice du développement. Ses centres d'intérêt se portent sur la philanthropie et le *fundraising* dans l'enseignement supérieur, thèmes de sa thèse de doctorat. En tant que directrice des relations entreprises à ESCP Business School, elle a contribué à la création et au lancement de la fondation ESCP.

Bernard DIZAMBOURG

Bernard Dizambourg, diplômé de l'IUT de Rouen (mesures physiques) et de l'ESCAE de Rouen, rejoint en 1974 l'université de Paris XII-Val de Marne. Il enseigne à l'IUT (département techniques de commercialisation, puis en MIAGE et en MSTCF). Vice-président de son université (1985-1990), puis président (1990-1995), il exercera ensuite les fonctions de directeur de l'information scientifique et des bibliothèques au ministère de l'Éducation et de l'Enseignement supérieur. Il rejoint en 2006 l'inspection générale de l'administration de l'Éducation nationale et de la Recherche, anime le groupe enseignement supérieur et recherche et coordonne les audits et l'accompagnement des établissements d'enseignement supérieur souhaitant bénéficier des compétences élargies. Il développe des travaux, participe et anime des formations sur le management des universités et la formation des responsables élus et des cadres de ces établissements.

Aurélie DUDEZERT

Aurélie Dudézert, diplômée de l'institut d'études politiques de Bordeaux et de Paris, docteur de l'École centrale de Paris, professeur agrégée des universités et habilitée à diriger les recherches, Aurélie Dudézert est professeur titulaire en systèmes d'information pour le management à l'institut Mines-Télécom Business School. Après un parcours professionnel en entreprise dans le domaine du management de l'information et des connaissances, elle rejoint le monde de l'enseignement supérieur en 2004. Spécialiste de la transformation digitale des pratiques de travail dans les organisations, elle fonde en 2014 le club « Digitalisation et Organisation » de l'Anvie où elle travaille étroitement sur ces sujets avec les responsables de projets de transformation digitale de grandes entreprises françaises. Cofondatrice de l'observatoire de la transformation digitale de la Fnege depuis 2018, elle travaille aujourd'hui également à accompagner les établissements d'enseignement supérieur en management dans les nouveaux défis et opportunités liés à l'économie numérique. Elle est auteur de nombreux articles scientifiques et professionnels (JSIS, EJIS, SIM...), de livres et membre de comités de rédaction de revues scientifiques.

Edgar GNANOU

IAE, master 2 de recherche de l'université Parix IX-Dauphine et docteur ès sciences de gestion du Conservatoire national des arts et métiers (2005), Edgard Gnanou a partagé son parcours professionnel entre des fonctions de direction financière dans le secteur public (ministère des Finances, Coface, CCIP, ESCP) et dans le secteur privé (Unibail-Rodamco) puis comme directeur général dans des établissements d'enseignement supérieur privés (EDC Paris Business School, La Serre

Numérique). Après avoir été responsable régional à la Coface Bourgogne (1985-1988), il a principalement exercé des fonctions de contrôle de gestion à la direction de l'enseignement, de la formation et de la recherche de la chambre de commerce et d'industrie de Paris et à ESCP (1988-2001), puis de directeur financier de Viparis dans le groupe Unibail-Rodamco (2001-2009). Il a été directeur des ressources Europe à ESCP Europe (2009 à 2011) et directeur général de EDC Paris Business School puis de la Serre Numérique (2011-2015). Il est professeur intervenant à ESCP et au Cnam depuis 2003 et rédacteur de plusieurs supports pédagogiques d'application en contrôle de gestion et management pour le CNED.

Gilles GOUTEUX

Diplômé EM Normandie et ESCP. Après une carrière d'organisateur dans le secteur privé et à la chambre de commerce et d'industrie de Paris, il rejoint ESCP où il a dirigé le service des relations entreprises avant d'exercer diverses fonctions en exécutive éducation, tant dans la direction de programmes que dans la partie commerciale. Actuellement rattaché à la direction de la communication et de la marque, il a pris une part active aux célébrations du bicentenaire de l'école, notamment sur ses aspects historiques. Il a contribué à plusieurs ouvrages en intelligence économique et en géostratégie et a conçu et rédigé plusieurs supports pédagogiques, en particulier sur l'innovation dans les technologies émergentes.

Jean-Pierre HELFER

Jean-Pierre Helfer, président de l'Academic Council de Business Science Institute, est professeur émérite à l'IAE de Paris (Sorbonne Business School). Il a été directeur de l'Audencia Business School, l'école de management de Nantes. Auteur et coauteur de nombreux ouvrages dont *Stratégie* (11 éditions) et *Marketing* (15 éditions). Consultant pour diverses entreprises et organisations publiques en France comme à l'international, il a produit de nombreux cas, communications et chapitres d'ouvrages en marketing et sur l'enseignement supérieur en management. Il est directeur de la recherche à l'Excelia Business School et conseiller stratégique pour Planeta Universités et Formations France.

Isabelle HUAULT

Diplômée d'EM Lyon, docteur en sciences de gestion et agrégée des universités, Isabelle Huault est présidente du directoire et directrice générale d'EM Lyon Business School. Elle a été présidente de l'université Paris-Dauphine-PSL de 2016 à 2020. Professeur en sciences de gestion (théorie des organisations), elle a dirigé le laboratoire de recherche Dauphine recherche en management (UMR CNRS 7088) de 2009 à 2015. Elle a également été vice-présidente du Conseil national des universités (section « sciences de gestion ») de 2011 à 2015. Elle est membre de plusieurs comités éditoriaux de revues internationales dont Organization *Studies* et *Organization.* Elle a écrit de nombreux articles et elle est l'auteur ou coordinatrice de plusieurs ouvrages.

Michel KALIKA

Michel Kalika est professeur émérite à l'université Jean-Moulin – IAE Lyon School of Management. Il est directeur du BSIS (*Business School Impact System*) développé pour la Fnege et l'EFMD. Michel Kalika est également président du Business Science Institute, organisation internationale en réseau organisant un *executive* DBA pour *managers.* Il a auparavant été doyen de l'EM Strasbourg Business School, où il a dirigé la fusion de deux institutions, directeur de l'IAE Poitiers, directeur de la recherche à Audencia et également professeur à l'université Paris-Dauphine où il a créé les programmes internationaux MBA et DBA. Il est auteur ou coauteur de plus de 25 ouvrages dont *Management stratégique*, l'ouvrage français de stratégie le plus réédité. Ses recherches concernent la surcharge informationnelle (théorie du mille-feuille) et l'impact des *business schools.* En 2019, 40 collègues lui ont dédié un ouvrage, *Entrepreneur à l'Université*, aux éditions EMS.

Éric LAMARQUE

Docteur et agrégé en sciences de gestion, Éric Lamarque est professeur et directeur de l'IAE de l'université Paris 1-Panthéon-Sorbonne. Il dirige également le master finance et la chaire « management et gouvernance des coopératives financières ». Ses recherches portent sur les questions de stratégie, de gouvernance, d'organisation, de gestion des risques et de la performance des institutions financières. Membre de la commission d'évaluation des formations de gestion du ministère de l'Enseignement supérieur et du conseil d'administration de la Fnege, il a été président du Conseil national des universités pour les sciences de gestion entre 2011 et 2015. Il préside actuellement le réseau IAE France regroupant les 35 écoles universitaires de management françaises.

Jean-Fabrice LEBRATY

Professeur des universités en sciences de gestion à l'IAE Lyon School of Management, Jean-Fabrice Lebraty appartient au laboratoire Magellan. Il est spécialisé en management des systèmes d'information. Ses domaines de recherche concernent la prise de décision en situation extrême, le *crowdsourcing* et les technologies innovantes comme la *blockchain*. Il est aussi chargé des relations internationales de la Fnege et membre du bureau du CNU en sciences de gestion.

Katia LOBRE

Docteur ès sciences de gestion, Katia Lobre est maître de conférences HDR à l'université Jean-Moulin-Lyon 3. Elle est directrice du pôle d'enseignement et de recherche en finance et contrôle de l'IAE Lyon School of Management, elle est membre du laboratoire de recherche Magellan. Spécialisée en gestion des systèmes d'information et de contrôle, ses recherches actuelles portent notamment sur l'hybridation des organisations, sur les relations entre foule et technologie de l'information et sur les usages du *big data* et de la *blockchain*.

Philippe LORINO

Philippe Lorino est professeur émérite éminent à l'ESSEC et expert auprès de l'Autorité de sûreté nucléaire. Polytechnicien, ingénieur général des Mines, il a été haut fonctionnaire du gouvernement français, puis directeur à la direction financière d'un grand groupe industriel. Il s'appuie sur la philosophie pragmatiste pour étudier les organisations comme processus organisants centrés sur l'exploration de l'activité collective par les acteurs eux-mêmes plutôt que comme structures organisationnelles conçues par des experts, ce qui le conduit à une vision démocratique et participative de la gouvernance et du management des organisations. Il a publié le livre *Pragmatism and organization studies* (2018, Oxford University Press), prix du livre EGOS 2019, publié en français en 2020 (*Pragmatisme et étude des organisations*, Economica), ainsi que de nombreux articles dans des revues anglophones et francophones.

Marie-Pierre MAIRESSE

Marie-Pierre Mairesse, docteur en sciences de gestion, diplômée d'expertise comptable, est professeur agrégée des universités. Elle a été vice-présidente finances de 2000 à 2002 à l'université de Valenciennes puis vice-présidente recherche jusqu'en 2005 avant de présider l'université de 2005 à 2010. Elle a ensuite été membre du comité des pairs qui était chargé par le directeur général de l'Enseignement supérieur d'accompagner les universités en difficultés financières puis conseillère d'établissements et de sites auprès de la directrice générale de l'Enseignement supérieur (2012-2018). Elle est membre du centre de recherche interdisciplinaire en sciences de la société et travaille actuellement sur les problématiques d'information comptable dans les entités publiques.

Delphine MANCEAU

Delphine Manceau, docteur en sciences de gestion (HEC Paris), postdoc à la Wharton School (University of Pennsylvania), DHDR, est directrice générale de NEOMA Business School. Elle est également membre de l'EQUIS Committee de l'EFMD, vice-présidente de la commission amont de la Conférence des grandes écoles (CGE), présidente du concours ECRICOME et a été présidente de l'European Advisory Committee (EAC) de AACSB. Elle a précédemment été directrice générale de l'European Business School (EBS, Paris) et a occupé différents postes à ESCP : directrice déléguée du programme grande école et des programmes diplômants (2005-2008) et directrice de la division *corporate* (2011-2016). Suite au rapport *Pour une nouvelle vision de l'innovation* réalisé à la demande de Christine Lagarde, alors ministre de l'Économie, elle a fondé en 2009 l'institut pour l'innovation et la compétitivité i7 qu'elle a dirigé jusqu'en 2012. Professeur de marketing et d'innovation et auteur de nombreux articles et ouvrages dont l'édition française du manuel *Marketing management* (avec Philip Kotler, Kevin Keller et Aurélie Hémonnet, maintenant à sa 16e édition), elle a été membre du comité d'experts de haut niveau auprès du commissaire européen à la recherche, à l'innovation et à la science (2015-2018).

Annie MÉDINA

Annie Médina, DES de droit privé général, DES de sciences criminelles, certificat d'aptitude à la profession d'avocat, docteur en droit, habilitation à diriger les recherches, est professeur émérite à ESCP BS et avocat honoraire au barreau de Paris. Elle a intégré ESCP en 1976 où elle a créé le MS « droit et management des affaires internationales » en 1988, puis l'EMS « ingénierie financière et fiscale » en 2010 dont elle a été la codirectrice scientifique avec Philippe Raimbourg, professeur à l'université Paris 1, jusqu'en 2016. Elle a été doyen du corps professoral de 2002 à 2006, puis a été nommée directrice du campus de Madrid qu'elle a dirigé d'octobre 2007 à octobre 2014, date de son départ à la retraite. Depuis 2008, elle siège au conseil scientifique de l'Institut national du travail, de l'emploi et de la formation professionnelle. Ses enseignements et ses recherches portent plus spécialement sur le droit des affaires et le droit pénal des affaires.

Bertrand MOINGEON

Bertrand Moingeon (1964-2020) aurait dû cosigner, dans cet ouvrage, la contribution de Roland Reitter, *Rip goes back to school. Un conte américain bien connu.* Il nous a malheureusement quittés, il y a quelques semaines, victime d'un accident cardiaque. Professeur de management stratégique, il était titulaire d'un doctorat en sociologie et d'une habilitation à diriger des recherches en sciences de gestion. Il a été professeur invité à la Harvard Business School et est l'auteur d'une centaine d'articles, chapitres et ouvrages sur des thèmes tels que la gestion du changement et l'apprentissage organisationnel. Parmi ses coauteurs figurent Amy Edmondson, professeur à Harvard, et Muhammad Yunus, prix Nobel de la paix. Il a été directeur général adjoint d'HEC Paris, en charge de l'*executive education.* Il a été un des fondateurs de TRIUM et a mis en place les branches d'HEC Paris pour l'océan Indien, l'Afrique australe et l'Afrique de l'Est. Il a également été le cofondateur et le directeur de l'institut d'Europe d'HEC Paris, présidé par l'ancienne ministre française Noëlle Lenoir. En août 2018, il avait rejoint ESCP pour diriger et développer l'*executive education.*

Bernard de MONTMORILLON

Bernard de Montmorillon, HEC, licencié en histoire, docteur d'État ès sciences de gestion, est professeur émérite des universités. Il a rejoint Paris-Dauphine en 1990, après avoir dirigé l'IAE de Dijon de 1985 à 1989. Il a piloté le master management des ressources humaines de Dauphine de 1990 à 2000 puis de 2008 à 2014. Il a été vice-président chargé de la recherche (1992-1996) puis président de l'université (1999-2007). Il est membre du groupe de formation et de recherche « Management et Organisation » (DRM M&O – UMR CNRS 7088). Auteur d'articles et d'ouvrages dans les champs de la GRH et de la stratégie, il développe actuellement ses travaux dans les domaines des modèles d'affaires de l'économie collaborative, de la gouvernance et des approches institutionnelles de la stratégie. Il a dirigé une quarantaine de thèses.

Nicolas MOTTIS

Nicolas Mottis est professeur à l'École polytechnique et y est également directeur de l'*executive master* (programme diplômant pour dirigeants de l'école). Il a obtenu un doctorat en économie à l'Ecole polytechnique en 1993 et une HDR à l'université Paris-Dauphine en 2002. Ses recherches portent sur le pilotage des performances (modèles de gouvernance, planification stratégique, *business plan*, investissement socialement responsable, RSE...) et sur le management de l'innovation (gestion de projets high-tech, création d'activités nouvelles, lancement de *start-up*). Il est auteur de plusieurs ouvrages et de nombreuses publications académiques et professionnelles dans ces domaines.

Marc NIKITIN

Marc Nikitin, ESSEC 1972, est professeur émérite à l'université d'Orléans. Il a dirigé l'IAE d'Orléans de 2001 à 2003. Il a été vice-président (2003-2005) puis président (2005-2007) de l'Association francophone de comptabilité. Il a ensuite été rédacteur en chef de la revue *Comptabilité Contrôle Audit* de 2008 à 2011. Il a été membre de l'*editorial board* de *The Accounting Historians Journal* et de *Accounting History*. Il a publié de nombreux articles, en anglais et en français, dans le domaine de l'histoire de la comptabilité et du management. Il a dirigé 11 thèses et deux HDR, soutenues entre 2004 et 2020.

Roland PÉREZ

Roland Pérez, ENS de Cachan (1963-1966), est titulaire d'un doctorat en sciences économiques (Paris 1, 1970) et des agrégations de l'enseignement secondaire (techniques de gestion, 1965) et de l'enseignement supérieur (sciences économiques et de gestion, 1971). Il a été en poste successivement à Lille, Tunis, au CNRS Paris, à Amiens (dont il a été président de l'université), à Montpellier (où il a été directeur de l'école doctorale économie et gestion). Il a été plusieurs années détaché comme directeur d'un centre international (CIHEAM-IAM.M) et est devenu professeur émérite en 2003. Roland Pérez a travaillé successivement sur la finance d'entreprise et l'analyse stratégique. Il a participé à l'encadrement de plusieurs programmes de recherche dans ces domaines, ainsi qu'à l'animation du milieu scientifique (présidence de la SFM en 2006, du RIODD en 2007-2009). Ses travaux récents portent sur les questions générales de management socialement responsable et de gouvernance. Auteur d'une centaine de publications, il a encadré plusieurs dizaines de thèses de doctorat.

Bertrand QUÉLIN

Bertrand Quélin est professeur de stratégie à HEC Paris. Il est titulaire de la chaire Bouygues-HEC « *Smart City* et Bien Commun ». Docteur ès sciences économiques, ses centres d'intérêt portent sur les nouvelles formes interorganisationnelles et les contrats entre les entreprises. Ses publications couvrent les partenariats publics-privés, l'externalisation stratégique et les conflits contractuels entre les entreprises. Il a publié de très nombreux articles et ouvrages. En parallèle à ses activités de recherche et d'enseignement, il a été, à HEC Paris, directeur du doctorat HEC, puis directeur du MSc *in strategic management*, et enfin a eu la responsabilité du département stratégie et politique d'entreprise.

Bernard RAMANANTSOA

Bernard Ramanantsoa, ingénieur Sup'Aéro, MBA HEC, docteur ès sciences de gestion de Paris-Dauphine, DEA de sociologie de Paris-Diderot et DEA d'histoire de la philosophie de Paris-Sorbonne, est directeur général honoraire d'HEC. Il a rejoint

HEC en 1979 après avoir dirigé la division marketing voyageurs de la SNCF. Il a été doyen du corps professoral et de la recherche (1993-1995) puis directeur général (1995-2015). Il a publié de nombreux ouvrages remarqués dont *Technologie et stratégie d'entreprise*, *Stratégie de l'entreprise et diversification* et plus récemment *Apprendre et Oser* et *L'Enseignement supérieur français par-delà les frontières : l'urgence d'une stratégie*. Il est aujourd'hui administrateur d'Orange, d'Oddo BHF, de Bank Franco Lao, de Bred Bank Cambodia, du château de Versailles et de plusieurs institutions académiques.

Roland REITTER

Roland Reitter est diplômé de HEC (1964), MBA (1966) et docteur (1975) d'Harvard (thèse sous la direction d'Abraham Zaleznik et C.R. Christensen). Il a créé le MBA d'HEC (1967) et a dirigé son doctorat ainsi que ses programmes pour cadres dirigeants et a enseigné plus de 10 000 heures, dans 20 pays, a participé à 40 thèses de doctorat et a écrit 40 cas. Exerçant comme consultant depuis 1964, il a été directeur scientifique de la branche *organisation strategy* d'Andersen Consulting puis d'Accenture et membre du conseil scientifique du Stanford Research Institute et d'IDRH. Coauteur du manuel *Strategor* depuis sa première édition, il a aussi écrit cinq livres sur le *leadership* et l'identité, dont *Structures de pouvoir et identité de l'entreprise* (Nathan, 1979, avec Jean-Paul Larçon) et *Confiance et défiance dans les organisations* (Economica, 2012, avec Bernard Ramanantsoa). Il est membre fondateur du cercle des entreprises centenaires de l'Anvie et a été membre du conseil d'administration de l'association Paul Ricœur. Il est maintenant professeur émérite d'HEC Paris, *senior fellow*, ESCP Europe.

Jacques ROJOT

Jacques Rojot (1941-2020) était qualifié par ses amis « *d'intellectuel libre dans un océan de conformisme* ». Il était titulaire d'un PhD de l'UCLA et d'un doctorat d'État en sciences de gestion (1981). Il a été agrégé en 1982 et fit une belle carrière de professeur des universités à Rennes, Le Mans, Paris 1 Panthéon-Sorbonne et enfin, Paris II-Panthéon-Assas. Précédemment, il avait été professeur à l'INSEAD de 1973 à 1983 et avait eu de nombreuses missions de consultant. Sa notoriété, au-delà de nos frontières, lui avait valu d'être professeur invité dans de nombreuses universités (Amérique du Nord, Europe, Liban, Chine et Japon). En France, il prit d'importantes responsabilités dans notre communauté, notamment comme membre du concours d'agrégation à quatre reprises et comme rédacteur en chef de la *Revue de gestion des ressources humaines*. Il a publié, seul ou avec des coauteurs, 12 ouvrages et plus de 150 articles académiques. Il avait accepté de faire partie du conseil scientifique du présent ouvrage et nous avait fait de nombreuses suggestions avant d'être emporté par la maladie.

Olivier ROLLOT

Depuis 30 ans, Olivier Rollot est spécialiste de l'enseignement supérieur et de l'orientation. Pendant ses études de droit à Paris V-René-Descartes, il crée le premier magazine consacré au développement de l'enseignement supérieur à l'international, *Student Europe*, et écrit le premier livre « post-Erasmus » : *Les Étudiants migrateurs* (Ramsay, 1999). Également rédacteur en chef du magazine *L'Après Bac*, il participe au lancement de la rubrique étudiante du *Figaro Magazine* et entre en 1991 à *L'Étudiant* dont il sera directeur des rédactions de 2000 à 2008. Il entre dans le groupe *Le Monde* en 2009 pour y lancer *Le Monde Étudiant*. En 2012, changement de cap : il rejoint le cabinet HEADway Advisory pour y diriger les activités éditoriales et de communication. Il est l'auteur de nombreux livres d'orientation, mais aussi sur les jeunes ou le monde de l'enseignement (*La Génération Y*, PUF, 2012 ; *Le Dictionnaire énervé des profs*, Éditions de l'Opportun, 2009, etc.) dont le dernier est paru en septembre 2019 aux éditions L'Étudiant, *Le Nouveau Bac*.

Aurélien ROUQUET

Ingénieur de l'École centrale de Lille (2000), titulaire d'un MSc de Cranfield University (2000), Aurélien Rouquet est docteur en sciences de gestion du centre de recherche sur le transport et la logistique (CRET-LOG) de l'université Aix-Marseille (2007). Il rejoint en 2008 NEOMA Business School où il est, depuis 2015, *full professor*. Il poursuit des recherches qui portent notamment sur le pilotage des chaînes logistiques multiacteurs, les logistiques de la consommation et l'histoire de la pensée logistique. Il a publié en 2019 *La Logistisation du monde*, ouvrage codirigé avec Nathalie Fabbe-Costes (Presses universitaires de Provence). Il est également l'auteur en 2020 avec Sophie Claye-Puaux et Christine Roussat d'un manuel intitulé *Logistique* (Éditions Vuibert). Il est l'auteur d'une trentaine d'articles publiés dans des revues de langue anglaise (*Human Relations, International Journal of Physical Distribution and Logistics Management*, etc.) et française (*Revue française de gestion, Logistique & Management*, etc.). Il intervient régulièrement dans les médias et la presse professionnelle et grand public (Xerfi Canal, *Le Monde*, *Supply Chain Magazine*, etc.) pour faire entendre la voix de la logistique. Il a reçu en 2018, avec Valentina Carbone et Christine Roussat, le prix Syntec de la recherche en management, pour un article paru dans le *Journal of Business Logistics* sur la *crowd-logistics*, et en 2020 le Trophée du *digital learning* pour l'application de réalité virtuelle immersive qu'il a développé en partenariat avec É. Leclerc. Il collabore avec de nombreuses entreprises et intervient régulièrement dans le cadre de conférences professionnelles. Il est secrétaire général de l'AIRL-SCM (Association internationale de recherche en logistique et *supply chain management*), membre du CRET-LOG et du conseil d'administration de l'association Acad.Experts.

Maurice SAIAS

Maurice Saias, licence en droit 1959 (mention économie), CAAE 1959, doctorat ès sciences économiques 1966, université d'Aix-Marseille. *Doctoral program*, UCLA, 1963. Agrégation de sciences économiques 1966. Professeur de sciences économiques, faculté de sciences économiques Aix (1966-1973), professeur de gestion (stratégie), IAE Aix-Marseille (1973-2002), *visiting professorships*, University of Texas (1968-1969, 1973, 1976-1977), Kellogg Graduate School of Management, Northwestern University (1968-2019), Duke Corporate Education (2004-2010), University of Columbia Business School (2007-2011), Skolkovo School of Management (2006-2019), INSEAD, CEDEP (1969-2000), Audencia, Collège des ingénieurs (1995...), etc. Conseiller scientifique Fnege (1969-1978) avec la responsabilité de la conception des programmes, du suivi des boursiers et des relations avec les universités d'accueil en Amérique du Nord ; directeur de l'IAE Aix-Marseille (1969-1973), directeur du CEROG (1973-1976). Auteur d'une cinquantaine d'articles et chapitres d'ouvrages collectifs. Directeur de recherche pour une cinquantaine de thèses.

Hervé STOLOWY

Hervé Stolowy est professeur au département comptabilité-contrôle d'HEC Paris. Il est diplômé ESCP, titulaire d'une maîtrise en droit privé (université Paris XII-Val de Marne), d'une licence de langues étrangères appliquées anglais-russe (université Paris IV-Sorbonne), d'un doctorat en sciences de gestion (Université Paris 1-Panthéon-Sorbonne) et du diplôme d'habilitation à diriger des recherches (Université Paris XII-Val de Marne). Il est également diplômé d'expertise comptable. Il est l'auteur ou le coauteur de 9 ouvrages et a publié plus de 70 articles académiques ou professionnels. Ses thèmes de recherche et d'enseignement portent sur la comptabilité financière, la comptabilité internationale, les incorporels, les lanceurs d'alerte et les fraudes comptables. Il est ancien rédacteur en chef de *European Accounting Review* (2016-2019), ancien président de l'AFC, ancien corédacteur en chef de *Comptabilité Contrôle Audit* et ancien président du comité scientifique permanent de l'EAA.

Maurice THÉVENET

Maurice Thévenet, docteur HDR, est professeur agrégé des universités. Il est actuellement professeur à ESSEC Business School. Il a été titulaire de la chaire de gestion des ressources humaines au Cnam, président de l'AGRH (Association francophone de gestion des ressources humaines), directeur de l'ESSEC et délégué général de la Fnege. Il est conférencier sur les thèmes du travail, du management et de la gestion des ressources humaines et est aussi auteur d'une vingtaine d'ouvrages et de nombreux articles.

INDEX ALPHABÉTIQUE

Noms communs

A

B

C

D

E

Noms propres

IMPRIM'VERT®

Achevé d'imprimer par Sepec numérique – 01960 Peronnas
N° d'imprimeur : 19857210358 – Dépôt légal : avril 2021
Imprimé et façonné en France

PEFC™ **10-31-3532 / Certifié PEFC** / Ce produit est issu de forêts gérées durablement et de sources contrôlées. / pefc-france.org